国家社科基金后期资助项目
出版说明

后期资助项目是国家社科基金设立的一类重要项目，旨在鼓励广大社科研究者潜心治学，支持基础研究多出优秀成果。它是经过严格评审，从接近完成的科研成果中遴选立项的。为扩大后期资助项目的影响，更好地推动学术发展，促进成果转化，全国哲学社会科学工作办公室按照“统一设计、统一标识、统一版式、形成系列”的总体要求，组织出版国家社科基金后期资助项目成果。

全国哲学社会科学工作办公室

国家社科基金
GUOJIA SHEKE JIJIN HOUQI ZIZHU XIANGMU
后期资助项目

中美证券法实施机制的比较研究

A COMPARATIVE ANALYSIS OF THE SECURITIES LAW ENFORCEMENT REGIME IN CHINA AND THE UNITED STATES

徐文鸣 著

法律出版社
LAW PRESS · CHINA
——北京——

图书在版编目（CIP）数据

中美证券法实施机制的比较研究 / 徐文鸣著.
北京 : 法律出版社, 2024. -- ISBN 978-7-5197-9409-5

Ⅰ. D922.287.4;D971.222.8

中国国家版本馆 CIP 数据核字第 2024CN6758 号

中美证券法实施机制的比较研究
ZHONGMEI ZHENGQUANFA SHISHI JIZHI DE BIJIAO YANJIU

徐文鸣 著

责任编辑 刘 琳
装帧设计 鲍龙卉

出版发行 法律出版社
编辑统筹 法律教育出版分社
责任校对 裴 黎
责任印制 刘晓伟
经　　销 新华书店

开本 710 毫米 × 1000 毫米 1/16
印张 25　**字数** 436 千
版本 2024 年 11 月第 1 版
印次 2024 年 11 月第 1 次印刷
印刷 北京建宏印刷有限公司

地址:北京市丰台区莲花池西里 7 号(100073)
网址:www.lawpress.com.cn
投稿邮箱:info@lawpress.com.cn
举报盗版邮箱:jbwq@lawpress.com.cn

销售电话:010-83938349
客服电话:010-83938350
咨询电话:010-63939796

书号:ISBN 978-7-5197-9409-5
定价:98.00 元

凡购买本社图书,如有印装错误,我社负责退换。电话:010-83938349

基金项目
国家社会科学基金后期资助项目，项目批准号：18FFX042

前　言

法和经济学系统地研究法律实施(law enforcement)机制已有五十余年的历史。诺贝尔经济学奖获得者加里·贝克尔(Gary Becker)教授于1968年发表了经典论文《犯罪与惩罚:一个经济分析框架》①,开创性地从"成本—收益"分析的角度分析了违法行为的决策过程。违法行为人同样是理性人,会对激励(incentive)作出反应,即违法行为人会比较违法行为的预期成本和收益②,只有当违法行为的预期收益大于预期成本时,理性人才会选择从事违法活动。易言之,守法不应被视为理所应当的,相反,如果法律未能给予违法行为足够的威慑(deter),势必会降低守法的激励。贝克尔进一步指出违法行为面临的法律威慑主要由两方面因素决定:第一,"纸面上的法律"(law in the book),即法条所设置的违法行为类型及面临的处罚;第二,"行动中的法律"(law in action),即法律实施的情况,它决定了违法行为被处罚的概率。法律实施机制的设计应当以达到对违法行为的最优威慑水平为目标。

在法律与金融交叉研究的文献中,法学学者对于法律实施机制的讨论,在一定程度上是对经济学学者过度强调法条重要性的反击。20世纪末,拉斐尔·拉波塔、洛配兹·西拉内斯、安德烈·施莱弗和罗伯特·维什尼四位美国经济学家共同发表了《法律与金融》一文,引发了广泛的讨论,学界开始从法律的视角来探讨金融市场的发展。③这篇文章通过对49个经济体的公司法、证券法条文的梳理,构建了"反董事权利指数"(anti - director index),并用该指标作为证券市场对投资者保护程度的代理变量,以解释不同经济体的证券市场发展程度。上述作者此后发表了一系列论文,通过跨国实证研究揭示了法律制度对促进市场发展具有重要作用,并

---

① Gary Becker, *Crime and Punishment*: *An Economic Approach*, Journal of Political Economy 76: 169 - 217(1968).

② 成本和收益不仅局限于货币收入和支出,同样包括非货币收入和支出。例如,违法行为人承担的声誉损失即是预期成本的重要组成部分。

③ See Rafael La Porta, Florencio Lopez - de - Silanes, Andrei Shleifer & Robert Vishny, *Law and Finance*. Journal of Political Economy 106: 1113 - 1155(1998).

成为世界银行"营商环境评估"的主要理论基础。[①]

但是，上述论文中"法条至上"的观点引发了法学学者的猛烈批评。在一篇针对性的"檄文"中，哥伦比亚大学法学院约翰·科菲教授指出美国证券市场的成功源于高强度的证券法实施机制，而不仅仅是法条的规定。[②]他对美国、英国、德国、法国等9个经济体的证券法实施情况进行实证比较，发现在整体上普通法系国家的证券法实施强度比大陆法系国家更高，而美国却在普通法系国家中遥遥领先，并称这种现象为"美国特例"（American exceptionalism）。科菲教授认为，证券市场欠发达的经济体可以轻易地移植发达经济体的证券法规则，但是法律实施却与东道国的法律、政治、经济和文化特点息息相关，无法简单地通过法条移植达到改善实施效果的目的。

法律与金融的相关文献中关于证券法实施机制的讨论对完善我国证券市场治理体系、推动治理体系与治理能力现代化具有重要的参考意义。自20世纪90年代初成立两个证券交易所起，我国证券市场的规模在短短不到四十年的时间内跃居全球第二，证券市场发展速度之快，在全球金融史上也属于罕见。然而，证券法律治理体系的建设却滞后于证券市场的发展，导致治理质量饱受诟病。吴敬琏教授的"赌场论"最为鲜明地代表了国内学者的反思，他认为证券市场缺乏法治，市场机制不健全，与赌场无异。[③]域外学者也持有类似的观点。

无论是本土学者的"赌场论"，还是域外学者的类似观点，都是对十余年前中国证券市场建设情况的反思。作为处于高速发展阶段的经济体，我国证券市场治理体系也处在动态调整和不断完善的过程中。中国共产党第十八届中央委员会第三次全体会议审议通过了《中共中央关于全面深化改革若干重大问题的决定》。证券市场迎来了系统性的注册制改革，提高市场治理水平，改善证券监管体系，提高监管透明度和市场法治化程度逐渐成为共识。《中共中央关于坚持和完善中国特色社会主义制度　推进国家治理体系和治理能力现代化若干重大问题的决定》提出"加强对法律实施的监督"。《中共中央关于制定国民经济和社会发展第十四个五年规划

---

① 参见世界银行关于"营商环境评估"的方法论介绍，载世界银行网，https://chinese.doingbusiness.org/zh/methodology，最后访问时间：2021年6月30日。

② See John Coffee, *Law and the Market: The Impact of Enforcement*. University of Pennsylvania Law Review 156: 229 - 312(2007).

③ 参见吴敬琏、江平：《市场经济和法治经济——经济学家与法学家的对话》，载《中国政法大学学报》2010年第6期。

和二〇三五年远景目标的建议》也提出，要健全金融风险预防、预警、处置、问责制度体系，对违法违规行为零容忍。法律实施机制已经被提升成为国家治理顶层制度设计的重要维度。

一方面，证监会探索和完善行政处罚权分权改革，提高公共执法的实效。为了充分调动行政执法资源、利用好一线监管人员具备的信息优势，2010 年 10 月底，证监会决定在上海、广东和深圳 3 个辖区开展行政处罚试点工作，上海、广东、深圳三地的证监局按照授权开展行政处罚工作。① 2013 年 10 月，经过两年多的试点，派出机构全面获得了行政处罚权。② 根据《中国证券监督管理委员会派出机构行政处罚试点工作规定》的要求，证监会机关负责审理大案、要案、复杂疑难案件和其他可能对当事人权益造成重大影响的案件，派出机构将按照规定，审理、处罚管辖范围内的自立自办案件并向证监会行政处罚委员会备案。③证监会的行政处罚权改革，理顺了派出机构调查权和处罚权的配置，在证监会体系内部形成了机构间竞争的态势，在理论上有助于提高证券法公共实施（public enforcement）的实效。

另一方面，2020 年施行的修订后的《证券法》（以下简称新《证券法》）第 95 条引入了代表人诉讼制度，通过降低投资者维权成本来提高私力救济的实效。根据该条第 3 款的规定，如果投资者保护机构获得 50 名以上的投资者委托，即可以作为诉讼代表人参加证券民事诉讼。我国代表人诉讼制度与美国集团诉讼制度相比，具有两方面的显著优势：第一，投资者保护机构被选为诉讼代表人，可以利用它们的专业优势，实现诉讼的规模经济，降低投资者的维权成本。而美国集团诉讼由证券律师发起，滥诉、扰诉的风险较大，给上市公司带来极大的诉讼成本。第二，由于我国证券账户实行实名制，证券登记结算机构拥有账户交易证券的所有信息，可以精确获得适格投资者的账户信息。投资者保护机构可以向证券登记结算机构确认权利人的信息，并据此计算损失数额，以实现精准赔偿被侵权投资者的目的。与美国集团诉讼制度相比，我国代表人诉讼制度的创新将显著提高私力救济的实效。

---

① 参见《证监会启动三地派出机构行政处罚试点》，载上海证券报网，https://finance.qq.com/a/20101102/000166.htm，最后访问时间：2021 年 6 月 30 日。

② 参见杜卿卿：《证监会全面下放行政处罚权》，载第一财经日报网，https://www.yicai.com/news/3035609.html，最后访问时间：2021 年 6 月 30 日。

③ 参见《派出机构行使行政处罚权即将启动》，载证监会官网，http://www.csrc.gov.cn/pub/newsite/zjhxwfb/xwdd/201309/t20130927_235486.html，最后访问时间：2021 年 6 月 30 日。

基于上述法律与金融理论和我国证券市场发展的现状,本书选取证券市场治理的法律实施之维,比较研究中美两国在实施规制证券欺诈行为规则①领域的理论和实践。本书使用法经济分析和实证分析的研究方法,系统收集最新的数据,分析两国证券法实施机制的经验。当然,本书避免以美国标准评价中国实践,而是从宏观层面进行构思,将中国和美国证券法实施分别类型化为"集中实施模式"和"分散实施模式",进一步从功能分析的角度对上述机制进行切分;在微观层面以实证分析和法经济分析为工具,探讨不同治理模式的优缺点和具体措施的实效。

本书选取美国作为比照对象主要出于以下三个方面的考虑:第一,美国拥有发达的证券市场。美国证券市场距今已有两百余年的历史,是当今全球最发达的市场之一,2018 年年底美国国内上市公司总市值与当年 GDP 的比值达到 148.1%,企业通过股权和债券在资本市场获得的融资规模总计达 2.4 万亿美元。②虽然我国证券市场的规模在短短三十余年的时间里已经跃居全球第二,但是证券市场治理水平与成熟市场仍然存在差距。美国的证券市场经验可以为我国证券市场建设提供参考。第二,美国"多头执法"治理模式与我国"集中执法"治理模式各有特色,美国证券市场治理模式的优缺点对我国证券法实施机制改革具有参考价值。法律实施是高度本土化的议题,美国"多头执法"模式致力于最大化执法强度,各类主体都能发起证券法实施程序;对比我国"集中执法"模式,证监会对法律实施程序具有较强的控制力,能够保障证券市场管理秩序法益。第三,美国的证券法实施机制被视为支撑证券市场健康快速地发展的关键。对美国执法机制的讨论,有助于推动我国证券市场法治化水平的提高,筑牢市场发展的基石。

必须要承认,本书对于中美证券法实施机制进行比较实证研究也面临巨大的挑战。首先,无论是两国金融市场发展阶段的区别,还是制度禀赋的差异,都增加了比较制度实效的难度。其次,法律与经济学理论指出最优的法律实施强度,应当保持违法行为的边际收益等于边际成本。然而,该理论预测却因为不同经济体的禀赋差异而无法形成有效的改革建议,即成熟证券市场的"最优"法律实施强度并不意味着适合发展中的证券市场。最后,由于中美两国统计口径和数据可获得性的差异,实证分析有时也陷入"巧妇难为无米之炊"的困境。当然,本书作为一种学术研究的尝

---

① 本书所涉反欺诈制度主要包括规制虚假陈述、内幕交易和市场操纵等违法行为的法律规则。

② See SIFMA, *Capital Market Fact Book* 2019, https://www.sifma.org/wp-content/uploads/2019/09/2019-Capital-Markets-Fact-Book-SIFMA.pdf.

试，一方面，期望能为学界提供新的知识、素材供学界同行批判；另一方面，也期望为注册制改革提供决策参考，为提高证券法实施机制的效率提供解决思路，以促进证券市场资源配置，提高证券市场服务实体经济的能力。

目录 Contents

表目录 Contents

图目录 Contents

第一章　绪　论

第一节　选题背景与研究意义

2013年11月，中国共产党第十八届中央委员会第三次全体会议通过了《中共中央关于全面深化改革若干重大问题的决定》，明确指出要完善金融市场体系，推进股票发行注册制改革，多渠道提高直接融资的比例。2015年的国务院政府工作报告将实施股票发行注册制改革作为将改革开放扎实推向纵深的重要举措。[①] 2015年4月，《证券法（修订草案）》首次提请全国人大常委会审议，草案确立了股票发行注册的申请条件和注册程序，不再保留股票发行审核委员会，授权证券交易所从"齐备性"、"一致性"和"可理解性"的角度，审查公开发行股票并拟上市交易企业提交的注册材料。[②]同年12月，全国人大常委会表决通过《关于授权国务院在实施股票发行注册制改革中调整适用〈中华人民共和国证券法〉有关规定的决定》，授权国务院推动试点注册制改革。然而，2015年下半年股票市场异常波动，引发监管层对金融风险的顾虑，新《证券法（修订草案）》此后经历"四年三读"，注册制改革进程暂缓。直至2018年11月，国家主席习近平在中国国际进口博览会上表示，将在上交所设立科创板试点注册制，改革才实现了重大突破。2019年12月28日，经第十三届全国人民代表大会常务委员会第十五次会议修订通过，新《证券法》于2020年3月1日起施行，在法律层面为推行股票发行注册制奠定了基础。

我国证券市场准入制度从审批制向注册制过渡，经历了近四十年的时间。回顾注册制改革推进的历程，路径依赖是重要的原因，准入监管长期以来都被作为市场规制[③]的重要抓手。20世纪90年代初期，我国先后设立了上海证券交易所和深圳证券交易所，证券市场的治理体系受到从计划

① 参见《2015年国务院政府工作报告（全文）》，载中华人民共和国中央人民政府网，http://www.gov.cn/guowuyuan/2015-03/16/content_2835101.htm。

② 参见《证券法修订草案提请全国人大常委会一审》，载中国证券报网，http://finance.ce.cn/rolling/201504/21/t20150421_5162979.shtml。

③ 英文"regulation"一词被译为"监管"或"规制"，前者主要用于经济学文献，后者则用于法学文献，本书对上述两个术语并不进行区分。

经济体制向社会主义市场经济体制转轨大环境的影响，主要为国有企业改革提供外部资金支持①，直至2000年前后，股票市场都严格实行额度审批制，事前准入审查起到资源配置的作用。拟上市申请人首先向地方政府或者中央部委提出公开发行股票的申请，上述机构根据国家计划内的发行规模进行审批；获准发行后证监会对申请人的材料进行复审，其复审意见还应当报送国务院证券委员会；获得国务院证券委员会同意的申请人还需经过证券交易所的审核同意。②虽然额度分配规则在市场建立初期能激励地方政府和中央部委推荐优质企业上市，在一定程度上能够缓解发行人与投资者之间的信息不对称问题③，但审批制完全依赖政府“有形之手”配置资源，证券发行的关键在于获得指标和配额，企业自身质量的重要性被削弱，引发了“寻租”和腐败问题，在后期制约了我国证券市场的发展。④

出于对审批制低效率的担忧，1998年出台的《证券法》明确股票发行实行核准制，简化企业发行上市的审批程序。主管部门和省级政府部门的影响力被大幅削弱，证监会垄断了发行审核权。为了保障上市企业的质量，核准制实施的中后期还引入保荐机构等“看门人”对发行人进行预筛选，判断拟上市企业是否达到股票发行条件。证监会的规制思路也从“关口”模式向“通道”模式转变。易言之，证监会从直接面对大量拟上市企业，转变为通过规制证券市场的“看门人”，间接筛选可以进入证券市场的企业。⑤当然，在核准制下证监会仍然保留了对发行人是否具备上市价值进行实质审查、否决股票发行的权力。与审批制相比，核准制提高了发行过程中的透明度，具有更高的市场化程度。然而，它沿袭了审批制的“特权”思维，企业公开发行证券仍然受到限制，无法解决融资效率较低的问题。⑥

无论是审批制还是核准制，股票市场的准入许可权最终都掌握在政府部门，市场供给和需求的力量对证券定价的影响被弱化。⑦因此，注册制改革的重中之重无疑是重构政府与市场的关系，并在此基础上设计股票发行

---

① 参见罗培新：《我国证券市场和谐生态环境之法律构建——以理念为研究视角》，载《中国法学》2005年第4期。

② 参见《股票发行与交易管理暂行条例》第12条。

③ See Katharine Pistor & Chenggang Xu, *Governing Stock Markets in Transition Economics: Lessons from China*. American Law and Economics Review 7: 184－210(2005).

④ 参见盛学军：《政府主导模式与证券公开规制的失效》，载《现代法学》2004年第6期。

⑤ 参见郭雳、李逸斯：《IPO中各中介机构的职责分配探析——从欣泰电气案议起》，载《证券法苑》2017年第5期。

⑥ 参见陈甦：《商法机制中政府与市场的功能定位》，载《中国法学》2014年第5期。

⑦ 参见曹凤岐：《推进我国股票发行注册制改革》，载《南开学报（哲学社会科学版）》2014年第2期。

制度。[①]信息披露成为证券发行活动的核心[②],证监会的实质审查权被弱化,不再进行"商业判断",不再为拟上市公司的投资价值和持续盈利能力背书,而交易所和证券公司、律师事务所、会计师事务所等市场中介机构以分权的方式评估拟上市公司的质量,充分发挥配置市场资源的作用。[③]科创板为全面推广注册制改革提供了宝贵的经验,证券法将投资者保护置于核心地位。[④]

注册制改革不仅要打破核准制下行政权力对市场准入的控制,还需要树立新的监管抓手,保障上市公司的质量,降低证券市场的系统性风险。本书以证券法实施机制(securities law enforcement)为研究对象,它是注册制改革所涉及的事后(ex post)规制面向,关注如何落实证券法所规定的法律责任。不能否认的是,注册制改革减少了监管机构事前(ex ante)进行投资者保护的投入[⑤],金融准入自由化(financial liberalization)蕴藏的金融风险不可小觑。从监管体系的角度看,完善事中、事后法律实施机制,可以平衡放松事前准入监管所带来的监管强度下降,降低违法违规行为可能给证券市场带来的负面影响,在一定程度上补足投资者保护的短板。[⑥] 立法机关和监管机构披露的信息也显示,事中和事后监管已被确立为新的抓手。证监会在推动注册制改革初期,就回应过将防止低质量企业上市。[⑦]全国人民代表大会法律委员会在解释《证券法(修订草案)》修改情况时也说明,草案将从多方面提高证券监管机构的执法能力,包括发挥交易所的自律管理职能、完善证监会行政执法措施和加大对违法行为的处罚力度。[⑧]

除了聚焦国内证券法实施机制外,本书还选择了美国证券法实施机制进行比较研究,主要出于以下三个方面考虑:

---

① 参见唐应茂:《股票发行注册制改革的内涵、本质和措施》,载《财经法学》2016 年第 5 期。

② 参见彭冰:《信息披露是注册制的核心》,载《证券法苑》2014 年第 3 期。

③ 参见李曙光:《新股发行注册制改革的若干重大问题探讨》,载《政法论坛》2015 年第 3 期。

④ 参见夏小雄、袁坚:《科创板改革:功能评价和实施展望》,载《投资者》2019 年第 2 期。

⑤ 对证券市场二十年来行政治理模式和市场治理模式相互作用的分析。参见程金华:《中国公司上市的地理与治理——对证券市场行政治理的再阐释》,载《证券法苑》2010 年第 2 期。

⑥ 良好的法律执行机制造就了美国证券市场较低的准入门槛。See Samuel Issacharoff, *Regulating after the Fact*. DePaul Law Review 56: 375 – 387(2007).

⑦ 证监会曾指出"适当降低财务准入指标并不意味着放松监管,监管部门将以信息披露为中心,加强事中事后监管,督促中介机构勤勉尽责,保护投资者合法权益",参见《2014 年 4 月 11 日新闻发布会》,载证监会官网,http://www.csrc.gov.cn/pub/newsite/zjhxwfb/xwfbh/201404/t20140411_246800.html。

⑧ 参见《全国人大法律委员会关于〈中华人民共和国证券法(草案)〉修改意见的汇报》,载全国人民代表大会网,http://www.npc.gov.cn/npc/c1773/c1848/c21114/c27654/c27658/201905/t20190521_206721.html。

第一,高效实施证券法是证券市场成功的基石。2018 年年底美国国内上市公司总市值与当年 GDP 的比值达到 1.481,企业通过股权和债券在资本市场获得的融资规模总计达 2.4 万亿美元。[①]活跃的资本市场为股权投资提供了优厚的退出机会,带动了风险投资行业的高速发展,又进一步加速了创新和高科技企业的发展。[②] 2018 年,接近 8500 家美国创业企业获得了超过 1300 亿美元的风险投资[③],可以说美国科技强国的地位与其高度发达的证券市场有着十分密切的关系。哥伦比亚大学法学院的科菲教授指出,美国证券法实施的强度冠绝全球,即便同属普通法系的英国也远低于美国,这种特殊的法律实施机制支撑着证券市场健康快速地发展。[④] 对美国高效实施证券法议题的讨论,有助于推动提高我国证券市场法治化水平,筑牢市场发展的基石。

第二,移植和本土化"纸面上的法条"需要考虑制度禀赋的差异,特别是法律实施机制的特点。我国在 20 世纪 90 年代初期设计证券交易所时,参考了美国纽约证券交易所的相关经验;并且证券法的制定也参考了美国《1933 年证券法》(Securities Act of 1933)和《1934 年证券交易法》(Securities Exchange Act of 1934)的相关制度。[⑤]注册制改革更是"对标"美国证券市场证券发行注册制。[⑥]因此,对于美国证券法实施机制的讨论有助于厘清注册制运行的制度环境。与宽松的准入门槛相对应,美国证券法规对违法行为设定的法律责任异常严格;同时,高效的法律实施机制保证了规则行之有效。概言之,美国证券监管体系采取了宽准入和严执法的制度组合。我国证券市场在注册制改革落地之前,证券监管体系延续了严准入和宽执法的制度组合。考虑到我国经济转型的需求,这种策略在市场发展初期具有其现实意义。然而,注册制改革落地后,金融自由化程度将显

① See SIFMA, *Capital Market Fact Book* 2019, https://www.sifma.org/wp-content/uploads/2019/09/2019-Capital-Markets-Fact-Book-SIFMA.pdf,最后访问时间:2021 年 6 月 30 日。

② See Bernard S. Black & Ronald J. Gilson, 1998. *Venture Capital and the Structure of Capital Markets: Banks versus Stock Markets.* Journal of Financial Economics 47: 243-277.

③ See National Venture Capital Association, *National Venture Capital Association* 2019 *Yearbook*, https://nvca.org/wp-content/uploads/2019/08/NVCA-2019-Yearbook.pdf.

④ See John Coffee, *Law and the Market: The Impact of Enforcement.* University of Pennsylvania Law Review 156: 229-312(2007).

⑤ 参见刘鸿儒:《突破——中国资本市场发展之路》,中国金融出版社 2008 年版,第 10 页。

⑥ 参见蒋大兴:《隐退中的"权力型"证监会——注册制改革与证券监管权之重整》,载《法学评论》2014 年第 2 期;沈朝晖:《流行的误解:"注册制"与"核准制"辨析》,载《证券市场导报》2011 年第 9 期。

著提高,削弱准入监管所降低的风险防范投入,必须依靠进一步强化我国证券法实施机制进行再平衡。①

第三,美国“多头执法”模式与我国“集中执法”模式各有特点,其优缺点对我国执法机制改革具有较高的参考价值。如何实施法律的问题具有本土性,美国证券执法模型的设计受到其独有的经济、政治和文化环境的影响,但无法否认的是,执法所要达到的功能目标具有共性,如赔偿投资者损失、惩罚违法行为人和威慑未来的违法行为。美国“多头执法”模式致力于最大化执法强度,美国证券交易委员会(U. S. Securities and Exchange Commission,SEC)、司法部(Department of Justice,DOJ)、证券交易所、州检察长(State Attorneys General)、美国金融业监管局(The Financial Industry Regulatory Authority, FINRA)以及“企业家式的律师”(entrepreneur lawyers)都可以独立实施证券法。②该模型最大的缺陷在于过度执法的风险较高,上市公司的守法成本过高,甚至引发“诉讼风险正让美国证券市场丧失竞争力”的担忧。③ 在我国的“集中执法”模型中,证监会垄断了实施证券法的权力,主要的问题在于执法强度不足和“选择性”执法。股票发行注册制落地后,如何能有效提高证券法实施的效能是亟待解决的问题。通过对中美两国证券法实施机制的比较研究,取美国“多头执法”模式的精华,去其过度执法风险的糟粕,有助于系统地完善我国“集中执法”模型,为推进注册制改革保驾护航。

第二节 证券法实施机制的内涵

本书所讨论的法律实施机制,也被称为法律执行机制,在英语文献中译为“law enforcement regime”。作为学术研究和政策讨论频繁提及的热词,法律实施的概念在不同的学科语境下存在一定的差异。本书遵循法和

① 提高证券执法效率的必要性应当已经获得立法机关的认可,全国人民代表大会法律委员会即指出《证券法》修订的主要内容包括“对现行证券法关于证券市场监管的规定进行了补充完善”,参见 http://www. npc. gov. cn/npc/c30834/202001/f80cb744b0964ab8aafd0e1a8142d99f. shtml。

② See Amanda Rose, *The Multienforcer Approach to Securities Fraud Deterrence: A Critical Analysis.* University of Pennsylvania Law Review 158: 2173 – 2231(2010).

③ See Paul Atkins, 2007. *Speech by SEC Commissioner: Is Excessive Regulation and Litigation Eroding U. S. Financial Competitiveness?* https://www. sec. gov/news/speech/2007/spch042007psa. htm.

经济学的研究传统[1],将证券法实施机制广义地界定为有权主体依据法定程序在事后落实证券法律责任的机制。从功能分析(functional analysis)的角度看,法律实施机制主要包括以下五个方面的内容:

第一,证券法实施的目标。证券法实施在于通过事后落实证券法律责任,直接实现赔偿投资者损失、惩罚违法行为人和威慑潜在违法行为的目的。证券法实施活动采取"事后"的视角,即在违法行为发生之后,有权主体才能发起相应的法律实施程序。证券法实施活动意在落实法律责任,所谓法律责任是指行为主体因违法行为或违约行为,或虽未违反法律义务,但由于法律规定而应承担某种不利的法律后果。[2]法律责任作为国家在法律层面对违反法定义务、超越法定权限或滥用权利的违法行为所作的否定性评价和谴责,其主要特点即体现在法定性和强制性。而法律责任强制性特征则通过法律实施机制实现,它要求违法行为人做出一定行为或禁止其做出一定行为,从而恢复被破坏的法律关系和法律秩序,补救受到侵害的合法权益。因此,法律实施机制是法治所不可缺少的环节。[3]

有权主体通过落实法律责任,可以实现以下三个方面的目标。首先,赔偿投资者损失。欺诈行为扭曲了证券价格,误导投资者决策,损害了投资者的合法权益。例如,对于从事内幕交易的违法行为人,其与交易对手所掌握的信息存在显著的差异,这种差异让内幕交易者对标的证券的估值更为准确,因此具有显著的信息优势。但这种信息不平等并不是基于违法行为人的合法努力,而是基于其非法获得的重大非公开信息,因此,也有学者形象地将此类行为称为"偷偷看牌"。[4]基于非法获得的重大非公开信息进行的内幕交易,损害了交易对手方平等交易的利益,其所遭受的损失应当获得补偿。其次,惩罚违法行为人。欺诈行为违反了证券市场"公平、公正、公开"的三公原则,不仅损害了因欺诈行为受损的投资者的利益,还会给证券市场带来负外部性,降低投资者对于市场整体的信心。如发行人进行虚假陈述,不仅会让投资者怀疑该企业信息披露的真实性,还会引发投资者质疑其他上市公司披露信息质量。最后,威慑潜在的违法行为。根据法和经济学的基本理论,事后承担法律后果,可以实现在事前威慑违法行

① 如斯坦福大学法学院波林斯基教授和哈佛大学法学院沙维尔教授将公共执法定义为公共机构发现和处罚违法者的行为。See Mitchell Polinsky & Steven Shavell, *The Economic Theory of Public Enforcement of Law*. Journal of Economic Literature 38: 45 – 76(2000).

② 参见张文显:《法学基本范畴研究》,中国政法大学出版社 1993 年版,第 23 页。

③ 参见张文显:《法律责任论纲》,载《吉林大学社会科学学报》1991 年第 1 期。

④ 参见吕成龙:《谁在偷偷地看牌?——中国证监会内幕交易执法的窘境与规范检讨》,载《清华法学》2017 年第 4 期。

为的效果。一般来说,理性人在考虑是否从事违法行为时,需要比较违法行为带来的预期成本和收益。证券市场主体从事违法行为的主要动机是获得经济利益,因而当预期成本大于预期收益时,将大幅度降低其从事违法行为的激励。

第二,判断欺诈行为的实体法规则。证券法从实体定义了违法行为的认定要件以及相应的法律责任,是法律实施活动的依据,限定了违法行为与合法行为的边界。本书所关注的认定欺诈行为的实体法规则主要包括三个层次:首先,法律层面的规则,即证券法和刑法关于反欺诈行为的制度,包括规制虚假陈述、内幕交易和市场操纵的相关法律条文。其次,证监会和证券交易所等自律监管组织颁布的涉及反欺诈行为的监管规则。最后,司法机关单独或者联合其他行政和(或)司法机关就上述问题制定的司法解释和裁判规则。

第三,实施主体。实施主体主要涉及法律责任实施程序的发起主体。根据公私属性的划分,可以将实施主体分为两类:第一类,具有公权力属性的组织,主要包括监管机构、自律监管组织和司法机关。例如,我国证监会是行政执法程序的发起主体,而人民检察院是刑事司法程序的发起主体;美国证券交易委员会(SEC)是美国行政执法程序的发起主体,而美国司法部(DOJ)则是刑事司法程序的发起主体。需要说明的是,本书从功能分析的角度将自律监管组织,例如我国的上海证券交易所和深圳证券交易所、美国金融业监管局(FINRA),视为公共机构,上述自律组织施加的处罚措施因此也属于公共执法的一部分。这么处理的主要原因在于:一方面,中美两国自律监管机构都存在明显的行政化倾向;另一方面,自律监管执法程序与行政执法程序之间存在较大的相似点。[①]第二类,私主体,也即个人投资者和私人组织。由于证券发行和交易主要涉及民事法律关系,投资者能够依据一般性的合同法和侵权法规则进行私力救济;同时,证券法还为证券发行和交易双方设定了特殊的义务,私主体还可以根据上述规则提起民事诉讼。[②]

第四,法律责任与实施程序。证券欺诈行为引起的法律责任可以划分为民事责任、行政责任和刑事责任三大类。首先,由于证券违法行为主要涉及金钱法益,民事责任可以起到赔偿受害人遭受的损失或恢复他们应得利益的功能。其次,有些证券违法行为还破坏了证券市场管理秩序的法

① See William Birsthistle & Todd Henserson, *Becoming a Fifth Branch.* Cornell Law Review 99: 1－70(2013).

② 参见邢会强:《我国〈证券法〉上证券概念的扩大及其边界》,载《中国法学》2019 年第 1 期。

益,因而行政责任主要承担着惩罚违法行为人和威慑可能违法行为的功能。[①]最后,对于某些严重侵害他人利益,或损害证券市场管理秩序的违法行为,刑事责任作为最为严厉的处罚,会对违法行为人起到惩罚和威慑的功能。中美两国相关法律法规都制定了落实不同类型法律责任的程序性规范。它一方面通过设定程序规范,保护法律实施活动相对人的正当利益,防止实施机制被滥用;另一方面,法定程序还为实施主体提供了不同的制度激励,进而影响法律实施的实效。根据法和经济学的基本理论,在其他因素保持不变的前提下,如果实施程序冗长、制度成本较高,那么实施主体出于对预期成本和收益的比较,将会减少法律实施的强度。

第五,实施实效。法律实施的实效是对实施机制的综合评估,是通过对立法阶段预期成果的检验来反思制度设计,有助于帮助立法机关、监管机构和司法机关发现制度缺陷,为未来修法积累经验性证据,降低执法成本,提高政策目标的完成度。一方面,研究实施实效有助于了解落实法律责任是否能达到理论预期的目标,如获得赔偿的投资者占潜在受侵害投资者的比例、法律责任是否能有效惩罚和威慑违法行为等;另一方面,有助于评估为了达到既定的效果目标,社会投入的总成本是否合理,例如,从投入产出的角度可以评估行政执法强度是否能够有效威慑违法“暗数”。[②]

本书关于证券法实施机制的定义较为宽泛,包括行政执法、民事诉讼和刑事司法程序,以实现对证券法实施机制的全景式分析。而规范法学研究将执法视为基于行政权力的法律实施活动,广义的执法即行政执法,包括国家行政机关依照法定职权和法定程序,行使行政管理职权、履行职责、贯彻和实施法律的行为,具体包括行政许可、行政征收、行政强制和行政处罚等行政法律行为。[③]而狭义的行政执法仅指行政处罚,即行政机关或经由法律法规授权的组织依法对违反行政管理秩序、应当予以处罚的行政相对人给予法律制裁的行为。[④]无论是广义还是狭义的定义,规范法学强调执法的主体只能是行政主体。上述观点在一定程度上获得了监管机构的认

---

① 参见郭雳:《证券执法中的公共补偿——美国公平基金制度的探析与借鉴》,载《清华法学》2018 年第 6 期。

② 参见白建军:《从中国犯罪率数据看罪因、罪行与刑罚的关系》,载《中国社会科学》2010 年第 2 期。

③ 参见应松年主编:《行政法学新论》,中国方正出版社 1998 年版,第 233 - 234 页。

④ 参见张树义主编:《行政法学》,北京大学出版社 2012 年版,第 229 页。

可[①],证监会即对执法作了定义,认为广义的执法是指证监会及其派出机构为了执行法律、法规和规章,因而履行监管职责的行政行为;而狭义的执法是指证监会及其派出机构对涉嫌违法违规的行为进行专门调查,并对其作出行政处罚或将案件移交公安机关、司法机关的行为。在本书中,证券行政执法仅为证券法实施机制的一部分。

本书之所以选择证券法实施机制的概念统合全书,主要是出于以下两个方面的考虑。首先,证券法实施机制契合法和经济学关于违法行为的理论。根据该理论,理性人是否违法的行为决策主要受到法律责任和法律实施两方面因素的影响,前者决定法定处罚而后者决定违法行为被惩处的概率,两者共同决定违法成本。因此,统合分析证券法的民事、行政和刑事实施机制,能够从打击证券违法行为的宏观视角进行全面讨论。其次,证券法实施机制契合功能分析的思路。实施机制囊括了落实法律责任的绝大部分手段措施,可以系统地分析法律实施手段与实施目标的关系。例如,由私主体发起司法诉讼程序,属于私人实施(private enforcement)机制的范畴。司法活动在传统理论中被视为适用法律的行为,与司法权紧密关联,是国家司法机关按照法定职权和程序具体适用法律处理纠纷的行为。然而,如果从功能分析的视角看,私人诉讼同样能达到赔偿投资者和威慑潜在违法行为的目标,同时还能节约公共执法资源,是证券法实施机制中不可或缺的组成部分。

第三节 分析方法与创新点

本书综合运用多种分析方法讨论中美证券法实施机制,主要包括功能分析方法、比较分析方法、成本—收益分析方法和实证分析方法。

首先,功能分析方法。功能分析方法是公司法、证券法领域近年来新兴的分析方法,它不仅关注法律条文,还强调条文背后所欲达到的制度功能面向。[②]宏观的法律体系服务于立法目的,而体系内的微观制度聚焦于实现特定的功能,微观制度通过体系性勾连,最终实现宏观立法目的。功能分析方法的分析单元即是实现特定功能的微观制度,并对微观制度的实效

① 参见《大力推进监管转型——肖钢同志在2014年全国证券期货监管工作会议上的讲话》,载证监会官网,http://www.csrc.gov.cn/pub/newsite/tzzbh1/tbgzdt/tbgzyw/201402/t20140220_244108.html。

② See Kenneth Scott, *Standing in the Supreme Court: A Functional Analysis*. Harvard Law Review 86: 645-692(1973).

进行评价。

其次,比较分析方法。比较分析方法是指以法律为研究对象,比较不同法域法律秩序的学科。①本书比较中美法律实施机制的抓手是法律制度的微观功能面向。比较法律实施制度的功能,首先应当承认不同法域所需要解决的证券法实施机制的问题是相同的或类似的,对于法律实施功能的比较即关注不同法域微观制度如何回应类似的问题。②因此,本书对于实施机制的比较更多的是从证券法实施机制需要解决问题的共性出发,落脚点在于中美应对方式和措施的异同。

再次,成本—收益分析方法。成本—收益的分析方法是法和经济学的基本分析方法,它关注法律制度给市场参与主体带来的成本或收益。申言之,法律制度如何改变各类主体的行为激励。例如,证券欺诈行为的法律责任会给行为人带来负面激励,即阻止他们从事此类行为。成本—收益分析方法作为审视微观制度实现特定功能的切入点,为评价制度的实效提供了可能。

最后,实证分析方法。法学上的实证分析方法是一种归纳推理的方法,从广义上看包括任何系统地收集、整理和分析信息(数据)的研究。也有学者主张,只要是研究真实的世界,而不是仅研究“语词构成的概念世界或由信条构成的理论世界”,都可以视为实证研究。③依据统计方法的介入程度,它又可以进一步分为定性分析和定量分析。④ 定性分析,也被称为法学经验研究,通过田野调查进行案例讨论,并不必然使用量化分析方法。⑤根据该定义,案例分析同样属于定性分析,只是其样本容量较小,甚至有时为单个案例。⑥定量分析,也即狭义的法学实证研究,强调遵守统计学的基本原则和程序,收集、处理和分析大样本数据。⑦虽然法学实证研究在国内

① 参见[德]K. 茨威格特、[德]H. 克茨:《比较法总论》,潘汉典等译,中国法制出版社 2017 年版,第 7 页。

② 参见[美]莱纳·克拉克曼、[英]保罗·戴维斯、[美]亨利·汉斯曼:《公司法剖析:比较与功能的视角》,刘俊海、徐海燕等译,北京大学出版社 2007 年版,第 4 – 5 页。

③ 参见苏力:《好的研究与实证研究》,载《法学》2013 年第 4 期。

④ 参见陈若英:《中国法律经济学的实证研究:路径与挑战》,载《法律和社会科学》2010 年第 7 卷。

⑤ 参见陈柏峰:《法律实证研究的兴起与分化》,载《中国法学》2018 年第 3 期。

⑥ 苏力强调以微观案件的事理阐明一般性的法理,认为“从个案到理论的一般化过程并不意味着研究所取得与分析所依赖的材料必须是一般性的才能据此得出一般化的结论,而是在于从一个小点抽象出理论模型,才能完成一般化的过程”。参见苏力:《跨越个案》,载《法律和社会科学》2010 年第 2 期。

⑦ 参见白建军:《论法律实证分析》,载《中国法学》2000 年第 4 期。

发展历史较短、仍然属于“小众”领域,但世界范围内的法学实证研究已经有近百年的历史。法学实证研究的影响不仅停留在“象牙塔”内,还广泛推动了立法修法、行政监管和司法制度的改革。①国内法学实证研究主要采用描述性统计分析和(或)相关性分析。②相关性分析一般建立在描述性分析的基础上,进一步采用多元回归推断不同变量之间的变化关系。它与描述性统计分析最大区别在于,多元回归通过控制相关变量以探讨在其他条件不变的情况下,被解释变量与核心解释变量之间的关系。本书综合采用了上述实证分析方法研究证券法实施机制的实效,更为精确地讨论证券法对于行为人激励的影响。

本书的创新点主要集中于以下五个方面:第一,研究对象聚焦证券法反欺诈规则的实施机制和实施效果。早在20世纪末期,我国证券法学者就开始对国内外反欺诈规则进行系统的讨论③,而针对证券法实施机制的系统论述则始见于21世纪初。④本书则在上述研究的基础上,利用统计分析方法进一步分析证券法实施机制设计与实施实效之间的联系。

第二,跨学科的研究视角。本书结合了证券法、金融经济学和统计学等多个学科领域的知识,以研究问题为导向,聚焦法律实施机制的实效。例如,在讨论公共执法机制时,一方面,从规范分析的角度讨论证券法和监管规则的变化;另一方面,运用金融学中关于金融市场和金融监管的理论,对该制度的实效进行实证分析。此外,在讨论投资者私力救济机制时,本书既考虑了民事诉讼法和最高人民法院规定的诉讼程序,还将金融市场投资者的行为模式纳入分析范畴,评估不同制度设计对于投资者保护水平的影响。

第三,以数据分析说明制度实效。本书以证券法律法规的条文规定为分析起点,在讨论实施机制的实效时,则不仅局限于规范分析,还广泛引入基于数据的实证分析。同时为了提高实证分析的科学性,本书还引入通过回归分析和因果分析等复杂统计分析,识别制度与证券市场实效之间的因果关系。

第四,将证券法实施机制细分为公共执法和私人救济两个象限,并且

---

① See Theodore Eisenberg, *The Origins, Nature, and Promise of Empirical Legal Studies and a Response to Concerns*. University of Illinois Law Review 5:1713 - 1738(2011).

② 法学实证研究的受众也在一定程度上决定了现阶段主流的分析方法只能是描述性统计分析和相关关系分析。参见唐应茂:《法律实证研究的受众问题》,载《法学》2013年第4期。

③ 参见刘宪权:《惩治证券市场上欺诈客户行为的刑法思考》,载《人民司法》1994年第4期。

④ 对证券民事诉讼的讨论,参见耿利航:《群体诉讼与司法局限性——以证券欺诈民事集团诉讼为例》,载《法学研究》2006年第3期;对行政执法的讨论,参见张红:《行政处罚与刑罚处罚的适用衔接——析一起证券行政处罚案件》,载《行政法学研究》2011年第4期。

进一步在公共执法象限内依据处罚主体、处罚方式、处罚对象和违法行为四个维度划分行政处罚样本，区别了不同类型监管者的执法行为。特别是对派出机构的执法活动进行了深入研究，并与证监会和交易所的执法行为进行对比，发现证监系统执法分权改革显著增加了执法强度。

第五，根据证券法实施强度的差异，对中国和美国两个法域的实施机制和实施效果进行纵向对比。美国的证券市场发展较为完善，加速资本的形成有利于促进企业创新，而有效的反欺诈规则实施机制能够保护投资者利益，增加了资本市场上的资金供给。随着我国经济发展进入新常态，证券市场进入提高治理质量、提升治理效能的新时代。本书结合我国证券市场的禀赋，取美国证券实施机制的精华去其糟粕，以达到改善我国证券市场治理水平，保护投资者合法利益，威慑和惩罚证券欺诈行为的目的。

第四节　主要内容与章节安排

中美两国证券法实施涉及立法、执法和司法等方面的议题，主要内容如图 1－1 所示。本书共分为十章，为了能够进行有益的比较，分别讨论中美两国证券法实施机制，但涉及相同主题时章节内都尽量遵循类似的结构安排，并且在最后两章总结比较两国证券法公共和私人实施机制。

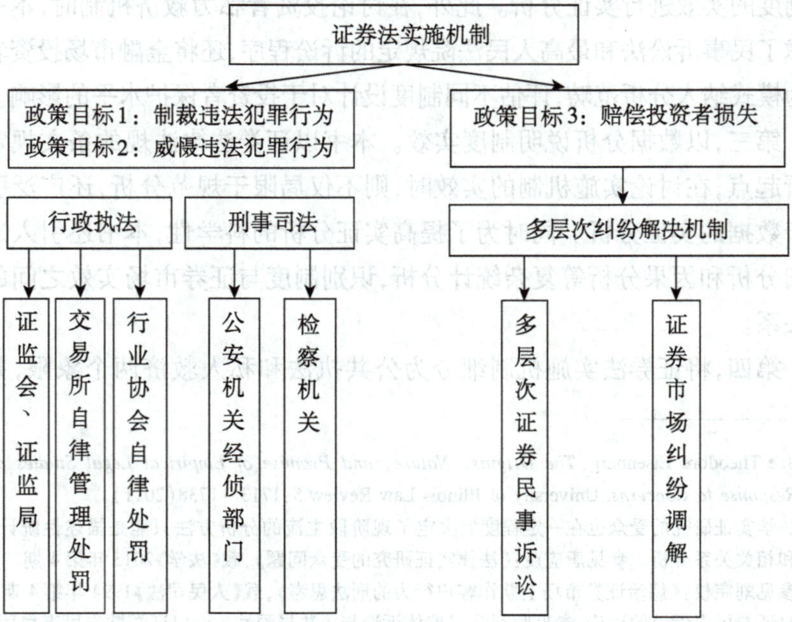

图 1－1　全书框架结构

第一章是绪论,主要讨论本书的选题、研究意义和方法、基本概念和篇章结构等。

第二章是全书的理论基础,法律实施的基本理论内嵌于监管型国家理论之中。随着 20 世纪七八十年代西方主要经济体国家治理模式由传统“命令—控制”(Command and control)模式转向监管型国家模式,国家治理的抓手也变为制定与实施法律法规。法和经济学的威慑理论与法和社会学的回应性执法理论是在此背景下发展出来的主流理论。根据执法主体公私属性的差异,法律实施可以分为私人实施和公共实施两类,并且两者存在明显的优劣势。从国际比较的角度看,各主要经济体在反欺诈规则和法律实施方面都存在显著的差异,而这些差异也在一定程度上导致其证券市场发展水平不同。

第三章主要讨论美国规制证券欺诈行为的相关制度。美国证券法采取以原则性规范为主导的规制模式,成文法规定的条文较为宏观,独立证券监管机构 SEC 发布的监管规则和美国联邦法院的判例法提供了具有可操作性的微观参考。美国联邦法典规制证券欺诈的一般性规定主要包括以下内容,即《1934 年证券交易法》第 10(b)章和 SEC 根据该章发布的“规则 10b-5”、《1933 年证券法》第 17(a)章和联邦反邮电欺诈法。此外,美国各州的州证券法也是重要的执法依据。相关研究显示,约九成的证券集团诉讼都援引“第 10(b)章”和“规则 10b-5”作为起诉依据,是规制证券欺诈行为最重要的法规条款。在判例法层面,美国最高法院也发展出具体认定虚假陈述、内幕交易和市场操纵等违法行为的基础理论。然而,由于不同法院的裁量逻辑存在差异,且成文法并未进行规定,证券欺诈行为的认定也存在理论真空和冲突的问题。

第四章主要讨论我国规制证券欺诈行为的相关制度。我国主要以证券法、证券监管规则和司法解释等成文法规制证券欺诈。我国证券市场欺诈行为的法定责任较轻,新《证券法》显著提高了违法行为的法律责任。而认定虚假陈述、内幕交易和市场操纵等违法行为,还需要结合证监会发布的部门规章和规范性文件、交易所的自律规则和司法解释等其他规则。上述规则采取了类型化的认定思路,区别不同类型违法行为的认定要件。虽然类型化违法行为能够为证券执法和司法裁判提供明确的指引,提高证券法实施的稳定性,然而复杂的新型违法行为的认定仍然是争议较多的领域。

第五章讨论了美国证券法私人实施机制。在私人实施公共规则的领域,美式集团诉讼可能是最具威慑力同时也最富争议的制度安排。它一方面通过特殊的诉讼程序安排解决了投资者集体行动的困境,另一方面也引发了大量滥诉、扰诉,增加了上市公司的运营成本。美国国会则接连通过了《私人证券诉讼改革法案》、《证券诉讼统一标准法案》和《全国性证券市场促进法案》等改革证券民事诉讼制度。虽然美国集团诉讼每年为投资者挽回了数十亿美元的损失,但只有极少部分案件最终完成庭审程序,大部分都以原被告双方达成和解结案。证券集团诉讼因此也被诟病为“企业家式律师”操纵敛财的工具。此外,FINRA 作为美国证券业的全国性自律监管组织,还为投资者提供了证券仲裁救济机制。每年由 FINRA 审结的仲裁案件也高达四千余件,是投资者维权成本较低的私力救济方式。

第六章讨论了我国多层次证券法私人实施机制。我国证券私人诉讼制度长期处于运行不畅的状态。虽然最高人民法院于 2003 年公布的《关于审理证券市场因虚假陈述引发的民事赔偿案件的若干规定》(已失效)(以下简称《2003 年虚假陈述若干规定》)建立了以单独诉讼为主的证券法私人实施程序,但在该规定之下,投资者维权成本高企,缺乏激励起诉违法行为人。此外,我国司法裁判对于如何计算因虚假陈述引发的侵权损害赔偿缺乏共识,计算模型较为粗糙且缺乏金融学理论的系统支撑。因此,证券民事诉讼制度的实效欠佳,投资者并未获得有效赔偿。新《证券法》第 95 条进行了突破性制度创新,在传统单独诉讼的基础上,增加了人数确定和不确定的“加入制”普通代表人诉讼以及“退出制”特别代表人诉讼,完善了我国多层次证券民事诉讼体系。中证中小投资者服务中心(以下简称投服中心)和中国证券业协会还为投资者提供了纠纷调解机制,以多元化的手段降低投资者的救济成本。

第七章分析了美国多层次的公共执法机制。美国 SEC 作为联邦证券监管机构,是最为重要的公共实施主体。每年 SEC 的预算总额超过 20 亿美元,其中超过一半的预算都直接用于执法活动。SEC 的执法产出同样较高,每年约发起近九百起执法程序,主要针对信息披露类违法行为和经纪自营商及投资顾问的违法行为。上述执法程序还会对违法行为人施加数十亿美元的罚没处罚,并且货币处罚将优先用于建立公平基金赔偿投资者的损失。此外,FINRA 作为受到 SEC 监督的证券业自律监管组织,也享有广泛的自律监管和处罚权。最后,州证券监管机构和 DOJ 也会发起针对义务人违法行为的执法程序,前者主要针对受害者在其州内的案件,后者主要处理刑事案件。

第八章分析了我国证券法公共执法机制。公共执法机制一直处于我国证券法实施体系的核心地位。证监会根据《证券法》的授权监管证券市场,并进一步将对轻微违法行为的处罚权下放给证监局,以便充分利用监管资源和地方证券监管者的信息优势。执法权下放后,证监会的执法产出出现大幅度增长的态势,显著提高了对违法行为的制裁和威慑。证券交易所属于自律管理法人,履行自律管理职能,负责一线的监管检查和自律处罚。证券业协会和基金业协会属于非营利的社会团体法人,也是证券业的自律性组织,可以根据《证券法》和《证券投资基金法》对违反法律、行政法规、自律规则或者协会章程的会员及其从业人员,处以纪律处分或者其他自律管理措施。此外,财政部作为《会计法》的执法机构,对上市公司违反会计准则的行为拥有处罚权,但是此类处罚的数量有限。最后,检察机关有权通过刑事诉讼程序,要求从事证券犯罪行为的主体承担刑事法律责任。

第九章和第十章在前述讨论的基础上对中美两国证券法实施制度进行了比较研究。中国采取“集中实施模式”,中国证监会对证券法实施的控制力较强,投资者通过私人实施获得救济的成本较高;而美国采取“分散实施模式”,包括公共机构、证券交易所、州检察长、投资者等主体都能够独立实施证券法。当然这两种实施模式的成本和收益也存在差异。中国模式具备专业性和“规模经济”性、能够有效降低执法成本的优势,但公共机构主导的实施模式具有实施激励较弱、执法不足、“选择性”执法的问题。反观美国模式最大化执法强度,对违法违规行为具有较强的威慑力,但多头实施存在缺乏协调、滥诉和扰诉成本较高的问题。

在公共实施方面,美国 SEC 和我国证监会是主要的行政执法机构,执法程序都分为非正式调查和正式调查两个阶段。其中,SEC 的行政处罚措施类型更多样化,但其必须通过向联邦法院或其内设的行政法官(Administrative Law Judge,ALJ)起诉,才能向违法行为人施加行政责任。出于优化执法成本的考虑,SEC 的执法活动主要以和解方式结案,且在《多德—弗兰克法案》颁布后存在“择地而诉”的现象。而我国证监会的行政处罚仅需经过内部程序即可对相对人施加行政处罚,在执法过程中节约了诉讼成本,但当事人可以在处罚作出后提起行政诉讼维护合法权益。从执法投入产出角度看,相较于 SEC 的执法活动,我国证监会以较低的总成本维持了相对较高的执法产出。而在自律监管方面,FINRA 的独立性和预算规模更高,自律处罚措施类型更多元化,与我国证券自律监管机构相比具有明显的实效优势。

在私人实施方面,集体行动困境和代理问题是困扰实施实效的主要因素。美国证券集团诉讼存在较高的代理问题,代理律师主导集团诉讼,滥诉成本过高严重限制了证券市场的资本形成能力，而因为循环赔偿问题和赔偿金分配机制效率低下，投资者实际获得的赔偿有限。而我国新《证券法》施行后，多层次代表人诉讼制度逐渐形成，根据证券欺诈违法行为的严重程度而设置了差异化的诉讼程序。同时，投保机构在特别代表人诉讼中可以从证券结算机构获得适格原告的相关信息，增加了损害赔偿计算和分配的科学性及精准度。当然，我国证券民事诉讼还需进一步厘清欺诈侵权责任的四要件的内涵，优化与公共实施的协同关系。

第二章　监管型国家与证券法实施理论

第一节　监管型国家的兴起

监管型国家的兴起促进了法律实施理论和研究的快速发展。20 世纪末，主流经济体的国家治理模式出现深刻的变革，由传统“命令—控制”模式转向监管型国家模式。国家治理模式的转变提高了对有效率的法律实施机制的需求。

一、国家治理与监管型国家

国家治理按照公权力介入的程度由弱至强可以分为四种模型：私人自治（声誉）、司法诉讼、公共监管和国家所有。①现代监管理论指出国家治理的关键在于最小化失序成本（costs of disorder）和政府失灵成本（costs of governmental failure），图 2－1 展示了上述四种模型治理成本的分布。②私人自治模型完全依赖私主体之间的协商，市场主体的声誉成为约束当事人行为的主要因素。该模型虽然节约了公权力干预可能造成的腐败和低效率等成本，但市场机制的失序成本较高，市场主体在竞争过程中可能会滥用自身优势和市场地位、形成垄断势力，甚至暴力打压竞争者，因此私人自治的总治理成本反而较高。

私人诉讼模式将法院引入社会治理体系，将公权力置于居中裁判的位置。法官具备专业优势和相对中立的地位，可以根据纠纷双方的约定进行裁判，提高纠纷解决的秩序性和效率性，有助于降低市场机制失序成本。然而，诉讼结果难免受到纠纷双方政治、经济实力不均等因素的影响，强势一方会通过各种途径影响诉讼程序，仅依靠诉讼制度很难维护弱势群体的

① See Andrei Shleifer, *Understanding Regulation*. European Financial Management 11：439－451（2005）.

② See Simeon Djankov, Edward Glaeser, Rafael La Porta, Florencio Lopez－de－Silanes & Andrei Shleifer, *The New Comparative Economics*. Journal of Comparative Economics 31：595－619（2003）.

利益。[1]但综合来说，诉讼模型还是在一定程度上降低了国家治理的总成本。

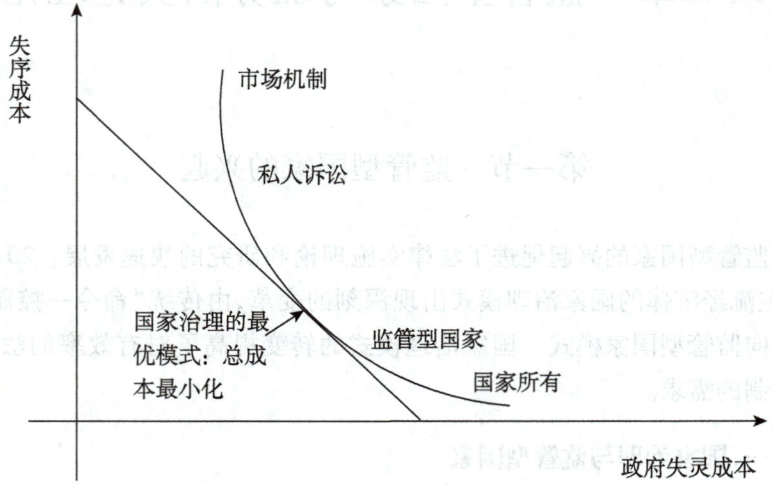

图 2－1　国家治理的最优模式

公共监管模式在私人诉讼模式的基础上进一步引入监管机构，保护弱势群体的合法利益。根据经济合作与发展组织（Organization for Economic Co－operation and Development，OECD）的定义，监管从狭义上看是公权力机关通过制定规则，并对违法行为进行处罚，以改变企业和个人行为的治理模型。[2]从广义来讲，监管则包括所有社会控制的机制，在正式控制机制的基础上（狭义监管），还包括约定俗成的规范等非正式的控制机制。[3]监管型国家是以监管为主要抓手构建的治理模式，它强调规则制定和实施在治理机制中发挥的作用，侧重于使用规则和标准，替代国家直接提供服务的"命令—控制"模式。专业的监管机构负责系统地监督和实施监管规则，以保证它们被遵守。[4]引入监管规则一方面能改善诉讼程序的效率，相比于完全依赖合同条款或侵权法规的诉讼机制，纠纷双方因实力不均而扭曲诉讼结果的概率更低。例如，投资者证明证券发行人违反了证券监管机

① See Edward Glaeser & Andrei Shleifer, *The Rise of the Regulatory State*. Journal of Economic Literature 41：401－425（2003）.

② See OECD, *Definition of Regulation*, https://stats. oecd. org/glossary/detail. asp？ ID＝3295.

③ See Robert Baldwin, Colin Scott & Christopher Hood, *A Reader on Regulation*. Oxford：Oxford University Press, 1998, p. 166.

④ See David Levi－Faur, *Regulation and Regulatory Governance*. In David Levi－Faur eds., Handbook on the Politics of Regulation. UK：Edward Elgar Publishing, 2011, p. 46.

构制定的监管规则，比证明他们违反了发行合同条款的成本更低；另外，监管机构作为公共执法者，引入了新的实施主体，其专业性和规模效益能提高法律实施的效率，降低总的治理成本。

国家所有模式最大化了政府对社会和经济的控制力，因此市场失序成本最低。但由于政府成为国家治理的唯一主体，政府失灵的成本显著增高，社会治理的总成本反而相较监管模型有所增长。

从全球国家治理的经验来看，不同国家因为文化、宗教、地理等因素的差异，最优治理模型也存在一定的差异；同时，相同国家在不同发展阶段的最优治理模型也存在差别。进入21世纪后，虽然治理模式的细节不尽相同，但总体来说，主要经济体已经认可监管型国家的治理哲学。① 我国近年来的国家治理改革也在向现代监管型国家转型，直面我国深度参与全球治理过程中的挑战，推进国家治理体系和治理能力现代化，全力推进简政放权、放管结合和优化服务改革（以下简称"放管服"改革）。"放管服"改革代表着放松管制和重新监管的政策组合，有助于推进我国治理体系和治理能力现代化。

美国是最早确立监管型国家模式的经济体，传统"命令—控制"治理模型逐渐无法适应现代经济和社会的发展，国家治理转向更少政府直接干预的模式。② 在1887年，独立监管机构洲际商务委员会（Inter State Commerce Commission）即宣告成立，开始监管铁路运输的价格歧视行为。③随后，在"进步主义时期"（Progressive era）和"罗斯福新政"期间，新设立的独立监管机构开始广泛承担起经济治理的职能，监管竞争、反垄断和产品定价等领域的活动。④ SEC作为美国证券市场的独立监管机构，即依据《1934年证券交易法》授权设立。20世纪60年代发生的民权运动则进一步加强了监管机构对社会和环境领域的监管。⑤虽然里根政府在任期初大规模放松基于"命令—控制"模式的政府干预，但此后却持续加强独立监管机构的监管强度，这些机构的预算规模、雇员数量、执法强度和监管

---

① 参见刘鹏：《比较公共行政视野下的监管型国家建设》，载《中国人民大学学报》2009年第5期。

② See Susan Rose - Ackerman, *Rethinking the Progressive Agenda: The Reform of the American Regulatory State*. New York: The Free Press, 1992.

③ See Thomas McGarity, *The Expanded Debate over the Future of the Regulatory State*. The University of Chicago Law Review 63: 1463 - 1532 (1996).

④ See John Braithwaite, *The Regulatory State?* In Robert E. Goodin eds., The Oxford Handbook of Political Science, Oxford: Oxford University Press, 2011, p. 140.

⑤ See Cass Sunstein, *Paradoxes of the Regulatory State.* University of Chicago Law Review 57: 407 - 441 (1990).

规则的数量都出现了长期增长的态势。[①]许多具有重大影响力的监管机构，如环境保护署（Environmental Protection Agency）、美国职业安全与健康管理局（Occupational Safety and Health Administration）都是在这一时期成立的。

经过近百年的探索，美国逐步形成以独立监管机构为特色的监管型国家治理模式。一方面，它们享有高度的独立性，享有准立法、司法和行政权[②]，被誉为是独立于国会、总统和最高法院之外的第四分支[③]。监管机构负责人的任期是预先固定的，总统不能在无正当理由的情况下解雇监管机构的负责人，有助于推动长期监管改革不受政治因素的影响。[④]独立监管机构一般采取委员会制，而不是由单一负责人领导，提高了决策的审慎性、专业性和持续性，并且成员组成倾向于保持两党数量的平衡，减少机构决策受到党派偏好的影响。

另一方面，虽然独立监管机构的职权范围受到法律授权的严格限制，但是在授权范围内它享有广泛的规则制定权和执法权。独立监管机构通过解释联邦法律制定监管规章的权力，获得了美国最高法院的肯定。在 *Chevron, U. S. A., Inc. v. Natural Resource Defense Council, Inc.* [⑤]一案中，美国最高法院指出当出现国会未规定或未明确规定的特定事项，且监管机构对相关法律的解释是合理的时，法院对行政规章司法审查应当采取恭谦标准（deferential standard），尊重监管机构的专业知识。独立监管机构发布规章受到的程序约束也较少，大多数机构无须对规章进行监管影响评估[⑥]，仅需遵守"公告—评论程序"并接受司法审查。此外，独立监管机构全面负责实施相关法律法规，其执法实效是国会考核独立监管机构的主要指标，而这有助于保障法律法规的实施，严格落实法律责任。

---

① See Ian Ayres & John Braithwaite, *Responsive Regulation: Transcending the Deregulation Debate*. Oxford: Oxford University Press, 1992, p. 120 – 130.

② 参见王湘军、邱倩：《大部制视野下美国独立监管机构的设置及其镜鉴》，载《中国行政管理》2016 年第 6 期。

③ 参见席涛：《美国管制：从命令—控制到成本—收益分析》，中国社会科学出版社 2006 年版，第 56 页。

④ See Rachel Barkow, *Insulating Agencies: Avoiding Capture Through Institutional Design*. Texas Law Review 89: 15 – 79(2010).

⑤ See 467 U. S. 837 (1984).

⑥ 有一些独立监管机构负有对发布的规章进行成本收益分析的特定义务，如消费者产品安全委员会（Consumer Product Safety Commission）在制定规章时需要进行成本收益分析。See Curtis Copeland, *Economic Analysis and Independent Regulatory Agencies*, https://www.acus.gov/sites/default/files/documents/Copeland%20Final%20BCA%20Report%204 – 30 – 13.pdf(2013).

不仅是美国,欧洲国家也在20世纪末开始采纳监管型国家的治理模式。“二战”后的西欧国家为了快速恢复经济发展,国家治理更加偏向国家所有模式(有时也被称为“凯恩斯”政府),政府通过国家干预和国有企业,积极实施再分配和干预总需求的政策。20世纪70年代以来,受到经济滞胀的冲击,上述模式难以为继,西欧国家一方面私有化国有企业和改革市场经济,另一方面,通过立法设立独立监管机构,保持它们相对独立于政府行政控制,并赋予独立监管机构对特定领域的监管权力。通过私有化与加强监管的策略,欧盟各国政府重塑其职能,专注于把握发展方向,确立了欧洲的监管型国家治理模型。欧盟的官僚机构保持了规则制定的权力,而成员国将承担实施规则的责任并支付执行成本。虽然欧盟未明确要求成员国建立独立监管机构,但是其颁布的指引却要求成员国将国家所有权与监管权相分离,这也间接促使成员国建立独立的监管机构。①例如“欧盟监管指引97/51”要求仍然持有电信企业股权或对此类企业拥有控制力的成员国,必须保证将监管职能与国家所有权和(或)控制权相分离。②

英国的监管型国家模型在西欧经济体中最具有代表性。与欧洲大陆国家相比,英国自我监管(私人监管)拥有悠久的历史。③长期以来,英国官僚机构的力量很弱,而专业的监管机构几乎不存在。④ 行业协会成为了监管核心职业的主体,如医疗、法律、资本市场等⑤,私人监管赋予行业精英很大的影响力,行使着准公共机关的权力,但是缺乏相应的问责机制,监管失灵的风险很高。20世纪80年代英国政府将国有企业私有化后,监管机构和监管规则的数量快速增长,逐渐形成了监管型国家的治理体系。截至1995年,英国共设立了135个独立的监管机构,雇用了额14,000名雇员,当年行政开销达到7.7亿英镑。⑥

---

① See David Levi - Faur, *On the "Net Impact" of Europeanization: The EU's Telecoms and Electricity Regimes Between the Global and the National.* Comparative Political Studies 37: 3 - 29 (2004).

② See Directive 97/51/EC.

③ See Anthony Ogus, *Rethinking Self - Regulation.* Oxford Journal of Legal Studies 15: 97 - 108 (1995).

④ See Michael Moran, *The British Regulatory State: High Modernism and Hyper - Innovation.* Oxford: Oxford University Press, 2003, p. 4.

⑤ See Harold Perkin, *The Rise of Professional Society: England since* 1880. Oxford: Oxford University Press 1989, p. 44.

⑥ See Christopher Hood, Colin Scott, Oliver James, George Jones & Tony Travers, *Regulation inside Government: Waste - Watcher Quality Police and Sleaze - Busters.* Oxford: Oxford University Press, 1999, p. 23.

二、法律制定与实施

监管型国家兴起的事实是对新自由主义崇尚的全面放松监管的最好反驳。[①] 进入21世纪后，全球主要经济体并未回归自由放任的国家治理模式，而是以现代的监管措施替代传统以行政命令和直接控制为代表的干预措施，是放松监管与重新监管的组合（deregulation and reregulation）。在加强市场配置资源作用的同时，政府实际上在不断提高监管强度、改善监管体系的效率。[②]监管型国家的治理体系重新界定了立法机关、行政机关和监管机构的权力结构，国家治理的主要抓手转变为法律制定与法律实施，目的在于促进遵守法律。[③]监管机构介入存在两个关键时点，一个是相对人获得准入资格，另一个是相对人的违法行为被发现。根据上述时点可以将广义的监管活动划分为四类，如图2－2所示。

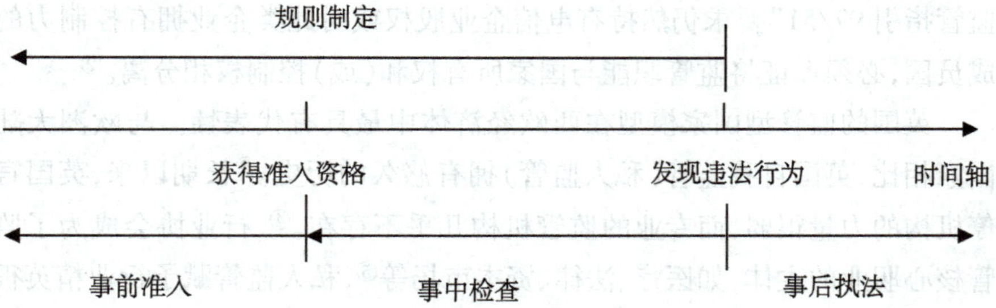

图2－2　监管型国家的治理措施分类

第一类是规则制定。根据"法不溯及既往"的基本原则，无论是立法机关还是行政机关所制定的规则，都只能约束在该规则实施后发生的违法行为。事前制定的规则具有不完备的属性，因而实施法律的主体可以享有一定的自由裁量权。[④]第二类是事前准入，即监管机构衡量是否授予相对人准入资格，一般涉及行政许可和行业许可。准入监管发生在相对人进入市场之前，属于监管执法体系的第一道防线。第三类是事中检查。监管机构在相对人获得准入资格之后，持续经营活动期间进行事中的监督检查。事

---

① See Giandomenico Majone, *From the Positive to the Regulatory State: Causes and Consequences of Changes in the Mode of Governance*. Journal of Public Policy 17: 139－167(1997).

② See Steven Vogel, *Freer Markets, More Rules: Regulatory Reform in Advanced Industrial Societies*. London: Cornell University Press, 1996, p. 45.

③ 参见席涛：《法律、监管与市场》，载《政法论坛》2011年第3期。

④ See Katharina Pistor & Chenggang Xu, *Incomplete Law*. Journal of International Law and Politics 35: 931－1013(2002).

中监管具有代表性的是风险管理体系，如危害分析和关键环节控制点（hazard analysis and critical control points），根据不同的风险水平，制定相应的预防、监测和检查措施。上述两个阶段的监管活动，都属于预防性的监管活动，可以最大限度避免违法行为造成的损害。第四类是事后执法，即相对人的违法行为被发现后，寻求落实法律责任的活动。虽然违法行为造成的损失已经发生，法律实施不具备预防性功能，但是由于法律责任的多样性，法律实施活动可以实现矫正性、威慑性和赔偿性的目的。

规则制定和法律实施的不同组合会影响治理质量。一方面，法律实施机制的效率水平存在高低之分，依赖监管机构和法院系统的廉洁和效率水平等因素；另一方面，有权机关可以选择制定清晰的规则（bright－line rules）和概括性的原则（standards）。[①]所谓清晰的规则是指法律法规对于被监管对象的行为提供了详细的指引，设置了权利和义务以及具体法律后果，具有很强的可操作性，因而法律实施主体的自由裁量权较弱；而所谓概括性的原则是指法律法规仅设定宏观的原则性规范，如“显失公平”“勤勉尽责”等，这些原则的适用范围较宽，但可操作性较低，因而法律实施主体的自由裁量权较强。[②]

表2－1展示了不同组合所对应的治理质量：当法律实施机制有效率时，法律条文应当以概括性的原则为主，这个组合可以实现最优的治理质量，它充分利用了高效率执法者的优势，避免了“一刀切”式的规则扼杀被监管者的多样性，可以保证监管规则考虑到不同主体的特点；[③]相反，如果法规以规则性的规定为主，僵硬的规则会限制有效率的法律实施机制，不能充分发挥投入资源的作用，无法适应被监管者的多样性，特别是扼杀创新行为。

表2－1　规则制定与法律实施组合的治理实效分布

法规类型	高效率的法律实施制度	低效率的法律实施制度
法规以原则性的条文为主	治理质量最优	治理质量较低
法规以规则性的条文为主	治理质量次优	治理质量次优

① See Louis Kaplow, *Rules versus Standards: An Economic Analysis*. Duke Law Journal 42: 557－629(1992).

② 也有学者将其分为“规范性规则”和“标准性规则”。参见张文显：《规则·原则·概念——论法的模式》，载《现代法学》1989年第3期。

③ 参见刘轶：《金融监管模式的新发展及其启示——从规则到原则》，载《法商研究》2009年第2期。

当一国的法律实施制度缺乏效率时，法条应该以规则性的规定为主，这个组合可以达到次优的状态。[①]由于规则性的规定留给实施主体的自由裁量空间较小，因而他们寻求腐败的机会较少。虽然规则性的规定缺乏弹性，但是避免了因为腐败带来的更大成本。当法律实施制度缺乏效率时，考虑到违法行为被定罪的可能较低，应当设定较高的法定处罚。最后，缺乏效率的实施制度与概括性原则的组合可能导致最低的治理质量。由于概括性原则留给实施主体自由裁量的空间较大，被监管者会投入大量的资源寻求规避法律责任，以避免受到惩罚，也就会导致法规得不到有效的实施。

第二节　证券欺诈的基础理论

一、证券欺诈的基本意涵

尽管在理论界有一定的共识，但新《证券法》并未对证券欺诈的概念进行定义。我国最早在立法文件中使用"证券欺诈"一词的是1993年颁布的《禁止证券欺诈行为暂行办法》（已失效），该办法第2条规定："本办法所称证券欺诈行为包括证券发行、交易及相关活动中的内幕交易、操纵市场、欺诈客户、虚假陈述等行为。"证券欺诈的类型包括十种具体行为，其中违法主体除了证券经营机关外，还包括证券登记清算机构和发行人及其代理人等。而1999年施行的《证券法》将证券欺诈的行为主体缩限为"证券公司及其从业人员"，同时对欺诈行为的类型也进行了限缩。[②]

理论界对证券欺诈存在广义和狭义两种定义。有学者认为广义的证券欺诈是指在证券发行、交易及相关活动中发生的任何违反公平合理和诚信原则的行为，包括内幕交易、操纵市场、虚假陈述及错误管理等行为。[③]也有学者认为，应当从1998年通过的《证券法》的体系安排出发，将证券欺诈行为等同于"证券禁止行为"，即证券欺诈即证券禁止行为。[④]

狭义的证券欺诈仅指利用与证券投资者进行交易的机会或利用其受

---

① See Black Bernard & Reinier Kraakman, *A Self - Enforcing Model of Corporate Law*. Harvard Law Review 109: 1911 - 1982(1996).

② 参见顾肖荣、陈历幸：《投资者怎样证明欺诈民事责任的成立》，载《上海证券报》2005年5月24日第2版。

③ 参见陈洁：《证券欺诈侵权损害赔偿研究》，北京大学出版社2002年版，第4页。

④ 参见顾功耘：《证券法》，人民法院出版社1999年版，第184页。

托人、管理人或代理人的地位,通过损害投资者的利益而进行的证券交易。[①]也有学者强调"证券欺诈"的部门法属性:"所谓证券欺诈,就是发生在股票、债券的发行、交易过程中的,由刑法加以规范、禁止的一切以虚构事实掩盖真相的方法使人上当误信的行为。"[②]此种理解从刑法角度入手,强调了欺诈行为社会危害性的严重程度。但不可否认,证券欺诈责任除刑事责任外,还有行政责任和民事责任,并且民事责任应该优先于刑事、行政责任。还有学者将证券欺诈仅界定为欺诈客户的行为,并与内部人短线交易、内幕交易、操纵证券交易价格并列为证券禁止行为。[③]还有学者将证券欺诈与虚假陈述等同对待,认为狭义的证券欺诈是指在证券发行、交易及相关活动中违背证券市场公开原则,通过隐匿重要事实,或者故意作出不实的、严重误导或有重大遗漏的虚假陈述,使投资者产生错误认识并做出一定行为,从而损害投资者利益的行为。[④]

我国证券欺诈基础与传统民法领域的欺诈理论紧密相连,而后者建立在意思表示的基础上,被视为法律行为中意思表示的瑕疵。意思表示是指"将企图发生一定私法上效果的意思,表示于外部的行为",由内心意思和外部表示两个要素构成。[⑤]"意思"依其"表示"而客观化,两者合为一体构成意思表示。一般认为,当表意人意思表示不自由的情况下,会发生欺诈行为。"欺诈者故意欺罔被欺诈人,使陷入错误,并因之而为意思表示之行为也。"[⑥]最高人民法院《关于贯彻执行〈中华人民共和国民法通则〉若干问题的意见》(已失效)第68条规定,一方当事人故意告知对方虚假情况,或者故意隐瞒真实情况,诱使对方当事人作出错误意思表示的,可以认定为欺诈行为。本书对证券欺诈采取较为宽泛的定义,指证券市场义务主体违反法定或议定的义务,利用欺诈手段或安排误导其他投资者作为或不作为,以避免损失或者获得利益的违法行为,包括虚假陈述、内幕交易、市场操纵等一系列具体的违法行为。

证券欺诈和民事欺诈的区别还体现在法律后果方面。民事欺诈的法律后果以民事责任为主,包括撤销因欺诈订立的合同或使合同无效。但证券立法的根本目的在于维护投资者的合法利益,合同无效或可撤销的救济

---

① 参见顾肖荣、陈历幸:《投资者怎样证明欺诈民事责任的成立》,载《上海证券报》2005年5月24日版。

② 白建军:《证券欺诈及对策》,中国法制出版社1996年版,第5页。

③ 参见符启林:《中国证券交易法律制度研究》,法律出版社2000年版,第390-393页。

④ 吕红兵、陈慧谷:《证券法律:投资银行律师实务》,上海财经大学出版社2000年版,第272页。

⑤ 参见王泽鉴:《民法总则》,中国政法大学出版社2001年版,第335页。

⑥ 郑玉波:《民法总则》,中国政法大学出版社2003年版,第354页。

方式往往无法填补投资者的损失，也不利于有效威慑和制裁违法行为。因此，证券欺诈的法律后果呈现多元化，不仅包括民事责任，还包括行政责任和刑事责任。其中，民事责任的类型曾存在一定争议。投资者与违法行为人之间的关系主要可以分为合同关系或侵权关系，因此“区分说”认为应当将证券欺诈民事责任划分为证券违约责任、证券侵权责任以及缔约过失责任三种类型，这意味着投资者的请求权基础应当依具体情形而定。①而“单一说”则认为证券欺诈民事责任仅包括证券侵权责任一种类型，这意味着投资者的请求权基础仅应为侵权责任。②两种观点的核心争议在于是否承认以合同关系为基础的证券违约责任与缔约过失责任的适用。《2003年虚假陈述若干规定》中，并未直接对虚假陈述欺诈行为的民事责任类型进行定性，仅说明损害赔偿遵循“填平原则”。而2022年最高人民法院公布的《关于审理证券市场虚假陈述侵权民事赔偿案件的若干规定》（以下简称《2022年虚假陈述若干规定》），则明确采纳了“单一说”，规定因虚假陈述引发的民事纠纷属于侵权纠纷。

二、证券欺诈侵权责任的构成要件

证券欺诈侵权责任的构成要件与民事欺诈具有相似之处，后者主要包括以下四方面要件：第一，欺诈行为，单纯之缄默，除在法律上、契约上或交易之习惯上某事项负有告知之义务者外，其缄默并无违法性。第二，因果关系，欺诈行为与表意人陷入错误及为意思表示之间具有因果关系。第三，过错要件。第四，损害事实。③当然，侵权法律规范只是解决证券欺诈民事纠纷的一般性法律规范，根据“特殊优先于一般”的法律适用规则，证券欺诈侵权纠纷还应当考虑到证券市场场域的特点。

我国学者对于证券欺诈侵权责任构成要件的讨论已有二十余年历史。王利明（2001年）是较早提出证券民事侵权责任应当适用“三要件说”，包括损害事实、过错和因果关系。对因果关系和过错要件的分析体现了证券市场的特点：一方面，因果关系要件可以进一步分为交易因果关系与损失因果关系，并主张将美国证券司法实践中发展出的市场欺诈理论引入因果关系的证明中，以减轻原告的举证责任；另一方面，过错要件应当对发行人适用过错推定原则，以减轻投资者的举证责任。④

① 参见周友苏、罗华兰：《论证券民事责任》，载《中国法学》2000年第4期。
② 参见王利明：《我国证券法中民事责任制度的完善》，载《法学研究》2001年第4期。
③ 参见王泽鉴：《民法总则》，中国政法大学出版社2001年版，第391－392页。
④ 参见王利明：《我国证券法中民事责任制度的完善》，载《法学研究》2001年第4期。

郭锋(2003 年)同样对因果关系要件和过错要件进行了系统讨论。① 首先,在交易因果关系方面,依欺诈市场理论进行信赖推定时,原告首先应当承担相应的证明责任,包括被告公开披露的信息存在虚假陈述;虚假陈述满足“重大性”标准;虚假陈述会导致理性投资者对该股票的价格作出错误判断;股票是在有效资本市场中交易的;原告是在虚假陈述作出之后、真实情况被纠正或揭露之前从事交易。②其次,在损失因果关系方面,引入“直接后果法”“可预见法”“因果关联法”“风险实现法”等方法进行判定。最后,在过错要件方面,证券法对发行人实质上采用了严格责任的归责原则,而对于发行人或上市公司的董事、监事、高级管理人员以及中介服务机构等主体,则采用过错责任原则,但举证责任倒置。

廖升(2017 年)则进一步从侵权责任原理出发将虚假陈述侵权责任的构成要件归纳为六个方面,包括加害人存在虚假陈述行为;加害人是具有信息披露义务的人;虚假陈述行为发生在证券发行或者交易过程中;受害人遭受了可救济的损失;加害人的虚假陈述行为与受害人的损失之间存在因果关系;加害人主观存在过错。③该理论相对于传统四要件,增加了加害人应当承担信息披露义务以及虚假陈述行为发生在证券发行或者交易过程中两方面要件,并针对虚假陈述行为的特点提出了重大性标准与公开性标准两个统合认定标准。

汤欣和李卓卓(2022 年)结合《2022 年虚假陈述若干规定》,讨论了过错、交易因果关系与损失因果关系等要件。其中,损失因果关系的认定需要结合定量分析,同时系统性风险以及非系统性风险扣除亦成为虚假陈述损失计算的重要因素。④从学界对构成要件的代表性研究之沿革不难发现,理论界一方面承袭了大陆法系侵权责任认定的传统,另一方面参考英美法系的实践经验并且结合证券市场与证券纠纷的实际情况,逐渐探索和发展出具有特殊性的、更具体化的构成要件讨论框架与讨论焦点。

结合上述具有代表性的讨论,本书认为证券欺诈民事责任的认定主要包括以下四个要件:

第一,违反法定或议定义务的作为或不作为。民事欺诈须有欺诈行为,即对不真实的事实表示其为真实,而使他人陷入错误,加深错误,或保

---

① 参见郭锋:《证券市场虚假陈述及其民事赔偿责任——兼评最高法院关于虚假陈述民事赔偿的司法解释》,载《法学家》2003 年第 2 期。

② 参见郭锋:《虚假陈述侵权的认定及赔偿》,载《中国法学》2003 年第 2 期。

③ 参见廖升:《虚假陈述侵权责任之侵权行为认定》,载《法学家》2017 年第 1 期。

④ 参见汤欣、李卓卓:《新修虚假陈述民事赔偿司法解释评析》,载《法律适用》2022 年第 3 期。

持错误,且这种欺诈行为得为积极行为,消极的隐藏事实(不作为)原则上不成立欺诈。[①] 而反观证券欺诈,市场主体受到的监管更为严格,面临多方面的义务约束,并不以积极做出欺诈行为为原则。甚至,很多情况下并不是由于交易双方的欺诈行为导致损失,而是因为第三方的违法行为导致侵权损失。考虑到欺诈行为人往往利用资金或信息上的优势,使善意相对人作出反方向的投资决策,如果过于强调欺诈人是否采取积极行为,将不利于保护弱势地位的中小投资者。

第二,违法行为人应当存在主观过错。证券欺诈的归责原则更为严苛,主要包括严格责任与过错推定两种归责原则。在发行阶段的证券欺诈行为,发行人应当承担无过错责任,其他责任主体承担过错推定责任;而对于交易阶段的欺诈行为,义务人应当承担过错推定责任。考虑到新《证券法》施行后证券欺诈的法律责任更为严格,从法益平衡角度来看,主观过错应当仅包括故意和重大过失两种情形。

第三,满足交易因果关系,即交易行为与欺诈行为之间存在因果关系。与传统的民事活动不同,证券市场交易既可能是通过当事人之间面对面的相互协商达成,也可能是通过交易所撮合成交的非面对面交易。同时,证券产品的特殊性导致其价格受到证券市场信息集的影响。而证券市场信息披露义务人是多元化的,大多数皆不属于受侵害投资者的交易对手方,也即第三方的违法行为也可能对证券交易存在因果关系。

第四,损失因果关系,即须有实际的财产损失,且是由欺诈行为导致的。[②] 原告需要证明其遭受了侵权损失,同时该损失与被告违法行为与不当交易之间存在逻辑的必然性。由于原告获得的民事救济以侵权损害赔偿为限,损失计算时应当扣除系统性风险和其他因素所导致的损失,也即仅有原告因证券欺诈行为遭受的损失才属于民事赔偿范围。

第三节　法律实施的基本理论

监管型国家的兴起促进了关于法律实施机制的理论讨论,其中影响力较大的包括威慑理论和回应性执法理论。威慑理论的内核是法和经济学的成本—收益分析,它强调法律实施机制给违法行为人带来的成本,并主张保持最优的威慑水平。而回应性执法理论的内核是法和社会学的社会

---

① 参见王泽鉴:《民法总则》,中国政法大学出版社 2001 年版,第 391 页。

② 参见胡晓珂:《证券欺诈禁止制度初论》,经济科学出版社 2004 年版,第 21 页。

心理学分析，它强调影响行为人遵守法律的因素是多元化的，并主张调动一切要素引导行为人守法。

一、威慑理论

法和经济学关于违法行为的分析起源于诺贝尔经济学奖获得者加里·贝克尔（Gary Becker）①，其在1968年发表了开创性文章《罪与罚：一个经济学的分析方法》（*Crime and Punishment: An Economic Approach*）②。贝克尔对违法行为的分析始于一个基本假定，即违法行为人是理性人，会对激励作出反应，即会比较违法行为的预期成本和收益③，只有当违法行为的预期成本大于预期收益时，理性人才会选择拒绝从事违法活动；相反，如果法律限制某些行为，而此类行为带来的预期收益大于成本，那么理性的个人很可能会选择违法。因而，遵守法律不应被视为理所应当的。

改变违法行为的预期成本和收益成为各国引导理性人遵守法律的主要抓手。一方面，国家可以向潜在的违法行为人提供正向激励，提高违法行为的机会成本。例如，提高国民通过正当工作获得合法收入的水平，或者减少无违法记录主体的法定义务。④从事违法行为的机会成本越高，违法的动力就越低。另一方面，国家可以向潜在的违法行为人提供负向激励，增加违法行为的预期成本，以达到威慑违法行为的功能。贝克尔认为违法行为的预期成本主要由两个因素决定，即法定处罚和定罪概率。⑤法定处罚

---

① 贝克尔是芝加哥大学经济系的教授，他将微观经济学的分析领域拓展至研究人的行为和互动关系，特别是非市场行为，并因此获得1992年诺贝尔经济学奖。对违法行为的开创性研究是他的重要贡献之一。诺贝尔奖官方网站这样评论贝克尔的贡献："The Sveriges Riksbank Prize in Economic Sciences in Memory of Alfred Nobel 1992 was awarded to Gary Becker 'for having extended the domain of microeconomic analysis to a wide range of human behaviour and interaction, including nonmarket behaviour'." See http://www.nobelprize.org/nobel_prizes/economic-sciences/laureates/1992/。

② See Gary Becker, *Crime and Punishment: An Economic Approach.* Journal of Political Economy 76: 169-217 (1968). Also see Garoupa, Nuno, *The Theory of Optimal Law Enforcement.* Journal of Economic Surveys 11: 267-295 (1997).

③ 成本和收益不仅局限于货币收入和支出，同样包括非货币收入和支出。例如，从事违法行为给违法者带来的声誉损失，即是预期成本的重要组成部分。

④ 例如，《证券公司分类监管规定》（证监会公告〔2010〕17号）规定了证券公司的分类评价制度，如果证券公司因违法违规行为被证券监管机构行政处罚、采取监管措施或者被司法机关刑事处罚的，应当按规定给予相应扣分。对于评价结果较差的证券公司，其承担的证券投资者保护基金的比例相对较高。

⑤ 贝克尔对违法行为的法律经济学分析主要围绕法律对违法行为的影响，并假定其他相关因素不变。本书对证券法律和其执行机制的分析也秉承此类思路，主要关注法律法规以及执行制度设计对预防证券市场违法的作用。

由法规条文(rule on the book)决定,而定罪概率由法律实施的强度决定。[①]因此,威慑理论依赖对抗式实施机制,监管资源主要用于发现、证明违法行为和惩罚违法行为人,法律责任的惩罚属性较强。[②]

用一个简单的模型即可以阐述贝克尔对威慑违法行为的基本分析思路。假设对个体A来说,违法行为可能带来收益g,被定罪的概率为p,p的取值范围在0和1之间。定罪概率p与法律实施的强度相关,当法律实施强度较高时,大多数的违法行为都会被定罪,p接近1;当法律实施强度较低时,大多数的违法行为都不会被定罪,p接近0。如果A的违法行为被定罪,那么其将面临处罚f。处罚f代表该违法行为的法定处罚力度,法定处罚越高,f越大;反之,则f越小。因而,违法行为的预期净收益NB可以由等式(2-1)给出[③]:

$$NB = p \times (g - f) + (1 - p) \times g = g - p \times f \qquad \text{等式}(2-1)$$

A作为理性人,当NB大于零时,违法行为将带来预期净收益,即会从事违法行为;当NB小于零时,违法行为带来预期净成本,A即不会选择违法。当然,等式(2-1)中各个参数的取值会随着不同违法行为和个体特征的差异而存在区别。上述结果显示可以通过提高定罪概率p或者法定处罚f,或者同时提高两者,降低违法行为的预期净收益。[④]为了保持最优威慑水平,还可以选择不同的定罪概率p和法定处罚f的组合。当法定处罚较高时,适当降低法律实施的强度;相反,当法律实施强度较高时,可以适当降低法定处罚。[⑤]不同社会、不同时期法规制定和法律实施的成本存在差异,因而不同定罪概率p和法定处罚f组合的社会总成本也存在差异。社

---

① 贝克尔的分析着眼于非预防性(non-preventive)的法律执行机制,即通过事后对违法行为的定罪和处罚,来威慑个人在事前的违法行为。另一种是预防性的法律执行机制,即在事前防止个人从事违法,比如警察巡逻。预防性法律执行机制的优势在于可以降低违法行为发生的概率,缺陷在于它相对来说是一种更昂贵的执行机制。关于对预防性和非预防性法律执行机制的讨论,参见Tim Friehe & Avraham Tabbach, *Preventive Enforcement*. International Review of Law and Economics 35:1-12(2013)。

② 参见侯东德:《证券服务机构自律治理机制研究》,载《法商研究》2020年第1期。

③ 法律经济学一般采用效用函数分析违法行为给违法者带来的主观收益,笔者为了简化讨论并未引入这一概念。

④ 在分析等式(2-1)时,一般假定违法行为带来的收益g是不变的、外生的;而定罪概率p和法定处罚f是可以通过制度设计改变的。

⑤ 定罪概率和法定处罚之间可能面临更复杂的权衡关系。当个人偏好风险时,同比例地增加法定处罚f和定罪概率p,增加定罪概率p将会更大程度地减少违法,也即增加执法强度的效果更明显。当个人厌恶风险时,增加法定处罚f将会更大程度地减少违法,也即增加法定处罚的效果更明显。如果个人是风险中性的,那么两者同比例的变化将带来相同的效果。See Gary Becker, *Crime and Punishment: An Economic Approach*. Journal of Political Economy 76:169-217(1968)。

会最优的状态是以最低的总成本达到最优威慑水平。

如果从社会整体角度考虑，违法行为会给一部分人带来成本、给另一部分人带来收益，社会净收益是上述个人收益的加总，政策制定者应当通过制度设计最小化违法行为给社会带来的总福利损失。社会总福利即是罪犯的收益、受害人的成本和法律实施成本的总和。违法行为的数量 V 是由定罪概率 p 和法定处罚 f 决定的，即 V = V(p,f)，增加 p 和 f 都会降低 V。一方面，违法行为会给违法行为人带来收益 G，违法行为的社会收益由变量 V 决定，即 G = G(V)，G 随着 V 增加而增加。违法行为另一方面会给他人带来损失 D，D 也由 V 决定，即 D = D(V)，D 同样随着 V 的增加而增加。

法律实施的成本也同样影响社会总福利，它主要包括两部分：一部分是定罪成本(costs of conviction)，即发现违法行为和将违法嫌疑人定罪的成本，如执法机关和司法机关运行的成本。定罪成本由违法行为的数量 V 和定罪概率 p 决定，即 P = P(p, V)。随着违法数量 V 或定罪概率 p 的增加，定罪成本 P 将上升。另一部分是处罚成本(costs of punishments)，即当违法嫌疑人被定罪后，对其施加惩罚时所支付的成本。不同惩罚形式的社会成本存在显著的差异。例如，罚款的社会成本较低，只需要承担收取罚款的成本；而监禁的成本较高，需要支付建筑成本和监狱的运行成本。因而，施加处罚的成本由违法行为数量 V，定罪的概率 p，法定处罚 f 共同决定，即 C = C(p, f, V)，C 随着 p、f 和 V 的增加而增加。违法行为带来的社会总福利的变化可以由等式(2-2)给出：

$$SL = G(V) - D(V) - P(p, V) - C(p, f, V) \quad \text{等式(2-2)}$$

通过对等式(2-2)求导数，即可以得到求解最优定罪概率 p* 和最优法定处罚 f* 的条件，即额外增加一单位的违法行为给社会带来的边际成本等于边际收益时，p 和 f 的取值组合。①

依据等式(2-2)可以得出，保证全社会因为违法行为支出的成本最小，并不意味着消除违法行为。虽然减少违法行为将降低受害人的损失 D，但会增加法律实施的成本，即定罪成本 P 和处罚成本 C。随着违法数量降低，法律实施的边际成本会逐渐增加，可能会大于减少违法行为带来的边际收益。同理，不处罚放任违法行为也不是社会最优的选择。这个策略虽然最小化定罪和处罚的总成本，但最大化了受害者承担的损失 D。

另外，由于不同的处罚形式所需支付的处罚成本存在差异，因而在最

① 变量 A 是变量 p 和 f 的函数，求导时需要用到复合函数求导的规则。

优威慑水平下存在不同的定罪概率和法定处罚组合。政策制定者可以通过选择不同的处罚形式达到最优威慑水平，即 p * 和 f * 组合。因为罚款的处罚成本较低，其应当作为优先使用的法定处罚形式。政策制定者应当增加罚款的数额，降低定罪的概率，来减少执法的成本。因此从理论上看，社会最优的法律执行机制是在保持最优威慑水平的前提下，将法定处罚 f * 设定为最大值罚款（maximal fine），即罪犯所拥有的所有财富，同时将定罪概率 p * 设定在较小的水平，以最小化法律执行的成本。

贝克尔对法律实施机制和违法行为的讨论引起了学界的广泛兴趣，随后的研究逐渐丰富和完善了贝克尔关于最优法律实施的理论。首先，虽然理论上以个人财富为上限的最大罚款在某些情况下可以最小化社会总损失，但是当违法行为人的个人财富较低时，罚款的威慑力不足。此时，应当考虑非货币惩罚，如人身监禁，以增加违法成本。①其次，法定处罚和定罪概率之间的权衡受到边际威慑力的限制，较高法定处罚和较低定罪概率的组合可能会扭曲违法行为人的边际激励。②如果个人在从事社会危害性较轻的违法行为时，即面临较高的法定处罚，那么法规对其是否额外从事某一项违法行为，特别是社会危害较严重的违法行为，缺乏边际威慑力。例如，如果横穿马路的法定处罚是终身监禁，那么对于那些已经横穿马路的个人来说，继续从事盗窃、抢劫等社会危害性更大的违法行为并不会显著增加他们的预期成本。因此，虽然严厉的法定处罚将最大程度减少横穿马路的行为，但是可能会增加其他更严重的违法行为。

综上所述，在法和经济学的威慑理论中，并不强调完全消除某类违法行为，或坚持所有被监管对象都必须守法，因为法律实施成本会快速增长，也即边际法律实施成本呈现递增的趋势。在此条件下，必定会出现额外投入（成本），小于守法概率提高所带来收益的情况。③社会应当维持最优的法律实施水平，即法律实施活动的社会边际成本等于边际收益的状态。

---

① See Mitchell Polinsky & Steven Shavell, *The Optimal Use of Fines and Imprisonment.* Journal of Public Economics 24：89 –99（1984）.

② See George Stigler, *The Optimum Enforcement of Laws.* Journal of Political Economy 78：526 –536（1970）.

③ Breyer 教授形象的比喻，将风险发生概率从 10% 降低至 1% 的成本，可能远高于将其从 100% 降低至 10% 的成本。See Stephen Breyer, *Breaking the Vicious Circle*. Cambridge：Harvard University Press, 1993, p. 10 – 13.

二、回应性执法理论

有学者在1992年提出了回应性执法理论①,以法律实施活动对守法的影响为切入点,主张威慑力仅是影响守法活动的一个面向,强调多元因素共同作用保障守法活动②。该理论以福柯在《规训与惩罚》对国家权力配置的研究为基础③,认为现代社会的主要特征是治理社会,参与治理的主体呈现多样化,国家治理呈现去中心状态④。因而,对于法律实施机制的研究不能仅关注行政执法一个面向,还要关注其他主体和被监管对象。被监管对象是否在行为过程中按照法律和监管规则的要求行事,不仅会考虑成本和收益,还可能受到社会规范、价值观、身份、羞愧感、负罪感和信任程度等因素的影响。如果被监管对象本来就是以成为"良善公民"(good citizen)为目标,那么纯粹的威慑可能对他们的守法行为产生负面影响,威慑理论放弃了大量可以提高被监管对象守法水平的政策工具⑤,还将被监管者置于监管者的对立面,这会引起监管对象的抵触并采取策略性守法行为,被监管群体的社群文化可能受到严苛处罚的负面影响,如企业将主要精力转向"钻法律的空子"谋求高收益,而不是出于认可法律并由衷地遵守法律。

回应性执法理论指出监管对象的组成是多元化的,他们的行为模式可以分为三类:第一类是守法的被监管对象(virtuous actors),这类行为人具备自愿遵守法律法规的特点,受到道德的强烈约束,遵守法规仅仅因为它们是由有权机关颁布的规则。这类行为人只需要通过劝诱性的处罚措施即可以引导他们守法。第二类是理性的被监管对象(rational actors),他们会比较行为所带来的成本和收益,监管处罚应当具备威慑力,减少违法行为的净收益。第三类是非理性的被监管对象(irrational actors),他们的行为缺乏一致的逻辑,对于处罚带来的成本视而不见,很难通过一般的处罚措施产生足够的威慑。这类被监管对象往往是累犯,因此对他们的处罚措施应当非常严厉,如采取监禁等措施。对于那些愿意守法的监管对象,严

---

① See Ian Ayres & John Braithwaite, *Responsive Regulation*. Oxford: Oxford University Press, 1992, p. 101.

② See Robert Baldwin, Martin Cave & Martin Lodge, *Understanding Regulation*. Oxford: Oxford University Press, 2011, p. 88 – 89.

③ 参见刘鹏、王力:《回应性监管理论及其本土适用性分析》,载《中国人民大学学报》2016年第1期。

④ 参见[法]米歇尔·福柯:《规训与惩罚》,刘北成,杨远婴译,生活·读书·新知三联书店1999年版。

⑤ See Valerie Braithwaite & Michael Wenzel, *Integrating Explanations of Tax Evasion and Avoidance*. Cambridge: Cambridge University Press, 2008.

厉的惩罚措施将他们推向守法的对立面：一方面可能引发他们仅表面遵守法律；另一方面让他们背负上沉重的合规负担，将大量的资源浪费在使用司法系统逃避处罚上，而不是事前投资合规体系减少违规风险。①因此，执法理论不仅应当看到事后处罚可能带来的事前威慑，还应当看到其可能减少道德驱动力的影响。

考虑到监管对象的异质性，回应性执法理论主张法律实施机制要对被监管对象的行为进行回应，根据他们的类型从“金字塔式”的执法工具箱中选择合适的处罚措施。“金字塔式”的执法工具箱如图 2-3 所示②，即设置动态的执法模型，以说服和被监管对象内部制度建设为前置措施，只有当上述措施无效的情况下才按照法律实施“金字塔”进行升级，采用更严厉的处罚。回应性执法利用处罚升级作为威慑手段，让被监管对象知道如果不履行较轻微的自我约束和制度建设，如赔偿受害投资者、改正违法行为，建立内控制度，那么将会受到更为严厉的处罚，这也被称为“温和的大炮”（benign big gun）。

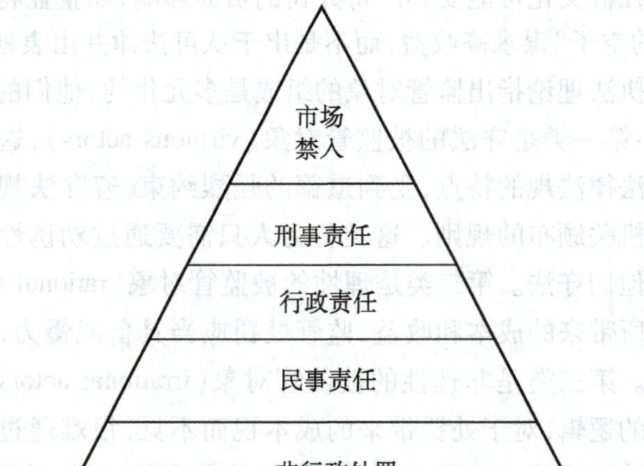

图 2-3 “金字塔”式法律实施体系

资料来源：Ian Ayres & John Braithwaite, *Responsive Regulation*. Oxford: Oxford University Press, 1992。

---

① See Eugene Bardach & Robert Kagan, *Going by the Book: The Problem of Regulatory Unreasonableness*. The Academy of Political Science 98: 697-699(1982).

② See Neil Gunningham & Darren Sinclair, *Smart Regulation*. In Peter Drahos eds. Regulatory Theory: Foundations and Applications. Canberra: ANU Press, 2017.

回应性监管在各主要经济体都存在广泛的实践。例如,美国检察机关会与违法组织达成企业诚信协议(corporate integrity agreements),要求对方建立更为严格的内控制度防止再犯,并以此为条件推迟刑事起诉。①而我国也形成了独有的执法实践,即"约谈"这种未被类型化的行政措施。在我国基层执法机关执法资源短缺的条件下,行政执法三项制度(行政执法公示制度、执法全过程记录制度、重大执法决定法制审核制度)大幅度提高了行政处罚的成本。②同时,行政体系内部关于行政诉讼、复议数量等的考核指标,给基层执法机关提供了负向激励,推动行政机关在正式处罚范围之外进行制度创新。因此,"约谈"作为一种行政责任体系之外的处罚措施,被赋予"软法"的合作式约束力。③需要澄清的是,回应性监管理论也承认其局限性:第一,当发生无法挽回的损失的风险极高时,并不适合设计逐渐升高的处罚,因为损失风险太大。第二,回应性监管的有效性依赖于被监管对象与监管者之间是否存在长期的互动关系,上述关系保障了措施升级的威慑力。如果双方的互动关系是短期的,那么应当采取严格的处罚措施。

回应性执法理论强调执法措施应当以说服和制度建设为前置执法措施,为公权力机关和私主体之间的监管合作奠定基础。该理论逐步扩展形成出合作治理理论,在后监管国家时代,行政机关不再垄断实施法律的权力,执法主体多元化程度大幅提高。④首先,公权力机关与私主体之间已经建立起广泛的监管合作,对一些危害性不大的违法行为,监管机构外包给第三方执行法律。如针对虐待动物的违法行为,在某些国家并不是由政府机构负责执法,而是通过执法授权让私人或非营利性组织落实相应的法律责任。⑤另外,对于监管机构存在资源限制或信息劣势的情况,也同样存在公私合作执法的实践。例如,我国《食品安全法》第148条第2款规定了食品安全领域的惩罚性赔偿制度,消费者因购买不符合食品安全标准的食品而受到损害的,可以向经营者或生产者要求损害赔偿。

其次,公权力机关和监管对象还形成了强化型自我监管(enforced self - regulation)的治理模式。监管机构将一部分监管权让渡给被监管对象,让

---

① John Braithwaite, *Types of Responsiveness*. Peter Drahos eds. Regulatory theory: foundations and applications, Canberra: ANU Press, 2017, p. 124.

② 参见万江:《指标控制与依法行政:双重治理模式的实证研究》,载《法学家》2017年第1期。

③ 参见卢超:《社会性规制中约谈工具的双重角色》,载《法制与社会发展》2019年第1期。

④ 参见宋华琳:《论政府规制中的合作治理》,载《政治与法律》2016年第8期。

⑤ See Peter Grabosky, *Using Non - Governmental Resources to Foster Regulatory Compliance*. Governance 8: 527 - 550(1995).

企业根据自身的情况制定内部规章,并且通过企业内控制度保证该规章的有效实施。①政府仅负责对其自我监管的效果进行监督。这种监管模型在风险治理方面具备独特的优势,由于风险爆发具有不可预测性,完全依靠政府监管存在滞后性,而企业自我监管更贴近市场,反应速度和有效性都相对较高。②强化型自我监管的代表性行业即是信用评级行业,主流经济体的监管机构都要求评级机构制定利益冲突、公司治理、信息披露和内部控制规则,并且将这些规则备案。监管机构定期检查评级机构对这些规则的执行情况,寻找内控缺陷或者违法行为。

最后,由于商业实践的发展,一些具有市场影响力的私人组织在一定范围内享有规则制定和法律实施的权力。商业社会中大型企业往往会制定自己的标准,如大型超市会制定产品供货标准,并根据该标准对供货商进行检查,如果商品未能达标,超市还能施加一定的处罚措施。③

回应性执法和合作治理理论创造性地将多元化主体引入治理体系中,丰富了促进被监管对象守法活动的研究视角。当然,上述理论并不否认公权力机关的核心地位,而是强调引入其他主体共同参与治理,可以缓解公共机构的资源紧张和效率较低的问题。

第四节　谁来实施证券法

美国法和经济学家理查德·波斯纳是较早对"法律实施"(law enforcement)概念进行系统分析的学者,其在《法律的经济分析》一书中专门讨论"法律实施"专题。④波斯纳将私人实施与公共实施并列为法律实施的两种机制,并比较了法律私人实施与公共实施之间存在的成本收益差异,主张应当寻求私人实施和公共实施的平衡。徐昕(2004 年)引入私人执法的概念,并与公共执法概念并列,前者指私主体在法律执行方面发挥重要作用,如为公共机关提供信息、提起诉讼尤其是侵权诉讼等;而后者则指通过公共代理人(如警察、检察官、税务检查员)发现和制裁违法行为人

---

① 参见杨炳霖:《监管治理体系建设理论范式与实施路径研究——回应性监管理论的启示》,载《中国行政管理》2014 年第 6 期。

② 参见高秦伟:《社会自我规制与行政法的任务》,载《中国法学》2015 年第 5 期。

③ See Julia Black, *Decentring Regulation: Understanding the Role of Regulation and Self - Regulation in a "Post - Regulatory" World.* Current Legal Problems 54: 103 - 146(2001).

④ 参见[美]理查德·波斯纳:《法律的经济分析》,薛兆康译,中国大百科全书出版社 1997 年版,第 779 页。

的机制。①汤欣(2007 年)将私人实施和公共实施的概念引入证券法领域,讨论私人诉讼对证券市场及公司治理执法的作用,主张在强化行政执法和刑事责任机制之外还应当鼓励而非限制民事诉讼机制。②

因为制度禀赋、历史传统、社会文化等方面的差异,中美两国学者在对法律实施制度研究时的侧重点不同。以波斯纳为代表的美国学者,主要讨论在私人实施机制的基础上,公共实施能带来哪些助益,其前提假设是私主体推动的法律实施机制占据主导地位;而我国学者则主要讨论在公共实施机制的基础上,私人实施能带来哪些助益,其前提假设是公共机构推动的法律实施机制占主导地位。

本书沿用私人实施与公共实施的规范表述,根据实施法律主体的公私属性,即依据"谁来实施法律"的标准,将证券法实施机制分为公共实施和私人实施两类。③法和经济学依据"谁来实施法律"的标准,将证券法实施机制划分为公共实施与私人实施两个面向。其中,私人实施是指私主体通过法律、法规和监管规则确立的程序,请求违法行为人承担民事责任的机制,主要包括调解程序、仲裁程序和诉讼程序。④ 例如,当投资者认为发行证券的企业进行了虚假陈述,损害了其合法权益,即可以向法院提起侵权之诉请求损害赔偿。⑤而公共实施是指法律、法规授权的具有管理公共事务职能的组织(以下统称为公共机构),在法定授权范围内实施处罚的机制,主要包括自律处分程序、行政处罚程序和刑事处罚程序。⑥例如,证券监管机构可以向进行虚假陈述的责任人施加警告或罚款等行政处罚。

无论是私人还是公共机构,在实施法律时都需要权衡成本和收益。⑦一般来说,当收益大于执法者支付的成本时,法律才会被有效地施行。公共实施机制依靠行政机构及其职员发起,他们实施法律的激励主要集中于为了社会公共利益威慑违法行为,还可以积累政治资本,有利于晋升。私人

① 参见徐昕:《法律的私人执行》,载《法学研究》2004 年第 1 期。

② 参见汤欣:《私人诉讼与证券执法》,载《清华法学》2007 年第 3 期。

③ 公共执行和私人救济并不是泾渭分明的关系,而是存在广泛的交错互动,参见徐昕:《论私力救济与公力救济的交错——一个法理的阐释》,载《法制与社会发展》2004 年第 4 期。

④ See Erik Berglof & Stijn Claessens, *Enforcement and Good Corporate Governance in Developing Countries and Transition Economies.* World Bank Research Observer 21: 123 - 150(2006).

⑤ 在其他部门法领域,如《消费者权益保护法》第 55 条第 1 款,同样赋予私主体执行法律的权利。参见葛江虬:《"知假买假":基于功能主义的评价标准构建与实践应用》,载《法学家》2020 年第 1 期。

⑥ See Mitchell Polinsky & Steven Shavell, *The Economic Theory of Public Enforcement of Law.* Journal of Economic Literature 38: 45 - 76(2000).

⑦ 参见刘鹏:《法律实施的基本范畴论纲》,载《江汉论坛》2017 年第 6 期。

实施机制依靠私主体发起,主要收益在于获得损害赔偿。法律实施的成本应当从机会成本的角度来衡量。因此,随着违法行为人面临的处罚增加,公共机关的腐败收益将随之增长,即法律实施的机会成本在上升。假如违法行为人 H 和 L 分别面临 10,000 元和 100 元的罚款,他们最高愿意支付执法者逃避处罚的贿赂即分别为 10,000 元和 100 元。因而,相较于违法行为人 L,H 更有可能逃避处罚。①但是,私主体并不存在腐败问题,违法行为人支付的贿赂即抵销他们的损害赔偿。②综合来看,公共实施机制和私人实施机制都存在各自的优势与劣势,并不存在理论上绝对占优势的情况。

一、私人法律实施

在私人实施机制中,私主体被视为"赏金猎人"(bounty hunter),增加了全社会投入落实法律责任的资源,提高了法律实施的强度和效率。一般来说,公共机构所掌握的资源有限,很难全面执行法律。而私人实施将一部分社会资源用于法律执行,在一定程度上缓解了公共机构预算的约束。私人实施机制主要是为了达到两方面目标:第一,有效威慑潜在的违法行为;第二,有效赔偿受害人的损失。③根据贝克尔关于违法行为预期成本和收益的分析,私人实施可以有效提高违法行为被定罪的概率,并且通过请求损害赔偿增加违法行为的成本。

(一)私人实施机制的优势

首先,私人实施最大的优势在于执法主体拥有较强的激励。第一,发起人一般都是违法行为的受害者,他们的合法权益受到侵害,这些受害人具有很强的激励向法院提起民事诉讼,请求损害赔偿,如果法院支持原告的损害赔偿请求,将给他们带来直接的收益。第二,在处理某些违法行为时,受害者具有更显著的信息优势,能以较低的成本发现违法行为。例如,对于违约行为,如果被违约方不向法院提起诉讼,而依靠行政机构处罚违约行为,将会带来很高的执法成本,并且难以达到有效实施法律的结果。

① 此时假定执法者面临的制度约束是一样的。一般来说,处理较为严重违法的执法者所面临的制度约束更强,其腐败的机会成本也更高。

② 从威慑违法的角度看,向监管者支付贿赂和处罚给潜在的违法者带来的预期效果是一样的,区别在于收取货币处罚的主体不同。如果监管者要求的贿赂数额低于罚款数额,则会导致对违法行为威慑力不足的结果。See Gary Becker & George Stigler, *Law Enforcement, Malfeasance, and Compensation of Enforcers*. Journal of Legal Studies 3: 1-18, 1974, p. 5.

③ See John Coffee, *Rescuing the Private Attorney General: Why the Model of the Lawyer as Bounty Hunter Is Not Working*. Maryland Law Review 42: 215-288 (1983).

第三，私人在决定是否起诉时，会比较成本和收益，只有当起诉所能获得的预期赔偿大于支付的成本时，他们才会提起诉讼，而公共机构并未遭受损失，他们在作出是否执行法律的决定时，成本和收益的构成与私主体存在显著的不同。例如，公职人员可能更加关注法律实施对个人政治前途带来的成本和收益。

其次，私人实施可以作为“双保险”，避免公共机构逃避执法责任。一方面，后者有可能因为政治压力、受到被监管机构的游说以及监管机构的私利而怠于执法，导致法规得不到落实。①如果私人实施机制与公共实施机制可以并行发挥作用，当出现监管俘获的情况时，私人实施可以作为公共实施的替代机制。另一方面，私人实施机制会给公共机构带来潜在的声誉压力，可能激励公共机构参与落实法律责任。特别是当公共机构关注法律实施的结果时，就有动力接管私人实施活动，主动推动施行法律。②

最后，私主体在法律实施过程中可能会产生制度创新，如诉讼策略或和解技巧等，这些都可以被公共机关采纳以降低公共执行的成本。私人机构参与法律实施，增加了执法主体的多样性，更容易激发制度创新。公共机构与私主体在制度创新上的激励存在显著差别。对于行政机构来说，创新失败的成本较高，而收益主要是由使用制度的被监管者获得；相较而言，创新失败对私人的负面影响较小，而给个人带来的收益较高，其进行制度创新的激励更高。

（二）私人实施机制的劣势

私人实施机制的劣势主要体现在个人收益与社会收益不匹配时，无法达到最优法律实施水平。首先，私主体实施法规的激励主要源于经济收益。当私人收益有限但社会收益较大，即法律实施活动产生较高的正外部性时，私人实施活动的强度将远低于最优水平。③这种情况在证券市场特别突出，证券欺诈行为往往给单个投资者带来的损失较小，但是所有投资者

---

① See George Stigler, *The Theory of Economic Regulation*. Bell Journal of Economics and Management Science 2：3 – 21 (1971)； Sam Peltzman, *Toward a More General Theory of Regulation*. Journal of Law and Economics 19：211 – 240(1976).

② 中央行政机关可能会更欢迎私人实施，因为随着行政链条和代理关系的增加，位于基层的行政机构很有可能缺乏执行法律的合适激励。此时，私人实施可以作为中央机关监督基层的指标：如果私人实施的数量较多，说明基层的执法机构并未有效履行其职责。这种非正式的“私人报警”的监督模式可以大幅节约中央行政机构的信息成本。See Mathew McCubbins & Thomas Schwartz, *Congressional Oversight Overlooked：Police Patrols versus Fire Alarms*. American Journal of Political Science 28：165 – 179(1984).

③ See William Rubenstein, *Why Enable Litigation：A Positive Externalities Theory of the Small Claims Class Action*. UMKC Law Review 74：709 – 728(2005).

损失加总后数额较大。例如,当证券发行企业在招股说明书中进行虚假陈述时,大量的投资者购买了高价股票。由于每个投资者遭受的损失有限,提起证券民事诉讼需要承担诉讼成本,投资者倾向于"用脚投票",而不是向法院提起诉讼推动落实证券法责任。但是,从社会总福利的角度来看,虚假陈述行为给所有投资者带来的损失较大,损害了证券市场的诚信基础,违法行为人应当承担相应的法律责任。①

其次,私人实施可能导致过度执法,增加了滥诉的风险,会过度威慑证券市场的参与者,导致他们采取保守的经营策略。②私人在作出决策时,仅会权衡诉讼带来的私人成本和收益。一方面,私人实施的部分成本由他人承担,存在负外部性。例如,虽然原告需要支付一定的诉讼费用,但远低于使用司法系统的总成本。③ 另一方面,私人获得的某些收益,可能是纯粹的财富转移,而不是由违法行为造成的。例如,企业通过提起诉讼,损坏潜在竞争者的声誉,或者骚扰对方的正常经营。在这种情况下,私人实施活动可能会给社会带来较高的成本。

再次,私人实施可能直接扰乱公共实施进程,扭曲公共机构的政策目标,伤害监管机构和被监管者建立起的合作关系。对于被监管者来说,与监管机构保持长期的合作关系是重要的守法激励。由于私主体的介入,双方合作关系无法稳定维系,必然会减少被监管者的守法激励。④例如,对于某些轻微违法活动,最优监管策略可能是通过非正式的沟通、调解等方式,而不是诉诸正式的监管处罚。但是,当私人可以任意提起诉讼时,上述合作关系的基础即破裂了,监管者不能保证被监管者不会在私人实施活动中受到处罚。此外,私人诉讼还可能会"扭曲"监管者的监管计划,如由于私人实施法律的经济激励较强,因而倾向于过度起诉那些可能获得超额收益的案件。而这些案件对于监管者来说,可能并不是优先处理的监管问题。

最后,私人实施缺乏制衡机制,私主体并不需要为其行为给社会带来的负面影响负责。例如,对于那些提起滥诉的原告来说,其面临的最大损

---

① 在此种情况下,可以通过设计相关的制度,例如集团诉讼(class action),帮助投资者克服"搭便车"的问题。集团诉讼制度让投资者可以享受规模经济的优势,降低单个投资者的维权成本。

② See Louis Kaplow, *Private Versus Social Costs in Bringing Suit.* Journal of Legal Studies 15: 371 –385(1986).

③ 如在我国消费者权益保护法领域就出现,职业打假人频繁利用产品说明或标签瑕疵牟利的行为。参见赵鹏:《惩罚性赔偿的行政法反思》,载《法学研究》2019 年第 1 期。

④ See Richard Stewart & Cass Sunstein, *Public Programs and Private Rights.* Harvard Law Review 95: 1193 –1322(1982).

失即是承担的诉讼成本，而无须补偿诉讼给被告经营状况或声誉带来的潜在损失。与此相反，监管机构一般面临行政问责机制，在作法律执行的相关决策时，会考虑监管机构和其他行政机构之间的相互制衡。

二、公共法律实施

公共实施机制具有很强的正外部性，公共机构往往会从全社会宏观的视角审视是否发起执法活动，比起私人实施机制来说更有可能推动那些社会总收益较高但个人收益较小的案件。[①] 一方面，良好的法律实施机制不仅惩罚了已经发生的违法行为、赔偿受害者的损失，还有力地威慑潜在的违法行为人。另一方面，良好的法律实施还有助于提高市场参与者的信心，他们预期一旦成为证券市场违法行为的受害者，执法者将惩处违法行为人，并且赔偿他们所遭受的损失。投资者对于公平和公正的市场交易存在信心，将有助于他们进行长期投资，这对于证券市场的健康发展具有重要的意义。

(一)公共实施机制的优势

首先，公共实施的优势主要体现在专业性和“规模经济”性。一方面，公共执法者往往是受过专业训练的人才，具有处理某类违法行为的专业知识。在其职业生涯中，会反复调查和查处相关的违法行为，积累特定的人力资本。与普通公众相比，监管者的专业判断力更强，执行法律的成本更低。另一方面，监管机构实施法律具有“规模经济”的优势。当违法行为的受害者数量众多时，让每一个受害者都去法院单独提起诉讼的社会成本是很高的。而公共机构可以集中执法，避免了反复起诉的成本。

其次，当受害人缺乏违法行为人的相关信息时，由公共机构执法更有效率。[②]在某些情况下，受害人对于加害人的信息一无所知，甚至并不知道自身遭受了损失。如果他们要确定加害人的身份，需要投入资源调查取证。而公共机构具有专门的技术人员从事上述事宜，并且可以调动相应的行政资源，因而，公共机构执行法律的成本较低。例如，在内幕交易案件中，受侵害的投资者很难获得自己受到内幕人侵害的证据，他们完全没有激励提起诉讼，此时，由公共机构调查和处罚内幕交易的违法行为是更有

---

① 参见戴治勇：《选择性执法》，载《法学研究》2008 年第 4 期。

② See Mitchell Polinsky & Steven Shavell, *The Economic Theory of Public Enforcement of Law*. Journal of Economic Literature 38: 45 - 76(2000).

效率的。[①]

(二)公共实施机制的劣势

公共实施机制的劣势主要在于公职人员执法激励较弱。与私人实施不同,公共实施活动是否有效率、数量多少与公职人员的私人收益没有很强的关系,因为他们获得固定的工资收入,执法结果与经济收入关联度不高,因而易导致法律实施强度不足。此外,由于实施法律需要投入大量的时间和精力,这些对公职人员来说都是私人成本,理性的个人倾向于最小化私人成本。这两方面的因素都可能导致公职人员怠于执行法律。[②]

此外,公共机构垄断实施法律的权力可能导致"选择性"执法的问题。[③]首先,公职人员执法面临的腐败风险比较高。由于违法行为人愿意向执法者支付最高不超过法定处罚的贿赂,随着违法行为人面临的处罚水平升高,公共执法者面临的腐败风险也将升高。因此,当违法收益上升时,公共机构执法反而会存在产出下降的风险。[④]其次,良好的法律实施可能会受到行政偏好的影响。公共机构处于行政体系之中,因而受到上下级和其他机构的制约和影响,一旦执法目标与上级行政机构的偏好相左,法律实施活动往往会让位于上级设定的优先目标。

第五节　证券法实施机制的国际差异

证券法规和实施机制在各经济体之间存在显著的差异。"法律起源理论"[⑤](legal origin theory)认为普通法系国家的证券市场之所以比大陆法

---

① See Jonathan Macey, *Insider Trading*: *Economics*, *Politics*, *and Policy*. Washington DC: AEI Press(1991).

② 针对公共实施产出不足的问题,有学者认为不应当忽略公共执法的经济激励。即使公共执法机构获得的处罚无法直接分配给公职人员,当其可以留存一部分处罚作为行政预算时,公共机构执行法律的激励也会大大增加。See Margaret H. Lemos & Max Minzner, *For – Profit Public Enforcement*. Harvard Law Review 127: 854 – 913(2014).

③ See William Landes & Richard Posner, *The Independent Judiciary in an Interest – Group Perspective*. Journal of Law and Economics 18: 875 – 901, 1975, p. 38.

④ 降低腐败风险的方法是提高公共执法者的收入。最优收入应该高于以其专业水平在市场上其他相似职位中所能获得的预期收入,并且应当与监督机关发现职务违法的比例成反比,与职务违法的收入成正比。See Gary Becker & George Stigler, *Law Enforcement*, *Malfeasance*, *and Compensation of Enforcers*. Journal of Legal Studies 3: 1 – 18(1974).

⑤ See Rafael La Porta, Florencio Lopez – de – Silanes, Andrei Shleifer & Robert Vishny, *Law and Finance*. Journal of Political Economy 106: 1113 – 1155(1998).

系更发达,是因为政府对市场的干预较小。[1]普通法系国家强调保护产权、保护投资者利益,执行合同和私人谈判解决纠纷,主要依赖以民事诉讼为代表的私人实施机制落实证券法责任。相反,在大陆法系国家和地区,监管机构对市场干预较多,缺乏投资者保护机制,主要依靠公权力执行证券法。本小节从发行欺诈责任、交易所反欺诈规则和执法投入三方面比较证券法实施机制的国际差异。

一、发行欺诈责任的国际比较

有三位学者通过问卷调查的方式,以一个虚构的证券发行案例咨询了49个国家和地区的专业律师,量化衡量了当地证券法公共实施和私人实施机制的效率。[2]私人实施的效率指标包括两个部分:第一个是信息披露要求,主要包括是否要求招股说明书、招股说明书中是否需要披露管理层薪酬、招股说明书中是否需要披露所有权结构、招股说明书中是否需要披露内部人的持股情况、招股说明书中是否需要披露非正常的合同关系、招股说明书中是否需要披露关联交易等。第二个是责任标准,主要包括发行人及其董事的民事损害赔偿责任、承销商的民事损害赔偿责任、会计师的民事损害赔偿责任等。这两方面因素决定了投资者通过提起民事诉讼获得损害赔偿的难易程度。衡量公共执行效率的指标主要包括监管者的职业特征、监管者制定监管规则的权力、监管者调查取证的权力、暂停交易的权力和刑事处罚标准等。

根据"法律起源理论",不同国家和地区可以划分为普通法系、法国大陆法系、德国大陆法系和斯堪的纳维亚法系。图2-4将上述49个国家和地区按照法系分为四组,并展示了各国公共实施机制和私人实施机制的基本情况,从左至右分别为普通法系组(18个国家和地区)、法国大陆法系组(21个国家和地区)、德国大陆法系组(6个国家和地区)和斯堪的纳维亚法系组(4个国家和地区)。

---

① 关于不同法系决定国家对经济干预程度的论述,参见 Edward Glaeser & Andrei Shleifer, *Legal Origins*. Quarterly Journal of Economics 117: 1193-2291(2002); Paul Mahoney, *The Common Law and Economic Growth: Hayek Might Be Right*. Journal of Legal Studies 30: 503-525(2001)。

② See Rafael La Porta, Florencio Lopez-de-Silanes & Andrei Shleifer, *What Works in Securities Laws*? Journal of Finance 61: 1-32(2006). 该文的实证研究方法存在一定的缺陷,如样本的选择不具备代表性、指标的构建主要参照美国监管模式等,对其研究结果应持谨慎的态度。

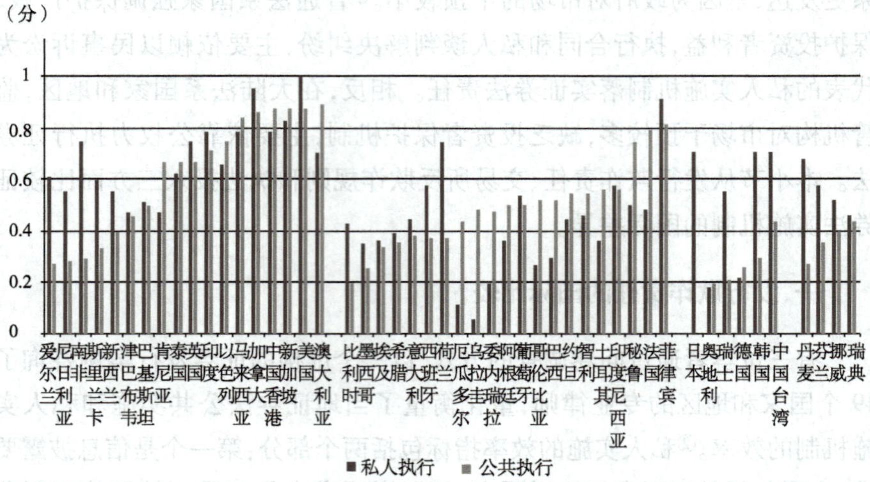

图 2-4　49 个国家和地区公共实施和私人实施机制的比较

资料来源：Rafael La Porta，Florencio Lopez - de - Silanes & Andrei Shleifer，*What Works in Securities Laws*？Journal of Finance 61：1-32(2006)。

不同国家和地区的证券私人实施和公共实施机制差异较大。就私人实施机制而言，美国得分最高，获得满分 1 分，说明在美国的证券市场上，发行人的信息披露义务很高，并且违反信息披露义务后，面临较高的损害赔偿责任。乌拉圭的私人实施机制得分最低，仅 0.055 分，说明在乌拉圭的证券市场上发行人几乎没有信息披露义务，也不会因为违反上述义务而承担损害赔偿责任。澳大利亚的公共实施机制得分最高，获得 0.896 分，表明澳大利亚证券监管者享有广泛的法定权力；而日本的得分最低，为 0 分，表明日本证券市场的监管活动受到很大的限制。

平均而言，各个组别之间也存在较大的差异。普通法系组的私人实施机制平均得分为 0.689 分、公共实施机制平均得分为 0.624 分；而法国大陆法系组的私人实施机制平均得分仅为 0.421 分、公共实施机制平均得分为 0.489 分；德国大陆法系组的私人实施机制平均得分为 0.509 分、公共实施机制的平均得分仅为 0.229 分；斯堪的纳维亚法系组的私人实施机制平均得分为 0.557 分、公共实施机制平均得分为 0.365 分。总体来看，证券法实施机制在各个国家和地区仍然存在较大的差异。

二、交易所反欺诈规则的国际比较

有三位学者考察了全球 42 个交易所在 2007 年关于市场操纵、内幕交易和经纪人—代理人行为的监管规则。①

内幕交易规则主要涵盖以下几方面：第一，是否禁止经纪人在客户大宗交易之前买卖证券；第二，是否禁止经纪人违反客户订单优先的规则；第三，是否禁止经纪人在研究报告公布之前交易证券；第四，是否要求交易部门和研究部门需要建立“防火墙”制度；第五，是否为经纪人持有特定证券设定最大持股比例；第六，是否限制交易所会员与会员公司之间存在从属关系；第七，是否限制经纪人与公众交流；第八，是否禁止或限制交易所会员交易自己或从属的投资公司的证券；第九，是否明确禁止通过任何方法影响或奖励其他会员或会员公司的雇员；第十，是否明确禁止恐吓其他会员或会员公司，或禁止与他们保持一致行动。

市场操纵规则主要包括：第一，是否禁止常见的价格操纵手段；第二，是否禁止常见的交易量操纵手段；第三，是否禁止虚假报单操纵（spoofing）；第四，是否禁止虚假信息披露。

经纪人—代理人行为的监管规则主要包括：第一，是否禁止以非最优价格交易客户证券；第二，是否禁止就无保证的交易收取手续费；第三，是否禁止交易所会员使用交易所名称；第四，是否限制交易所会员电话销售；第五，是否要求以客户利益最大化的方式交易证券。

图2－5根据“法律起源理论”将42个交易所按照其所在国家和地区的法律起源，划分为普通法系组、法国大陆法系组、德国大陆法系组和斯堪的纳维亚法系组，并展示它们关于市场操纵、内幕交易和经纪人—代理人行为的规定。平均而言，不同法系国家和地区交易所对上述三个问题的规定存在显著的差异。对于市场操纵的规制，德国大陆法系组的交易所规定最为严格，其次为普通法系组，法国大陆法系组的规定最宽松。对于内幕交易规则，斯堪的纳维亚法系组交易所的规定最严格，普通法系组次之，法国大陆法系组的规定最宽松。最后，对于经纪人—代理人的监管，普通法系组的规定最严格，其他法系组对此问题的限制较少。出现这种现象的原因在于，普通法系国家和地区的证券市场存在较为发达的经纪人—代理人体系，因而监管规则相对更为全面。

① See Douglas Cumming, Sofia Johan & Dan Li, *Exchange Trading Rules and Stock Market Liquidity*. Journal of Financial Economics 99：651－671（2011）.

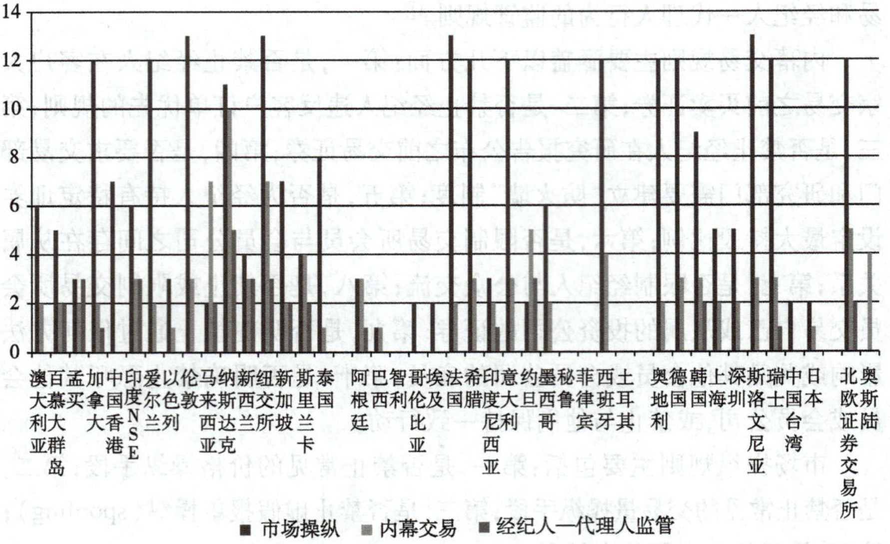

图 2－5　42 家交易所关于市场操纵、内幕交易和经纪人—代理人行为的监管规则

资料来源：Douglas Cumming, Sofia Johan & Dan Li, *Exchange Trading Rules and Stock Market Liquidity*. Journal of Financial Economics 99：651－671（2011）。

三、证券公共实施机制投入的国际比较

无论是证券法规设置的发行欺诈责任，还是交易所的反欺诈规则，都是“纸面上的法律”。虽然他们在一定程度上可以决定证券法实施的质量，但仍与“实践中的法律”存在差距。有学者提出以监管者拥有的资源，即监管机构的雇员数量和年度预算，来衡量公共实施机制的质量。①这一指标遵循的逻辑是，如果监管者缺乏足够的资源，将无法有效地执行证券法。图 2－6 报告了 34 个国家和地区证券监管者的标准化年度预算和雇员总数②，左边纵坐标代表标准化后的雇员数量，而右边纵坐标代表标准化后的年度预算。

① See Howell Jackson & Mark Roe, *Public and Private Enforcement of Securities Laws*：*Resource－Based Evidence*. Journal of Financial Economics 93：207－238（2009）.

② 标准化的年度预算是由年度预算总额除以当年 GDP（单位为 10 亿美元）；而标准化的雇员数量是由雇员总数除以所在国的人口总量。

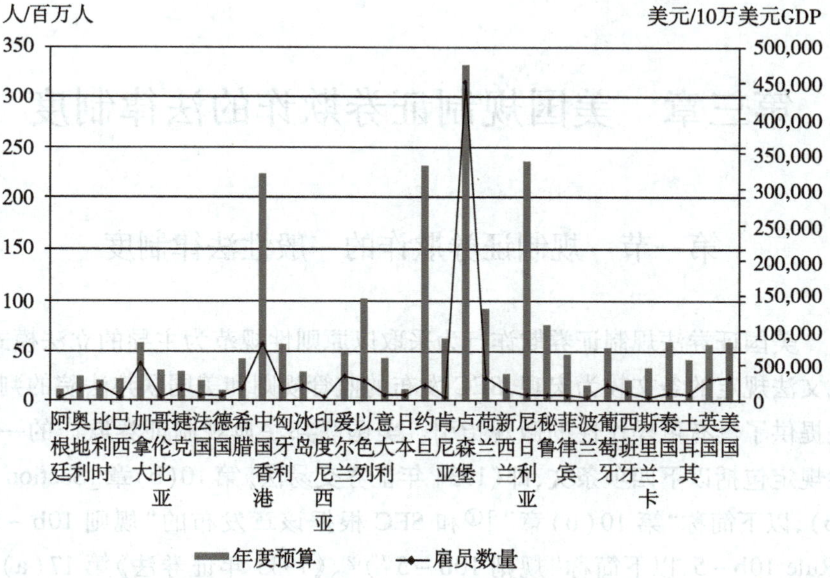

图 2-6　34 个国家和地区证券公共实施机制的投入比较

资料来源：Howell Jackson & Mark Roe, *Public and Private Enforcement of Securities Laws*: *Resource-Based Evidence*. Journal of Financial Economics 93：207-238(2009)。

从图 2-6 可以看出，世界主要的国家和地区的证券监管机构拥有的资源存在较大的差异。卢森堡和我国香港特别行政区作为以金融业为支柱产业的经济体，其证券监管机构拥有的预算和人员都远超其他国家或地区。此外，一个经济体内企业融资方式与执法资源投入之间存在一定的联系。①美国和英国作为主要依靠直接融资（证券发行）满足企业需求的发达国家，其监管机构获得的投入同样较高，预算大约在 8 万美元/10 亿美元 GDP。考虑到两国的经济体量较大，其监管机构的总预算水平要远高于卢森堡和我国香港特别行政区。反观德国和日本作为主要以间接融资（银行贷款）满足企业需求的发达国家，其监管机构获得的预算投入较低，分别为 1.2 万美元/10 亿美元 GDP 和 1.5 万美元/10 亿美元 GDP。虽然提高监管投入不一定会带来更高的监管产出，但是德国和日本证券监管投入的规模较低，必然会影响公共实施的强度。

① See Peter Hall, *An Introduction to Varieties of Capitalism*. In P. Hall and D. Soskice eds. Varieties of Capitalism：The Institutional Foundations of Comparative Advantage. Oxford：Oxford University Press，2001，p. 123.

第三章　美国规制证券欺诈的法律制度

第一节　规制证券欺诈的一般性法律制度

美国证券法规制证券欺诈行为采取以原则性规范为主导的立法模式：成文法规定的条文较为宏观，SEC 发布的监管规则和美国联邦法院的判例法提供了具有可操作性的微观指引。美国联邦法典规制证券欺诈的一般性规定包括以下四项条文，即《1934 年证券交易法》第 10(b)章[Section 10(b)，以下简称"第 10(b)章"][①]和 SEC 根据该章发布的"规则 10b－5"(Rule 10b－5，以下简称"规则 10b－5")[②]、《1933 年证券法》第 17(a)章[Section 17(a)，以下简称"第 17(a)章"][③]，以及联邦打击邮[④]电[⑤]欺诈法。此外，美国各州颁布的州蓝天法也是规制证券欺诈行为的重要依据。相关研究显示，约 90% 的证券集团诉讼都援引"第 10(b)章"和"规则 10b－5"作为依据，该规则是规制证券欺诈行为最重要的法规条款。[⑥]

一、"第 10(b)章"以及"规则 10b－5"

"第 10(b)章"以及"规则 10b－5"是美国最具影响力的反欺诈规则，被美国最高法院视为反欺诈行为的兜底条款(catchall provision)。[⑦]其中，"第 10(b)章"规定任何人直接或者间接地利用任何州际的商业手段、工具、邮递或者全国性证券交易所的任何设施，买卖于全国性证券交易所注册或未进行此等注册的任何证券，或任何以上述证券为基础的互换协议时，使用或者利用任何操纵、欺诈或违反 SEC 为维护公共利益或者保护投资者制定的必要或适当法规的手段或计谋，均属违法。根据上述法条，

① See 15 U. S. C. § 78j.

② See 15 U. S. C. § 78j(b).

③ See 15 U. S. C. § 77q(a).

④ See 18 U. S. C. § 1341.

⑤ See 18 U. S. C. § 1343.

⑥ See Cornerstone Research, *Securities Class Action Filings—2019 Year in Review*, https://www.cornerstone.com/Publications/Reports/Securities－Class－Action－Filings－2019－Year－in－Review. 最后访问时间：2021 年 6 月 30 日。

⑦ See Chiarella v. United States, 445 U. S. 222 (1980).

SEC 在 1942 年发布了“规则 10b－5”。该规则制定的初衷在于将“第 17(a)章”授予 SEC 针对发行阶段欺诈行为的执法权，拓展至与证券买卖相关的欺诈行为。[①]因此，从文义解释的角度看，“规则 10b－5”文本并未向因欺诈行为而受损的投资者提供明示的私人救济权利。虽然美国联邦法院在 1946 年首次在判例中确认投资者享有默示的私人救济权利[②]，但直至近四十年后，美国最高法院才在 1983 年承认投资者的私人救济权利[③]。

“第 10(b)章”以及“规则 10b－5”设定了认定证券欺诈行为的四个要件：第一，使用法定的方式，如使用全国性的证券交易所或跨州邮件，从事虚假陈述、重大遗漏或其他欺诈或操纵性违法行为；第二，欺诈行为满足“重大性”(material)，美国最高法院对“重大性”要件的解释为“如果该信息被披露，那么理性的投资者存在较大的概率(substantial likelihood)会认为它对于买卖相关证券的决策是重要的”[④]；第三，违法行为人存在“主观故意”(scienter)，该要件是美国最高法院在 Ernst & Ernst v. Hochfelder[⑤]案中确立，并将其解释为“一种存在欺骗、操纵或欺诈意图的精神状态”；[⑥]第四，被告的欺诈行为与买卖的标的证券相关。

因欺诈行为遭受侵害的投资者，可以通过民事诉讼程序请求违法行为人承担相应的赔偿责任。私主体根据“规则 10b－5”请求违法行为人承担损害赔偿责任，还需要证明以下要件：[⑦]第一，原告在欺诈行为存续期间买卖了标的证券；第二，除非满足法定情形，该交易是原告信赖(reliance)欺诈行为作出的；第三，原告已经履行了适当的注意义务；第四，欺诈行为与原告损失之间存在因果关系(causation)；第五，原告遭受损失，以及损失的具体数额。

---

① See James D. Cox, Robert W. Hillman, Donald C. Langevoort, Ann M. Lipton & William K. Sjostrom, 2020. *Securities Regulation*: *Cases and Materials* (9th Ed), New York: Wolters Kluwer, p. 746.

② See Kardon v. National Gypsum Co., 73 F. Supp. 798 (1947).

③ See Herman & Maclean v. Huddleston, 459 U. S. 375 (1983).

④ See Basic, Inc. v. Levinson, 485 U. S. 224 (1988).

⑤ See 425 U. S. 185 (1976).

⑥ 美国最高法院对于违法行为人主观状态的态度并不一致，该案判决的脚注 12 解释在一些情况下，疏忽大意(recklessness)也可以被视为满足故意的主观状态，参见 Ernst & Ernst v. Hochfelder, 425 U. S. 185 (1976)，脚注 12。而联邦上诉法院则一致认为疏忽大意符合“规则 10b－5”规定的“主观故意”要件，参见 Joseph Grundfest & A. C. Pritchard, *Statutes with Multiple Personality Disorders*: *The Value of Ambiguity in Statutory Design and Interpretation.* Stanford Law Review 54: 627－61(2002)。

⑦ 民事程序中，原告的举证责任应当达到“优势证据”(preponderance of the evidence)的证明标准。

此外,SEC 同样可以依据“第 10(b)章”和“规则 10b-5”通过民事诉讼程序或其内部行政诉讼程序,请求违法行为人承担民事责任或者行政责任。由于 SEC 不以受害人的身份起诉,其仅需要证明认定证券欺诈行为的四个要件。DOJ 可以在刑事程序中请求违法行为人承担刑事责任[①],但需要证明被告故意(willful)从事欺诈行为[②]。

二、“第 17(a)章”

“第 17(a)章”主要规范在一级市场证券发行、销售环节发生的欺诈行为,以及在二级市场发生的欺诈销售行为(fraudulent sales)。[③] 因此,该章无法规制在二级市场上根据利好性的内幕信息买入证券的交易行为。“规则 10b-5”与该章所使用的词句几乎是一致的。由于“第 10(b)章”和“规则 10b-5”的便捷性,“第 17(a)章”在 20 世纪 70 年代之前被援引的频率并不高。[④] 1976 年,美国最高法院在判决中指出,原告在民事程序中依据“第 10(b)章”和“规则 10b-5”请求被告承担因欺诈行为产生的民事责任,必须证明其存在“主观故意”[⑤],并在此后将该要求扩展至所有诉讼程序。上述变化赋予“第 17(a)章”新的生命力。虽然因“第 17(a)章”的“(1)”规制对象为欺诈行为,证明标准仍然要求违法行为人具备“主观故意”,但“第 17(a)章”的“(2)”和“第 17(a)章”的“(3)”仅要求其满足“疏忽大意”(negligent)的主观证明标准。[⑥]

“第 17(a)章”未提供明示的私人救济权利,而法院也拒绝承认默示的私人救济权利,因此私主体无法依据该章请求损害赔偿。[⑦] 但该章却是 SEC 和司法部重要的执法依据,更低的证明标准给公共执法带来很大便利。当然,依据“第 17(a)章”起诉也存在一定的限制。例如,SEC 在援引该章起诉内幕交易人时,无法依据《1934 年证券交易法》第 21A 章,请求内幕交易人员支付三倍于非法获利或者损失避免额的民事罚款。此外,司法

---

① 刑事程序中,DOJ 的举证责任应达到“排除合理怀疑”(beyond a reasonable doubt)的证明标准。

② 《1934 证券交易法》第 32(a)章规定,自然人面临最高刑事处罚为 20 年监禁和(或)500 万美元罚款,而公司最高为 2500 万美元罚款。

③ 参见万国华、张崇胜:《我国反证券欺诈机制的检视与完善》,载《金融与经济》2018 年第 8 期。

④ See Dennis Scholl & Ronald Perkowski, *An Implied Right of Action Under Section 17(a): The Supreme Court Has Said 'No', But Is Anybody Listening*. University of. Miami Law Review 36: 41-66(1981).

⑤ See *Ernst & Ernst v. Hochfelder*, 425 U. S. 185 (1976).

⑥ See *Aaron v. SEC*, 446 U. S. 680 (1980).

⑦ See *Maldonado v. Dominguez*, 137 F. 3d 1 (1998).

部在刑事程序中仍然需要证明被告故意(willful)从事欺诈行为。

三、联邦打击邮件和电报欺诈法规

美国联邦打击邮件(mail)和电报(wire)欺诈的规定,禁止使用邮件或电报来促进(further)欺诈行为。因此,如果违法行为人在从事证券欺诈活动时,使用了邮件或电报,那么即受到该章的规制。

四、州蓝天法

自堪萨斯州在1911年颁布州证券法以来,美国各州在20世纪40年代前基本都制定了本州证券法,也被称为蓝天法(Blue Sky Laws)。[①]除了纽约州和加利福尼亚州,其他州证券法主要是移植《统一证券法》(Uniform Securities Act),各州证券法的效力仅及于州内。与联邦证券法相比,州证券法修改频率较低,现行主要为20世纪初期制定的版本。美国联邦层面和州层面证券法之间进行了分工;一般来说,证券发行必须在州证券监管机构注册,除非该发行活动满足法定豁免情况。由于联邦和州层面双重注册显著增加了发行人的成本,美国联邦证券法近年来逐步增加了州注册的豁免范围。根据《全国性证券市场改善法》(National Securities Market Improvement Act)和《创业企业促进法》(Jumpstart Our Business Startups Act)的定义,"已覆盖证券"(covered securities)无须在州证券监管机构注册,主要包括五类:第一,在全国证券交易所上市交易的证券;第二,共同基金份额;第三,私募发行证券;第四,众筹;第五,根据"监管规则A+"(Regulation A+)进行的证券发行。

然而,上述规则仅限制了州监管机构要求证券发行注册的权力,但是并未削弱州公共机构通过民事或行政程序惩罚证券欺诈的能力。[②]州证券监管机构可以根据本州的证券法和其他法律,在民事或者行政程序中,请求违法行为人承担相应的法律责任,其中最为活跃的是州检察长。[③]因而与SEC相比,州监管机构可以选择依据州层面的法规进行执法活动,享有更大的自由裁量权。联邦机构与州机构之间逐渐形成了执法默契:州监管机

---

① See Jonathan Macey & Geoffrey Miller, *Origin of the Blue Sky Laws*. Texas Law Review 70: 347 - 397(1991).

② See Renee Jones, *Dynamic Federalism: Competition, Cooperation and Securities Enforcement*. Connecticut Insurance Law Journal 11: 107 - 132(2005).

③ See Mark A. Sargent, *A Future for Blue Sky Law*. The University of Cincinnati Law Review 62: 471 - 512(1993).

构负责那些影响集中于州内的小规模案件，而联邦机构则负责具有全国性影响的大案。①

《证券诉讼统一标准法案》（Securities Litigation Uniform Standards Act of 1998，SLUSA）压缩了投资者依据州证券法提起民事损害赔偿诉讼的空间。该法为了减少证券民事诉讼原告择地而诉（forum shopping）产生的滥诉问题，规定绝大多数涉及在全国交易公司（nationally traded companies）的证券集团诉讼，应当在联邦法院依据联邦证券法起诉。

第二节　规制虚假陈述的法律制度

美国证券法设置了广泛的信息披露义务，主要可以分为以下几大类：第一，发行人在首次公开发行和上市后再融资阶段都应当履行与证券发行相关的信息披露义务，按照规定准备注册文件（registration statement）②；第二，上市公司需要履行定期披露义务，主要包括年度报告、半年报告和季度报告③；第三，当发生重大事件时，上市公司应当履行临时披露义务。④如果信息披露主体未能履行上述义务，则可能构成虚假陈述或重大遗漏违法行为。

一、"第10(b)章"和"规则10b－5"认定信息类欺诈行为的理论

"第10(b)章"和"规则10b－5"条文强调违法行为人使用具有操纵性或欺诈性的手段或者计谋，因此在该项规则下认定虚假陈述，首先应当满足美国普通法关于一般性欺诈（deceit）的行为要件。行为人在从事违反信息披露义务行为时应当存在"主观故意"。⑤在具体案件中，原告往往通过主张被告知道相关信息是虚假的，进而推断其具备从事虚假陈述和（或）重大遗漏行为的"主观故意"。此外，美国最高法院的判决指出以下两类行为并不属于欺诈行为的范畴：第一，信息披露涉及意见、判断或者预测等，而不是针对事实的陈述；第二，如果行为人不披露信息的行为并未造成任何误解，且其未进行任何交易，那么也不属于违反信息披露义务的欺诈

① See Michael Perino, *Fraud and Federalism: Preempting Private State Securities Fraud Causes of Action*. Stanford Law Review 50: 273－279(1998).

② See 15 U.S.C. § 77e.

③ 年度报告和季度报告分别由"表格10－K"（Form 10－K）和"表格10－Q"（Form 10－Q）规定。

④ 关于重大事件的临时披露规定于"表格8－K"（Form 8－K）。

⑤ See Ernst & Ernst v. Hochfelder, 425 U.S. 185 (1976).

行为。[①]

此外，虚假陈述欺诈行为所涉信息应当满足“重大性”要件。自《1933年证券法》颁布以来，美国证券监管成文法规所设定的信息披露义务，基本都以“重大性标准”为基石。[②]遗憾的是，上述规则并未给出“重大性”的明确定义，而判例法又呈现出不确定性。[③]从现有实践来看“重大性”的判断标准可以分为原则性（principle）规范和规则性（rule）规范。[④]美国最高法院在 TSC Industries，Inc. v. Northway，Inc. 案中，建立了判断“重大性”的原则性规范。[⑤]该案涉及的是在投票权征集过程中，如何判断信息的重大性。美国最高法院指出，如果存在一种实质的可能性，理性的投资者认为该信息对其投资决策是重要的（if there is a substantial likelihood that a reasonable shareholder would consider it important in making an investment decision），或者理性投资者认为该信息将显著改变其可获得的信息集（would have been viewed by the reasonable investor as having significantly altered the “total mix” of information made available），那么该信息即满足“重大性标准”，义务人即应当披露该信息。

由于系争案件的事实存在显著差异，法院对于上述原则性规范所涉及核心要件的认定也存在不一致的情况。一方面，对于何为“理性投资者”，部分判决认为，该要件是一个抽象的概念，泛指参与证券市场的一般投资人。[⑥]而另一部分判决从证券价格决定的市场微观结构出发，主张以机构投资者为代表的专业投资者是证券价格的决定力量，[⑦]因而应当从他们的角度对信息进行考察；易言之，考虑到普通投资者和专业投资者掌握的信息集和信息处理能力的差异，对于前者重要的信息，可能对于后者并不重

① See Matrixx Initiatives，Inc. v. Siracusano，563 U. S. 27（2011）.

② 如“第17（a）章”“第10（b）章”对于证券欺诈的定义，即涉及“重大事实”（material fact）；而 SEC 制定的“规则10b－5”（反欺诈）、“规则14a－9”（投票权征集）、“规则13e－3（b）”（私有化）和“M－A 监管规则”（并购）等都涉及“重大性标准”。

③ See Marc Steinberg & Jason Myers，*Lurking in the Shadows：The Hidden Issues of the Securities and Exchange Commission's Regulation FD.* Journal of Corporation Law 27：173－188（2002），p. 189.

④ See Louis Kaplow，*Rules Versus Standards：An Economic Analysis.* Duke Law Journal 42：557（1992）.

⑤ See 426 U. S. 438（1976）.

⑥ See Mills v. Elec. Auto－Lite Co.，396 U. S. 375（1970）.

⑦ See Ronald Gilson & Reinier Kraakman，*The Mechanisms of Market Efficiency.* Virginia Law Review 70：549－644（1984）.

要。[①]如在 Steiner v. Tektronix, Inc. 一案中[②],法院即将证券分析师所掌握的信息,作为判断市场是否已经获知真实信息的标准。另一方面,“显著改变可获得的信息集”要件要求违法行为向市场可获得的信息集中加入(未能加入)新的信息,如何对该要件进行判断,还存在一定的争议。

判断“重大性”的原则性规范虽然有助于最大化威慑违法行为,但其依赖事后司法审判的特点在事前给市场参与者造成了较大的不确定性。实务界多番要求美国最高法院对“重大性标准”制定明确的规则性规范。在 Basic Inc. v. Levinson 案中,美国最高法院回应了该诉求,并指出规则性规范有益于市场主体进行合规判断,但也存在较大的监管套利风险,判断“重大性”的标准是以具体案件事实为依据的(fact - based),因此拒绝提供判断“重大性”的规则性规范。[③]

虽然美国最高法院拒绝提供明确的规则性规范,但是巡回法院的司法判例逐渐演化出一些经验规则(rule of thumb)。其中,影响最为广泛的是在涉及“规则 10b - 5”的案件中,针对“显著改变可获得的信息集”要件进行的“价格敏感性测试”。[④]上述转化的理论依据是有效市场假说[⑤];在半强有效市场,证券价格会迅速反映所有公开信息[⑥]。因此,如果信息欺诈行为显著改变了投资者可获得信息集,那么证券价格即会出现变化。“价格敏感性测试”利用通过事件研究法等统计分析方法,测算信息首次被市场获知时相关证券价格的变化,如果该证券存在显著的超额收益,那么即满足“显著改变”要件。[⑦]

当然,统计分析方法并不是万能的。有学者批评当欺诈信息或者矫正信息首次被市场获悉时,往往伴随着其他信息,因而统计方法无法准确测量违规行为与价格变化之间的关系。[⑧]而美国最高法院在 Halliburton Co.

---

① See Feit v. Leasco Data Processing Equipment Corp., 332 F. Supp. 544 (1971).

② See 817 F. Supp. 867, 880 - 82 (1992).

③ See 485 U. S. 224 (1988).

④ See Jonathan Macey, Geoffrey Miller, Mark Mitchell & Jeffry Netter, *Lessons from Financial Economics: Materiality, Reliance and Extending the Reach of Basic v. Levinson.* Faculty Scholarship Series 77: 1017 - 1021(1991).

⑤ See Dura Pharm., Inc. v. Broudo, 544 U. S. 336 (2005).

⑥ 参见杨松:《西方学者对证券市场信息有效性的研究》,载《外国经济与管理》1997 年第 1 期。

⑦ See James D. Cox, Robert W. Hillman, Donald C. Langevoort, Ann M. Lipton & William K. Sjostrom, *Securities Regulation: Cases and Materials* (9th Ed), New York: Wolters Kluwer (2020).

⑧ See Donald Langevoort, *Judgment Day for Fraud - on - the - Market: Reflections on Amgen and the Second Coming of Halliburton.* Arizona Law Review 57: 37 - 60(2015).

v. Erica P. John Fund, Inc. 案[①]中阐明了“价格敏感性测试”对于认定“重大性标准”的作用，指出虽然原告在起诉阶段无须证明违规行为扭曲了证券价格，但是被告可以通过证明违规行为未影响证券价格而反驳原告的起诉请求。[②]

与美国最高法院怠于提供规则性规范不同，SEC 作为证券市场的监管机构，为了提高市场主体预期的稳定性，从原则性规范和规则性规范两个维度提出判断“重大性”的标准。一方面，SEC 基本认可美国最高法院关于“重大性”的原则性规范，指出如果理性的投资者存在实质可能性认为该信息对于其买卖注册的证券是重要的，那么该信息即满足“重大性标准”。[③]另一方面，SEC 虽然也承认无法提供普遍适用的判断“重大性标准”的规则性规范[④]，但为了给市场主体提供合规依据，也提供一些具体的指引。首先，SEC 通过列举的方式指明了哪些领域的信息可能满足“重大性标准”。[⑤] 例如，在讨论与《公平披露监管》(Regulation Fair Disclosure)相关的信息是否满足“重大性标准”时，SEC 列举了收入、并购、新产品、管理层变更、审计事务所变更、其他发行在外证券和破产等领域的信息，指出上述信息都可能满足“重大性”标准。[⑥]其次，SEC 拒绝给出明确的比例标准，以降低义务人通过策略行为规避监管要求的风险。例如，在《第 99 号会计公告》(Staff Accounting Bulletin No. 99)[⑦]中，SEC 指出涉及财务信息的披露，企业和审计师不能仅依据经验规则，披露达到一定比例以上的财务信息，而是应当考虑定性因素，综合判断相关信息是否具备“重大性”。[⑧]

二、其他规制虚假陈述的成文法规则

美国证券法还存在其他相关条款专门规制虚假陈述行为，但由于各种

① See 573 U. S. 258 (2014).
② See Allen Ferrell & Andrew Roper, *Price Impact, Materiality, and Halliburton II*. Washington University Law Review 93: 553 - 582(2015).
③ See 17 C. F. R § 230 (2003).
④ See Dale Oesterle, *The Overused and Under - Defined Notion of Material in Securities Law*. University of Pennsylvania Journal of Business Law 14: 167 - 208(1999).
⑤ 参见郑彧、伍坚:《美国 SEC 公平披露规则》，载《公司法律评论》2002 年第 1 期。
⑥ 参见施天涛、李旭:《从“选择披露”到“公平披露”——对美国证券监管新规则的评介与思考》，载《环球法律评论》2001 年第 4 期。
⑦ See 64 Fed. Reg. 45,150 (1999).
⑧ See Kenneth Fang & Brad Jacobs, *Clarifying and Protecting Materiality Standards in Financial Statements: A Review of SEC Staff Accounting Bulletin 99*. Business Lawyer 55: 1039 - 1064 (2000).

原因这些条款在司法审判和行政执法程序中被援引的频率不如“第10(b)章”和“规则10b－5”。《1933年证券法》第11章规定了在公开发行注册文件中虚假陈述违法行为的法律责任。该条文规定发行人承担严格法律责任(strict liability),不要求原告证明被告具有“主观故意”;而其他参与证券发行的机构,如会计师事务所、律师事务所等中介,当且仅当证明其已经履行了尽职调查义务(due diligence)才能免责。

此外,《1934年证券交易法》第18章则规定,禁止向SEC提供的材料(filing)中存在虚假陈述、重大遗漏。该章规定的特点在于:一方面,信息来源仅涵盖了提交给SEC的文件,因此无法规制其他信息来源,如在媒体上披露信息的行为;另一方面,举证责任倒置,被告需要提供其诚信披露、对虚假信息并不知情的证据。

最后,“安然财务造假”丑闻后,《2002年萨班斯法》(Sarbanes－Oxley Act of 2002)进一步提高了管理层的信息披露义务水平,要求他们出具书面证明(certification),保证信息披露不包括对重大事实的虚假陈述,并且公正地反映发行人经营和财务状况。①一旦发行人存在信息披露违法行为,他们作为连带方,也需要承担相应的责任。

第三节　规制内幕交易的法律制度

美国规制内幕交易的历史已有一百余年,其最高法院在1909年的判决中即指出依据普通法的禁止欺诈原则,公司董事不能依据其作为企业内部人获取的信息进行证券交易。②判例法经过百余年的发展,逐渐形成了规制内幕交易的多重理论。也有不少学者呼吁美国国会应当制定内幕交易成文法典,以降低判例法的模糊性和不确定性。③本节主要讨论依据“第10(b)章”和“规则10b－5”认定内幕交易违法行为的理论,以及美国证券法法定内幕人短线交易行为的规制规则。《1934年证券交易法》第16(b)章④规制企业内部人(corporate insiders)依据利用身份优势获得的涉密信息(confidential information),交易该企业发行的金融工具。该章要求法定内部人,包括持股10%以上的股东,高层管理人员和董事向SEC报告他们

---

① See Pub. L. No. 107－204, 116 Stat. 745 (2002).

② See *Strong v. Repide*, 213 U.S. 419, 433 (1909).

③ See Bharara Preet, 2020. *Report of the Bharara Task Force on Insider Trading*, available at https://www.bhararataskforce.com/,最后访问时间:2021年6月30日。

④ See 15 U.S.C. § 78p(b).

的持股和交易情况。当然,上述信息披露的对象仅限于 SEC,而无须向公众披露。内部人进行的短线交易(short - swing),即买入后 6 个月内卖出或卖出后 6 个月内买入,所获利润应当上缴发行人。发行人可以通过民事诉讼程序要求内部人返还短线交易获利。如果发行人不起诉,那么获得法定授权的证券持有人可以发起派生诉讼。①《1934 年证券交易法》第 16(c)章还禁止特定内部人卖空其所任职公司发行的证券,以防止他们利用自身对企业的控制做空相关证券。

一、重大非公开信息持有人内幕交易

直至 1961 年,美国才开始广泛规制内幕交易。SEC 在一份行政意见(administrative opinion)中指出证券法反欺诈条款为公司内部人设置了一般性义务,即禁止依据重大的非公开(non - public)信息进行交易。②内幕信息持有人开始受到经典的“披露否则戒绝交易原则”(disclose or abstain)的约束:只有在公开披露该信息后才能交易相关证券,否则必须禁止交易。

1968 年,美国第二巡回上诉法院在 SEC v. Texas Gulf Sulphur 一案中提出“平等获取信息原则”(equal access principle),肯定了 SEC 关于内幕交易监管的理念。③该原则认为所有投资者都有权利平等地获得与证券相关的重大性信息,这样可以最大限度地保证交易公平。持有重大非公开信息的主体,在依据该信息交易之前,需要向公众进行披露。如果他(她)为了保护公司秘密不能披露,或者选择不披露此信息;那么必须在此信息公开前,放弃自己交易或向他人推荐相关证券。该理论认为绝对的信息披露义务适用范围广泛,不需要信息的持有人与证券发行人或消息来源存在特别的关系,如信托关系或服务关系,仅需要考虑非公开的信息是否会对相关证券的价格产生影响。④平等获得信息理论虽然最大限度地保护了证券交易的平等性,但也给交易各方施加了过强的信息披露义务,特别是将大大降低证券分析师和机构投资者发掘信息的激励。由于“平等获取信息原则”给证券市场参与者施加了过高的信息披露义务,美国最高法院在 20 世纪 80 年代后放弃该原则,明确指出并不是知悉(aware)重大非公开信息

① 作为第 16(b)章的适格原告,其在发起诉讼时必须持有证券。

② See In the Matter of Cady, Roberts & Co., 40 SEC 907 (1961).

③ See SEC v. Texas Gulf Sulphur Co., 401 F.2d 833 (2d Cir. 1968).

④ See Phillips Richard & Robert Zutz, *The Insider Trading Doctrine: A Need for Legislative Repair.* Hofstra Law Review 13: 65 - 100(1984).

并进行的交易都属于内幕交易。

令人意外的是,“平等获取信息原则”在21世纪初获得欧盟的青睐[①],欧盟议会和理事会于2014年4月通过了《市场滥用监管规则》(Market Abuse Regulation),采纳了该原则规制内幕交易。[②]《市场滥用监管规则》禁止个人从事或尝试从事内幕交易,且禁止建议或诱导他人从事内幕交易[③];禁止基于内幕消息[④]为自己或他人的账户购买或出售与此信息直接或间接相关的金融工具,或向他人推荐交易该金融工具。[⑤]上述对内幕交易的认定规则,不以存在特定的信任或保密义务为基础。例如,如果接受消息的一方知道或应该知道该信息是内幕信息,并依据此信息对该证券进行了交易,即构成内幕交易。信息来源方向受让方披露信息这一行为是否违反信任或保密义务,则不是认定内幕交易的构成要件。[⑥]

美国当前内幕交易的规制以反欺诈的一般理论为基础,并通过一系列判例逐步完善。从事内幕交易的主体主要可以分为两类,即内幕信息知情人和违法获得内幕信息的人。对于内幕信息知情人,判断其交易是否违法主要存在两个方面的标准。“信义义务理论”为标准之一。它基于内幕信息知情人与其交易对手之间是否存在特殊的信义关系,判断内幕信息知情人是否违反信任和保密义务。美国最高法院在Chiarella v. United States的判决中首次提出“信义义务理论”。[⑦]在该案中Vincent Chiarella受聘于一家为企业涉密交易打印文件的公司,在日常工作中他获悉了大量涉及上市公司的重大非公开信息,并基于上述信息从事证券交易。

美国最高法院拒绝认定Chiarella从事内幕交易,并指出《1934年证券交易法》“第10(b)章”设置的信息披露义务,并不是仅基于交易一方持有重大非公开信息的事实。此外,持有内幕信息的交易方,还应当对发行其

① See Marco Ventoruzzo, *Comparing Insider Trading in the United States and in the European Union: History and Recent Developments*. European Company and Financial Law Review 11: 554-593(2015).

② See Directive 2003/6/EC.

③ See Regulation (EU) No. 596/2014, 第14(a)(b)条。

④ 内幕信息应当具有准确性,即排除了那些模糊的猜测信息;该信息同时应当是与某一(多个)发行人或金融工具相关的非公开信息,并且一旦公开就会对上述金融工具的价格产生显著的影响,参见Regulation (EU) No 596/201, 第7(1)(a)条。

⑤ 参见Regulation (EU) No 596/2014, 第8(1)(2)条。由于认定标准较为宽松,《市场滥用监管规则》明确将合并和公开收购作为内幕交易的例外事项,参见Regulation (EU) No 596/2014, 第9(4)条。

⑥ See Regulation (EU) No 596/2014, 第8(4)条。

⑦ See Chiarella v. United States, 445 U.S. 222 (1980).

交易证券的企业的股东负有信任或保密义务，上述义务一般来源于内幕信息知情人与证券发行人之间的特殊关系。例如，内幕信息知情人为发行人企业的内部人，包括但不限于控股股东、董事和管理人员，上述主体和该企业的股东之间存在信托关系，因而在依据重大非公开信息交易相关证券之前，需要进行信息披露。此外，证券市场中介机构的雇员，如律师、会计师、投资银行家等，在协助发行人处理相关事项的过程中会获得内幕信息，成为暂时的内部人，在发行人作出适当的披露之前，同样不能交易其所服务的上市公司的证券。因此，Chiarella 虽然持有非公开信息，但他与证券发行人之间并不存在特殊关系，对其股东也就不负有信任或保密义务，不符合"信义义务理论"关于内幕交易的认定要件。

"信义义务理论"将内幕交易的范围进行了缩限，认定要件首先要求证券交易行为违反了对发行人企业的股东所负有的信任或保密义务，产生了大量的监管真空。Chiarella 案判决后，SEC 于同年根据《1934 年证券交易法》第 14(e)章[Section 14(e)]发布了 Rule 14e－3(a)[以下简称"规则 14e－3(a)"][1]，该规则规定涉及要约收购的内幕交易无须证明存在信任或保密义务要件。因此，任何依据涉及要约收购的重大非公开信息进行的交易都属于内幕交易。美国最高法院在 United States v. O'Hagan 案判决中支持"规则 14e－3(a)"，认为其并未超出 SEC 的法定规章制定权。

直至 1997 年，美国最高法院在 United States v. O'Hagan 案[2]中才又确立了"信息盗用理论"(information misappropriation theory)，即标准之二。该理论主要针对与发行人企业不存在特殊关系(信任或保密关系)的主体，从非发行人处获得了与该企业相关的重大非公开信息，并据此信息进行的交易。在这种情况下，持有内幕信息的主体与其交易对手之间不存在信任或保密关系，不负有信息披露义务，也就无法受到"信义义务理论"的约束。而"信息盗用理论"突破了特殊关系的约束，认为内幕交易人对于信息来源负有一定的义务，内幕交易盗用了信息源对于信息的所有权。[3]而 O'Hagan 案的事实特点在于 James O'Hagan 是要约收购方(Grand Metropolitan PLC)聘请的律师，他获悉被收购公司(pillsbury Company)的相关信息，并据此交易被收购公司的股票。美国第八巡回上诉法院主张 O'Hagan 对于被收购公司的股东不负有任何责任，基于"信义义务理论"

---

① See 15 U. S. C. § 78n (e).

② See United States v. O'Hagan, 521 U. S. 642 (1997).

③ See Stephen Bainbridge, *Insider Trading Regulation: The Path Dependent Choice Between Property Rights and Securities Fraud.* SMU Law Review 52: 1616－1618(1999).

判决他无罪。美国最高法院否决了该判决,以"信息盗用理论"扩张经典的"信义义务理论",认为内幕交易人只需要对于信息来源负有义务即可。

随后,SEC 于 2000 年颁布了"规则 10b5 - 1"(Rules 10b5 - 1)①,澄清了"基于(on the basis of)内幕信息"的含义。认定内幕交易仅要求当事人在交易时知悉(aware)该重大非公开信息,无须证明其使用(use)该信息进行交易。② 同时,该规则也为证券市场参与者提供了积极抗辩(affirmative defenses)的理由,即如果该交易是依据在知悉内幕信息前已经设定好的交易计划,并且该计划明确包括交易数量、价格和日期,即不属于内幕交易。

二、信息传递型内幕交易

另一类内幕交易案件涉及交易主体依据从他人处受领的内幕信息进行交易,对这一类内幕交易的规制主要依照"信息传递理论"(tipper - tippee theory)。③ 美国最高法院在 1983 年的经典判决 Dirks v. SEC 中④,阐明判断内幕信息受领人(tippee)交易与该信息相关的证券,是否被认定为内幕交易的客观要件。证券分析师 Raymond Dirks 从"吹哨人"那里获知某上市公司存在欺诈行为,随后即与客户和投资者交流上述非公开信息,后者则据此进行交易避免了大量损失。SEC 通过训诫程序(disciplinary proceeding)调查 Dirks,发现其存在泄露内幕信息的行为,但考虑到案件的性质只施加了较轻的处罚"公开谴责"。⑤上诉法院支持 SEC "公开谴责"的处罚决定⑥,原告进一步上诉至美国最高法院。最高法院认为虽然内幕信息受领人与证券发行人的股东一般不存在信义关系,但如果信息泄露人给他/她传递信息时违反了信义关系,受领人即可能违反"第 10(b)章"以及"规则 10b - 5"的相关规定。而判断信息泄露人是否违反信义义务的标准是,他/她是否从泄露行为中获得个人利益(personal benefit);判断受领人是否继承信义义务的标准是,受领人如果知道或应当知道泄露人的行为违反了信义关系,那么即继承了这种义务。因为 Dirks 是"吹哨人",且未获得"私人利益",因此他没有违反信义义务,也就不违反"第 10(b)章"以及"规则 10b - 5"。依据上述"私人利益测试",美国最

① See 17 CFR § 240.10b5 - 1.

② 参见马其家:《英美法系内幕交易的认定证明标准及启示》,载《证券市场导报》2010 年第 10 期。

③ 参见肖伟:《论建议型内幕交易》,载《财经法学》2016 年第 2 期。

④ See 463 U. S. 646 (1983).

⑤ See In re Dirks, 47 SEC 434 (1981).

⑥ See Dirks v. SEC, 681 F. 2d 824 (D. C. Cir. 1982).

高法院指出信息泄露人(Dirks)并未从信息受领人处获得直接或间接的个人利益,因此不构成内幕交易。①

综合来看,对于信息传递型内幕交易,“信息传递理论”认为传递内幕信息和利用内幕信息交易本身并不必然违反法律,只有当披露信息的渠道是不适当的,并且受领人知道或理应知道此情况时,基于该内幕信息的交易才是违法的。因此,当存在信息传递行为时,认定内幕交易需要符合多重要件。首先,内部人泄露信息的行为应当违反其对信息来源的特定义务;其次,向受领人传递信息给内部人带来了直接或间接的利益;最后,信息受领人需要具有主观故意,即其知道或理应知道信息披露人违背了信义义务。综上,“信息传递理论”对于信息受领人责任的认定标准更高:如果内部人未违反信义义务或者信息受领人未被证明存在主观故意,相关交易都不能被认定为内幕交易。

Dirks 案判决也受到一定的批评,“私人利益测试”设计的初衷是为了区分那些出于自利而泄露内幕信息与那些合法传递内幕信息的行为。例如,如果某甲在与他的朋友同时也是其雇用的律师,就业务问题进行交流时传递了重大非公开的信息,那么即便其朋友兼律师依据该信息进行内幕交易,显然某甲也未从事内幕交易。然而,该测试存在一定的副作用,即扭曲了司法审判活动,甚至出现被告明确违反了相关义务,但是控辩双方却就是否存在“私人利益”进行激烈争辩。②“私人利益”要件将内幕信息当作礼物传递给他人,而后者基于该信息进行交易的行为被合法化,这无疑会给市场诚信和公平带来极大的损害。例如,在 United States v. Chestman 案③中,美国第二巡回法院认定家庭成员之间传递信息,不存在违反对信息来源的信义义务,不适用“信息盗用理论”。法院说理的主要依据是家庭关系,如夫妻之间,不属于信义关系。SEC 随后在 2000 年颁布“规则 10b5 -2”(Rule 10b5 -2)④对该漏洞进行了弥补,规定以下三种情况视为存在信任和保密义务,因而适用“信息盗用理论”:第一,当一方同意保守秘密;第二,信息交换双方存在分享秘密的历史、模式或实践(history, pattern, or practice),因此信息受领方知道或应当知道传递方期望他/她保守秘密;第三,亲属关系,如夫妻、父子/母子、兄弟姐妹等。

---

① See 463 U. S. 646 (1983).

② See Bharara Preet, 2020. Report of the Bharara Task Force on Insider Trading, available at https://www.bhararataskforce.com/,最后访问时间:2021 年 6 月 30 日。

③ See 503 U. S. 1004 (1992).

④ 17 CFR § 240.

然而，关于“个人利益”的争论远未平息。在2014年United States v. Newman的判决中，美国第二巡回法院试图细化“私人利益测试”，主张用其判断交易是否构成内幕交易时需要满足两个要件：第一，存在足够紧密的个人关系（a meaningfully close personal relationship）；第二，利益必须是现实的或潜在的金钱收益（a pecuniary or similarly valuable nature）。①在该案中被告是Newman雇用的对冲基金经理，他们长期从信息泄露链条中获取上市公司的内幕信息进行交易。第二巡回上诉法院认为信息泄露者未获得“个人利益”，因此不构成内幕交易。Newman判决为“信息盗用理论”打上了沉重的枷锁，“个人利益”被狭义地解释为金钱利益，留下了大量的监管真空。例如，企业内部人将重大的非公开信息泄露给朋友，后者据此进行交易，那么只要内部人未获得金钱利益，即不算是内幕交易。美国最高法院在Salman v. United States②案中，否定了将“私人利益测试”限缩于金钱利益的观点。该案中，投资银行家Salman获得内幕信息后，将其传递给他的亲兄弟，他的兄弟又将内幕信息传递给Salman的妹夫。虽然信息传递不涉及金钱利益，但礼物式地泄露内幕信息，与以金钱利益作为交换，并无本质上的差别。

三、反思内幕交易认定的欺诈理论

规制内幕交易的规则被认为是美国证券法最混乱的领域之一。由于判例法存在诸多模糊地带，给证券市场带来了显著不确定性，影响市场参与者的交易行为。美国国会近几年开始尝试法典化内幕交易监管规则。众议院议员Jim Himes在2019年提交了《禁止内幕交易法》[The Insider Trading Prohibition Act (H. R. 2534)]，该法放弃以欺诈为基础的内幕交易监管理论，主张任何人“非法地获得”（wrongfully obtained）重大非公开信息并据此交易，都属于内幕交易。它以信息获取方式为认定要件，弥补了完全基于欺诈理论认定内幕交易的漏洞。③

① See 773 F. 3d 438 (2d Cir. 2014).

② See 137 S. Ct. 420 (2016).

③ 该理论也获得最新研究的支持。Bharara小组提出的内幕交易定义为：(1)任何持有重大非公开信息的人，直接或间接买卖任何与该信息相关的证券，并知道上述信息是非法获得或传播的；(2)任何人非法传播，或传播非法获得的重大非公开信息，且知道这些信息将被用于买卖证券。上述都为违法行为，参见Bharara Preet, 2020. Report of the Bharara Task Force on Insider Trading, available at https://www.bhararataskforce.com/，最后访问时间：2021年6月30日。

第四节　规制市场操纵法律制度

一、市场操纵行为的基本类型

证券市场的微观交易结构理论（market microstructure）是认定市场操纵的基础。做市商和交易专家（market maker and specialist）在美国证券交易中扮演重要的角色。做市商给市场交易带来了连续性，为随机提交的交易指令提供交易对手方的服务，同时他们也承担着持有股票存货贬值的风险。此外，由于存在信息不对称，做市商还承担与具备信息优势的对手交易（informed trader）产生损失的风险。因此，做市商会通过收集分析信息减少自己的信息劣势，成为证券市场价格发现的主要推手。①

而交易指令是做市商最为重要的信息来源之一。一方面，他们可以实时获得市场交易指令（order book）的信息，也即从其他交易者交易的行为中推断其持有的私人信息。②市场上主要包括两类指令：一类是市价交易指令，即以市场成交价格买卖证券，这类交易指令会消耗市场流动性；另一类是限价指令（limit order），这类交易指令为市场创造了流动性。因此，做市商会根据新增的大额交易，如专业信息优势交易者（professionally informed trading）和衍生的信息优势交易者（derivatively informed trading）的报价，改变市场均衡价格。

另一方面，由于存在信息不对称，交易行为本身也会向市场揭露私人信息。特别是做市商作为其他投资者主要的交易对手方，他们会通过交易对手的买卖行为及申报价格，推测其掌握的关于证券价格的私人信息。如果买入订单的总量远大于卖出订单总量，即使在成交价格附近买卖订单总量类似，做市商也会推断持有私人信息的市场交易者认定证券价格被低估，进而推动证券成交价格小幅度上升。因此，市场均衡价格会因为做市商对证券均衡价格预期的改变而出现变动。根据上述基本理论，规制市场操纵的主要目标在于，保持市场流动性和价格发现机制的效率。

根据相关金融学的研究成果，证券市场流动性是指交易指令能够以贴近市场价格的水平执行的迅捷程度。而证券价格发现机制包括两个维度，即准确性和快速性：前者指证券价格是否处于正确定价的水平，而后者指证券价

---

① 参见朱国华、余宙：《不对称信息下的做市商制度分析》，载《投资研究》1998 年第 10 期。

② See Paul Mahoney, *Market Microstructure and Market Efficiency*. Journal of Corporation Law 28: 541 – 550 (2003).

格由错误定价的位置向正确定价的位置调整的速度。①市场操纵行为应当包括改变和试图改变市场流动性、价格准确性和调整速度的行为。②

Allen 和 Gale 两位学者最先类型化市场操纵行为：第一，行为型操纵（action - based manipulation），即通过改变证券对应资产的真实或预期价值来操纵证券价格，如通过降低发行人的盈利能力、关闭厂房，以达到压抑证券价格的目的；第二，信息型操纵（information - based manipulation），即通过散布虚假信息，改变不知情的投资者对股票价格的预期来操控证券价格；第三，交易型操纵（trade - based manipulation），即完全依赖买卖证券行为操纵证券价格，不涉及其他违法行为。交易型操纵成功的关键是在存在信息不对称的情况下价格变化的非对称性。

交易型市场操纵在理论界和实务界的争议最大，图 3 - 1 展示了类型化分类结果。首先，在公开市场操纵类型中，行为人往往以买卖标的证券吸引其他投资者参与交易获利。一般来说，他/她会持有标的证券的多头或者空头头寸，通过买卖交易抬高或压抑标的证券的价格，最后通过反向平仓获利。常见的公开市场操纵方式包括洗售（wash sales）③、对敲（matched orders）和联合操纵（pools）。其次，跨市场操纵类型的特点是，行为人并不从被操纵的标的证券处获利，而是从被操纵的市场（证券）之外获得收益。具有代表性的模式是通过对证券市场指数的操纵，如美国标准普尔三百指数，在指数衍生品市场获利。④此类市场操纵无须引诱其他投资者参与交易，如盯价/限价（capping/pegging）。最后，市场势力操纵类型的特点是行为人持有的证券数量达到能够对证券供给和需求产生控制力的水平，并利用其对价格的影响引诱他人参与交易获利。具有代表性的操纵模式包括市场囤积（corner）和市场逼空（squeeze），行为人通过持有较高比例的可流通基础资产操纵该资产价格，以迫使需要该基础资产履行衍生品合约的投资者支付高昂的价格。市场势力操纵在 20 世纪初的美国证券市场较为普遍；由于立法的更新和企业市值的增长，在全国性交易所进行囤积和逼空操纵的成本越来越高。⑤

---

① See Merritt Fox, Lawrence Glosten & Gabriel Rauterberg, *Informed Trading and Its Regulation.* Journal of Corporation Law 43：817 - 898(2018).

② See Albert Kyle & S. Viswanathan, *How to Define Illegal Price Manipulation.* American Economic Review 98：274 - 279(2008).

③ See Amanat v. SEC, 269 F. App'x 217 (3d Cir. 2008).

④ See Andrew Verstein, *Benchmark Manipulation.* Boston College Law Review 56：217 - 318 (2015).

⑤ See Tom Lin, *The New Market Manipulation.* Emory Law Journal 66：1253 - 1314(2017).

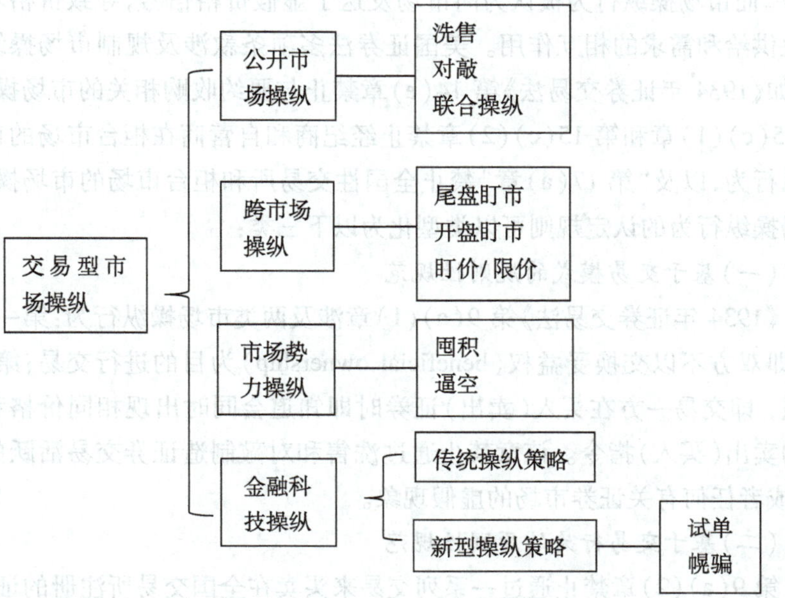

图 3－1　交易型市场操纵分类

此外，随着金融科技的快速发展，程序化交易占市场比例越来越大，市场操纵行为也变得更为复杂。一方面，行为人使用新技术叠加旧的操纵模式，如使用程序化交易开展公开市场操纵；另一方面，金融科技也催生出新的操纵模式，如试单（pinging）和幌骗（spoofing）。试单指行为人利用程序交易软件迅速提交和撤回订单的策略，通过提交大量小额交易订单，并设置在成交前（往往是零点几秒）撤单，以吸引其他投资者匹配操纵人的报价，获取他们持有的私人信息。①而幌骗则是操纵人提交与成交价格存在小额差异的大额买卖订单，以刺激其他投资者向有利于操纵人的方向进行交易。②幌骗扭曲了价格发现的机制，利用不以成交为目的的大额申报订单，操纵市场参与者对于标的证券价格的预期。

二、规制市场操纵的三类规范

美国国会通过《1934 年证券交易法》的主要目的在于，规制大萧条期间证券市场普遍存在的操纵行为，使证券价格仅由买卖双方交易力量决

---

① See Gregory Scopino, *The (Questionable) Legality of High－Speed "Pinging" and "Front Running" in the Futures Market*. Connecticut Law Review 47：607－699（2014）.

② See 7 U. S. C. § 6c（a）（5）（C）（2012）.

定。① 而市场操纵行为被认为向市场发送了虚假价格信号，导致价格不能反映供给和需求的相互作用。美国证券法多项条款涉及规制市场操纵行为，如《1934 年证券交易法》第 14(e)章禁止与要约收购相关的市场操纵，第 15(c)(1)章和第 15(c)(2)章禁止经纪商和自营商在柜台市场的市场操纵行为，以及“第 17(a)章”禁止全国性交易所和柜台市场的市场操纵。市场操纵行为的认定规则可以类型化为以下三类：

（一）基于交易模式的规则性规范

《1934 年证券交易法》第 9(a)(1)章涉及两类市场操纵行为：第一，洗售，即双方不以交换受益权(beneficial ownership)为目的进行交易；第二，对敲，即交易一方在买入(卖出)证券时即知道会同时出现相同价格和数量的卖出(买入)指令。该章禁止通过洗售和对敲制造证券交易活跃的假象，或者任何有关证券市场的虚假现象。

（二）基于交易行为的原则性规范

第 9(a)(2)章禁止通过一系列交易来买卖在全国交易所注册的证券，人为制造事实上或者看起来活跃的证券交易，抬高或压低该证券的价格，最终引诱他人买卖该证券。该章是证券市场操纵案件频繁援引的依据②，明确了市场操纵违法行为认定的三个要件。

第一，被告应当进行一系列交易，买卖在全国性交易所注册的证券。该要件包含三个组成部分。首先，虽然该章将操纵对象限定为在全国交易所注册的证券，但是如果操纵行为发生在场外市场，同时产生了操纵交易所注册证券的效果，那么也同样受到该章的规制。③在大量跨市场操纵案件中，交易方通过买卖场外市场发行的衍生品，进而操纵场内证券的价格。其次，美国联邦法院倾向于从宽泛的意义上解释该条关于交易的定义，既包括完成的买卖交易，也包括交易申报。④最后，关于“一系列”交易的认定，在较为极端的案例中，SEC 认定两天内进行三次购买行为即符合第 9(a)(2)章的要求。⑤

第二，行为人应当制造真实或看起来活跃的交易状况，或者抬高或压

---

① See Henry Manne, *Insider Trading and the Administrative Process.* George Washington Law Review 35: 473 – 492(1967).

② See Lewis Lowenfels, *Sections* 9(*a*)(1) *and* 9(*a*)(2) *of the Securities Exchange Act of* 1934: *An Analysis of Two Important Anti – Manipulative Provisions under the Federal Securities Laws.* Northwestern University Law Review 85: 698 – 714(1990).

③ See In re Wright, 3 SEC. 190 (1938).

④ See In re Kidder, Peabody & Co., 18 SEC 559 (1945).

⑤ See In re Kidder, Peabody & Co., 18 SEC 559 (1945).

低该证券的价格。该要件围绕“制造真实的或看起来活跃的交易状况”展开，如交易商和自营商逐步提高证券的买入报价等行为。①其关键在于证明操纵行为引起了证券价格的变动。具体来看，可以推断存在因果关系的证据包括：首先，操纵人的行为改变了市场最优报价；其次，操纵人控制了证券的交易；再次，流通证券供给量减少；最后，操纵人停止操纵行为后，该证券交易市场崩溃。②交易行为和证券价格存在因果关系的实例包括，交易者操纵交易日的收盘价逐日上升（下降），以制造证券交易价格上升（下降）的现象。③

第三，操纵行为的目的是引诱他人买卖该证券，该要件是第9(a)(2)章所独有的。根据该章的规定，违法行为人买卖证券的目的应当是引诱他人交易该证券，涉及行为人的主观状态。该要件仅要求违法行为人有引诱他人的意图，而其他市场参与者是否被成功引诱则不在考量范围之内。④在司法审判过程中，直接证明违法行为的目的存在较大的难度，因而通过间接证据推断违法目的成为主要的手段。一般来说，如果违法行为人对于价格变化存在一定的预期，并且通过相应的手段改变价格，即存在引诱他人交易的意图。⑤

（三）基于欺诈理论的原则性规范

“第10(b)章”以及“规则10b-5”都明文禁止“操纵性或欺诈性策略”(manipulative or deceptive device)。由于上述规则的法理基础是普通法的反欺诈理论，原告无须证明被告操纵行为的目的在于引诱他人买卖证券，但必须证明操纵行为人存在“主观故意”。⑥ 当然，法院也承认基于某些交易策略，如洗售，即可以推断出行为人存在主观操纵的故意。⑦以反欺诈理论为基础规制市场操纵行为，给SEC的执法活动套上了沉重的枷锁，有时主观故意是唯一区别合法交易与违法操纵的因素⑧；对于那些具有操纵属性但不具有欺诈属性的行为，SEC将无权根据“第10(b)章”及“规则10b-5”进行处罚。

美国最高法院采取了狭义的角度解释“操纵的”(manipulative)要件，

---

① See SEC v. Resch-Cassin & Co., 362 F. Supp. 964, 976 (S.D.N.Y. 1973)

② See SEC v. Resch-Cassin & Co., 362 F. Supp. 964, 976 (S.D.N.Y. 1973).

③ See R. J. Koeppe & Co. v. SEC, 95 F.2d 550 (7th Cir. 1938).

④ See SEC Exchange Act Release No. 3056 (1941).

⑤ See In re Halsey, Stuart & Co., 30 SEC 106 (1949).

⑥ See Schreiber v. Burlington Northern, Inc., 472 U.S. 1 (1985).

⑦ See SEC v. Masri, 523 F. Supp. 2d 361 (S.D.N.Y. 2007).

⑧ See ATSI Commc'ns, Inc. v. Shaar Fund, Ltd., 493 F.3d 87 (2d Cir. 2007).

即“故意通过控制或者人为地影响证券价格欺诈投资者”。[①]在 Santa Fe Industries, Inc. v. Green 案[②]中,美国最高法院指出市场操纵是通过交易行为影响市场行为意图误导投资者,并列举了几类市场操纵的类型,包括洗售、对敲、囤积或避空。但在联邦巡回法院层面,市场操纵行为是否必须满足“向市场注入了不准确信息”这一要件仍然存在争议,如第三巡回法院要求原告证明该要件[③],而纽约南区法院在审理“收盘价操纵”案件时则明确否认了该要件[④]。

随着金融科技的发展,公开市场操纵发生的频率越来越高。该类市场操纵最大的特点是,证券交易本身从客观上看并不具备欺诈的特征,但结合具体的交易背景则具备操纵的特征。美国法院一般适用原则性规范,如第 9(a)(2)章和“规则 10b-5”,规制此类交易行为。学界关于交易活动本身能否构成非法操纵行为也存在较大的争议。反对一方的核心观点为,当证券市场保持一定效率水平,交易方拉高(压低)证券价格后,其后续交易行为会对价格产生反向作用力,价格的对称波动将导致操纵者难以基于扭曲的证券价格获利。[⑤]

典型的以金融科技为基础的公开市场操纵为晃骗。该操纵策略申报不以成交为目的的交易订单(non-bona fide orders),试图引诱市场参与者买卖证券以改变市场价格,也即提交买卖指令且意图在成交以前就撤回。而高频交易程序更是提高了该操纵策略的效率。[⑥]例如,在针对美国高频交易企业 Panther Trading 和其创始人以及控制人 Michael Coscia 的诉讼中,检方成功获得了该公司编程员工的证词,方才证明 Coscia 存在操纵的主观故意。[⑦]

另一个典型案例是 DOJ 在 2015 年 4 月,指控一名英国证券交易员 Navinder Singh Sarao,利用晃骗交易导致 2010 年 5 月 6 日美国股市闪崩(flash crash),道琼斯指数在 5 分钟内暴跌 600 点。[⑧] Sarao 利用高频交易

---

① See Ernst & Ernst v. Hochfelder, 425 U. S. 185 (1976).

② See 430 U. S. 462 (1977).

③ See GFL Advantage Fund, Ltd. v. Colkitt, 272 F. 3d 189 (3d Cir. 2001).

④ See SEC v. Masri, 523 F. Supp. 2d 361 (S. D. N. Y. 2007).

⑤ See Daniel Fischel & David Ross, *Should the Law Prohibit "Manipulation" in Financial Markets?* Harvard Law Review 105: 503-553.

⑥ 参见马其家:《美国不公平高频交易监管及对证券法修改的启示》,载《证券市场导报》2010 年第 10 期。

⑦ See United States v. Coscia, 886 F. 3d 782 (7th Cir. 2017).

⑧ See https://www.justice.gov/opa/pr/futures-trader-pleads-guilty-illegally-manipulating-futures-market-connection-2010-flash,最后访问时间:2021 年 6 月 30 日。

程序，在美国芝加哥商品交易所频繁大量申报“迷你标普五百远期合约”（E – mini Standard & Poor’s 500 futures contracts）和股票指数合约虚假订单（bogus orders），利用虚假订单创造供给和需求繁荣的假象。在“闪崩”当天，Sarao 至少 85 次申报卖出“迷你标普五百远期合约 ”的虚假订单，申报量占据当天交易总量的 20% 以上。CFTC 和 SEC 联合发布的报告显示，市场深度（market depth）在“闪崩”当天出现了大幅度下降，到当天下午 2 点 45 分时，市场上可获得的流动性仅有“闪崩”开始时的 20% 。①

① See Commodity and Futures Trading Commission & Securities and Exchange Commission, *Report of the Staffs of the CFTC and SEC to the Joint Advisory Committee on Emerging Regulatory Issues*: *Findings Regarding the Market Events of May* 6, 2010, available at https://www.sec.gov/news/studies/2010/marketevents – report.pdf，最后访问时间：2021 年 6 月 30 日。

第四章　中国规制证券欺诈的法律制度

新《证券法》第5条树立了反欺诈规制的基本原则①，认定虚假陈述、内幕交易和市场操纵这三类常见的证券欺诈行为，还需要结合证监会发布的部门规章和规范性文件、交易所的自律规则和司法解释等其他规则。

第一节　规制虚假陈述的法律制度

一、信息披露义务与虚假陈述

行为人违反了法定信息披露义务，即可能构成虚假陈述。② 信息披露制度的改革是我国注册制改革的重点领域，注册制放宽了在市场准入方面对于发行人质量的实质审核，降低了事前监管的强度，但提高了对于发行人信息披露质量的要求，为投资者决策提供充分的信息。③ 同时，注册制改革也强调信息披露由监管导向向投资者导向转换，信息披露对于投资者决策的重要性显著提升。④ 新《证券法》在立法体例上进行创新，专门在第五章专章规定了信息披露相关事项，提高信息披露在证券监管体系中的重要性。

信息披露义务除了一般性规定外，可以分为发行阶段和持续交易阶段两方面的规定。首先，新《证券法》第78条规定了发行人的一般披露义务；该条在第2款和第3款进一步确立了信息披露的基本原则，并且指出信息披露不得有虚假记载、误导性陈述或者重大遗漏。⑤ 其次，新《证券法》第

---

① 该条规定，"证券的发行、交易活动，必须遵守法律、行政法规；禁止欺诈、内幕交易和操纵证券市场的行为"。

② 最高人民法院在《2003年虚假陈述若干规定》第17条将虚假陈述定义为"信息披露义务人违反证券法律规定，在证券发行或者交易过程中，对重大事件作出违背事实真相的虚假记载、误导性陈述，或者在披露信息时发生重大遗漏、不正当披露信息的行为"；而重大遗漏则是被定义为"信息披露义务人在信息披露文件中，未将应当记载的事项完全或者部分予以记载"。

③ 参见蒋大兴：《隐退中的"权力型"证监会——注册制改革与证券监管权之重整》，载《法学评论》2014年第2期。

④ 参见周友苏、杨照鑫：《注册制改革背景下我国股票发行信息披露制度的反思与重构》，载《经济体制改革》2015年第1期。

⑤ 信息披露基本原则包括真实原则、准确原则、完整原则、简明清晰原则、通俗易懂原则和境内外同时披露原则。

19 条规定了在发行阶段，发行人的信息披露义务的原则性规范。在发行申请文件中，发行人应当充分披露投资者作出价值判断和投资决策所必需的信息，同时上述信息应当遵循真实、准确、完整的基本原则。最后，新《证券法》还规定了相关的持续信息披露要求，包括定期披露与临时披露。在定期披露规定方面，第 79 条规定信息披露义务人应当按照规定报送和公告定期报告：一般是在会计年度结束之日起 4 个月内，报送并公告年度报告；在每一会计年度的上半年结束之日起 2 个月内，报送并公告中期报告。在临时披露方面，新《证券法》第 80 条规定信息披露义务人应当及时报送和临时公告显著影响股票交易价格的重大事件。

此外，新《证券法》还创新性规定了自愿信息披露的基本要求。[①] 其第 84 条实际规定了该披露行为的范围，自愿披露的信息应当是与投资者作出价值判断以及投资决策有关的信息，不得误导投资者且与依法披露的信息相冲突。申言之，如果自愿信息披露是与投资者作出价值判断或投资决策无关的信息，那么即属于违法进行信息披露。这种规定的核心是避免投资者受到信息披露义务人的信息轰炸，出现“信息过载”的问题，以降低投资者处理信息的成本。

二、“重大性”标准

虚假陈述行为的认定核心要件在于判断所涉信息是否满足“重大性”标准。一方面，义务人的信息披露责任范围以“重大性”标准为界；另一方面，虚假陈述所涉信息应当满足“重大性”标准。[②] 只有当义务人披露的虚假信息或未披露的信息满足“重大性”标准，才会构成虚假陈述或重大遗漏；反之，则不成立欺诈行为。从学理上看，“重大性”标准可以分为量化标准和一般规定两方面。

（一）“重大性” 的量化标准

我国证券法规提供了一套相对清晰和明确的量化标准，尽可能全面地覆盖证券市场主体的交易行为[③]，让披露义务人的信息筛选过程从“简答题”变为“判断题”。《上海证券交易所股票上市规则》、《深圳证券交易所股票上市规则》和《深圳证券交易所创业板股票上市规则》（以下统称为股

① 参见李有星、康琼梅：《论证券信息自愿披露及免责事由》，载《社会科学》2020 年第 9 期。

② 参见卢文道、陈亦聪：《题材股投机炒作的成因与监管逻辑》，载《证券法苑》2017 年第 4 期。

③ 如日本即主要采取具体列举的方式来明确“重大性”标准。参见李有星、董德贤：《证券内幕信息认定标准的探讨》，载《浙江大学学报（人文社会科学版）》2009 年第 6 期。

票上市规则)设专章列举上市公司非经营性交易行为①和其他重大事件②,并划定了量化指标,如表4-1所示。③上述具体规定属于满足"重大性"标准的法定情形。当法定交易或事件同时满足比例标准和绝对值标准时,与其相关的信息即满足"重大性"标准,披露义务人应当进行披露。上述"重大性"标准的具体规定能够在事前为信息披露义务人提供明确指引,避免义务人的错误判断导致遗漏重大信息,提高证券市场的整体效率;而量化的特征也使其更加客观和确定,大幅减小监管和争议解决的成本。

表4-1　我国股票上市规则中"重大性"的量化标准

量化指标	比例标准		绝对标准	
	指标定义(分子/分母)	敏感比例	敏感值(主板)	敏感值(创业板)
资产总额	交易涉及的资产总额/最近一期经审计总资产	10%	—	—
成交金额	交易的成交金额/最近一期经审计净资产	10%	1000万元	500万元
利润	交易产生的利润/最近一个会计年度经审计净利润	10%	100万元	100万元
营业收入	交易标的占营业收入/营业收入	10%	1000万元	500万元
净利润	交易标的在最近一个会计年度相关的净利润/最近一个会计年度经审计净利润	10%	100万元	100万元

① 此类主要包括资产的买卖租赁、对外投资、对外担保、债权债务重组等,详见《上海证券交易所股票上市规则》第九章、《深圳证券交易所股票上市规则》第九章和《深圳证券交易所创业板股票上市规则》第七章的内容。

② 此类主要包括财务指标、重大诉讼或仲裁状况等,详见《上海证券交易所股票上市规则》第十章、第十一章的内容。

③ 项剑等学者对此类规则也有系统的整理。参见项剑、王萌、肖少坤:《上市公司临时报告之重大交易披露标准研究——基于股票上市规则的监管实践与思考》,载《证券市场导报》2020年第1期。

续表

量化指标	比例标准		绝对标准	
	指标定义$\left(\frac{\text{分子}}{\text{分母}}\right)$	敏感比例	敏感值（主板）	敏感值（创业板）
关联交易（自然人）	—	—	30 万元	30 万元
关联交易（法人）	$\frac{\text{交易金额}}{\text{最近一期经审计净资产}}$	0.5%	300 万元	100 万元
重大诉讼或仲裁	$\frac{\text{涉案金额[1]}}{\text{最近一期经审计净资产}}$	10%	1000 万元	500 万元
预计年度经营业绩	—	—	为负值/同比变动 50% 以上/扭亏为盈	为负值/同比变动 50% 以上/盈亏变化/期末净资产为负值
定期报告	$\frac{\text{预披露财务数据和指标}}{\text{实际财务数据和指标}}$	10%（上交所主板） 20%（深交所主板、创业板）	—	—

注：本表内容根据《证券法》、《上市公司信息披露管理办法》、《上市公司证券发行管理办法》、《上海证券交易所股票上市规则》、《深圳证券交易所股票上市规则》和《深圳证券交易所创业板股票上市规则》等规则整理而得。上述指标涉及的数据如为负值，取其绝对值计算。

[1]上市公司连续 12 个月内发生的诉讼和仲裁事项涉案金额累计达到该标准的，同样适用。

（二）判断“重大性”的一般标准

判断“重大性”的一般标准主要包括“投资者决策测试”和“价格敏感测试”，如表 4－2 所示。《上市公司信息披露管理办法》、《公开发行证券的公司信息披露内容与格式准则》（系列）等规定了投资者决策测试，即投资者决策所必需的信息。而《证券法》《上海证券交易所股票上市规则》等则规定了价格敏感测试，即对证券价格产生显著影响的信息。“投资者决策测试”标准提高了投资者保护力度①，扩展了监管机关的规制依据，具有较强的执法灵活性②；而“价格敏感测试”则具备相对客观性，增加监管机构规制的确定性。当然，“投资者决策测试”和“价格敏感测试”的主要作用空间在违法行为发生后（事后），无益于降低证券市场主体的事前合规成本。

---

① 参见罗培新、王余幸怡：《容百科技扯出信披“重大”难题》，载《董事会》2020 年第 21 期。

② 参见齐斌：《证券市场信息披露法律监管》，法律出版社 2000 年版，第 170－176 页。

信息披露义务人在筛选应当披露的重大信息时，必须依据一般规范标准进行推测，存在一定的主观性和不确定性。

表4－2　我国证券法规定的“重大性”标准

“重大性”标准	所依文件（部分）
投资者决策测试	《上市公司信息披露管理办法》
	《公开发行证券的公司信息披露内容与格式准则》（系列）
	《非上市公众公司信息披露内容与格式准则》（系列）
	《上市公司证券发行管理办法》
	《深圳证券交易所创业板股票上市规则》
价格敏感测试	《证券法》
	《上海证券交易所股票上市规则》
	《深圳证券交易所股票上市规则》
	《深圳证券交易所创业板股票上市规则》

执法机关和人民法院在实践中也面临应用“重大性”的一般标准进行判断的情形。例如，“方正科技、北大方正等违法信息披露案”中，证监会在2017年5月5日对该案中行为人未披露关联交易的违法行为作出行政处罚①；后该案投资者向上海金融法院提起证券虚假陈述责任的索赔诉讼，该法院在认定未披露关联交易的行为是否具有“重大性”上，以“足以影响投资者的投资决策或市场交易价格”为标准。上海金融法院在具体论证中既分析上述行为对股票市场交易价格的影响，也分析对投资者的决策影响。② 又如，超华科技、崔淑爱证券虚假陈述责任纠纷案件等。③

“重大性”的一般判断标准在一定程度上是对“重大性”的量化标准的补充。虽然“重大性”的法定标准清晰明确、具有可操作性，但也存在明显的监

① 参见“方正科技、北大方正等违法信息披露案”（证监罚字〔2017〕43号），载中国证券监督管理委员会官网，http://www. csrc. gov. cn/pub/zjhpublic/G00306212/201705/t20170510_316486. htm?keywords。

② 参见“卢跃保、杨建平等与方正科技集团股份有限公司证券虚假陈述责任纠纷案”（〔2018〕沪74民初330号），载中国裁判文书网，http://wenshu. court. gov. cn/website/wenshu/181107ANFZ0BXSK4/index. html? docId = a76f2c4393f147619406abeb011b4a22，最后访问时间：2021年6月30日。

③ 参见“广东超华科技股份有限公司、崔淑爱证券虚假陈述责任纠纷案件”（〔2019〕粤民终2012、2019、2020、2021号），载中国裁判文书网，http://wenshu. court. gov. cn/website/wenshu/181107ANFZ0BXSK4/index. html? docId = bead937f91ba4b34a718ab3b00afbce1，最后访问时间：2021年6月30日。

管真空:第一,现有法律法规通过列举法规定了法定“价格敏感”信息类型。例如“公司注册资本”“上一会计年度净利润”“公司董事会成员”等。①然而,重大信息类型列表很难穷尽当前所有符合“重大性”标准的信息类型。第二,我国证券市场处于高速发展阶段,金融创新层出不穷,列举法所列信息类型存在滞后性。第三,对于法定“价格敏感”信息类型,其还应当达到相应量化指标(比例、金额),例如“公司债务占总资产的比例”“公司增发股份的份额数量”等。未满足量化指标的法定信息类型,对投资者决策仍然可能是重要的。

（三）“重大性”判断的“新二元理论”

学界对于如何应用“重大性”一般规定还缺乏普遍接受的通说,而新《证券法》实施注册制改革的要求又继续重塑信息披露制度。② 笔者在参考美国监管和司法实践的基础上,结合我国证券市场的制度禀赋,重新厘清“重大性”标准的制度逻辑,形成了如图4-1所示的“新二元理论”。“新二元理论”以“投资者决策有关”为基本原则,易言之,投资者决策有关是信息满足“重大性”的前置条件。在该宏观原则之下,适用“价格敏感测试”和“投资者决策测试”具有优先级的差异。首先,对于信息“重大性”的判断应该适用“价格敏感测试”,也即检验相关信息首次向市场披露或被纠正时,价格是否出现显著的变化。同时也必须承认,考虑到我国证券市场的发展现状,“价格敏感测试”在判断信息“重大性”方面存在过于严苛的问题。申言之,影响投资者决策的信息并不必然是会引起价格显著变化的价格强敏感信息。

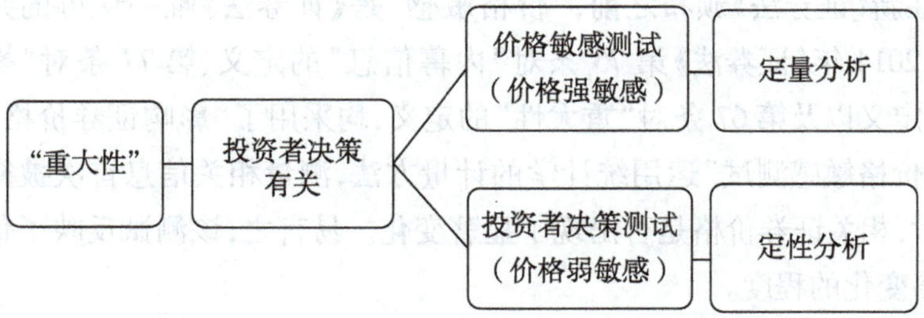

图4-1　“新二元理论”结构

以下三个方面的原因可能导致出现价格弱敏感的属性:第一,我国证券市场仍处于发展阶段,市场效率水平仍有待提高③,这可能会阻碍投资者推

① 详见《证券法》第80条、第81条,《上市公司信息披露管理办法》第二章、第四章,《上市公司证券发行管理办法》第五章等规定。

② 参见李文莉:《证券发行注册制改革:法理基础与实现路径》,载《法商研究》2014年第5期。

③ 新三板作为全国性交易场所,也适用“重大性”标准,但是挂牌交易证券的价格效率水平存疑。

动市场均衡价格出现显著变化。在对市场有效性判断的问题上,美国自1989年Cammer v. Bloom案件以来,确立了坎默测试(“Cammer test”),即利用五项因素对市场有效性进行判断。在该案件中,公司虚假信息披露被揭露后股票价格下跌17%,投资者对公司、其管理人员以及会计师事务所以违反“规则10b-5”以及州证券法为由提起诉讼,而会计师事务所以该股票并未在有效市场上交易进行辩驳。在对市场有效性判断的问题上,法院最终确立了五项因素进行判断,分别是:平均每周交易量、关注该股票的证券分析师的数量、是否具备提交S-3表格的资格、活跃于服务该股票的做市商以及股票价格对新信息的即时响应速度。[①] 第二,其他违法行为,如内幕交易、市场操纵等,可能会在短期内扭曲市场均衡价格,导致无法观测到显著的价格变化。第三,相关信息第一次被市场获知时,信息披露义务人可能同时披露其他信息,或者社会、经济、政治等宏观因素变化改变了市场的系统风险水平,这些因素都会导致市场均衡价格的“扭曲”。因此,对特定信息进行“价格敏感测试”且未检测到明显价格变化的,并不一定不满足“重大性”标准。对于那些会显著改变投资者决策信息集,但价格弱敏感的信息,必须依靠事后的定性分析来判断是否满足“重大性”标准,也即再适用“投资者决策测试”进行考察。

“价格敏感测试”将对投资者决策是否重要这一主观的判断,转化为信息与相关证券价格之间的客观关系,提高了“重大性”判断标准的可操作性和确定性。有学者甚至主张“扭曲”价格是判断证券市场信息欺诈的唯一标准。[②]在新《证券法》颁布之前,“价格敏感”是《证券法》唯一认可的判断标准,如2014年《证券法》第75条对“内幕信息”的定义、第77条对“操纵市场”的定义以及第67条对“重大性”的定义,均采用了“影响证券价格”的表述。“价格敏感测试”运用统计学的计量方法,测量相关信息首次披露或被纠正时,相关证券价格是否出现了显著变化。易言之,该测试反映了信息引起价格变化的程度。

然而,测量相关信息引起的价格变动并不是一件易事:证券价格处于持续波动的状态,不仅受到企业自身经营状况的影响,在短期内还受到系统性风险和噪声交易者的影响。[③]“事件研究法”是较为成熟进行“价格敏感测

---

① See Cammer v. Bloom, 711 F. Supp. 1264 (D. N. J. 1989).

② See Daniel R. Fischel, *Use of Modern Finance Theory in Securities Fraud Cases Involving Actively Traded Securities.* The Business Lawyer 38: 1-20(1982).

③ See Andrei Shleifer & Lawrence H. Summers, *The Noise Trader Approach to Finance.* Journal of Economic Perspectives 4: 19-33(1990).

试”的工具。①它的主要功能在于使用统计模型估计不存在重大的新信息时股票的预期收益率，并将该预期收益率与实际收益率相比较。②两者之差即反映出无法被统计模型（也就是正常因素）解释的价格变动比率，该收益率也被称为超额收益率。根据有效市场假说，相关信息首次披露至市场将产生该超额收益率。③

由于“投资者决策测试”的模糊性，我国证券法并未广泛采纳。在新《证券法》颁布之前，该测试仅限于中国证监会发布的部门规范性文件或工作文件，如《公开发行证券的公司信息披露内容与格式准则》（系列）、《非上市公众公司信息披露内容与格式准则》（系列）、《上市公司信息披露管理办法》等。无论学术研究还是司法和监管实践，都缺乏对该测试的系统阐释，认定要件的内涵极为模糊。随着新《证券法》的颁布和相关配套文件的修订，“投资者决策测试”的重要性获得显著提升。

新《证券法》首次承认“投资者决策测试”的法律地位，第19条设置了对证券发行文件的规定——应当充分披露投资者判断证券价值、进行投资决策所必需的信息。这意味着“投资者决策测试”的应用范围不再局限于在行政层面约束发行人，而成为证券法层面约束证券市场信息披露的一般规则。结合修订时新增的“投资者保护”专章，新《证券法》扩张了司法机关和行政机关规制涉及信息披露违法行为的权力，而“投资者决策测试”在一定程度上提高了信息披露合规的最低标准④；因此，可以预期证券执法强度将会显著提高，有助于保障投资者的合法权益。此外，“投资者决策测试”的适用范围延伸至证券交易环节。在证券交易环节，相关主体是否已经充分披露了投资决策所必需的信息，可以通过考察该信息披露是否对证券交易产生实质性影响而完成。如在“普天公司证券虚假陈述责任纠纷案”中，普天公司被证监会立案调查的公告发布后，其当日股价跌停、资金流出量显著增加，其后的10个交易日股价累计跌幅超过10%。这些数据均表明，普天公司发布被立案调查的公告已向证券市场释放了充分的警示信号，相关投资者也已据此重新判断普天公司的股票价值并作出新的投资决策，上述信息的披露对证券交

① See Alon Brav & J. B. Heaton, *Event Studies in Securities Litigation: Low Power, Confounding Effects, and Bias*. Washington University Law Review 93: 583 -585(2015).

② See Jonah B. Gelbach, Eric Helland & Jonathan Klick, *Valid Inference in Single - Firm, Single - Event Studies*. American Law and Economics Reviews 15: 495 -496(2013).

③ See Eugene F. Fama, *Efficient Capital Markets II*. Journal of Finance 46: 1575 -1617(1991).

④ 例如《公开发行证券的公司信息披露内容与格式准则第1号——招股说明书》（2015年修订）第3条规定：“本准则的规定是对招股说明书信息披露的最低要求。不论本准则是否有明确规定，凡对投资者做出投资决策有重大影响的信息，均应披露。”

易产生了实质影响。①

“投资者决策测试”具有一般原则性规范的特点，认定要件的内涵较为灵活。如在“超华科技虚假陈述案”中，对投资决策存在诱导性的论证是通过分析虚假陈述所涉及的销售收入金额，其对利润总额、净利润的影响，以及股价的涨幅与同期深圳综指的涨幅对比的方式完成的②；而在“方正科技虚假陈述案”中，法院则着重分析该虚假陈述内容与公司主营业务、公司业绩以及财务数据之间的关系，以此论证其对投资者决策造成的影响③。具体应用时需要结合案件事实进行说理，最大范围地覆盖信息披露违法行为。

以表4-2量化标准中的应披露交易为例，如果一项交易所产生的利润显著超出发行人最近一个会计年度经审计净利润的10%，能够对投资者决策产生重大影响；那么即便该笔交易利润绝对值未达到100万元，信息披露义务人仍应当综合考虑该笔交易是否会影响投资者决策，来判断是否满足“重大性”标准。由于发行人规模不同，对于同一敏感比例，大型公司和小型公司所反映的绝对值势必有所区别；随着多层次资本市场建设的深化，未来会有越来越多的小型公司通过证券市场融资，“投资者决策测试”的作用将越发凸显。

基于上述讨论，判断信息是否满足“重大性”标准应当遵循以下思路：首先，“价格敏感测试”作为“重大性”判断标准具有优先性，易言之，如果信息通过了“价格敏感测试”那么其即具备“重大性”。其次，如果信息未能通过“价格敏感测试”，那么即成立一个可反驳的推定（rebuttable presumption），即该信息不符合“重大性”标准。再次，对于未通过“价格敏感测试”的信息，主张其具备“重大性”的一方当事人负有举证责任，证明“价格敏感测试”无效，如市场无效率、存在其他违法行为、存在其他干扰信息等。最后，如果法院采纳“价格敏感测试”无效，那么即转向通过“投资者决策测试”定性判断信息是否满足“重大性”标准。

① 参见“上海普天邮通科技股份有限公司与许亚鑫、厉志宏等证券虚假陈述责任纠纷案”（〔2020〕沪民终294号），载中国裁判文书网，http://wenshu.court.gov.cn/website/wenshu/181107ANFZ0BXSK4/index.html?docId=cef554dd601d4bf79f6babeb011ab75a，最后访问时间：2021年6月30日。

② 参见“广东超华科技股份有限公司、梁健锋证券虚假陈述责任纠纷案”（〔2019〕粤民终1761号），载中国裁判文书网，http://wenshu.court.gov.cn/website/wenshu/181107ANFZ0BXSK4/index.html?docId=ebd3b013abbc4a8e9757ab4200b48ffa，最后访问时间：2021年6月30日。

③ 参见“卢跃保、杨建平等与方正科技集团股份有限公司证券虚假陈述责任纠纷案”（〔2018〕沪74民初330号），载中国裁判文书网，http://wenshu.court.gov.cn/website/wenshu/181107ANFZ0BXSK4/index.html?docId=a76f2c4393f147619406abeb011b4a22，最后访问时间：2021年6月30日。

第二节　规制内幕交易的法律制度

一、禁止内幕交易的一般规定

内幕交易[①]违背了证券市场"公平、公正、公开"的三公原则，我国证券法采取了严格禁止内幕交易的规制策略。[②] 与美国主要通过案例法规制内幕交易行为不同，我国对于内幕交易行为的认定要件进行了较为详细的规定。新《证券法》第5条禁止发行阶段的内幕交易，第50条禁止上市后持续交易环节的内幕交易。此外，《证券投资基金法》第73条禁止使用公募基金的财产进行内幕交易，而《期货交易管理条例》第3条也禁止期货市场内幕交易行为。《刑法》第180条则进一步规定了"内幕交易、泄露内幕信息罪"，将那些情节严重的内幕交易行为纳入其惩罚范围。新《证券法》第53条确立了内幕信息公开前禁止交易的原则。[③] 中国证监会曾在2007年发布《证券市场内幕交易行为认定指引（试行）》（已失效），试图细化内幕交易行为的认定要件。虽然该指引已经失效，但仍然对于讨论内幕交易认定要件具有借鉴意义。

二、内幕信息

新《证券法》第52条和《证券市场内幕交易行为认定指引（试行）》（已失效）第7条将内幕信息定义为"证券交易活动中，涉及公司的经营、财务或者对公司证券的市场价格有重大影响的尚未公开的信息"。内幕信息的特征包括"具体性"、"重大性"和"非公开性"三个面向。[④]关于内幕信息的"重大性"面向，新《证券法》第52条首先指出公司的经营或财务信息具有天然的"重大性"；如果其他信息对公司证券的市场价格存在重大影响，则也满足"重大性"标准。其他信息是否对公司证券的市场价格有重大影响，可以通

---

① 2010年证监会等部门出台的《关于依法打击和防控资本市场内幕交易意见的通知》将内幕交易行为定义为"上市公司高管人员、控股股东、实际控制人和行政审批部门等方面的知情人员，利用工作之便，在公司并购、业绩增长等重大信息公布之前，泄露信息或者利用内幕信息买卖证券谋取私利的行为"。

② 参见傅穹、曹理：《禁止内幕交易立法理念转换及其体系效应——从反欺诈到市场诚信》，载《法律科学（西北政法大学学报）》2013年第6期。

③ 内幕信息的知情人和非法获取内幕信息的人，"在相关信息公开前不得直接买卖相关公司的证券，不得泄露该信息，不得建议他人买卖相关证券"。参见曾洋：《证券内幕交易主体识别的理论基础及逻辑展开》，载《中国法学》2014年第2期。

④ 参见肖伟：《内幕信息确定性考量模式之选择》，载《环球法律评论》2012年第5期。

过本章第一节有关信息“重大性”标准的价格敏感测试进行检验。

新《证券法》第52条第2款进一步指出第80条第2款和第81条第2款所列重大事件属于法定内幕信息。新《证券法》第80条规定了上市公司临时信息披露义务，第2款通过列举的方式指明上市证券持续交易期间可能出现的重大事件。① 第81条规定了影响债券市场的重大信息，主要关注上市公司的偿债能力，第2款列举了具体的信息类型。其中与第80条第2款规定存在显著差异的包括：第一，债券信用评级发生变化；第二，新增借款或者对外提供担保超过上年末净资产的20%；第三，放弃债权或者财产超过上年末净资产的10%；第四，公司发生超过上年末净资产10%的重大损失。

此外，内幕信息还应当满足“非公开性”要件。我国证券法关于“非公开性”要件的规定，是考察该信息是否在法定渠道进行披露。如果已经在法定渠道如具有全国影响力的报刊或网站披露，那么相关信息即属于公开信息。

三、内幕信息知情人和非法获取内幕信息的人

内幕信息知情人和非法获取内幕信息的人是两类主要的内幕交易主体。新《证券法》第51条以列举法定义“内幕信息知情人”，并授权国务院证券监督管理机构制定规则增加法定“内幕信息知情人”的类型，减少因为立法滞后所带来的监管真空。

根据该条规定“内幕信息知情人”可分为四组：第一组是企业内幕人员，该类内幕信息知情人主要基于任职或持股关系进行认定。② 企业内部人距离内幕信息较近，获取内幕信息的成本较低，因此在执法过程中该类人员参与内幕交易的案例数量也相对较多。如“夏雪操纵市场案”中，这些高管在

① 该条所规定的情形具体包括：第一，公司的经营方针和经营范围的重大变化；第二，公司的重大投资行为，如在一年内购买、出售的资产规模超过总资产30%，或者营业用主要资产的抵押、质押、出售或者报废一次超过该资产的30%；第三，公司订立重要合同、提供重大担保或者从事显著影响企业经营的关联交易；第四，承担重大债务和未能清偿到期重大债务；第五，发生重大亏损或者重大损失；第六，生产经营的外部条件发生重大变化；第七，董事、1/3以上监事或者经理发生变动，董事长或者经理无法履行职责；第八，重要股东（持股5%以上）或实际控制人持股、控股的企业发生较大变化，或实际控制人或其持股或控制的企业出现竞业情况；第九，公司分配股利、增资的计划，股权结构的重要变化，减资、合并、分立、解散及申请破产的决定，或者依法进入破产程序、被责令关闭；第十，涉及公司的重大诉讼、仲裁，股东大会、董事会决议被依法撤销或者宣告无效；第十一，公司涉嫌犯罪被依法立案调查，公司的控股股东、实际控制人、董事、监事、高级管理人员涉嫌犯罪被依法采取强制措施。

② 企业内幕人包括该条第1项规定的“发行人及其董事、监事、高级管理人员”、第2项规定的“持有公司百分之五以上股份的股东及其董事、监事、高级管理人员，公司的实际控制人及其董事、监事、高级管理人员”、第3项规定的“发行人控股或者实际控制的公司及其董事、监事、高级管理人员”。

长达一年半的时间内，多次利用公司的内幕信息买入公司的股票而获利。① 第二组是业务内幕人员，根据新《证券法》第51条第4项的规定，属于与上市公司没有隶属关系但与公司业务往来而获得内幕消息的情况，如发行人聘请的会计师、律师、券商等。基于公司职务和与公司业务往来而获知内幕信息的典型案例如"罗向阳、罗杨颖内幕交易案"，罗向阳时任新时代证券有限责任公司总经理助理，其因业务需要提前获知有关"东方铁塔""黄河旋风"的重大投资信息。罗向阳在内幕信息公开前多次与罗杨颖联系，将相关内幕信息透露给罗杨颖，由罗杨颖操作相关账户进行交易。两人最终获得违法所得约44万元，被罚以254万元的罚款，并被采取证券市场终身禁入措施。② 第三组是并购重组相关内幕人。③ 并购重组往往引起上市公司股价的剧烈变动，内幕信息所带来的收益较高，属于内幕交易频发的情形。第四组是监管和中介机构内幕人员。④

与2014年《证券法》相比，新《证券法》扩大了内幕信息知情人认定的范围，明确将第三组并购重组相关内幕人和第四组监管和中介机构内幕人员纳入监管范围。在此之前，在上市公司并购重组过程中，其交易对方、标的资产方及其有关人员通常能够合法地获取上市公司重大非公开信息，却又不属于证券法明确列举的内幕信息知情人类型，增加了认定内幕交易行为的难度。另外，国有上市公司的重大经营和兼并收购决策往往受到相关政府部门的影响，无疑增加了掌握重大非公开信息的主体范围。新《证券法》为规制上述主体的内幕交易行为提供了更直接的依据。由于掌握内幕信息的知情人是内幕交易得以发生的核心环节，《关于上市公司建立内幕信息知情人登记管理制度的规定》要求在可能产生内幕信息的情况下，上市公司及其股东、中介机构等都应当制作内幕信息知情人档案，以完善内幕信息的保密工作以及便利事后执法调查工作。随着监管机构对知情人内幕交易打击力度的加大，"非法获取内幕信息的人"进行的内幕交易活跃度大幅度上升。

---

① 参见"夏雪操纵市场案"（证监罚字〔2016〕47号），载中国证券监督管理委员会官网，http://www.csrc.gov.cn/pub/zjhpublic/G00306212/201604/t20160428_296651.htm?keywords。

② 参见"罗向阳、罗杨颖内幕交易案"（证监罚字〔2016〕86号），载中国证券监督管理委员会官网，http://www.csrc.gov.cn/pub/zjhpublic/G00306212/201610/t20161017304665.htm?keywords。

③ 根据新《证券法》第51条第5项的规定，包括"上市公司收购人或者重大资产交易方及其控股股东、实际控制人、董事、监事和高级管理人员"。

④ 改组主要包括新《证券法》第51条第6项规定的"因职务、工作可以获取内幕信息的证券交易场所、证券公司、证券登记结算机构、证券服务机构的有关人员"、第7项规定的"因职责、工作可以获取内幕信息的证券监督管理机构工作人员"、第8项规定的"因法定职责对证券的发行、交易或者对上市公司及其收购、重大资产交易进行管理可以获取内幕信息的有关主管部门、监管机构的工作人员"。

2012 年最高人民法院、最高人民检察院发布了《关于办理内幕交易、泄露内幕信息刑事案件具体应用法律若干问题的解释》(以下简称《内幕交易司法解释》),第 2 条明确划定了《刑法》层面“非法获取证券、期货交易内幕信息的人员”的范围,完善了规制内幕交易的规则体系。①

四、基于内幕信息从事证券交易

内幕交易案件中还涉及判断交易主体是否依据内幕信息进行了交易。根据新《证券法》第 53 条和《证券市场内幕交易行为认定指引(试行)》(已失效)第 12 条的规定,内幕交易所涉及的行为有三种具体模式,分别是“自行买卖证券”、“泄露信息”和“建议他人买卖证券”。我国证券法根据内幕交易主体的身份差异设置了不同的举证责任。“内幕信息的知情人”承担更严格的举证责任:只要其在内幕信息敏感期交易相关股票,除非存在合法抗辩事由,否则即可认定为内幕交易。而“非法获取内幕信息的人”的举证责任相对较低,实施证券法的主体仅需要提供其依据内幕信息进行交易的证据。

此外,内幕交易主体并不能因规避直接交易行为而脱责,通过泄露信息或建议他人交易的间接交易方式依然会被认定为内幕交易。如“王翔、郑飚内幕交易案”②、“苏立华、孔德永内幕交易案”③,一方作为内幕信息知情人虽没有直接买卖证券,但因其给他人提供内幕信息,而后者根据这些信息买卖证券,最终也被认定为内幕交易。应当注意,证券法还为交易主体提供了安全港,《内幕交易司法解释》第 4 条规定了四项抗辩事由。④

① 根据《内幕交易司法解释》的规定,“非法获取证券、期货交易内幕信息的人员”包括:第一类,采用非法手段获取内幕信息的人,如窃取、骗取、套取、窃听、利诱、刺探或者私下交易等手段获取内幕信息;第二类,内幕信息知情人的亲属及关系密切人员,或与内幕信息知情人员在内幕信息敏感期内,联络、接触的人,且在内幕信息敏感期内,从事或者明示、暗示他人从事,或者泄露内幕信息导致他人从事与该内幕信息有关的证券、期货交易,相关交易行为明显异常,且无正当理由或者正当信息来源的。

② 参见“王翔、郑飚内幕交易案”(证监罚字〔2019〕137 号),载中国证券监督管理委员会官网,http://www.csrc.gov.cn/pub/zjhpublic/G00306212/201912/t20191211_367268.htm? keywords。

③ 参见“苏立华、孔德永内幕交易案”(证监罚字〔2019〕31 号),载中国证券监督管理委员会官网,http://www.csrc.gov.cn/pub/zjhpublic/G00306212/201905/t20190509_355489.htm? keywords。

④ 四种抗辩事由包括:第一,涉及并购活动的,持有或者通过协议、其他安排与他人共同持有上市公司 5% 以上股份的自然人、法人或者其他组织收购该上市公司股份的;第二,存在交易预案的,按照事先订立的书面合同、指令、计划从事相关证券、期货交易的;第三,信息已经公开的,依据已被他人披露的信息而交易的;第四,存在交易依据的,交易具有其他正当理由或者正当信息来源的。

《内幕交易司法解释》第3条还规定了在内幕信息敏感期内，相关交易行为属于明显异常的六种情况。① 认定内幕交易行为时应当同时从时间吻合程度、交易背离程度和利益关联程度等方面予以综合考虑。如“潘丽娟内幕交易案”②、“张卡非内幕交易案”③，监管机构从内幕信息发展过程与相关账户资金划转时点、银证转账时点以及交易时点的高度吻合上判定交易行为明显异常。在“王某君内幕交易案”中，马某达与内幕知情人员王某君是朋友并且联系频繁，前者在敏感期内所进行的买卖行为存在明显异于平常的模式，并且行为人无法提供正当的理由或决策信息源，因此被认定为与内幕知情人员王某君关系密切人员所从事的内幕交易。④

第三节　规制市场操纵的法律制度

市场操纵行为同样受到我国证券法的严格禁止。在法律层面，新《证券法》第5条、第55条分别明令禁止发行和交易环节进行市场操纵的行为。⑤ 其次，《证券投资基金法》第73条第6款禁止公募基金操纵市场。再次，《期货交易管理条例》第3条也禁止操纵期货交易价格的行为。最后，《刑法》第182条将那些情节严重的操纵市场行为纳入“操纵证券、期货市场罪”范畴。

关于“市场操纵”行为的认定标准，新《证券法》第55条采取了一般原则性规范与具体规则性规范相结合的形式。一般原则性规范规定，“影响或者意图影响证券交易价格或者证券交易量”的行为即属于市场操纵，该

---

① 上述六种情况包括：第一，开户、销户、激活资金账户或者指定交易（托管）、撤销指定交易（转托管）；第二，资金变化；第三，买入或者卖出与内幕信息有关的证券、期货合约，与内幕信息的形成、变化和公开时间或交易主体知悉内幕信息时间基本一致的；第四，买入或者卖出行为明显与平时交易习惯不同的；第五，买入或者卖出行为，或集中持有行为与该证券、期货公开信息反映的基本面明显背离的；第六，资金进出与该内幕信息知情人员或者非法获取人员有关联或者利害关系的。

② 参见“潘丽娟内幕交易案”（证监罚字〔2020〕15号），载中国证券监督管理委员会官网，http://www.csrc.gov.cn/pub/zjhpublic/G00306212/202005/t20200506_374927.htm？keywords。

③ 参见“张卡非内幕交易案”（证监罚字〔2020〕16号），载中国证券监督管理委员会官网，http://www.csrc.gov.cn/pub/zjhpublic/G00306212/202005/t20200506_374926.htm？keywords。

④ 参见“王某君内幕交易案件”（（2019）粤03刑初473号），载中国裁判文书网，http://wenshu.court.gov.cn/website/wenshu/181107ANFZ0BXSK4/index.html？docId = 8e5e5f6226bc443aa375ab3300f4b204。

⑤ 参见张超、甘培忠：《市场操纵的规范解构和分析框架维度构建》，载《暨南学报（哲学社会科学版）》2019年第9期。

条强调对市场价格和交易量的扭曲和欺诈性影响;[①]具体规则性规范罗列了七种具体的市场操纵类型。2007 年颁布《证券市场操纵行为认定指引(试行)》在厘清相关认定要件方面进行了尝试。虽然该指引已经被废止,仍然具有一定的参考性。该指引第 14 条将对量价影响的情况定义为,行为人引起证券价格或交易量处于异常状态,或维持在虚拟的价量水平。该条同时又进一步列举了四种具体的情形:第一,导致上市首日价量出现异常;第二,导致证券价格达到涨跌幅限制水平,或交易量异常放大或萎缩;第三,证券价格走势相较可比指数存在明显偏离;第四,价格走势与基本面存在明显背离。此外,该指引第 48 条还规定了法定不属于市场操纵的三种情况。[②]

从证监会发布的执法案例看,对于操纵行为主体的认定,直接实施操纵行为的主体认定争议较小,但间接从事操纵行为的主体认定则存在一定的难度。个人利用他人账户、公司、企业和事业单位名义,或利用其管理的资产管理计划,或盗用他人名义进行市场操纵,应当认定该个人为市场操纵行为人。而在判断证券交易价格是否异常的问题上,存在"个股交易价格涨跌幅度标准""与同期该股所在板块的偏离比较标准""与同期行业指数的偏离比较标准"等判断标准。在判断证券交易量是否异常时,存在"账户组当日总成交量与同日该股总成交量的比例""账户组申买/卖委托总量与该时段委托买/卖成交量的比例""账户组的对倒交易量占全天交易量的比例""对倒交易量占账户组同期成交量的比例"等标准。根据我国证券法的规定,主要的市场操纵行为可以分为以下八种类型:

一、连续交易操纵

新《证券法》第 55 条第 1 项规定了连续交易操纵模型。[③] 大量操纵市场执法案例中,违法行为人存在连续交易操纵行为与其他操纵行为相结合的情形,常见的如配合特定时间和尾市操纵、虚假申报和洗售。在认定利用连续交易的方式操纵市场的案件中,行为人是否具有信息优势、持股优

① 参见杨松、石启龙:《市场操纵本质的新认知及监管制度创新》,载《江西社会科学》2019 年第 3 期。

② 不属于市场操纵的三种情况包括"上市公司回购股份;控股股东和相关股东为履行法定或约定义务而交易上市公司股份;经中国证监会许可的其他操作"。

③ 连续交易操纵是指"单独或者通过合谋,集中资金优势、持股优势或者利用信息优势联合或者连续买卖,操纵证券交易价格或者证券交易量"。

势或资金优势是重要参考因素。如“肖海东操纵市场案”[①]，肖海东操作账户组利用资金优势、持股优势在短时间（每笔交易指令交易平均间隔在12秒至57秒）内重复多次大量集中申买、阶梯提高申买价。

连续交易操纵大多数为利用资金优势或持股优势，利用信息优势的案例较少。在资金优势的认定上，证监会多通过买入卖出成交金额、个人成交量占市场比值等指标来认定。如“王建森操纵市场案”，证监会详细描述了每日行为人自成交量占买入成交量的比例、自成交量占卖出成交量的比例、自成交量占市场成交总量的比例。[②]持股优势的认定，则多统计账户组持有被操纵股票占该股总股本的情况。利用信息优势的案件相较于资金与持股优势的情况较少，且该类主体一般具有特殊的主体身份，以实现对信息的控制。例如“鲜言操纵市场案”中，鲜言即采取控制被操纵股票拟更名事项披露节奏，并配合控制被操纵股票信息披露内容误导投资者。[③]

二、约定交易操纵

《证券法》第55条第2项规定了约定交易操纵模型。[④] 约定交易操纵与洗售操纵的行为模式较为类似，两种操纵方式间最大区别在于操纵行为人是一人还是多人。最高人民检察院、公安部《关于公安机关管辖的刑事案件立案追诉标准的规定（二）》（以下简称《立案追诉标准（二）》）中对于约定交易操纵与洗售操纵也规定了相同的立案追诉标准。[⑤] 在约定交易操纵的认定上，对于操纵人之间意思联络的认定，多依据微信、电话等联系方式的内容与频繁度，行为人之间交易股票的重合度，以及双方/多方之间对于买入/卖出股票的顺序一致性等多方面证据印证是否存在约定交易。

证监会处罚使用约定交易的方式操纵市场的案例较少。行为人一般不会单独使用约定交易的方式操纵市场，通常与连续交易操纵等方式配合使用。近年来，较为典型的约定交易操纵如“王仕宏、陈杰操纵市场案”，

---

① 参见“肖海东操纵市场案”（证监罚字〔2016〕110号），载中国证券监督管理委员会官网，http://www.csrc.gov.cn/pub/zjhpublic/G00306212/201609/t20160914_303383.htm。

② 参见“王建森操纵市场案”（证监罚字〔2013〕40号），载中国证券监督管理委员会官网，http://www.csrc.gov.cn/pub/zjhpublic/G00306212/201310/t20131018_236580.htm。

③ 参见“鲜言操纵市场案”（证监罚字〔2017〕29号），载中国证券监督管理委员会官网，http://www.csrc.gov.cn/pub/zjhpublic/G00306212/201703/t20170330_314407.htm。

④ 该模型是指“行为人与他人串通以事先约定的时间、价格和方式相互进行证券交易”。

⑤ 参见《立案追诉标准（二）》第39条。

王仕宏任职某证券公司场外市场部负责人，为降低2016年业绩考核起点，利用做市商地位，在收盘前低价卖出股票打压股价，并将交易计划告知陈杰，而后者控制多个账户买入被低价卖出的股票。王仕宏卖出的股票清单与陈杰买入的股票清单高度重合，重合率高达93.33%。除了该异常之处外，陈杰下达的买入多只股票的指令排序与王仕宏卖出股票清单顺序完全相同。最后，陈杰买入股票的申报价格均为前一个交易日收盘价的八折到八五折之间，买入数量为1000股。除上述证据外，在操纵行为发生前后，王仕宏与陈杰通过手机通话、微信联系频繁，并多次见面把有关涉案事项的公司内部资料泄露给陈杰。①

又如，“上海易所试公司、中泰证券和章源等人操纵市场案”，操纵行为人约定好每日购回股票的数量、价格、交易时间，买卖双方的申报价格、交易数量和委托时间极为接近。中泰证券在2015年8月至11月做市交易卖出近100万股，合计超过2000万元。其中，易所试方面操控和安排多个账户购回（买入）90余万股，购回（买入）金额接近2000万元。②

三、洗售操纵

新《证券法》第55条第3项规定了洗售操纵模型，即在自己实际控制的账户之间进行证券交易。洗售操纵常与连续交易操纵、虚假申报操纵等其他操纵方式相结合。③ 在仅利用洗售方式操纵市场的案例中，违法行为人大多通过交易型开放式指数基金进行操纵，如“封建华操纵市场案”④、“解中力与丁华强操纵市场案”⑤、“王永柯操纵市场案”⑥等。对于洗售操纵，证监会处罚重点考察的要件为违法行为人“实际控制的账户”。证监会多从技术、资金和人际关系等方面推断控制关系，如账户组在单一账户或多个账户之间相互交易、涉案账户开户资料及委托交易流水资料、电脑

① 参见“王仕宏、陈杰操纵市场案”（证监罚字〔2018〕51号），载中国证券监督管理委员会官网，http://www.csrc.gov.cn/pub/zjhpublic/G00306212/201807/t20180712_341145.htm? keywords。

② 参见“上海易所试公司、中泰证券和章源等人操纵市场案”（证监罚字〔2017〕100号），载中国证券监督管理委员会官网，http://www.csrc.gov.cn/pub/zjhpublic/G00306212/201712/t20171220_329236.htm? keywords。

③ 参见于莹：《论以虚伪交易方式操纵证券市场》，载《国家检察官学院学报》2003年第5期。

④ 参见“封建华操纵市场案”（证监罚字〔2019〕4号），载中国证券监督管理委员会官网，http://www.csrc.gov.cn/pub/zjhpublic/G00306212/201901/t20190123_350135.htm。

⑤ 参见“解中力与丁华强操纵市场案”（证监罚字〔2019〕5号），载中国证券监督管理委员会官网，http://www.csrc.gov.cn/pub/zjhpublic/G00306212/201901/t20190123_350136.htm。

⑥ 参见“王永柯操纵市场案”（证监罚字〔2019〕3号），载中国证券监督管理委员会官网，http://www.csrc.gov.cn/pub/zjhpublic/G00306212/201901/t20190123_350134.htm。

硬件信息、询问笔录、MAC 地址等。

认定行为人在“自己实际控制的账户”之间交易的基础上，还应当证明上述行为影响了证券的均衡价格和数量。证监会主要通过以下方式进行：第一，统计洗售交易的天数占比，如“兴安操纵市场案”中，证监会统计自买自卖被操纵股票的交易天数有 385 天，占交易总天数的 47.71%。①第二，统计对倒量占同期市场总成交量的比值，如在“陈贤操纵市场案”中，陈贤交易多只国债，存在近 40 个交易日其对倒成交量占市场成交量比重达 100%②。而在办理“方圆投资操纵案”③“崔峻山操纵市场案”④时，证监会同时统计洗售交易的天数占比与对倒量占同期市场总成交量的比例，综合两个指标进行判定。

四、虚假申报操纵

新《证券法》第 55 条第 4 项规定了虚假申报操纵模型。⑤ 近年来，证监会处罚的虚假申报操纵案例数量逐渐增多，并常与连续交易、洗售交易等操纵方式结合扰乱市场秩序。虚假申报行为一般发生在开盘、收盘集合竞价阶段，上述阶段最具有诱导性。在查处虚假申报操纵中，证监会重点考察行为人是否实质上不希望交易成交，而意在影响股票价格。

较为典型的行为模式包括以下四种：第一，在开盘集合竞价阶段，集中资金优势，以高价、大单申买后全部撤单，之后在开盘后迅速反向卖出，如“刘坚操纵市场案”。⑥第二，行为人在涨停价买盘远大于卖盘的情况下，反复、大量以涨停价申报买入被操纵股票，继而撤单后再申报；同时，在申报买入委托部分成交后迅速撤销未成交的买入委托，如“张平、孙忠泽操纵市场案”。⑦第三，行为人买卖报价与市场总量之比较高。申报数量占全天市

---

① 参见“兴安操纵市场案”（证监禁入字〔2007〕11 号），载中国证券监督管理委员会官网，http://www.csrc.gov.cn/pub/zjhpublic/G00306212/200804/t20080418_14287.htm。

② 参见“陈贤操纵市场案”（证监罚字〔2018〕45 号），载中国证券监督管理委员会官网，http://www.csrc.gov.cn/pub/zjhpublic/G00306212/201806/t20180607_339344.htm。

③ 参见“方圆投资操纵案”（证监罚字〔2008〕27 号），载中国证券监督管理委员会官网，http://www.csrc.gov.cn/pub/zjhpublic/G00306212/201001/t20100126_175947.htm。

④ 参见“崔峻山操纵市场案”（证监禁入字〔2009〕5 号），载中国证券监督管理委员会官网，http://www.csrc.gov.cn/pub/zjhpublic/G00306212/200904/t20090415_100778.htm。

⑤ 该模式是指“行为人不以成交为目的频繁申报和撤销申报，误导其他投资者，影响证券交易价格或交易量”。

⑥ 参见“刘坚操纵市场案”（证监罚字〔2018〕108 号），载中国证券监督管理委员会官网，http://www.csrc.gov.cn/pub/zjhpublic/G00306212/201812/t20181203_347576.htm。

⑦ 参见“张平、孙忠泽操纵市场案”（证监罚字〔2019〕38 号），载中国证券监督管理委员会官网，http://www.csrc.gov.cn/pub/zjhpublic/G00306212/201906/t20190624_357764.htm。

场申买总量的比例和排名，申买委托撤单量占其申买量的比例和市场同期撤单总量的比例等指标过高，都是存在市场操纵行为的显著特征。如“盛巍操纵市场案”，行为人在多个交易日中，申买量占市场申买总量的比例较高，申买排名第一。同时，其撤单率较高，并且申买委托的停留时间较短。①第四，申报委托的撤单时间较短。如“吴峻乐操纵市场案”，证监会发现其在1分钟内撤单153笔，5分钟内撤单272笔，10分钟内撤单326笔。②上述交易行为显著异于市场主体的正常交易行为。

五、蛊惑交易操纵

新《证券法》第55条第5项规定了蛊惑交易操纵模型，是指利用虚假或者不确定的重大信息，诱导投资者进行证券交易，该操纵类型是新《证券法》修订时新增的明确禁止的操纵行为。根据最高人民法院和最高人民检察院2019年发布的《关于办理操纵证券、期货市场刑事案件适用法律若干问题的解释》（以下简称《操纵证券、期货市场刑事案件的解释》），该类操纵行为涉及行为人利用编造和传播虚假信息，改变投资者的决策预期，进而影响证券市场的均衡价格从而获利。《证券市场操纵行为认定指引（试行）》③对于蛊惑交易操纵的认定要点与上述观点较为一致。此外，该指引还对“利用不真实、不准确、不完整或不确定的重大信息”④“进行证券交易”⑤等要件进行了规定。

典型的蛊惑交易操纵案例往往与非法荐股联系起来，如违法行为人在各大网站、论坛发布关于公司的虚假资料，致使投资者恐慌性抛盘，公司股票在短时间内发生大幅的下跌，使投资者遭受了巨大的损失。法院在审理类似案件时，在认定违法行为属于编造并传播证券交易虚假信息还是市场操纵上常出现争议。认为不构成市场操纵的观点指出，行为人没有实际参与股票交易；同时，以编造并传播证券交易虚假信息罪定罪处罚能够做到罪刑相适应等。2014年《证券法》第78条对禁止编造传播虚假信息的规定仅限于国家工作人员、传播媒介从业人员和有关人员等，并不适用于一般主体。新《证券法》对原第78条进行了修订和完善，将禁止编造传播虚

① 参见“盛巍操纵市场案”（证监罚字〔2017〕6号），载中国证券监督管理委员会官网，http://www.csrc.gov.cn/pub/zjhpublic/G00306212/201701/t20170118_309628.htm。

② 参见“吴峻乐操纵市场案”（证监罚字〔2017〕96号），载中国证券监督管理委员会官网，http://www.csrc.gov.cn/pub/zjhpublic/G00306212/201712/t20171205_328128.htm。

③ 参见《证券市场操纵行为认定指引（试行）》第31条。

④ 参见《证券市场操纵行为认定指引（试行）》第34条。

⑤ 参见《证券市场操纵行为认定指引（试行）》第32条。

假信息的主体扩大到任何单位和个人,弥补了此前的规则漏洞。

六、"抢帽子"交易操纵

新《证券法》第55条第6项规定了"抢帽子"交易操纵的模型。[①] 此前监管规则将该类操纵行为的主体限定在证券从业人员范围之内[②],而新《证券法》并未进行这一限制。相对于主体身份特殊性的规定,认定该操纵行为的关键在于行为人影响力的大小;而判断荐股影响力的大小不应当仅局限于具有专业优势的特殊主体,还应当判断其是否具有公众影响力。

认定"抢帽子"交易操纵的难点在于将行为人的公开的评价、预测或者投资建议与证券交易价格或者交易量的变化建立直接联系,并且证明该评价预测对普通投资者的投资决策产生了多大程度的影响。因此,证监会多强调该行为人所具备的客观市场影响力,证明其行为对普通投资者造成影响进而作用于证券交易价格的可能性。

实践中,行为人可能通过多种方式利用其影响力实施操纵行为。首先,相关荐股报告或文章在具有权威性的财经报纸或知名网站上发布。如"汪建中操纵市场案",咨询报告在各主流财经新闻网站和《上海证券报》《证券时报》等权威报刊上发布或刊载。上述咨询报告在多家权威性的财经报纸和知名网站等媒体发布,因而其荐股行为影响范围广泛,存在改变投资者决策和大盘股价的可能性。[③]而在"新兰德公司、朱汉东与陈杰操纵市场案"中,操纵主体武汉新兰德是武汉地区唯一的一家经证监会批准从事证券投资咨询服务的机构。其与主流省级媒体形成合作关系公开荐股;而朱汉东个人定期在主流媒体刊载股评文章,其对普通投资者的投资行为具有较大影响。[④] 其次,通过电视节目股荐。在"朱炜明操纵市场案"中,其利用电视节目特邀嘉宾的身份在节目中评价、预测及推介已经提前买入

---

① 该类操纵行为是指"对证券、发行人公开作出评价、预测或者投资建议,并进行反向证券交易获利"。

② 从业人员仅包括证券公司、证券咨询机构、专业中介机构及其工作人员,参见《证券市场操纵行为认定指引(试行)》第35条。

③ 参见"汪建中操纵市场案"(证监罚字〔2008〕42号),载中国证券监督管理委员会官网,http://www.csrc.gov.cn/pub/zjhpublic/G00306212/200901/t20090104_36651.htm。

④ 参见"新兰德公司、朱汉东、陈杰操纵市场案"(证监罚字〔2008〕44号),载中国证券监督管理委员会官网,http://www.csrc.gov.cn/pub/zjhpublic/G00306212/200901/t20090104_36656.htm。

的股票，并在公开荐股后卖出。[①] 其参加的节目收视率排名靠前，传播范围广影响力大，相关言论对不特定观众产生重大影响。再次，特殊从业人员或者研究员向相关主体发布研究报告，研究报告的发布范围广泛。如“叶志刚操纵市场案”中，研究报告的发送对象广泛，包括券商、基金公司和保险公司及其个人客户具有较大的市场影响力。[②]最后，行为人聘请他人撰写荐股文章、借用投资顾问公司的名义发布荐股文章，如“余凯操纵市场案”等。[③]除上述情况外，违法行为人还可以利用发表博客文章推荐股票的方式[④]实施操纵行为，但在此种情况下博客文章的浏览次数应当达到广泛传播的程度。

七、跨市场操纵

新《证券法》第55条第7项规定了跨市场操纵模型，即利用在其他相关市场的活动操纵证券市场。申言之，跨市场操纵就是利用现货市场与期货市场之间的关联性与价格联动机制，通过在某一市场上实施操纵行为，实现操纵另一相关市场的结果。在对跨市场操纵行为的规制上，首先与境外大多数国家一样，我国在《证券法》《期货交易管理条例》《证券市场操纵行为认定指引（试行）》等法律法规中并未直接将跨市场操纵作为一种独立的操纵类型予以单独规制。其次，跨市场操纵行为有别于其他类型的市场操纵行为。规制一般市场操纵行为的基本法律应为《证券法》，而对跨市场操纵行为规制应当结合《证券法》、《期货法》和其他相关法律。这主要是因为《证券法》的调整范围较窄，无法涵盖大量利用契约型证券衍生品与基础资产之间的价格关联进行操纵的行为，以及利用非证券基础资产与相关衍生品间的价格关联进行操纵的行为。[⑤]

我国现行的《期货交易管理条例》关于跨市场操纵的规制并不完善，其并未包含针对操纵期货市场影响现货市场的操纵行为。如在“海南大印

① 参见“朱炜明操纵市场案”（证监罚字〔2016〕87号），载中国证券监督管理委员会官网，http://www.csrc.gov.cn/pub/zjhpublic/G00306212/201607/t20160718_300886.htm。

② 参见“叶志刚操纵市场案”（证监罚字〔2012〕2号），载中国证券监督管理委员会官网，http://www.csrc.gov.cn/pub/zjhpublic/G00306212/201202/t20120223_206375.htm。

③ 参见“余凯操纵市场案”（证监罚字〔2014〕16号），载中国证券监督管理委员会官网，http://www.csrc.gov.cn/pub/zjhpublic/G00306212/201407/t20140718_257997.htm。

④ 参见“袁郑健操纵市场案”（证监罚字〔2011〕42号），载中国证券监督管理委员会官网，http://www.csrc.gov.cn/pub/zjhpublic/G00306212/201112/t20111226_204149.htm。

⑤ 参见钟维：《跨市场操纵的行为模式与法律规制》，载《法学家》2018年第3期。

集团有限公司跨市场操纵案”[①]中，海南龙盘园（海南龙盘园农业投资有限公司）与海南万嘉（海南万嘉实业有限公司）以自买自卖、互为对手方交易、虚假申报等方式操纵天然橡胶期货合约结算价格，最终海南龙盘园在期货市场上的违法所得约 29 万元，海南万嘉在期货市场上的违法所得约 22 万元。与此同时，海南大印集团有限公司借天然橡胶 RU1010 期货合约结算价格被操纵虚高之机，卖出仓单进一步在仓单交易市场获利。该案例是非常典型的期现联动的跨市场操纵行为，操纵行为人在现货市场与期货市场均获得不当利益。证监会在处罚时利用原《期货交易管理条例》第 74 条影响期货交易价格的相关规定进行规制，将在现货市场的违法所得也纳入该条的违法所得中予以没收。在跨市场操纵案例中，除涉及连续交易操纵、洗售操纵、虚假申报操纵等形式外，还多涉及信息型操纵、内幕信息交易等其他违法行为。

八、特定时间操纵

新《证券法》第 55 条第 8 项设置了兜底条款，其他模型导致价量出现异常的也构成市场操纵。《证券市场操纵行为认定指引（试行）》规定了特定时间的市场操纵行为。[②] 证监会在认定是否存在拉抬行为时，多考量行为人的买入占比以及价格涨幅。如在“叶熙正操纵市场案”中，账户组拉抬股价导致被操纵股票价格上涨。在违法行为人买入后价格涨幅超过 2% 的 88 次交易中，涨幅达到 2% 至 3% 的为 31 次，涨幅达到 3% 至 4% 的为 29 次，涨幅达到 4% 至 5% 的为 11 次，涨幅超过 5% 的为 17 次。[③]与此类似，在涉及打压行为的操纵中，证监会多统计申卖量及占比，以及价格打压幅度，如“郑领滨操纵市场案” [④]“通金投资操纵市场案”[⑤]。

如果特定时间恰好为收盘时，则与尾市操纵存在部分重合。尾市交易

---

① 参见“海南大印集团有限公司跨市场操纵案”（证监罚字〔2013〕67 号），载中国证券监督管理委员会官网，http://www.csrc.gov.cn/pub/zjhpublic/G00306212/201401/t20140124_243101.htm。

② 该类操纵行为指“指行为人在计算相关证券的参考价格或者结算价格或者参考价值的特定时间，通过拉抬、打压或锁定手段，影响相关证券的参考价格、结算价格或者参考价值的行为”。参见《证券市场操纵行为认定指引（试行）》第 41 条。

③ 参见“叶熙正操纵市场案”（证监罚字〔2019〕108 号），载中国证券监督管理委员会官网，http://www.csrc.gov.cn/pub/zjhpublic/G00306212/201911/t20191118_366118.htm。

④ 参见“郑领滨操纵市场案”（证监罚字〔2018〕127 号），载中国证券监督管理委员会官网，http://www.csrc.gov.cn/pub/zjhpublic/G00306212/201901/t20190102_349108.htm。

⑤ 参见“通金投资操纵市场案”（证监罚字〔2018〕71 号），载中国证券监督管理委员会官网，http://www.csrc.gov.cn/pub/zjhpublic/G00306212/201808/t20180806_342280.htm。

操纵强调行为人在即将收市时,通过各种手段操纵收盘价格。[①] 单纯从概念上难以区分尾市操纵和发生在收盘时的价格操纵,两者的具体行为方式均主要表现为拉抬、打压或锁定手段。此种操纵手段一般在尾盘大量拉升收盘价并于次日卖出,或压低收盘价并于次日反向买入。[②]

① 参见《证券市场操纵行为认定指引(试行)》第45条。
② 参见"王炎贤操纵市场案"(证监罚字〔2018〕111号),载中国证券监督管理委员会官网,http://www.csrc.gov.cn/pub/zjhpublic/G00306212/201903/t20190305_351732.htm。

第五章　美国证券法私人实施机制

美国采取了公私合作的混合机制落实证券法律责任。①本章关注私主体在遭受证券欺诈侵害后寻求救济的机制，也即证券民事诉讼和调解制度。在私人实施公共规则的领域，美式集团诉讼可能是最具威慑力同时也最富争议的制度安排。② 证券民事诉讼制度是公司外部治理的重要组成，威慑潜在的违法犯罪行为，能在事后保护投资者的合法权益。美国证券市场的投资者可以通过证券民事诉讼，特别是集团诉讼，请求违法行为人支付损害赔偿。群体诉讼模式有利于平衡原告和被告之间的诉讼地位之差距，并补偿投资者的利益损失。③ 由于美国证券集团诉讼主要涉及与“规则 10b－5”相关的争议④，本章也以此类案件为主要研究对象，重点讨论《私人证券诉讼改革法案》（Private Securities Litigation Reform Act, PSLRA）、SLUSA 和《全国性证券市场促进法案》（National Securities Markets Improvement Act, NSMIA）。需要说明的是，美国集团诉讼案件只有极少部分最终完成庭审程序，绝大部分案件都以原被告双方达成和解结案。统计数据显示，1996 年至 2019 年，总计 1849 件因证券欺诈引发的集团诉讼达成和解，和解金额高达 1060 亿美元。⑤此外，FINRA 作为美国证券业的全国性自律监管组织，还为投资者提供了证券仲裁救济机制，该机制的重要性也在近年逐渐凸显。

---

① See Zachary Clopton, *Redundant Public－Private Enforcement*. Vanderbilt Law Review 69：285－332(2016).

② 参见汤欣：《私人诉讼与证券执法》，载《清华法学》2007 年第 3 期。

③ 参见王琳：《证券市场虚假陈述行为的法经济学分析》，载《广东财经大学学报》2017 年第 2 期。

④ 参见郭雳：《证券欺诈法律责任的边界 新近美国最高法院虚假陈述判例研究》，载《中外法学》2010 年第 4 期。

⑤ See Cornerstone Research, *Securities Class Action Settlements* 2019 *Review and Analysis*, available at https://www.cornerstone.com/Publications/Reports/Securities－Class－Action－Settlements－2019－Review－and－Analysis，最后访问时间：2021 年 6 月 30 日。

第一节　集体行动困境与美式集团诉讼

一、集体行动困境与委托—代理问题

法和经济学理论对于证券法私人实施的理论探讨指出，集体行动困境是受欺诈的投资者寻求私人救济的主要障碍。[①]虽然单个投资者的损失相对较低，但受害投资者的数量较多，投资者遭受的总损失较大。而对于单个投资者来说，起诉违法行为人需要承担成本，如时间成本、聘请和监督律师的成本与差旅成本等，这些成本无法与其他投资者共同承担。而其他投资者却免费分享了诉讼所带来的收益，例如，如果该投资者胜诉，那么将明显提高其他投资者起诉获得赔偿的可能性。受侵害投资者起诉的社会收益大于私人收益，是典型的具有正外部性的行为；而私人收益又小于私人成本，在缺乏其他制度支持的前提下，投资者起诉的频率远低于社会最优水平。集体行动困境导致受侵害的投资者"用脚投票"，不会主动维护自身的合法权益。[②]

集团诉讼作为克服集体行动困境的法律制度设计，对于大部分受侵害的投资者而言是唯一经济的起诉方式。与单独诉讼中每个投资者都必须独立提起诉讼、反复承担参与成本不同，集团诉讼由首席原告代表该投资者集团参与诉讼，无须同类投资者独立重复参与，利用规模优势将诉讼成本分摊至受侵害的投资者集团，大幅度降低了单位损害赔偿所需要承担的维权成本。如果受侵害的投资者没有集团诉讼这种有效的工具，其中大部分就会因为高昂的诉讼成本而放弃维权。[③] 集团诉讼最大限度地匹配了投资者的私人成本与社会收益，既同时实现赔偿投资者损失和威慑违法行为的目标，保护了受侵害投资者的私人利益，也维护了对公共利益存在正外部性的行为。

然而，集团诉讼制度并不是"万灵药"，在使用不当的情况下，会产生高昂的委托代理成本，给证券市场带来显著的负外部性。在集团诉讼中，大部分投资者仍然采取被动策略，不愿主动参与诉讼，因此集团诉讼主要

---

① See Stephen J. Choi, *The Evidence on Securities Class Actions.* Vanderbilt Law Review 57: 1465 – 1526(2004).

② See Bernard S. Black, *Shareholder Passivity Reexamined.* Michigan Law Review 89: 520 – 608 (1990).

③ 参见章武生：《论群体性纠纷的解决机制——美国集团诉讼的分析和借鉴》，载《中国法学》2007 年第 3 期。

依靠首席原告进行监督和管理。首席原告持有的诉讼利益有限,并不以推动集团诉讼维护所有投资者利益为目标,反而存在很强的激励和代理律师进行合谋,通过提起滥诉、扰诉以最大化自身的收益。①

一方面,一般投资者与代理律师和首席原告之间存在严重的信息不对称。代理律师通常采取风险代理的收费模式,按照一定比例从获得的损害赔偿中收取律师费。②风险代理使代理律师仅获得赔偿额的小部分作为律师费回报,但却承担所有的败诉风险。这种委托代理关系将产生两方面的结果:第一,代理律师不会投入过多时间在单一案件中,而是会积极寻求最大化其代理的案件数量,降低败诉概率进而分散风险。第二,即便原告胜诉的可能性较大,代理律师也会积极与被告达成和解协议,以保证能尽快获得律师费。和解协议是双方妥协的结果,赔偿数额可能低于诉讼判决的数量,减少了投资者可能获得的赔偿。由于监督成本过高,一般投资者对于诉讼结果呈现漠不关心的状态,助长了此类合谋行为。

另一方面,证券律师有很强的激励提起扰诉、滥诉"敲诈"发行人,这些诉讼将减少投资者整体的福利。投资者表面上赢得诉讼获得了赔偿,然而实际赔偿成本仍然由发行人承担,最终会落在股东身上。申言之,受侵害投资者获得的赔偿部分是由其他无辜投资者支付的,这将导致循环赔偿问题(problem of circularity)。③无辜投资者的财富总量并未增加,反而因为原告和被告都支付了一大笔律师费,总体财富水平受到减损。

二、适格原告

投资者可能在一级市场和二级市场受到欺诈行为的侵害。根据"第17(a)章"的规定,发行人对于发行过程中的欺诈行为承担严格责任④,投资者无须证明因果关系和对注册文件的"信赖"。当然也存在例外情况,即如果发行人完成发行活动后,又公布了新财年的财务报表,那么投资者在新的财务报告发布后购买该发行人发行的证券并遭受损失,且以欺诈发行为由请求发行人支付损害赔偿的,应当证明因果关系和对注册文件的"信赖"。这是由于新财报更新了发行人的信息,发行文件对于证券价格

① See Lucian A. Bebchuk, *Suing Solely to Extract a Settlement Offer*. The Journal of Legal Studies 17: 437 - 441(1988).

② 参见章武生:《我国证券集团诉讼的模式选择与制度重构》,载《中国法学》2017 年第 2 期。

③ See John Coffee, *Reforming the Securities Class Action: An Essay on Deterrence and Its Implementation*. Columbia Law Review 106:1534 - 1545(2006).

④ See Lindsay v. Morgan Stanley, 592 F. 3d 347 (2d Cir. 2010).

的影响大小存疑。

投资者在二级市场遭受欺诈行为侵害，主要依据"第10(b)章"和"规则10b－5"起诉。根据美国《联邦民事程序规则》(Federal Rules of Civil Procedure,FRCP)第8(a)条的规定，原告提起民事诉讼应当满足以下起诉标准(pleading standards)：第一，关于法院具有管辖权的简单说明；第二，关于原告享有救济权利的简单说明；第三，救济的形式。而2002年颁布的《萨班斯法案》第804章进一步规定，受侵害的投资者应当在发现违法行为的2年内提起诉讼①，最长不能超过违法行为发生后5年。在审查起诉阶段，法院仅关注事实层面的问题；而从现有判例法来看，投资者要想成功获得民事救济，需要证明以下六个要件：买卖证券的行为、欺诈行为、"重大性"(materiality)、因果关系(causation)、损害(damages)和信赖。②欺诈行为类型不同，原告主体资格标准也存在差异。

(一)虚假陈述

美国《宪法第一修正案》强调保障"言论自由"的重要性，所以对于可能遏制言论的法律责任更为警惕。③然而美国证券法对信息披露的要求又十分严格，如何避免虚假陈述责任对"言论自由"产生的"寒蝉效应"，也是立法机关和司法机关反复权衡的重点。首先，"规则10b－5"规定在交易环节只有实际买卖证券的投资者才是适格原告，仅存在买卖意图的投资者不属于适格原告。④ 例如，如果投资者因为违法行为人的虚假陈述，未买入或未卖出标的证券，则不能依据"规则10b－5"向违法行为人请求损害赔偿。⑤其次，投资者应当在虚假陈述作出后买卖证券，即他们的交易行为应当在时间上滞后于虚假陈述行为，存在受其影响的可能性。而在发行环节，购买了注册证券的投资者，都可以依据《1933年证券法》第11章，起诉在注册文件中存在虚假陈述的发行人。此外，如果发行人已经完成注册，且发布了注册后一个财年的财务报表，那么在新财务报表公布后购买证券的投资者，就不能以注册文件中存在虚假陈述为由，向发行人请求损害赔偿。

---

① 2年的时限并不必然以投资者真实发现欺诈行为为起算点，而是理性投资者在一般的审慎态度下应当发现该欺诈行为的时点。See Merck & Co. v. Reynolds, 559 U. S. 633, 653 (2010).

② See Jon Koslow, *Estimating Aggregate Damages in Class－Action Litigation under Rule 10b－5 for Purposes of Settlement.* Fordham Law Review 5: 811－842(1990).

③ 参见缪因知：《证券虚假信息规制的原理反思与实证评价》，载《北方法学》2018年第4期。

④ See Blue Chip Stamps v. Manor Drug Stores, 421 U. S. 723 (1975).

⑤ See Merrill Lynch, Pierce, Fenner & Smith Inc. v. Dabit, 547 U. S. 71 (2006).

(二)内幕交易

在内幕交易案件中,适格原告主要分为两类:一类是内幕交易人的直接交易对手方。该判断标准的理论基础在于,内幕信息持有人与证券发行企业的股东之间存在经典的信义义务关系,内幕交易者交易证券的行为违反了对其交易对手的信义义务。易言之,请求损害赔偿的基础是信义义务,该义务要求内幕信息持有人披露该信息,而未披露行为侵害了交易对手方的合法利益。

另一类是与内幕交易人同时期反向交易的投资者(contemporaneous opposite - type traders)。《1988 年内幕交易和证券欺诈执行法案》(The Insider Trading and Securities Fraud Enforcement Act of 1988)①修改了《1934 年证券交易法》相关规则,加入第 20A 章赋予上述投资者通过民事程序请求内幕交易人支付民事损害赔偿的权利。反向交易投资者寻求损害赔偿的法理基础在于,虽然内幕交易本身不会伤害大部分此类投资者的利益,但持有内幕信息的人不披露该信息的行为确实影响了此类投资者的交易行为或交易价格。申言之,如果内幕信息被披露,这些同时期的反向交易者就不会交易,或者以其他价格进行交易。② 由于此类投资者数量众多,被告人支付给同时期反向交易者的损害赔偿总数可能过高。因此,被告承担的损失赔偿上限不应当超过内幕交易人所获得的利润或者避免的损失总额,如果其已经支付了 SEC 没收违法收益(disgorgement)的处罚,那么还应当减去这部分已经支出的数额。

在实施民事责任的程序中,司法审判的难点在于划定同时期反向交易的投资者的范围。这些交易应当在内幕交易之后发生。③但是,对于计算同时期反向交易的投资者的截止日期,美国法院并未达成共识。主流的两个选择包括:第一,考虑到在交易较为活跃的证券市场,短期内的交易量就已经达到很高水平,为了贴近"同时段"的文义解释,一般认为内幕交易当天及此后一天之内的反向交易者属于适格原告。④第二,考虑到对于内幕交易者的威慑,同时鼓励投资者和证券律师提起民事诉讼,应当最大化适格原告的数量,也有司法判决将截止日期定于内幕信息的揭露日。⑤

---

① See Pub. L. No. 100 - 704, 102 Stat. 4677 (1988).

② 参见曾洋:《内幕交易侵权责任的因果关系》,载《法学研究》2014 年第 6 期。

③ See O'Connor & Assocs. v. Dean Witter Reynolds, Inc., 559 F. Supp. 800, 803 (S. D. N. Y. 1983).

④ See Buban v. O'Brien, 1994 WL 324093 (N. D. Cal. 1994).

⑤ See Veronica M. Dougherty, *A [Dis] semblance of Privity: Criticizing the Contemporaneous Trader Requirement in Insider Trading*. Delaware Journal of Corporate Law 24: 123 - 128 (1999).

（三）市场操纵

根据《1934 年证券交易法》第 9 章的规定，市场操纵民事案件的适格原告仅包括在全国性证券交易所买卖证券，且交易证券价格受到市场操纵行为影响的投资者。而那些在非全国性证券交易所因市场操纵而遭受损失的投资者，不受《1934 年证券交易法》第 9 章的保护。他们只能通过援引"规则 10b－5"，根据反证券欺诈的一般规则请求司法救济。而由于"规则 10b－5"是针对证券欺诈行为的监管规则，因此原告还必须证明被告存在市场操纵的主观故意，而该要件往往也成为司法审判争议的焦点和难点。

三、美式证券集团诉讼程序性规定

美国在 1966 年就建立了现代集团诉讼制度，FRCP 中规则 23（Rule 23）详细规定了该制度。规则 23（a）设置了集团诉讼的前提条件，包括"集团定义"（class definition）、"人数众多"（numerosity）、"共同性"（commonality）和"代表性"（representation）等。其中，"共同性"要求集团成员面临相同的法律问题或事实；"代表性"要求集团代表人能够代表全体集团成员。规则 23（c）（2）则从集团定义的角度确立了"默示加入、明示退出"（opt－out）规则，即投资者如果不主动声明退出集团诉讼，则视为自愿加入集团诉讼。[①] 此前，群体性诉讼采取"默示退出、明示加入"（opt－in）规则，它要求受侵害的投资者主动声明加入诉讼，投资者维权成本较高。"默示加入"规则利用了集团诉讼的规模经济特征，最大化参与诉讼的原告数量，减少了投资者的平均维权成本。

证券集团诉讼与其他类型诉讼存在一定的差异，它主要是由专业的证券律师推动。证券律师会积极搜寻证券市场潜在诉讼机会，当某家上市公司的股票价格大跌，他们会详细梳理该公司的公告和向 SEC 提交的文件，找寻可能导致价格下跌的欺诈事件。这些事件包括财务重述、资产交易或其他负面消息。在此基础上，律师还会通过自己的人际关系或雇用专业的调查人员，寻求关于企业的相关消息，综合所有证据决定是否起诉。[②]

证券律师如果判断该案件存在预期收益，将寻找受到侵害的投资者，寻求获得代理权并起诉。法院在收到起诉状后，将审查其是否构成集团诉

① 参见郭雳：《美国证券集团诉讼的制度反思》，载《北大法律评论》2009 年第 10 期。

② See Tom Baker & Sean J. Griffith, *How the Merits Matter: Directors' and Officers' Insurance and Securities Settlements*. University of Pennsylvania Law Review 157: 755－832（2008）.

讼并选任首席原告。[①]首席原告的选任遵守"最合适的"(most adequate)原则,即选任能够对诉讼程序进行有效监督的投资者,以减少证券律师对于审判活动的主导权。一旦集团认证成立,法院会向集团潜在的成员发出公告,以便他们选择退出,避免自身权利受到集团诉讼判决的约束。美国集团诉讼的规模自20世纪90年代起逐渐收缩,原告提起集团诉讼的难度日渐增大。联邦巡回法院要求原告在"集团认证"(class certification)阶段就证明相关理据(merits)要件。[②]考虑到超过90%的此类案件都不会经历整个庭审过程,原告和被告往往在对理据要件进行实质性审理之前即达成和解结案,该转变对于证券集团诉讼的限制尤为明显。

随后,诉讼程序将进入审查被告提交的驳回起诉状(motion to dismiss)阶段,该阶段法官将审查是否驳回原告起诉。根据Tellabs案判决,相关审查基于现有案件事实是否能够以较大的确信推测(strong inference)被告存在从事违法行为的主观故意,即原告的主张至少与其他可能的解释具备一样的说服力。[③]此外,美国最高法院在Dura Pharmaceuticals,Inc. v. Broudo案中指出,原告应当在起诉阶段证明,其遭受的损害与欺诈行为之间存在因果关系。[④]该案中,原告仅指出股票价格在虚假陈述作出后出现了显著上升或下降是不够的。如果股票价格在虚假陈述作出后上升,并在该行为被纠正后下跌,并且投资者在虚假陈述作出后买入、被纠正后卖出该证券,那么法院应当认可因果关系的存在。但是,如果股票价格没有对纠正性公告出现显著反映,那么原告还应当提供其他支持证据。美国证券集团诉讼大约有30%的案件在审查起诉阶段被驳回。[⑤]

如果原告的诉讼请求未被法院驳回,诉讼程序即进入证据开示环节(discovery)。该环节耗费诉讼当事人大量的人力、物力,特别是被告上市公司支付的成本估计在100万到300万美元,这对于被告来说是异常昂贵

① 在PSLRA颁布之前,最先提起诉讼的投资者,在法院选任首席原告的程序中具有显著优势。证券律师为了让自己代理的投资者成为首席原告而争相起诉,该规定也在一定程度上助长了滥诉。

② See Robert H. Klonoff, *The Decline of Class Actions*. Washington University Law Review 90: 729–838(2013).

③ See Tellabs, Inc. v. Makor Issues & Rights, Ltd., 42 127 S. Ct. 2499 (2007).

④ See Dura Pharmaceuticals, Inc. v. Broudo, 544 U.S. 336 (2005).

⑤ See Stephen J. Choi, Karen K. Nelson, & Adam C. Pritchard, *The Screening Effect of the Private Securities Litigation Reform Act*. Journal of Empirical Legal Studies 6: 35–68(2009).

的。[①]同时,公司高层管理人员的大量精力会被取证活动所牵扯,影响公司的正常经营。权衡庭审的成本和收益,大部分案件当事人会在证据开示之前达成和解,走完所有庭审流程的案件数量非常有限。[②]原告律师出于自利的目的,往往也会牺牲投资者的利益与被告公司进行和解。[③]

第二节　欺诈市场理论与损害赔偿计算模型

一、欺诈市场理论与有效市场假说

投资者在证券欺诈民事程序中依据"规则 10b-5"请求被告支付损害赔偿,其举证责任包括证明侵权行为与投资者的交易行为之间存在因果关系。长期以来,该要件的证明一直困扰着受侵害的投资者。美国最高法院在 20 世纪 70 年代确立的欺诈市场理论,促使事件研究法广泛应用于证券欺诈民事纠纷案件。美国最高法院于 1988 年在 Basic, Inc. v. Levinson. 案[④]中确立该理论,此后证券集团诉讼的起诉量翻了 3 倍。[⑤]欺诈市场理论明确了虚假陈述影响投资者的作用机制,即通过"扭曲"市场价格影响投资者行为。[⑥]它建立了一个可以被证伪的信赖推定(a rebuttable presumption of reliance),当原告主张证券的市场价格被欺诈行为"扭曲",并且证券在有效市场交易,所有信赖股价而进行决策的投资者,也间接信赖发行人的虚假陈述行为。[⑦] 申言之,虚假陈述通过影响证券市场的价格形成机制间接影响了投资者决策。原告因此只需要能够证明他信赖自己买进或卖出证券的市场价格的真实性,就满足了证明自己是受到欺诈而实施了交易行为,他所受损害与被告虚假信息披露之间即存在法律上因果关系。[⑧]该

① See Tom Baker & Sean J. Griffith, *Predicting Corporate Governance Risk: Evidence from the Directors' & Officers' Liability Insurance Market*. The University of Chicago Law Review 74: 487-544(2007).

② 研究发现美国 20 世纪 80 年代至 21 世纪初,只有 37 例集团诉讼经过庭审。See Bernard Black, Brian Cheffins, & Michael Klausner, *Outside Director Liability*. Stanford Law Review 58: 1055-1160(2005).

③ 参见秦梅玉、李安安:《我国群体性证券诉讼制度的法律迷思与改进路径》,载《中共青岛市委党校青岛行政学院学报》2012 年第 3 期。

④ See Basic, Inc. v. Levinson, 485 U. S. 224 (1988).

⑤ See Paul G. Mahoney, *Precaution Costs and the Law of Fraud in Impersonal Markets*. Virginia Law Review 78: 662-663(1992).

⑥ 参见耿利航:《欺诈市场理论反思》,载《法学研究》2020 年第 6 期。

⑦ 参见于莹、潘林:《证券虚假陈述侵权责任中信赖推定之证成——欺诈市场理论局限性的克服》,载《法制与社会发展》2011 年第 2 期。

⑧ 参见焦津洪:《"欺诈市场理论"研究》,载《中国法学》2003 年第 2 期。

理论为投资者提供了间接证明信赖要件的渠道，大幅度降低了举证责任，为证券集团诉讼的蓬勃发展奠定了基础。[①]此后，Halliburton 案[②]则具体化原告援引信赖推定所需证明的四方面要件：第一，虚假陈述被公众知悉；第二，该信息具备重大性；第三，证券在有效市场交易[③]；第四，投资者在虚假陈述作出后更正前交易股票。

欺诈市场理论从考察单个投资者是否信赖虚假陈述行为，转换为考察虚假陈述是否影响市场机制，即证券价格。由于证券市场信息来源的多样性，上市公司虚假陈述行为是否会影响价格机制，并不仅仅由信息披露的真实性和重大性决定。投资者完全可能从其他渠道获知真实信息，因而避免受到虚假陈述的误导。欺诈行为的重大性体现在剔除其他因素的影响后，目标证券的价格出现大幅波动，这样才能证明投资者真正受到了该信息的误导。[④]

欺诈市场理论未能回答的问题是虚假陈述在何时、如何作用于市场价格，而有效市场假说则弥补了这一不足。后者阐释了虚假陈述在何时、如何作用于市场价格，即证券价格与信息披露之间的关系。有效市场由弱至强可以分为三个层次，包括弱有效市场，即证券价格充分反映历史信息；半强有效市场，即证券价格充分反映公开信息；强有效市场，即证券价格充分反映公开信息和内幕信息。[⑤]证券市场价格有效性是新古典经济学关于市场经济经典理论在证券市场的应用。新古典经济学主张在完全竞争市场环境下，价格能够有效分配资源，达到社会福利最大化的状态。有效市场假说不过是将关于商品市场的分析应用于证券市场。当然，在完美市场条件下，有效市场理论隐含交易成本和信息成本为零的假设，现实中市场的有效性在不同市场之间存在差异，因而该假说也面临一定挑战。[⑥]

---

① See Barbara Black, *Fraud on the Market: A Criticism of Dispensing with Reliance Requirements in Certain Open Market Transactions.* North Carolina Law Review 62: 435 - 473(1984).

② See Halliburton Co. v. Erica P. John Fund, Inc., 573 U. S. 258 (2014).

③ 对于市场有效性的判断，法院采取 Cammer test，考察以下五个方面：第一，周交易量；第二，跟踪上市公司的分析师数量；第三，做市商和套利交易者的数量；第四，是否为 S - 3 发行人；第五，价格紧随信息披露变化的统计证据。See Cammer v. Bloom, 711 F. Supp. 1264 (D. N. J. 1989).

④ See Daniel R. Fischel, *Efficient Capital Markets, the Crash and the Fraud on the Market Theory.* Cornell Law Review 74: 907 - 922(1989).

⑤ See Burton G. Malkiel & Eugene F Fama, *Efficient Capital Markets: A Review of Theory and Empirical Work.* Journal of Finance 25: 383 - 417(1970).

⑥ See Sanford J. Grossman。*On the Impossibility of Informationally Efficient Markets.* American Economic Review 70: 393 - 408(1980).

有效市场假说关于“价格充分反映证券相关信息”的主张,包含两层相互连接、相互递进的含义:第一,价格会迅速根据新公开的信息进行调整,这也被称为信息有效性;第二,价格会迅速调整至正确定价的水平,这被称为基本面有效性。① 其中,证券价格的信息有效性是认定虚假陈述民事责任的前提条件。② 实证研究证据显示,在交易活跃的公开市场,流动性较高证券的价格可以实现信息有效性的状态。③ 而证券价格的基本面有效性是保证准确估计证券虚假陈述投资者损失的前提。随着调整时间的增长,证券价格的基本面有效性在提高。④因此,欺诈市场理论和有效市场假说确定了虚假陈述行为对投资者造成的损失。投资者的损失等于虚假陈述行为引起的证券价格对证券真实价值(value)的偏离。欺诈市场理论认为虚假陈述行为会影响证券的市场价格,而有效市场假说则主张新信息首次公开时,价格即会迅速调整至充分反映该信息的水平。如果市场保持弱有效水平,即可以根据市场价格的变化计算投资者的损失。

二、损害赔偿模型

欺诈市场理论与有效市场假说确立了通过证券价格估计投资者损失的理论基础。在司法实践中,投资者援引“第 10b 章”和“规则 10b - 5”请求民事救济,法院主要以下述三类模型计算损害赔偿,即实际损失模型(out of pocket)、撤销模型(rescissory measure)和恢复原状模型(cover measure)。损害赔偿计算模型对于促成涉诉双方和解具有重要的意义,预期的判决赔偿数额将会成为双方讨价还价的参考点。⑤需要注意的是,在计算损害赔偿时,美国法院也会扣除那些并非由欺诈行为导致的损失。⑥

第一类是实际损失模型,该模型关注原告遭受的实际损失,对于交易行为的预设假设是无论是否存在欺诈行为,投资者都会交易,欺诈行为仅改变了交易的价格,因此投资者应当获得的损害赔偿等于交易价格与证券

---

① See Ronald J. Gilson, *The Mechanisms of Market Efficiency*. Virginia Law Review 70: 549 - 644 (1984).

② See Donald C. Langevoort, *Basic at Twenty: Rethinking Fraud on the Market*. Wisconsin Law Review 2009: 151 - 166(2009).

③ See Ronald J. Gilson & Reinier Kraakman, *Market Efficiency after the Financial Crisis: It's Still A Matter of Information Costs*. Virginia Law Review 100: 313 - 375(2014).

④ See Lynn A. Stout, *The Mechanisms of Market Inefficiency: An Introduction to the New Finance*. Journal of Corporation Law 4: 635 - 669(2002).

⑤ 参见樊健:《论证券虚假陈述投资者损失计算的“事前观点”》,载《清华法学》2017 年第 3 期。

⑥ 参见谢贵春、邹露、武俊桥:《也论虚假陈述民事案件系统风险的认定与扣减——以因果关系证明的回归为讨论中心》,载《证券法苑》2019 年第 1 期。

真实价值之间的差额。①实际损失模型在理论上具有很强的说服力，但证券的真实价值难以确定，司法实践往往选择证券价值的估计值作为替代。较为简单的选择是欺诈行为被纠正后的证券价格。但是基于该价格计算损害赔偿具有明显的理论缺陷，在欺诈行为作出后到被纠正之前的这段时间内，证券价格可能因为其他因素发生变化。

改良的实际损失模型不再纠结于估计证券的真实价值，而是利用信息公布后证券价格的超额变化，作为证券的交易价格对真实价值偏离比例的估计值。② 该值可以作为计算投资者每股损失比例的估计量。为了剔除经济发展和证券市场系统性风险等宏观因素对证券价格的影响，改良的实际损失模型采取事件研究法对价格变化的百分比进行估计。③当然，事件研究法对原告损失的估计，也可能会受到其他因素干扰，如真实信息提前泄露，或在欺诈行为被纠正时，相关上市公司还公告了其他重大事项。④使用事件研究法计算改良的实际损失，是美国联邦法院审理证券欺诈案件时使用最为频繁的损失估计模型。⑤

第二类是撤销模型，该模型关注欺诈行为发生之前原告所处的状态，预设的行为假设是如果不存在欺诈行为，那么原告不会进行交易。撤销模型力图在判决日撤销欺诈交易，并将被欺诈一方恢复至交易之前的状态，原告应当获得实物补偿或者等价货币补偿。⑥美国法院应用撤销模型时一般要求原告与被告存在契约关系，因此该模型多应用于存在"经典信任关系"的内幕交易案件。⑦

第三类是恢复原状模型，该模型在撤销模型的基础上进行了相应改进。它致力于将原告恢复至合同签订前的状态，并基于此计算所需要的实物补偿或者等价货币。考虑到一般原告减少损失的成本较低，该模型要求

---

① See Robbins v. Kroger Props., Inc., 115 F. 3d 1441 (11th Cir. 1997).

② See Ann Morales Olazábal, *Loss Causation in Fraud - on - the - Market Cases Post - Dura Pharmaceuticals.* Berkeley Business Law Journal 3: 337 - 380(2006).

③ See Janet Cooper Alexander, *Rethinking Damages in Securities Class Actions.* Stanford Law Review 48: 1487 - 1538(1996).

④ See Donald C. Langevoort, *Basic at Twenty: Rethinking Fraud on the Market.* Wisconsin Law Review 2009: 151 - 166(2009).

⑤ See Jill E. Fisch, Jonah B. Gelbach & Jonathan Klick, *The Logic and Limits of Event Studies in Securities Fraud Litigation.* Texas Law Review 2018: 553 - 618(2018).

⑥ 可撤销的补偿是将原告置于其未被诱导进入交易的状态。See Arthur Young & Co. v. Reves, 937 F. 2d 1310, 1337 (8th Cir. 1991).

⑦ See Herman & MacLean v. Huddleston, 459 U. S. 375 (1983).

原告在欺诈行为被揭露后采取适当的措施减少损失。①恢复原状模型与撤销模型相比的优势在于，减少了原告放任损失增长的负向激励，避免在欺诈行为被纠正后、判决作出之前的时间段内，投资者因撤销模型给予的保险而缺乏动力减少损失。②

此外，PSLRA 为了平衡损害赔偿责任，避免过重的负担导致被告陷入破产的困境，在《1934 年证券交易法》加入了章节 21D(e)。该小节为原告在民事程序中根据证券市场价格计算的损害赔偿额设置了法定上限，即原告获得的每股损害赔偿，应当低于其买入或卖出证券价格与欺诈行为被纠正之日起 90 天内该证券平均交易价格的差额。如果原告在上述期间内卖出或买入该证券，那么使用欺诈行为被纠正之日起至卖出或买入该证券之日期间的平均价格，来计算每股可获得的损害赔偿上限。

第三节　美国证券民事诉讼制度改革

一、代理成本与《私人证券诉讼改革法案》

美国证券集团诉讼制度在 20 世纪末期受到激烈的抨击，滥诉、扰诉让上市公司疲于应对，大幅度增加了它们的营运成本。由于参与诉讼的投资者持有的利益有限，他们缺乏积极监督诉讼的激励，证券集团诉讼异变为完全由代理律师主导。③而证券律师的目标往往是最大化自身律师费收益，因此也存在提起滥诉、扰诉以求获得和解金的情况。诉讼风险给上市公司带来了过高的预防成本，阻碍了企业通过资本市场获得外部融资。④虽然首席原告往往仅持有少量股份，但通过集团诉讼程序，可以代表大量该上市公司证券的投资者，请求数以亿计的损害赔偿。为了谋求该利益，甚至有专业原告与律所合作，并在后者获得律师费后额外分得一部分报酬。美国证券市场逐渐出现企业家式的律师(entrepreneurial lawyers)与职业原告(professional plaintiffs)共同主导证券集团诉讼的情况。

美国国会关于证券集团诉讼制度的听证会报告总结了五大方面的问

---

① See Mitchell v. Texas Gulf Sulphur Co., 446 F.2d 90 (10th Cir.).

② See Michael J. Kaufman, *No Foul, No Harm: The Real Measure of Damages Under Rule 10b-5*. *Catholic University Law Review* 39: 29-101 (1989).

③ See John Coffee, *Understanding the Plaintiffs' Attorney: The Implications of Economic Theory for Private Enforcement Through Class and Derivative Actions.* Columbia Law Review 86: 669-727 (1989).

④ See Ron Kasznik & Baruch Lev, *To Warn or Not to Warn? Management Disclosures in the Face of an Earnings Surprise.* The Accounting Review 70: 113-134 (1995).

题:第一,证券集团诉讼主要为"律师驱动"(lawyer - driven),诉讼的社会总成本远高于社会总收益,给证券市场带来显著的负外部性。第二,在缺乏任何实质证据的前提下,律师和原告以证券价格大幅度下跌为理据,向法院提起证券集团诉讼,以期被告为了规避诉讼风险而与之达成和解。第三,利用证据开示环节侵扰被告正常经营,通过索取未公开信息获得有利于原告主张的证据,增加被告的应诉成本。第四,利用证券连带侵权责任针对有赔偿能力的被告,如承销商、律师事务所、会计师事务所等,导致不是按照过错程度进行赔偿。第五,证券律师损害受侵害投资者利益,追求自身收益最大化而罔顾原告投资者的利益,不利于投资者最终获得足额赔偿。

集团诉讼风险导致优秀的公司不愿意通过公开市场进行融资。同时,由于上市公司的董事、监事和高级管理人员面临巨额赔偿的风险,优秀的人才拒绝担任上述职务,企业经营效率下降。而且,上市公司经营变得更加谨慎,不愿意披露对投资者有用的信息,担心会遭受诉讼风险。上述市场主体的策略性行为都削弱了美国证券市场的竞争力,然而未能提高投资者整体的福利,因为证券集团诉讼的结果大多数都以和解告终,最终支付诉讼费用、赔偿费用等成本的是广大投资者。

1995 年,美国国会为了回应日益不满的工商业界制定并出台了 PSLRA,从诉讼程序上改革证券集团诉讼,增加了滥诉、扰诉的起诉成本,以期减少上市公司的应诉成本。[①]根据当时的立法文件显示,PSLRA 意图达到以下政策目标[②]:第一,鼓励证券律师仅提起有价值的诉讼(meritorious claims);第二,将诉讼的控制权从律师手中转移至委托人手中;第三,鼓励发行人披露更多的重大信息。该法案颁布并不是一帆风顺,时任美国总统克林顿曾经否决了该提案[③],随后国会推翻了克林顿的总统命令[④]。PSLRA 主要修改了《1933 年证券法》第 27 章和《1934 年证券交易

① See Joint Explanatory Statement of the Committee of Conference, H. R. Rep. 104 - 369, Cong. 1st Sess. 31 (Nov. 28, 1995).

② See Arthur Levitt, *Between Caveat Emptor and Caveat Venditor: The Middle Ground of Litigation Reform*, available at https://www.sec.gov/news/speech/speecharchive/1995/spch023.txt, 最后访问时间:2021 年 6 月 30 日。

③ See Joel Seligman, *The Private Securities Reform Act of* 1995. Arizona Law Review 1996: 717 - 725(1996).

④ 对美国国会推翻总统命令的实证研究显示,高诉讼风险上市公司出现了显著的正超额收益,说明市场对于 PSLRA 的评价是偏正面的。See Marilyn F. Johnson, Ron Kasznik & Karen K. Nelson, *Shareholder Wealth Effects of the Private Securities Litigation Reform Act of* 1995. Review of Accounting Studies 5: 217 - 224(2000).

法》第21D章的内容，改革了援引“第10(b)章”和“规则10b－5”的证券集团诉讼的程序，被视为美国20世纪30年代以来对证券民事诉讼最重要的立法。①

二、首席原告

PSLRA推动的重要改革是首席原告制度(Lead plaintiff)，首席原告的选任与投资者集团的代理律师高度相关，由其提名代理律师并经过审理法院的确认后方能决定原告投资者集团的代理律师。第101章(Section 101)分别修改了《1933年证券法》第27章和《1934年证券交易法》第21D章，希望能够激励最有能力的投资者作为首席原告参加集团诉讼，并且承担起监督和控制代理律师的职责。通过让持股最多的投资者担任首席原告，PSLRA最大限度地统一了首席原告与原告投资者集团的利益，减少了律师与原告投资者之间的代理成本。根据《1934年证券交易法》第21D(a)(3)章的规定，在原告起诉后20天内，法院应当公开邀请集团内部的投资者申请担任首席原告。申请成为首席原告的投资者，需要向法院提交一份书面声明，证明其满足首席原告的法定资格要求。②如果存在竞争性候选人，法院应当从其是否能维护整个集团利益的角度，在公告发出后90日内选任首席原告。

在PSLRA实施之前，首席原告的选任采取的是“最先起诉原则”，即首先起诉的投资者可以作为集团的首席原告。美国证券法规定禁止向首席原告提供激励性报酬，其只能获得相应的损害赔偿。③由于首席原告需要付出大量的精力参与诉讼，却又无法获得额外回报，证券集团诉讼的首席原告一度被“职业原告”(professional plaintiffs)所把持。④“职业原告”持有大量公司的少数股票，并且随时准备参与由专业律师发起的证券集团诉讼。他们购买股票并不以投资上市公司为目的，而是追求担任集团诉讼的

---

① See Michael G. Dailey, *Preemption of State Court Class Action Claims for Securities Fraud: Should Federal Law Trump.* University of Cincinnati Law Review 67: 587－614(1999).

② 根据美国证券法相关规定，首席原告需要满足六方面的要件：第一，充分审查起诉文件；第二，未在律师的指使下，或为了参加集团诉讼而购买股票；第三，愿意为整个集团的利益参与诉讼；第四，公开所有关于标的证券的交易记录；第五，3年内申请成为首席原告的记录；第六，除非获得法院的批准，不会因为担任首席原告而获得额外收入。See 15 U.S.C. § 78u－4(a)(2)(A) (1994).

③ See Securities Act of 1933 § 27(a) (2) (A) (vi); Securities Exchange Act of 1934 § 21D(a)(4).

④ See Michael A. Perino, *Did the Private Securities Litigation Reform Act Work?* University of Illinois Law Review 2003: 913－978(2003).

首席原告。“职业原告”通过操纵代理律师的选任，与职业律师相勾结，追求与律师分享代理费。由于代理律师与“职业原告”分享律师费，因此首席原告存在最大化代理律师收费的激励，而不是降低其收费。虽然“最先起诉原则”激励受到侵害的投资者尽快提起诉讼，增加了对违法行为的威慑，但也降低了集团律师选任的质量。美国国会在就证券集团诉讼进行听证咨询时，相关专家就指出为数不多的“职业原告”作为首席原告参与了超过一半的证券集团诉讼，导致诉讼完全由代理律师主导，缺乏投资者有效监督。

PSLRA 改变了首席原告选任制度，在《1933 年证券法》第 27(a)(3)章和《1934 年证券交易法》第 21D(a)(3)章确立了新的任命规则，即要求在诉讼中持有最大利益的原告作为“最适合的”首席原告，意图推动让那些能够有效监督诉讼过程的投资者成为首席原告。根据相关实证研究，持有诉讼利益排名前两位的原告分别占法院判决总损失的 13.1% 和 6.7%，诉讼结果对于他们的重要性较高，存在较强的激励监督诉讼进程。① PSLRA 设置了一个可反驳的推定，即持有最大利益的集团成员是最合适的首席原告，而机构投资者持股比例较高，一般来说即由其担任首席原告。②机构投资者作为首席原告除了持有的利益较高，有动力监督诉讼过程之外，他们还具有专业优势，可以胜任监督工作。同时，为了限制职业原告，PSLRA 还规定任何投资者在 3 年时间内，最多只能担任 5 件集团诉讼案件的首席原告。③

然而，PSLRA 实施初期，首席原告改革的效果并不理想。期待机构投资者担任首席原告以减少委托代理成本，可能只是立法者的一厢情愿。首先，大部分机构投资者，如共同基金、对冲基金，多与上市公司长期保持较好的关系，他们并不希望充当一个积极参与集团诉讼、寻求上市公司支付赔偿的角色。SEC 对 PSLRA 有关首席原告规则的研究显示，在其实施的第二年共有 105 件集团诉讼，而机构投资者仅在 9 件中担任首席原告。④从

---

① See Elliott J. Weiss & John S. Beckerman, *Let the Money Do the Monitoring: How Institutional Investors Can Reduce Agency Costs in Securities Class Actions.* Yale Law Journal 104: 2053 - 2128(1995).

② See 15 U. S. C. § 78u - 4(a)(3).

③ See 15 U. S. C. § 78u - 4(a)(3)(B)(vi).

④ See Office of SEC General Counsel, *Report to The President and Congress on The First Year of Practice under The Private Securities Litigation Reform Act of* 1995, available at https://www.congress.gov/congressional - report/104th - congress/senate - report/98/1，最后访问时间：2021 年 6 月 30 日。

分配证券集团诉讼和解金的管理人获得的数据也显示，在 PSLRA 颁布后的 5 年里，超过 50% 的案件首席原告仍然为非机构投资者，并且仅 1/3 符合条件的机构投资者申请分配和解金。[①]大量机构投资者对证券集团诉讼持漠不关心的态度。

而相关研究则显示，机构投资者作为首席原告的比例逐渐上升，在 2002 年和 2003 年，机构投资者分别在 51% 和 42% 的证券集团诉讼中担任首席原告。[②] 这可能说明 PSLRA 实施后，市场参与者经历了一个学习的过程，法院支持机构投资者担任首席原告，并且机构投资者也积累了一定的经验。20 世纪初期，美国安然和世通等大量公司爆出财务丑闻，让机构投资者，特别是养老金基金、年金管理机构，更加关注上市公司造假行为，而参与诉讼程序也被视为这些机构投资者履行相关义务的表现。图 5－1 展示了 2010 年至 2019 年公共养老金基金管理机构作为首席原告参与证券集团诉讼的比例。次贷危机爆发后，此类机构投资者作为首席原告的参与率大幅上升，但在 2016 年后快速下降。在 2019 年，仅 27% 的证券集团诉讼案件首席原告为公共养老金基金管理机构。

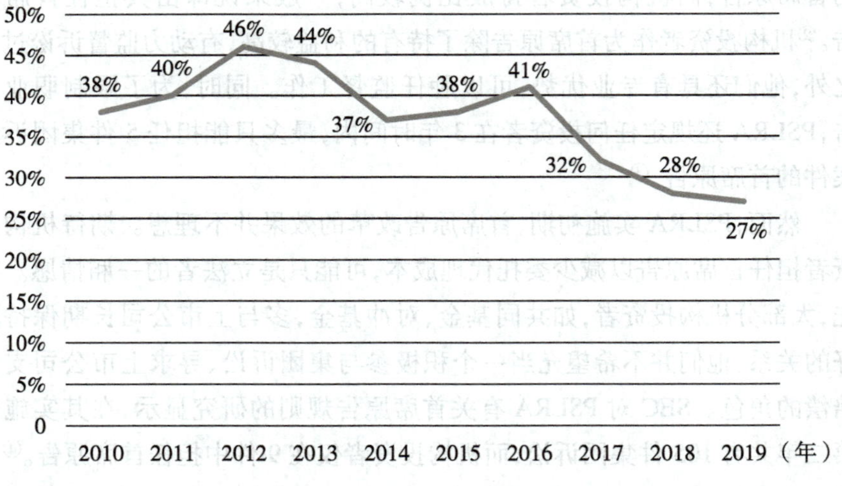

图 5－1　2010 年至 2019 年美国养老金基金管理机构作为首席原告的比例

资料来源：Cornerstone Research 发布的"Securities Class Action Filings 2016－2020"系列报告。

---

① See James D. Cox & Randall S. Thomas, *Leaving Money on the Table: Do Institutional Investors Fail to File Claims in Securities Class Action?* Washington University Law Quarterly 80: 855－865 (2002).

② See PricewaterhouseCoopers LLP, *Securities Litigation Study*, available at http://www.10b5.com/2003_study.pdf.

有学者收集了 PSLRA 实施前后的数据，包括 1991 年至 2000 年，总计 204 件援引“规则 10b－5”的证券集团诉讼案件，其中 PSLRA 实施之前 82 件，实施后 122 件。其研究显示，在 PSLRA 实施前后，机构投资者担任首席原告的比例分别约为 18% 和 26%。[①]值得注意的是，在 PSLRA 实施以前公共养老金基金（Public Pension Fund）管理机构从未担任过首席原告，而此后则在约 10.5% 的案件中担任首席原告。对 1984 年至 2005 年提起、1996 年至 2007 年达成和解的 731 件证券集团诉讼案件的实证研究显示，公共养老金基金管理机构作为首席原告时，原告获得的收益显著增加，原告集团获得的损害赔偿比例更高（实际赔偿/市值损失），而同时原告代理律师获得的代理费更低。[②]

然而，公共养老金基金决策时可能受到政治目标的影响，会放弃经济利益换取政治利益。[③]具体而言，律师事务所存在“付费参与”的问题，即有意争取代理律师资格的事务所，向有权选任养老金基金管理者的政治家进行大量的政治捐款，以换取公共养老金基金管理机构作为首席原告时选任该律师作为集团诉讼的代理律师。[④]对 2002 年至 2006 年的政治捐赠和证券集团诉讼代理律师数据的研究显示，超过 55% 的首席原告（主要是养老金基金管理机构）都获得过至少一家律所的政治捐赠，最大额的政治捐赠高达 130 万美元。[⑤]纽约州审计署（New York State Comptroller）负责人 Carl H. McCall 作为纽约共同养老金基金（New York State Common Retirement Fund）的控制人，曾在证券集团诉讼中担任首席原告并选任代理律师。[⑥]他在 1999 年至 2001 年，收到三家律师事务所总计 10 万美元的政治捐赠，其中两家律所被选为原告集团的代理律师。虽然该案件以和解告终，但律师费总计高达 5500 万美元。随后在 2002 年，这两家律所、其雇

---

① See Stephen J. Choi, Jill E. Fisch & A. C. Pritchard, *Do Institutions Matter – The Impact of the Lead Plaintiff Provision of the Private Securities Litigation Reform Act*. Washington University Law Quarterly 83：869 – 906（2005）.

② See Michael Perino, *Institutional Activism through Litigation：An Empirical Analysis of Public Pension Fund Participation in Securities Class Actions*. Journal of Empirical Legal Studies 9：368 – 392（2012）.

③ See Roberta Romano, *Public Pension Fund Activism in Corporate Governance Reconsidered*. Columbia Law Review 93：795 – 839（1993）.

④ See Stephen J. Choi, Drew T. Johnson – Skinner & A. C. Pritchard, *The Price of Pay to Play in Securities Class Actions*. Journal of Empirical Legal Studies 8：650 – 681（2011）.

⑤ See Drew T. Johnson – Skinnner, *Paying – to – Play in Securities Class Actions：A Look at Lawyers Campaign Contributions*. New York University Law Review 84：1725 – 1755（2009）.

⑥ See In re Cendant Corp. Litigation, 264 F.3d 201 (3d Cir. 2001).

用的律师及其家属又向McCall捐赠了总计20万美元的选举资金。①

三、起诉标准

对于上市公司来说,无论判决结果如何,面临欺诈指控本身都会对其声誉资本产生严重的负面冲击。为了减少滥诉、扰诉对于上市公司声誉的负面影响,PSLRA大幅度提高了原告的起诉标准。②《1934年证券交易法》第21D(b)(1)(2)章要求原告在起诉阶段应当明确指出被告“具体的”(particularity)欺诈行为,提供该行为“很可能”(strong inference)违法的证据,并指明该违法行为造成的损失。③“具体性”要件依据FRCP第9(b)条[Rule 9(b)]的规定,主要为了达到以下目的:第一,向被告提供通知,明确告知其被诉的理由;第二,保护被告的声誉不受诉讼损害;第三,遏制滥诉和“钓鱼式”诉讼。④

而“很可能”要件的可操作性较弱,在美国联邦巡回法院层面出现了明显分歧,第二巡回法院和第三巡回法院采纳了较低的标准,而第九巡回法院采纳了最高的标准。⑤根据Tellabs案的判决,如果原告仅指出被告存在从事违法行为的动机和机会,并不能满足“很可能”要件。根据美国联邦法院作出的150件驳回起诉裁定,相关研究发现被告存在财务指标造假行为可以显著降低原告起诉被驳回的概率。⑥而美国最高法院在提高了审查标准后,意外导致证券集团诉讼和解金额大幅度增长。一方面,原告在起诉阶段为了满足起诉标准,增加了调查和收集证据的投入,增强了其主张的可信度;另一方面,如果原告的诉求并未被法院驳回,说明法院在较高

① See James D. Cox, Randall S. Thomas & Dana Kiku, *Does the Plaintiff Matter? An Empirical Analysis of Lead Plaintiffs in Securities Class Actions*. Columbia Law Review 106: 1587 - 1637 (2006).

② 实证研究发现“理据”要件对于起诉决定的影响在PSLRA之后更重要了。See Marilyn F. Johnson & Karen K. Nelson & A. C. Pritchard, *Do the Merits Matter More? The Impact of the Private Securities Litigation Reform Act*. The Journal of Law, Economics, and Organization 23: 627 - 652(2007).

③ See 15 U.S.C. §§ 78u - 4(b)(1) - (2),(4).

④ See Damian Moos, *Pleading around the Private Securities Litigation Reform Act: Reevaluating the Pleading Requirements for Market Manipulation Claims*. Southern California Law Review 78: 763 - 794(2004).

⑤ See Nathan Paulich, *Pleading Scienter: How Tellabs Changed Securities Class Action Litigation*. Florida State University Business Review 9: 127 - 156(2010).

⑥ See Adam C. Pritchard & Hillary A. Sale, *What Counts as Fraud? An Empirical Study of Motions to Dismiss Under the Private Securities Litigation Reform Act*. Journal of Empirical Legal Studies 2: 125 - 149(2005).

标准下仍然认可该诉求，对于被告来说意味着其败诉的可能性增加。因此，原告在和解谈判时处于相对更有利的地位，能够获得更高的和解金。

四、证据开示环节

PSLRA另一项重要的改革措施是推迟证据开示环节，只有法官审查完毕被告驳回（原告）起诉的申请（motion to dismiss）后，才进行证据开示程序。[①]在证券集团诉讼中，证据开示环节对于原告非常重要。那些在起诉阶段并未掌握被告从事欺诈行为证据的投资者，可以在证据开示环节要求被告提供大量材料，给被告施加压力。一方面，原告可能从这些材料中发现被告不合规行为的证据；另一方面，原告还可能发现被告隐藏的商业秘密。被告要支付大量的人力和物力成本应对证据开示，管理层也会受到诉讼的侵扰无法正常开展工作。因此，为了避免证据开示的成本，被告存在很强的激励与原告在此阶段之前达成和解。而PSLRA推迟证据开示环节，让审理法官能首先在审查驳回原告起诉申请阶段，排除那些理据不足的案件，避免被告因为证据开示的高昂成本而与原告达成和解。

五、预测信息安全港

PSLRA也为预测性信息（forward - Looking Statements）提供了安全港。[②]根据弱有效市场假说，证券价格将会充分反映历史信息；而半强有效市场假说则主张证券价格会充分反映历史和当前的信息。总体来看，对于投资者判断证券价格最相关的信息是预测性信息。而由于预测性信息是发行人对企业未来经营状况的预测，存在天然的不确定性，也容易引起证券价格的波动，让信息披露义务人成为集团诉讼的目标。PSLRA因此在《1933年证券法》第27A章和《1934年证券交易法》第21E章，分别为一级市场和二级市场发行人披露预测性信息提供"安全港"（safe harbor）。受到"安全港规则"保护的主体包括，作出书面或者口头预测性信息披露的发行人，以及由其雇用的个体和组织，如律师事务所、会计师事务所或者投资银行。

属于"安全港"保护范围的预测信息应当具备以下两个特征：第一，信息本身是对未来的预测；第二，预测性信息披露包括注意声明，说明可能影响预测性信息可靠性的主要因素。如果是注意声明之外的因素导致预测

---

① See 15 U. S. C. § 78u - 4(b)(3)(B).

② See 15 U. S. C. § 78u - 5(c)(1).

性信息披露不准确，也不必然会导致欺诈责任，只要信息披露义务人在注意声明中如实地（meaningfully）说明了所有当时看来重要的因素。同时，PSLRA 还划定了不属于“安全港规则”保护范围的内容：第一，根据通用会计规则准备的财务报表；第二，首次公开发行注册文件包括的信息；第三，与要约收购有关的信息；第四，与合伙、有限责任公司或直接参股计划（direct participation program）有关的证券发行；第五，根据《1934 年证券交易法》第 13（d）章向 SEC 提交的与受益所有人有关的信息披露文件。证券集团诉讼的被告大多是高科技公司，这类企业的经营风险较高，股价波动大，并且其未来发展备受投资者关注。但是，与未来经营状况相关的信息，不确定性程度较高，容易受到滥诉、扰诉。PSLRA 实施后，针对预测性公告的证券集团诉讼的数量大幅度减少。①

六、其他改革措施

PSLRA 还采取了以下措施限制滥诉、扰诉。首先，将原告代理律师费用限制在损害赔偿的合理比例范围内。②其次，审理法院需要依照 FRCP 第 11（b）条［Rule 11（b）］审查各方及其律师是否在诉讼过程中遵守相关规则。如果审理法院发现律师未能遵守第 11 条的规定，可以向其施加相应的惩罚。③实际上审理法官很少处罚代理律师，对于 PSLRA 颁布后 10 年内的案例检索结果显示，仅数十份判决讨论了基于滥诉对原告代理律师进行处罚的情形。再次，和解协议的主要内容应当向公众公开，提高和解的透明度，接受社会公众的监督。④最后，PSLRA 还在《1934 年证券交易法》中加入第 21D（f）（8）章，将此前的连带责任改变为比例过失责任（proportionate fault standard），保护那些偿付能力较高的中介机构。在连带责任规则下，所有被告对外赔偿投资者损失，对内按照过错比例进行责任分配。然而，不同被告之间的偿付能力差异显著，时任 SEC 主席 Richard Breeden 指出连带责任导致过罚不当的问题，富有的机构经常因为微小的过错，而承担巨额的损害赔偿，而其他缺乏资产的被告虽然过错比例较高，

---

① See Marilyn F. Johnson & Karen K. Nelson & A. C. Pritchard, *Do the Merits Matter More? The Impact of the Private Securities Litigation Reform Act*. The Journal of Law, Economics, and Organization 23：627 - 652（2007）.

② See 15 U. S. C. § 78u - 4（a）（6）.

③ See 15 U. S. C. § 78u - 4（c）（2）.

④ See 15 U. S. C. § 78u - 4（a）（7）.

但实际支付的损害赔偿却有限。①连带责任带来了很强的“寒蝉效应”，导致仅存在微小过失的富有被告，因为担心不利判决引发的巨额赔偿，而诉诸与原告达成和解，减少可能支付的损害赔偿。

PSLRA 第201 章(Section 201)在一定程度上改变了传统的连带责任。在涉及《1933 年证券法》第11 章发行人责任的案件中，要求那些对于欺诈行为不知情的外部董事(non－knowing outside directors)，仅承担按照过错计算的比例损害赔偿责任。在涉及《1934 年证券交易法》规定的法律责任的案件中，第201 章要求对于欺诈行为不知情的被告，都仅承担按照过错计算的比例损害赔偿责任；而对于那些知情且参与欺诈行为的被告，仍然要承担连带责任。

总体来看，PSLRA 增加了证券集团诉讼的固定成本，不可避免地减少了那些针对低市值、交易不活跃的小公司的集团诉讼。即使这些公司从事了违法违规行为，证券律师预期能获得的净收益较低，也不愿意承担风险提起诉讼。然而小公司的欺诈风险更高，但在证券集团诉讼体制下却更容易逃脱责任。②证券律师选择案件的行为，会导致中小市值发行人受到的威慑力降低，投资者获得的赔偿减少、风险增加。投资者在投资此类公司时，会要求更高的回报率，增加了这些企业的融资成本，减少创新创业企业获得外部股权融资的机会。PSLRA 实施后，虽然起诉总量未发生明显变化，但案件的争议金额上升了，和解金额在1000 万美元以下的案件比例大幅度下降。③申言之，对于那些小市值的上市公司，证券集团诉讼发生频率降低了。④

七、《证券诉讼统一标准法案》和《全国性证券市场促进法案》

PSLRA 对于证券集团诉讼的系统性改革，也引起了市场主体的策略性规避行为。大量证券集团诉讼被起诉至州法院，规避适用联邦证券法。⑤

---

① See *Testimony of Hon. Richard Breeden, former Chairman, Securities and Exchange Commission*, http://3197d6d14b5f19f2f440 － 5e13d29c4c016cf96cbbfd197c579b45. r81. cf1. rackcdn. com/collection/papers/1990/1994_0510_Br eedenDerivatives. pdf，最后访问时间：2021 年6 月30 日。

② 参见周学峰：《证券集团诉讼的滥用与制约》，载《西部法学评论》2011 年第2 期。

③ See Laura E. Simmons & Ellen M. Ryan, *Cornerstone Research Post － Reform Act Securities Settlements*, http://securities. cornerstone. com/pdfs/setdements_2005. pdf，最后访问时间：2021 年6 月30 日。

④ See Stephen J. Choi, Karen K. Nelson & Adam C. Pritchard, *The Screening Effect of the Private Securities Litigation Reform Act.* Journal of Empirical Legal Studies 6: 35 －68(2009).

⑤ See Lisa L. Casey, *Shutting the Doors to State Court: The Securities Litigation Uniform Standards Act of* 1998. Security Regulation Law Journal 27: 9 －29(1999).

其中,加利福尼亚州法院系统审理证券集团诉讼最多①,这些案件的被告大多是注册于该州的高科技公司。这类公司的风险较高,当股价大幅度下跌时,就会成为证券律师争相起诉的对象。高昂的诉讼风险阻碍了高科技企业通过资本获得发展所需的外部融资。为了解决高科技企业外部融资所面临的高昂监管成本,美国国会在20世纪末期颁布了两项重要的法案。第一,1996年颁布的NSMIA规定"覆盖证券"的发行活动不再受到州证券监管机构的实质审查(merit regulation),该法案统一了规模较大的证券发行活动的准入标准,但也明确指出州证券监管机构仍然享有在事后执法的权力。第二,1998年颁布的SLUSA修改了《1934年证券交易法》第18(b)章,统一了在全国性证券交易所交易上市的证券的集团诉讼的标准,防止投资者为规避PSLRA的约束"择地而诉"。所谓全国性证券交易所包括纽约证券交易所(New York Stock Exchange, NYSE)、纳斯达克证券交易所(National Association of Securities Dealers Automated Quotation System, NASDAQ)和美国股票交易所(American Stock Exchange, AMEX)。这些在全国性交易所上市交易的证券,应当受到统一的反欺诈规则的约束,只有联邦法院享有针对"已覆盖证券"(covered securities)证券民事诉讼的管辖权。②超过50名原告(或者预期超过50名原告)的集团诉讼即受到SLUSA约束。因此,州法院仅享有涉及"已覆盖证券"的单独诉讼。此外,存在三类集团诉讼案件不受SLUSA约束:第一类是投票权征集产生的纠纷;③第二类是由州、州下属机构或州养老金提起的诉讼;④第三类是发行人与债券受托人有关债券合同执行条款的诉讼。⑤

第四节 证券集团诉讼产出

一、起诉数量

图5-2展示了2010年至2019年这10年间美国NYSE和NASDAQ上市公司的数量和联邦法院收到的证券集团诉讼起诉的数量。美国2007年次贷危机后,投资者提起的针对上市公司的证券集团诉讼数量维持在

① See David M. Levine & Adam C. Pritchard, *The Securities Litigation Uniform Standards Act of 1998: The Sun Sets on California's Blue Sky Laws.* Business Lawyer 54: 1-54(1998).

② See 15 U.S.C. § 78bb(f)(1)(A).

③ See 15 U.S.C. § 78bb(f)(3)(A)(ii).

④ See 15 U.S.C. § 78bb(f)(3)(C).

⑤ See 15 U.S.C. § 78bb(f)(3)(C).

220件左右。然而，投资者在2016年和2017年分别提起了299件和429件证券集团诉讼，年增长率超过30%。而2017年至2019年来一直保持超过400件的水平。在此期间，美国上市公司总数相对稳定，证券集团诉讼数量爆炸性增长不是由于上市公司数量大幅度增长。总体来看，投资者每年提起的证券集团诉讼总数与上市公司数量之比高达7.94%。

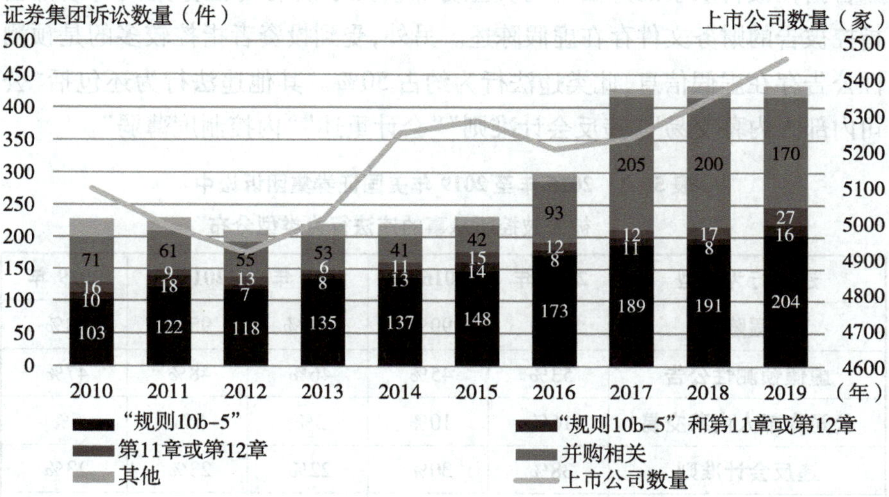

图5-2　2010年至2019年美国针对上市公司提起的证券集团诉讼数量及原告援引的规则

注：1. 上市公司数量指在NYSE和NASDAQ上市的公司数量。

2. 上市公司数量来源于世界交易所联合会（World Federation of Exchanges）。

3. 证券集团诉讼数量及原告援引的规则来源于美国的国民经济研究协会（National Economic Research Associates），上述数据不包括首次公开发行股价操纵案件（IPO laddering cases）。

2016年至2019年，美国证券集团诉讼数量大幅度增长主要归因于并购相关（M&A filing）案件①的大幅度增加，因证券欺诈引起的集团诉讼数量相对稳定。在这些案件中，原告主要援引以下三类规则：第一类是占比最高的“规则10b-5”案件，2010年至2019年保持相对稳定的增长，2019年达到204件，接近于2010年案件数量（103件）的2倍。第二类是同时援引“规则10b-5”和《1933年证券法》第11章或第12章的案件，该类案件数量较少，2019年仅16件，此前每年大约10件。第三类是仅援引《1933

① 并购相关案件被定义为反对并购（merger-objection）的集团诉讼，包括援引《1934年证券交易法》“第14章”关于并购交易相关的诉讼，但排除那些援引“规则10b-5”、《1933年证券法》第11章或第12章的诉讼。

年证券法》第 11 章或第 12 章的案件,该类案件数量同样有限,2019 年为 27 件,此前每年同样保持约 10 件的规模。总体来看,2019 年援引"规则 10b-5"的案件占比 87%,援引第 11 章的案件占比 16%,而援引第 12 章的案件占比 7%。①

表 5-1 展示了联邦法院受理的因证券欺诈行为引发的集团诉讼中,原告指控被告从事的违法行为类型分布。几乎所有的证券集团诉讼都会指控被告的财务文件存在虚假陈述。另外,受到投资者指控较多的是预测性公告存在虚假信息,此类违法行为约占 50%。其他违法行为还包括"公司内部人内幕交易""违反会计准则""会计重述""内控制度薄弱"。

表 5-1　2015 年至 2019 年美国证券集团诉讼中被告被控所从事的违法行为类型分布

违法行为类型	2015 年	2016 年	2017 年	2018 年	2019 年
虚假陈述	99%	99%	100%	95%	98%
虚假预测性公告	53%	45%	46%	48%	47%
公司内部人内幕交易	16%	10%	3%	5%	5%
违反会计准则	38%	30%	22%	23%	23%
会计重述	12%	10%	6%	5%	8%
内控制度薄弱	37%	28%	21%	25%	28%

注:数据来源见 Cornerstone Research 发布的"Securities Class Action Filings 2016-2020"系列报告。

在证券欺诈引起的集团诉讼案件中,根据被告上市公司所属行业进行划分,医药健康、电子科技和科技服务、金融行业的上市公司是主要的被起诉对象。② 2019 年针对上述行业的证券集团诉讼分别占总体数量的 21%、20% 和 14%。医药健康行业上市公司的诉讼风险在 2016 年达到峰值 34%,2017 年至 2019 年呈现下降趋势;而电子科技和科技服务行业上市公司的诉讼风险在 2017 年至 2019 年呈现上升趋势;金融行业上市公司的诉讼风险相对稳定。

① 由于投资者在一个案件中可能指控被告违反多项规则,因此上述比例加总后大于 100%。See Cornerstone Research, *Securities Class Action Filings—2019 Year in Review*, https://www.cornerstone.com/Publications/Reports/Securities-Class-Action-Filings-2019-Year-in-Review,最后访问时间:2021 年 6 月 30 日。

② See Janeen McIntosh & Svetlana Starykh, *Recent Trends in Securities Class Action Litigation*: 2019 *Full-Year Review*, https://www.nera.com/publications/archive/2020/recent-trends-in-securities-class-action-litigation--2019-full-y.html,最后访问时间:2021 年 6 月 30 日。

此外,大量受侵害的投资者还向州法院提起了针对发行阶段欺诈行为的证券集团诉讼。2018 年,美国最高法院在 Cyan Inc. v. Beaver County Employees Retirement Fund 案件中指出,SLUSA 并未限制州法院管辖那些援引《1933 年证券法》有关发行阶段欺诈行为的集团诉讼,而只是排除了其管辖援引《1934 年证券交易法》有关持续交易阶段欺诈行为的集团诉讼。该判决激发了在州法院层面提起的针对发行人在一级市场违法行为的集团诉讼。州法院在 2018 年和 2019 年分别受理了 35 件和 49 件此类证券集团诉讼,其中加利福尼亚州法院和纽约州法院审理案件数量最高,约占据总数的 70%。

二、管辖法院、首席原告和律师费

(一)管辖法院

管辖法院的变化显示了证券集团诉讼所针对的被告群体的转变。20 世纪 70 年代以前,投资者主要在纽约南区法院(Southern District of New York)提起证券集团诉讼,因为纽约证券交易所即位于该区。而到了 20 世纪 80 年代,投资者转向加利福尼亚州北区法院(Northern District of California),该法院的管辖范围覆盖硅谷。①根据美国证券法的规定,集团诉讼的管辖规则非常宽泛,投资者可以向被告注册地、居住地或业务发生地的联邦法院提起证券集团诉讼。②对 1993 年至 2006 年提起的证券集团诉讼的实证分析显示,超过 85% 的案件都在被告所在地的联邦法院起诉,而其中联邦第二和第九巡回法院审理的案件数量最多,超过 50%。③原告之所以大费周章地跑到被告所在地的联邦法院起诉,最主要的原因在于美国民事程序法所规定的管辖权规则。④当多名原告就同一违法行为向不同联邦法院提起证券集团诉讼时,最终的管辖法院将由“多区诉讼委员会”(Multi - district - litigation panel)决定。而提交该委员会决定管辖法院将延误诉讼程序的进程,增加原告代理律师的成本。因此,原告是有意识地向被告公司所在地的联邦法院提起诉讼。

---

① See John Armour, Bernard Black & Brian Cheffins, *Is Delaware Losing Its Cases*? Journal of Empirical Legal Studies 9: 605 - 656(2012).

② See 15 U. S. C. § 78aa (2006).

③ See James D. Cox, Randall S. Thomas & Lynn Bai, *Do Differences in Pleading Standards Cause Forum Shopping in Securities Class Actions: Doctrinal and Empirical Analyses.* Wisconsin Law Review 2009: 421 - 454(2009).

④ See 28 U. S. C. § 1404.

（二）首席原告

PSLRA 最重要的改革目标之一是鼓励机构投资者担任首席原告并监督证券集团诉讼。然而，机构投资者参与集团诉讼的积极性并不稳定。在 1997 年至 2003 年，首席原告主要由个人担任，机构投资者担任比例较低，但两者的差距逐年缩小。2004 年至 2012 年，机构投资者担任首席原告的比例略高于个人投资者。但是从 2013 年开始，个人投资者作为首席原告的比例再次超过机构投资者。根据 2019 年的数据，个人投资者作为首席原告的比例约为 60%。机构投资者更倾向于介入损害赔偿金额更高的案件，这也符合它们的行为策略，预期和解金额太低的案件无法弥补机构投资者的成本。2019 年，在公共养老金作为首席原告的案件中，原告主张的损害赔偿数额的中位数（2000 万美元）约是其他类型首席原告所涉案件相关数额（900 万美元）的 2 倍多。

对机构投资者及其服务机构的调研显示，它们不仅未积极参与诉讼程序，还存在未参与分配和解金的情况。美国州审计、财务和财政协会（National Association of State Auditors, Comptrollers and Treasurers）对全美机构投资者进行了调研，发现在调研前 5 年内，约 1/3 的机构投资者从未获得过证券民事赔偿。而在同期美国联邦法院系统内超过 700 件证券集团诉讼达成和解，和解金额约 83.9 亿美元。美国机构投资者的持股比例较高，因而有大量机构投资者并未申领已判决的损害赔偿。另一个实证研究也得出类似的结论，笔者从和解后赔偿金分配管理人处获得数据，对比机构投资者提交的“Form 13F”，寻找潜在符合集团定义的机构投资者原告，发现仅有约 30% 的机构投资者提交了分配赔偿金的申请，而平均来看，单个机构投资者未申请的赔偿数额高达 40 余万美元。①当然，管理公司即使获得赔偿，也很难支付给真正受到损失的投资者。因为持有基金份额的投资者在动态变化，一般管理公司只是将获得的赔偿注入持有该股票的基金。而此时持有基金份额的投资者可能已经更替，也即和解金并未支付给真正遭受损失的投资者。

机构投资者未参与分配和解金的主要原因在于其自身特点和美国证

① See James D. Cox & Randall S. Thomas, *Leaving Money on the Table: Do Institutional Investors Fail to File Claims in Securities Class Actions*? Washington University Law Review 80: 855 – 882 (2002).

券市场存托制度等因素。[①]第一，从机构投资者交易证券到集团诉讼和解一般间隔4年左右的时间。在这么长的时间里，虽然基金管理机构还存续，但管理某一只基金的经理可能已经离职，如果该经理离职前未提交其详细的历史交易记录，那么机构投资者内可能没有其他员工知道交易过该证券的基金信息。第二，大部分投资者都是隐名持有股份，股东名册上仅显示其经纪商的地址，其中大部分机构投资者都委托 Cede & Co. 为其代持股票。[②]机构投资者和其基金经理有时会更换托管银行，而新的托管银行可能不掌握此前交易的信息。机构投资者也主要依靠他们的托管银行代为提交分配证券集团诉讼和解金的申请，而机构投资者并不会监督托管银行是否完成了这些服务。[③]第三，由于信息更新不及时，托管银行可能将分配和解金的通知发送给已经离职的投资经理。第四，机构投资者并未形成监控证券集团诉讼和解案件的文化，他们并未意识到主动申报获得损害赔偿是其信义义务的一部分。当然，最后几十万美元的赔偿与他们管理的资产规模相比可能并不突出，因而没有获得重点关注。总体来看，疏忽大意是导致未能申请分配和解金的最主要原因。

（三）律师费

证券集团诉讼律师收费模式主要包括两类：第一类，工作量付费（lodestar fee），在该种付费制度下律师根据他们付出的时间计算工时，按照合理的利润率支付律师费。第二类，风险代理付费（contingency fee），该种模式下代理律师按照总赔偿额的一定比例收取律师费，最高比例为33%。[④]第二类付模式较为常见，该制度为投资者提供了保障，激励其参加集体诉讼。[⑤] 但两种收费模式都存在弊端。前一种工作量付费模式，由于律师费与诉讼时间成正比，律师在处理案件时会倾向于安排非必需的活动

---

① See James D. Cox & Randall S. Thomas, *Letting Billions Slip through Your Fingers: Empirical Evidence and Legal Implications of the Failure of Financial Institutions to Participate in Securities Class Action Settlements*. Stanford Law Review 58: 411 - 454(2005).

② See Nasdaq, *The Definition of Cede & Co.*, available at https://www.nasdaq.com/glossary/c/cede，最后访问时间：2021年6月30日。

③ See James D. Cox & Randall S. Thomas, *Leaving Money on the Table: Do Institutional Investors Fail to File Claims in Securities Class Actions*? Washington University Law Review 80: 855 - 882 (2002).

④ See John Coffee, *The Unfaithful Champion: The Plaintiff as Monitor in Shareholder Litigation*, Law and Contemporary Problems 48:1 - 44(1985).

⑤ 参见郭雳：《证券集团诉讼的功用与借鉴——一个基于现实的批判性解读》，载《证券法苑》2010年第1期。

延长诉讼程序,以期获得更高的律师费。[①]而在风险代理付费模式下,原告律师需要提前投入大量资源,为了规避败诉导致无法获得律师费,他们有很强的激励促成和解,减少了原告可能获得的赔偿额。根据一项实证研究显示,在PSLRA颁布之前每年大约有300件证券集团诉讼案件,其中90%以和解告终,每个案件的和解金额约为860万美元。[②]按照原告律师通过风险代理分配和解金的1/3,同时假定同一案件被告律师费数额与原告律师费相差无几来计算,每年上市公司因为证券集团诉讼而支付的律师费就高达17亿美元。证券集团诉讼给上市公司带来了沉重的诉讼成本。

美国证券集团诉讼法律服务市场高度集中,排名前八名的律所代理的集团诉讼占到所有和解金额的75%。然而,虽然代理律所的规模并不大,但专业性较高,大多为专精证券集团诉讼业务的律师事务所。[③]例如,自20世纪八九十年代以来,最著名的代理证券集团诉讼原告的律师事务所是Milberg Weiss LLP,在20世纪末期该律所仅有30余名律师,至2003年也仅增长到109名律师。尽管律师不多,它却常年占据着证券集团诉讼原告代理律所市场超过40%的份额。[④]

三、证券集团诉讼和解

(一)集团诉讼和解概况

图5-3展示了2010年至2019年,美国证券集团诉讼结案方式的分布。证券集团诉讼结案方式在2016年前后呈现出一定的差异性,因证券欺诈引起的集团诉讼案件在2016年前占比超过80%。结案数量也体现了这一特点,超过70%的结案案件都是因证券欺诈违法行为引发的集团诉讼。在大约50%的案件中,审理法院裁定驳回原告起诉,而剩余案件则以和解的方式结案。而2016年后,投资者提起的与并购相关的证券集团诉讼案件数量大幅度增加,近年来此类案件占审结案件的比例也大幅度上升。以2019年为例,美国联邦法院驳回了119件投资者提起的与并购相关的证券集团诉讼,原告与被告仅在17件案件中达成和解。同时,美国联

① See Stephen J. Choi, Jessica Erickson & Adam C. Pritchard, *Working Hard or Making Work? Plaintiffs' Attorney Fees in Securities Fraud Class Actions.* Journal of Empirical Legal Studies 17: 438-465(2020).

② See S. Rep. No. 104-98 (1995).

③ See John Coffee, *The Unfaithful Champion: The Plaintiff as Monitor in Shareholder Litigation.* Law and Contemporary Problems 48: 1-44(1985).

④ See Brian Cheffins, John Armour & Bernard Black, *Delaware Corporate Litigation and the Fragmentation of the Plaintiffs' Bar.* Columbia Business Law Review 2012: 427-501(2012).

邦法院驳回了 95 件投资者提起的针对证券欺诈和其他违法行为的证券集团诉讼,而在 80 件案件中,原告与被告达成和解。总体来看,在约 2/3 的证券集团诉讼中,审理法院驳回了原告的起诉申请。

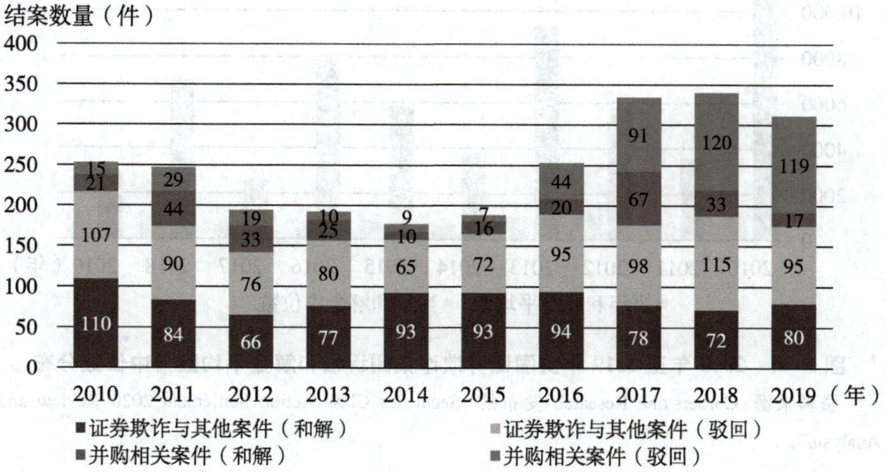

图 5-3 2010 年至 2019 年美国证券集团诉讼结案数量

资料来源:Cornerstone Research 发布的"Securities Class Action Filings 2020 Midyear Assessment"。

聚焦因证券欺诈引起的集团诉讼,图 5-4 所展示的和解金额分布也呈现出一些特征。在 2010 年至 2019 年这 10 年间,和解金额的年平均数在 0.26 亿美元至 1.28 亿美元。在 2019 年该数据为 0.3 亿美元,位居历史低位。而和解金额的中位数则要低很多。在过去 10 年间,每年和解金额的中位数在 0.066 亿美元至 0.135 亿美元。在 2019 年该数据为 0.128 亿美元,位居历史高位。与其他类型的诉讼不同之处在于,证券集团诉讼的和解协议需要获得法院的批准,为法官作为"看门人"提供了条件。①通过对年度和解金额中位数和平均数的比较可知,大额和解金案件推高了年度平均和解金额,大部分案件的和解金额还是低于 1000 万美元。

① See Hillary A. Sale, *Judges Who Settle*. Washington University Law Review 89: 377 - 416 (2011).

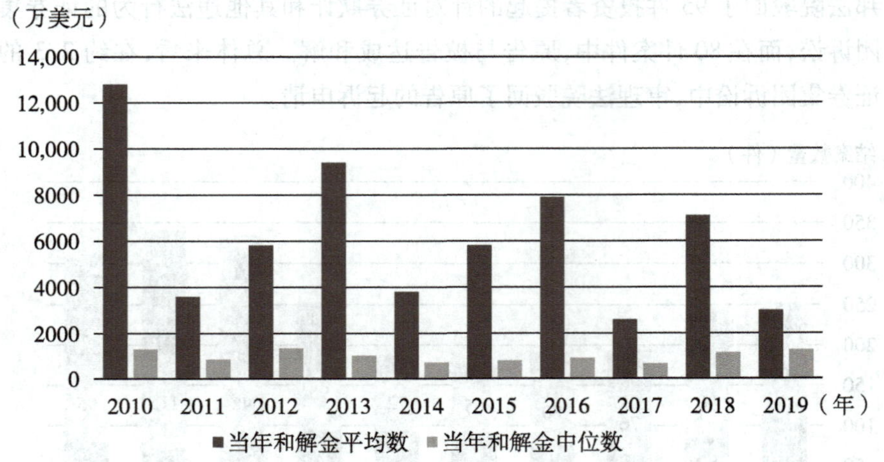

图 5-4　2010 年至 2019 年美国证券欺诈集团诉讼和解金平均数与中位数分布

资料来源：Cornerstone Research 发布的“Securities Class Action Settlement 2020 Review and Analysis”。

值得注意的问题是，针对证券欺诈行为的集团诉讼与 SEC 的行政执法活动存在一定的重叠。2010 年至 2019 年，约 30% 达成和解的证券集团诉讼案件，与 SEC 的行政执法程序重叠。在原告援引“规则 10b-5”并在 2019 年达成和解的 74 件案件中，22 件诉讼的被告同时面临 SEC 的行政执法调查。根据证券法授权，SEC 可以出于确认是否存在违法行为等目的展开调查，并以拥有实质性证据为前提。[①] 在这两类执法程序中，被告上市公司的市值差异并不显著，仅面临证券集团诉讼的上市公司市值中位数大约为 13 亿美元，而同时面临集团诉讼和行政执法的上市公司市值中位数大约为 15 亿美元。当上市公司同时面临集团诉讼和行政执法时，约 42% 的企业在达成和解之前，即已经进入破产程序或从美国证券交易所退市。

图 5-5 展示了证券集团诉讼结案所需要的时间。从司法程序进程来看，原告于 2010 年和 2011 年提起的因证券欺诈引发的集团诉讼在 2019 年已经基本结案。在约 45% 的案件中，原告与被告达成和解。原告在 2012 年至 2015 年提起的此类诉讼，约 80% 的案件在 2019 年已经结案，其中约 40% 的案件原告与被告达成和解。总体来看，大部分案件在 4 年内都已经结案。原告在 2016 年和 2017 年提起的诉讼，已有超过 40% 的案件被驳回起诉。该比例与此前驳回起诉比例类似，说明审理法院一般会在 2 年

① 参见洪艳蓉：《美国证券交易委员会行政执法机制研究："独立"、"高效"与"负责"》，载《比较法研究》2009 年第 1 期。

内作出驳回起诉裁定。而原告和被告达成和解的比例远低于此前提起的诉讼，即原被告达成和解所需时间较长。

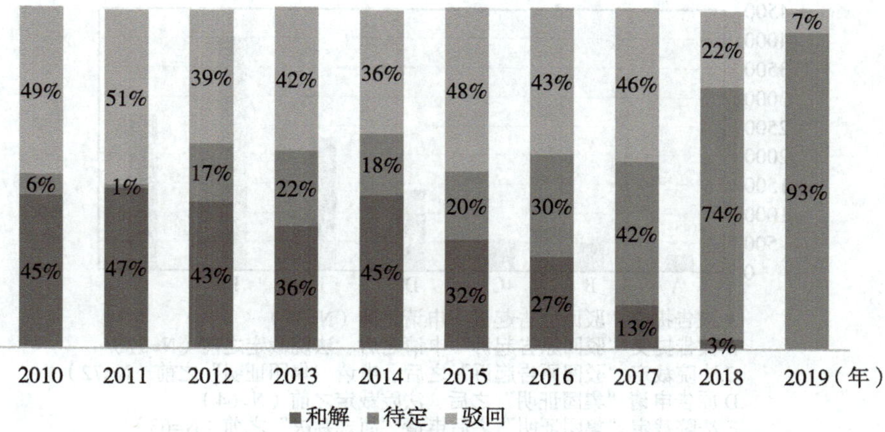

图 5－5　2010 年至 2019 年美国提起的证券集团诉讼所处状态

资料来源：Cornerstone Research 发布的“Securities Class Action Settlement 2020 Review and Analysis”。

总体来看，从投资者起诉到达成和解平均需要 3.3 年，也与此前进行的实证研究相吻合，它们发现案件和解一般需要 4 年左右的时间。当然，不同案件因其特征差异也存在一定的差别。例如，当公共养老基金作为首席原告，或者被告同时面临民事诉讼程序与 SEC 行政执法程序，证券集团诉讼达成和解的时间更长，大致需要 3 年至 5 年的时间。同时，与更快达成和解的案件相比，距离起诉时间超过 5 年的和解案件的和解金往往更少。此外，一些集团诉讼和解金会被用来成立投资者赔偿基金，受损投资者可以提交分配和解基金申请获得损害赔偿。①

最后，图 5－6 展示了 2015 年至 2019 年诉讼进程与和解金数量的关系。根据美国民事诉讼的相关程序规则，集团诉讼程序存在以下几个重要的时间节点：第一，被告提交“驳回原告起诉”申请之前；第二，被告提交“驳回原告起诉”申请之后、法院裁定之前；第三，法院裁定“驳回原告起诉”之后、原告申请“集团证明”之前；第四，原告申请“集团证明”之后、法院裁定之前；第五，法院裁定“集团证明”之后、申请“简式判决”之前；第六，法院裁定“简式判决”之前；第七，法院裁定“简式判决”之后。绝大部

① 参见郭雳：《证券执法中的公共补偿——美国公平基金制度的探析与借鉴》，载《清华法学》2018 年第 6 期。

分案件都在“简式判决”作出之前达成了和解。

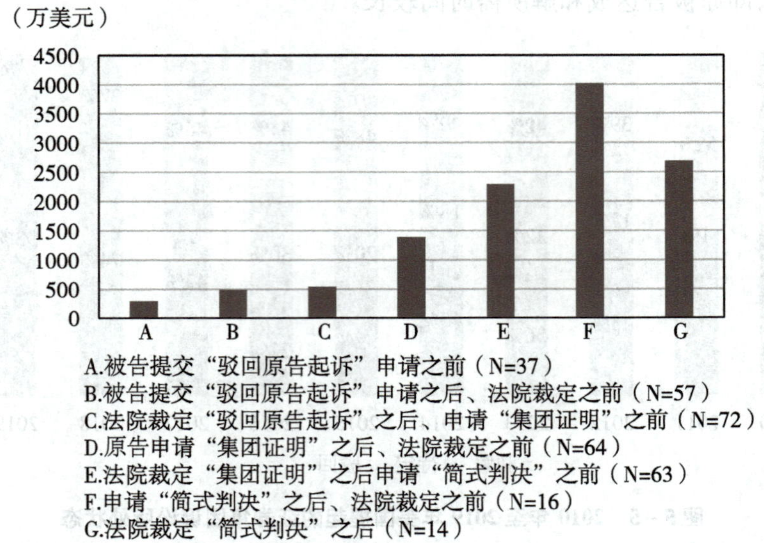

图 5－6　2015 年至 2019 年美国证券集团诉讼的和解金与诉讼阶段之间的关系

资料来源：Cornerstone Research 发布的“Securities Class Action Settlement 2020 Review and Analysis”。

上述不同程序节点隐含着审理法官对于原被告双方诉求的支持程度。例如，被告提交“驳回原告起诉”申请后，审理法官如何裁定实际上显示了其对被告反驳原告证据的态度。如果审理法官不支持“驳回原告起诉”申请，对于被告来说就是一个负面信号，说明原告所主张的诉求在审理法官看来具备一定的合理性，即被告败诉的风险增加了。因此，随着诉讼程序的推进，被告接受较高和解金的意愿也在增强。大量被告出于成本节约的考虑，会在进入昂贵的证据开示阶段前与原告达成和解。[①]如图 5－6 所示和解金额的中位数同样随着诉讼进程呈上升趋势。然而，一旦法院作出“简式判决”后，审理法官关于此案件的意见已经较为清晰，诉讼结果的不确定性也大大降低，和解金额的中位数反而出现下降。

（二）集团诉讼和解的动因

被诉上市公司与原告投资者达成和解的主要动因在于，其达成和解后可以转移大部分损失，而如果败诉损失则需由自己承担。达成和解后，无论是实际控制企业的管理层和董事，还是上市公司自身，所需要支付的赔

① See Janet Cooper Alexander, *Do the Merits Matter? A Study of Settlements in Securities Class Actions*. Stanford Law Review 43：497－598（1991）.

偿都是非常有限的。此外，司法资源的有限性使法官也乐于接受和解，进而清除积案、缓解压力。[①]在实践中，SEC 对违法上市公司的执法和解，对与之相关的集团诉讼达成和解也具有积极推动作用。[②]

1. 公司补偿

公司补偿可以分为法定补偿（mandatory indemnification）和议定补偿（permissive indemnification）。[③]前者是由公司法创设的一项法定义务，要求公司在法定情形下补偿董事和管理层因为履职而支付的法律成本。以《特拉华州公司法》为例，它要求如果董事和管理层在司法程序中取得理据论证成功（success on the merits or otherwise），公司应当补偿发生的所有合理费用（包括律师费）。[④]而议定补偿则是指，如果董事或管理层履行了法定义务，那么前者将补偿其在司法程序中发生的所有合理费用。[⑤]上市公司往往通过修改公司营业执照（charter amendments）、章程（by - law）或与董事和管理层签订协议的方式，提供更确定的保障。根据《特拉华州公司法》的相关规定，必须经由以下三种程序之一判断董事或管理层是否履行法定义务：第一，经过利益不相关的董事投票；第二，由独立的律师出具意见；第三，经过股东大会投票。[⑥]

2. 董事和管理层责任险

董事和管理层所面临的诉讼风险在 20 世纪 80 年代大幅度上升。根据美国知名咨询公司的报告，其在 1984 年对上市公司的调查结果显示，超过 18.5% 的董事和管理层都曾面临诉讼指控，而 10 年前该数字仅为 7.1%。同时，辩护成本也大规模增加，从 10 年前约 18 万美元增长至 46 万美元。[⑦]随着诉讼风险的升高，购买董事和管理层责任险（以下简称董责险）的成本也明显增加，保险公司收取的保费平均增长了15 ~ 20 倍，并且

---

① 参见杨严炎：《美国和解集团诉讼与集团诉讼和解》，载《东南司法评论》2008 年第 0 期。

② 参见李东方：《论证券行政执法和解制度——兼评中国证监会〈行政和解试点实施办法〉》，载《中国政法大学学报》2015 年第 3 期。

③ See Robert P. McKinney, *Protecting Corporate Directors and Officers: Indemnification.* Vanderbilt Law Review 40: 737 - 774(1987).

④ See Del. Code § 145(C).

⑤ See K. G. Jan Pillai & Craig Tractenberg, *Corporate Indemnification of Directors and Officers: Time for a Reappraisal.* Catholic University Law Review 15: 101 - 111(1981).

⑥ See Del. Code § 145(d).

⑦ See Wyatt Company, *1987 Wyatt Directors and Officers and Fiduciary Library Survey*, available at https://wyattins.com/business - insurance/directors - officers - liability - insurance，最后访问时间：2021 年 6 月 30 日。

免赔额(deductibles)也水涨船高。[①]美国主要州的公司法基本都授权上市公司为其董事和管理层购买履职责任险。其中最早也最为重要的是《特拉华州公司法》"第145章"(Section 145),该法在1967年修改中率先引入了董责险。[②] 20世纪70年代之后各州对董责险进行完善,尤其是提高股东对董事提起诉讼的门槛,细化保险责任等。[③]

支持董责险的主要理论在于:第一,主张保险公司可以作为"看门人",揭示上市公司的风险。由于保险公司的保费与投保公司的风险水平直接相关,因此如果保险公司收取上市公司的董责险保费较高,市场即获得该公司欺诈风险较大的信息,以此削弱信息不对称问题。第二,董责险可以减少管理层的履职风险,有利于吸引高端人才承担企业家风险,从事创新活动。另外,质疑董责险的理论争论集中于董责险的存在会减少法律责任对于高管的约束,当他们所从事违法行为造成的损失无须自己承担时,即存在道德风险会增加违法行为发生的频率。因此,有学者指出董事和管理层的故意违法行为不应当受到董责险的保护。[④]

董责险的覆盖范围集中于以下几类诉讼风险[⑤]:第一,保障董事和管理层个体所面临的股东诉讼风险,这类保险也被称为"A层保障"(side A coverage)。该类保险将偿付被保险人无法从任职公司获得偿付的"保险损失"(covered losses)。而"保险损失"主要包括补偿性损害赔偿、和解金、作为公司董事或管理层在履职过程中支付的法律费用。第二,保障公司对董事和管理层的赔偿风险,这类保险也被称为"B层保障"(side B coverage)。该类保险只覆盖公司对于董事和管理层的合法赔偿额。第三,保障公司作为诉讼当事人所面临的风险,这类保险也被称为"C层保障"(side C coverage)。该类保险偿付公司所有因证券违法行为依法应当进行的赔付。董责险市场很集中,主要承保机构是AIG和Chubb两家公司,市

① See Sara R. Slaughter, *Statutory and Non-Statutory Responses to the Director and Officer Liability Insurance Crisis.* Indiana Law Journal 63: 181-200(1987-1988).

② See Del. Code § 145(g).

③ 参见方剑:《董事责任险的比较法分析》,载《哈尔滨学院学报》2010年第6期。

④ See Joseph F. Johnston, *Corporate Indemnification and Liability Insurance for Directors and Officers.* The Business Lawyer 33: 1993-2053(1978).

⑤ See Sean J. Griffith, *Uncovering a Gatekeeper: Why the SEC Should Mandate Disclosure of Details concerning Directors' and Officers' Liability Insurance Policies.* University of Pennsylvania Law Review 154: 1147-1208(2006).

场占有率超过50%。①

为了控制潜在风险,保险条款一般会明确定义"损失"。一方面,"损失"指董事和管理层在法律上应当承担的支付义务,包括损害赔偿、和解金和辩护成本等。②另一方面,"损失"排除以下情况下的支付义务。③第一,故意从事的违法行为(intentional wrongful acts)和企业内部的纠纷所产生的损失,不在保险赔付范围。第二,因欺诈行为而引发的支付义务,而判断是否构成欺诈的关键在司法审判,如果判决显示被保险人从事了违法行为,那么保险公司有权拒绝赔付因该行为造成的损失。一般来说,返还违法所得(disgorgement)、恢复原状赔偿、税金、罚款等都不在董责险的赔付范围。

3. 损害赔偿责任的转移

由于公司补偿和董责险的存在,个人和企业作为证券集团诉讼的被告,存在很强的激励与原告达成和解。实际控制公司的董事和管理层,存在很强的激励与原告投资者达成和解。一方面,如果上市公司购买了董责险,那么保险公司将赔付和解金,企业及其董事、管理层并不承担和解金成本。当然,保险公司一般要求投保人达成和解协议必须首先获得保险公司同意,即他们有权否决和解协议。保险公司存在两方面诉求:第一,减少和解金额;第二,推迟支付和解金。因此,保险公司实际上是限制和解金数额的重要力量。

另一方面,董责险所包括的欺诈豁免条款,将那些因为欺诈行为造成的损失排除在保险覆盖范围之外。④而该条款所定义的欺诈行为,一般指经过法院审判认定的欺诈行为。因此,如果被告在判决作出之前就与原告达成和解,那么即可以避免欺诈豁免条款的约束。⑤ 如果法院判决认定被告从事了证券欺诈行为,保险公司即不必承担赔付责任。原告在起诉阶段估计的损害赔偿往往是非常大的,如果最后法院支持了原告的诉讼请求,判处被告支付损害赔偿,大概率会导致上市公司陷入困境甚至破产。这种风险可以推动上市公司接受其能承受的和解赔偿,并最终由保险公司承担主要的成本。

---

① See Towers Perrin, *Directors and Officers Liability*: 2006 *Survey of Insurance Purchasing and Claims Trends*, available at http://www.towersperrin.com/tp/getwebcachedoc? webc = HRS/USA/2007/200704/DOSurveyReport2006_040507.pdf,最后访问时间:2021年6月30日。

② See *AT&T Corp. v. Clarendon Am. Ins.* Co., 2006 WL 2685081 (Del. Super., 2006)

③ See Lawrence J. Trautman &Kara Altenbaumer - Price, *D&O Insurance*: *A Primer.* American University Business Law Review 1: 337 - 367(2011).

④ See Tom Baker & Sean J. Griffith, *The Missing Monitor in Corporate Governance*: *The Directors' & Officers' Liability Insurer.* Georgetown Law Journal 95: 1795 - 1822(2007).

⑤ See Mary E. McCutcheon, *Directors and Officers Liability Insurance*: *Tensions Between Corporate and Individual Insureds.* International Journal of Disclosure and Governance 3: 148 - 152(2006).

第五节　金融业监管局的仲裁和调解程序

FINRA 属于证券行业的自律监管组织(self - regulatory organizations),根据美国证券法的相关规定,法定注册的自律监管组织主要包括三类:全国性的证券交易所(national securities exchanges),注册清算机构(registered clearing agencies)和地方证券规则制定委员会(Municipal securities Rulemaking Board)。[①] FINRA 并不是政府机构,而是独立的、非营利性的组织,该组织由国会授权,通过保障证券市场的公平、公开运行来保护美国投资者。[②]全美证券业协会根据《1934 年证券交易法》第 15A 章设立,此前为全国证券交易商协会(National Association of Securities Dealers),其致力于预防欺诈和操纵行为,推动交易商和自营商在场外交易市场的公平交易行为。2007 年,全国证券交易商协会和纽约证券交易所的会员监管、执法和仲裁部门合并组成 FINRA。FINRA 的监管范围涵盖了证券市场的主要业务。根据《1934 年证券交易法》第 15(a)(1)章,所有销售或购买证券的经纪商和自营商都必须在 SEC 处注册,而第 15(b)(8) - (9)章则规定不属于 FINRA 的注册经纪商和自营商,仅能在其为会员的交易所从事证券交易,否则为违法行为。因此,绝大多数证券经纪商、自营商和投资顾问都属于其监管范围。

一、仲裁和调解程序概况

除了自律执法职能外,FINRA 还提供了解决争议的仲裁和调解程序,为以下两类纠纷提供救济途径:第一,投资者与在 FINRA 注册的经纪商和自营商之间的纠纷;第二,在 FINRA 注册的经纪商和自营商之间的纠纷。[③] FINRA 制定了两套仲裁程序,一套为客户准则(customer code),适用于其会员与客户之间的争议;另一套为行业准则(industry code),适用于其会员

① See James D. Cox, Robert W. Hillman, Donald C. Langevoort, Ann M. Lipton & William K. Sjostrom, *Securities Regulation: Cases and Materials* (9th *Ed*), New York: Wolters Kluwer, p. 57.

② 参见章武生:《美国证券市场监管的分析与借鉴》,载《东方法学》2017 年第 2 期。

③ See FINRA, *The Definition of Arbitration & Mediation*, available at http://www.finra.org/arbitrationandmediation/index.htm,最后访问时间:2021 年 6 月 30 日。

之间的争议。[1]美国国会和联邦最高法院在20世纪90年代接连提高证券民事诉讼的实体和程序标准,以遏制滥诉的问题,这也驱使部分投资者转向FINRA提供的替代性纠纷解决机制(alternative dispute resolution)。[2]

FINRA的仲裁程序作为最主要的替代性纠纷解决机制,与民事诉讼程序互斥,即一旦当事人选择仲裁程序,不可以就相同法律事实提起民事诉讼。仲裁应当在争议事件发生6年内提起,且仲裁结果是终局性的,对双方都有拘束力。根据FINRA颁布的仲裁规则,由1名或3名仲裁员组成仲裁庭,仲裁审理期限最长为16个月。根据争议标的金额大小,仲裁庭的组成也存在差异。争议金额在10万美元以下的案件,仲裁庭由1名仲裁员组成;10万美元以上的案件,仲裁庭由3名仲裁员组成。特别地,争议金额在5万美元以下的案件,可以使用简化仲裁程序(simplified arbitration process),仅由仲裁员基于双方提交的材料进行书面裁决。这也体现了仲裁程序追求纠纷解决成本和收益平衡的政策考量。

证券消费者可以向FINRA提出仲裁,解决与在FINRA注册的个人或组织之间的纠纷,例如投资者与其经纪人之间的纠纷。FINRA相关规则对"消费者"的定义非常宽泛,有限的条文仅将经纪商和自营商排除在"消费者"定义之外[3],意图扩大仲裁程序的适用范围。根据仲裁规则,当存在以下情形时,在FINRA注册的会员必须接受仲裁。[4]一方面,发起仲裁程序的是"消费者"时,如果存在书面仲裁协议[5]或者其要求进行仲裁,并且争议另一方是在FINRA的注册会员,争议事项与会员所从事的证券业务相关,那么FINRA会员必须接受仲裁。另一方面,当争议双方仅涉及FINRA注册会员,如经纪人之间、经纪人与经纪公司之间或经纪公司之间,且争议内容涉及经纪人或经纪公司的证券业务时,双方必须提交该争议至FINRA

---

① See FINRA, *Code of Arbitration Procedure*, available at http://www. finra. org/arbitrationandmediation/arbitration/rules/codeofarbitrationProcedure,最后访问时间:2021年6月30日。

② See Jason W. Burge & Lara K. Richards, *Defining Customer: A Survey of Who Can Demand FINRA Arbitration*. Louisiana Law Review 74: 173 - 212(2013).

③ See FINRA Rule 12100(i), http://finra. complinet. com/en/display/display. html? rbid = 2403&recordid = 15138&elementid = 4099 &highlight = 12100%28i%29,最后访问时间:2021年6月30日。

④ See FINRA Rule 12200, available at http://finra. complinet. com/en/display/displaymain. html? rbid = 2403&elementid = 4106,最后访问时间:2021年6月30日。

⑤ 相关研究显示在FINRA注册的经纪商,其与投资者签订的格式合同中绝大部分都包括了书面仲裁条款。See Barbara Black, *The Irony of Securities Arbitration Today: Why Do Brokerage Firms Need Judicial Protection*? University of Cincinnati Law Review 72: 415 - 419(2003).

仲裁。①

FINRA 的仲裁程序主要包括以下要素：首先，根据《FINRA 仲裁程序规则》(Code of Arbitration Procedure)②，受侵害一方提交书面"起诉状"(statement of claim)，陈述争议事实，包括相关日期、姓名、账户号码和救济请求。其次，在收到"起诉状"45 天之内，应诉方应当提交答复意见。再次，当事人可以从 FINRA 电脑随机产生的仲裁员列表中选取仲裁员。FINRA 提供每位候选仲裁员的相关报告，包括其背景，职业、教育、培训和该仲裁员所作的历史裁定，充分披露相关信息。当事人基于上述信息，可以排除某些仲裁员，并将剩余的候选人按优先级进行排序。最后，FINRA 确定仲裁庭组成，在选任仲裁员时，FINRA 还要求其充分披露与仲裁案件相关的信息，包括可能影响仲裁结果公正性的所有信息。在第一次开庭之前，根据"规则 12407(a)(1)"[Rule 12407(a)(1)]，当事人还有机会再次排除仲裁庭的仲裁员，但是其必须证明该仲裁员存在偏见、利益冲突，或者无法公正裁决等事项。在仲裁庭开庭后，FINRA 的主任(director)还能根据"规则 12407(b)"[Rule 12407(b)]排除仲裁员，当然仅限于该仲裁员未能根据"规则 12405"(Rule 12405)披露所有与仲裁相关的重要信息。在仲裁结果作出后，当事人可以申请审查该结果的公正性。根据"规则 12407"(Rule 12407)，当事人可以申请对仲裁结果进行司法审查。司法审查的标准为当且仅当仲裁员存在显著的偏见(evident partiality)，该仲裁结果才无效。③

与仲裁相比，FINRA 提供的调解程序是更为灵活的替代性争议解决方式。该程序可以在仲裁决定作出前任何时点开始。调解程序是非正式程序，由独立第三方调解员居中协助双方达成合意。调解程序基于争议双方自愿友好协商，并不是 FINRA 强制进行的程序。调解程序的最终目标在于促使双方签订和解协议。

---

① See FINRA Rule 13200, available at http://finra.complinet.com/en/display/displaymain.html?rbid=2403&element id=4203，最后访问时间：2021 年 6 月 30 日。

② See FINRA Code of Arbitration Procedure, available at http://www.finra.org/ArbitrationAndMediation/Arbitration/Rules/CodeofArbitrationProcedure/ind ex.htm，最后访问时间：2021 年 6 月 30 日。

③ See Kirill Kan, *The Importance of FINRA's Arbitrator Selection Process and Clarity in the Evident Partiality Standard in the Wake of Morgan Keegan*. Fordham Journal of Corporate and Financial Law 18:167-190(2012).

二、仲裁和调解程序产出

图 5－7 显示了 2010 年至 2019 年来 FINRA 每年新申请、审结的案件数量，争议双方向 FINRA 提交仲裁申请，而调解程序在仲裁程序进行过程中启动。由于次贷危机的影响，2010 年新提交的仲裁案件数量达到近 6000 件，此后呈现逐步下降趋势，2017 年至 2019 年每年新收到、审结的仲裁案件数量维持在 4000 件左右。以 2019 年为例，FINRA 新收到的 3757 件仲裁申请，其中 2363 件的申请人是投资者，被申请人是 FINRA 注册的会员，占总体约 63%；而有关 FINRA 注册会员之间的仲裁案件为 1394 件，约占总量的 37%。

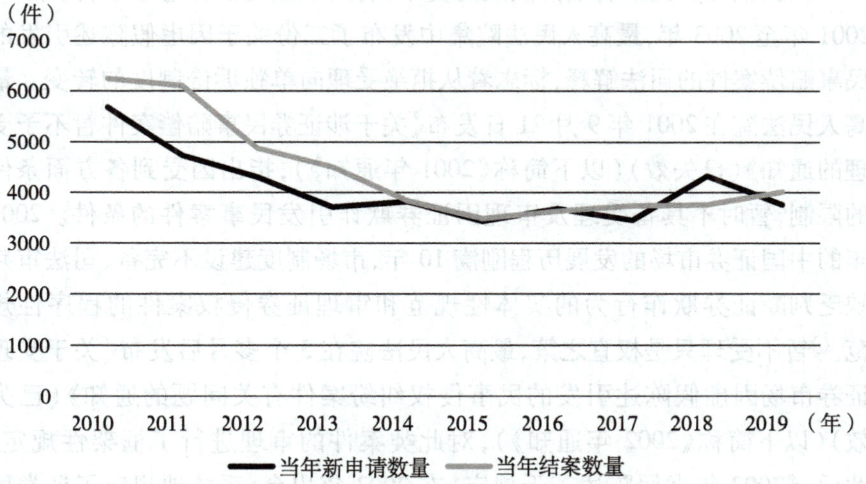

图 5－7　2010 年至 2019 年 FINRA 新申请和结案的仲裁案件数量

资料来源：FINRA 发布的“FINRA 2011－2020 Year in Review and Annual Financial Report”系列报告。

在 FINRA 每年审结的仲裁案件中，仅 600 余件是经过完整的仲裁程序结案，约占总体数量的 16%。超过 50% 的案件是一方当事人提交仲裁申请后，双方当事人直接达成和解。此外，还有 500 余件是通过调解程序结案，约占总数的 13%。而从违法行为类型来看，涉及违反信义义务的案件最多，占全部案件数量的比例接近 50%。其他比较常见的违法行为类型包括过失侵权、控制体系失灵、虚假陈述和适当性问题，分别约占案件总数的 37%、35%、33% 和 31%。正常仲裁程序平均 16.9 个月结案，特别程序则缩短至 7 个月，而书面审理程序仅需 5.8 个月，大大减少了争议双方的时间成本。

第六章 中国证券法私人实施机制

中国证券法实施机制采取以公共实施为主导的“集中执法模型”，即以证监会为代表的公共机构掌握着大部分落实证券欺诈行为法律责任的权力，而私人实施在一定程度上受到限制。本章关注我国证券法私人实施制度，即合法利益受到欺诈行为侵害的投资者，通过民事诉讼程序或者调解程序请求违法行为人支付损害赔偿的制度。

在我国证券民事诉讼的发展历史中，有两个重要的标志性事件：第一，2001 年至 2003 年，最高人民法院集中发布了三份关于因虚假陈述引发的民事赔偿案件的司法解释，标志着从拒绝受理向单独诉讼制度的转变。最高人民法院在 2001 年 9 月 21 日发布《关于涉证券民事赔偿案件暂不予受理的通知》（已失效）（以下简称《2001 年通知》），指出因受到各方面条件的限制，暂时不具备受理及审理因证券欺诈引发民事案件的条件。2001 年的中国证券市场的发展历程刚满 10 年，市场制度建设不完备，司法审判缺乏判断证券欺诈行为的实体性规范和审理证券侵权案件的程序性规范。[①]暂不受理只是权宜之策，最高人民法院在 3 个多月后发布《关于受理证券市场因虚假陈述引发的民事侵权纠纷案件有关问题的通知》（已失效）（以下简称《2002 年通知》），对此类案件的审理进行了框架性规定。此后，《2003 年虚假陈述若干规定》在 2003 年出台，系统地规定了证券民事诉讼，并建立了以单独诉讼为主的证券法私人实施程序。

第二，2019 年 12 月 28 日，第十三届全国人大常委会第十五次会议修订了《证券法》，并于 2020 年 3 月 1 日起施行。新《证券法》改变了此前对于证券法私人实施制度的消极态度，将其作为证券市场注册制改革的重要抓手，第 95 条进行了突破性创新，在传统单独诉讼的基础上，增加了人数确定和不确定的“加入制”普通代表人诉讼以及“退出制”特别代表人诉讼，使多层次证券民事诉讼体系更加完善。随后，最高人民法院在 2020 年 7 月 30 日发布了《关于证券纠纷代表人诉讼若干问题的规定》（以下简称《代表人诉讼若干规定》），进一步细化了此类案件的管辖规则、权利人的登记公告程序、普通和特别的代表人诉讼的代表人资格和确定方式等核心

① 参见王利明：《我国证券法中民事责任制度的完善》，载《法学研究》2001 年第 4 期。

内容。此外，新《证券法》通过前后涌现出大量的纠纷解决制度创新，如示范诉讼、支持诉讼、调解程序等，形成了多元化纠纷解决机制百花齐放的态势。①

本章关于私人实施制度的讨论具体安排如下：一方面，在本书完稿时新《证券法》实施时间较短，司法实践较为有限，因而主要从理论层面探讨相关制度创新；另一方面，《2003 年虚假陈述若干规定》作为长期规范我国证券民事诉讼的司法解释，其重要性不言而喻，本章大量的实证分析都是以该规定为制度基础展开，探讨证券民事诉讼制度的运行实效。总体来看，新《证券法》施行之前，我国证券民事诉讼制度运行效果并不理想，投资者获得的民事赔偿极为有限。究其原因，投资者使用证券民事诉讼制度面临显著的集体行动困境，并且各地法院所采纳的损害赔偿计算方式并不一致，增加了民事诉讼的不确定性。新《证券法》施行后，特别代表人诉讼成为私人实施机制重要的制度创新，也被称为“中国版集团诉讼”，大幅度降低了投资者维权成本，同时增加了违法成本。不同于美国完全由证券律师主导的集团诉讼制度，新《证券法》规定了由投资者保护机构，主要是投服中心担任诉讼代表人（首席原告），遵循“默示加入、明示退出”的原则，依法代表受害投资者提起民事损害赔偿诉讼。这种公共机构主导的集团诉讼制度，与我国证券市场的发展阶段和证券执法体系的契合度更高，也避免了滥诉、扰诉给上市公司带来的高昂成本。

第一节 中国证券民事诉讼制度概况

一、《2003 年虚假陈述若干规定》

《2003 年虚假陈述若干规定》所设计的证券民事诉讼制度具有鲜明的特点。

第一，原告资格受到以下限制。② 首先，《2003 年虚假陈述若干规定》仅赋予因虚假陈述遭受损失的投资者请求损害赔偿的权利，将因内幕交易

---

① 参见冯果、窦鹏娟：《群体性证券民事纠纷的示范诉讼及其程序构造》，载《投资者》2019 年第 2 期。

② 参见郭锋：《虚假陈述侵权的认定及赔偿》，载《中国法学》2003 年第 2 期。

和市场操纵受到损失的投资者排除在民事赔偿之外①，而后两类违法行为同样构成主要的证券市场欺诈行为②。虽然立案登记制改革后，最高人民法院明确指出证券市场中有关内幕交易、操纵市场的违法违规行为，其民事诉讼审理规则、程序参照《2003年虚假陈述若干规定》，法院也开始受理上述两类案件，但案件数量仍然相对较少。考虑到内幕交易的隐蔽性，被发现的概率较低，有学者建议对内幕交易人施以惩罚性损害赔偿，以有效威慑违法行为。③其次，投资者必须在证券市场买卖证券并因此遭受损失。投资者通过协议转让方式进行的交易，因虚假陈述行为受到损害的，无法依据该规定提起证券民事诉讼。

第二，《2003年虚假陈述若干规定》第7条规定受侵害投资者可以起诉的对象范围较广。④其中，会计师事务所作为财务信息的鉴证机构，在涉及虚假陈述的案件中，往往被视为主要的责任人之一。⑤

第三，虚假陈述案件只能提起单独诉讼或共同诉讼。⑥我国共同诉讼分为确定人数的共同诉讼与不确定人数的共同诉讼，但不确定人数的共同诉讼一经受理即人数确定，非经登记手续不能成为群体成员。同时，它因有时效约束具有间接扩张力⑦。易言之，我国共同诉讼需以明示方式加入诉讼和受偿程序。《2003年虚假陈述若干规定》明确排除了美国式集团诉讼方式，有以下两点原因：一是我国共同诉讼与美国集团诉讼在当事人参诉方式、诉讼代表人选定和权利范围、判决与和解适用范围、法院管辖权与审

---

① 《2003年虚假陈述若干规定》第1条规定："本规定所称证券市场因虚假陈述引发的民事赔偿案件(以下简称虚假陈述证券民事赔偿案件)，是指证券市场投资人以信息披露义务人违反法律规定，进行虚假陈述并致使其遭受损失为由，而向人民法院提起诉讼的民事赔偿案件。"由于这两类欺诈行为的特殊性，如果由证监会追缴违法所得，补偿投资者，可以降低投资者的维权成本。参见彭冰：《建立补偿投资者的证券行政责任机制针对内幕交易和操纵市场行为》，载《中外法学》2004年第5期。

② 如2013年发生的光大"乌龙指"事件即产生了广泛的影响，但受到侵害的投资者的利益并未获得监管者的重视。参见缪因知：《光大证券事件行政处罚与民事索赔之合法性质疑》，载《法学》2014年第1期。

③ 参见邢会强：《内幕交易惩罚性赔偿制度的构造原理与现实选择》，载《中国社会科学》2018年第4期。

④ 参见冯果、王怡丞：《证券市场虚假陈述中责任人员类型划分的制度逻辑》，载《法律适用》2020年第21期。

⑤ 参见彭真明：《论会计师事务所不实财务报告的民事责任——兼评上海大智慧公司与曹建荣等证券虚假陈述责任纠纷案》，载《法学评论》2020年第1期。

⑥ 《2003年虚假陈述若干规定》第12条规定："本规定所涉证券民事赔偿案件的原告可以选择单独诉讼或者共同诉讼方式提起诉讼。"

⑦ 参见梁卫军：《美国集团诉讼及对我国民事诉讼案件的借鉴意义》，载《学术论坛》2004年第2期。

理权限等方面均存在差异。①二是人数不确定的共同诉讼与集团诉讼在制度上衔接难度大,且个人权利与公共利益难以平衡。②此外,案件的管辖主要由被告所在地的中级人民法院管辖,由于上市公司多为当地经济的支柱企业,政商关系较为紧密,管辖规则难免引起对于法院是否能够居中裁判的怀疑。

第四,《2003 年虚假陈述若干规定》设立了行政前置程序,即受损投资人须以有关机关的行政处罚决定或者人民法院的刑事裁判文书,对虚假陈述行为人提起民事赔偿诉讼。③行政前置程序将私人实施机制置于公权力的控制之下,不利于受侵害的投资者提起有益诉讼(meritorious suit)。④行政处罚决定和法院刑事裁判文书只能作为虚假陈述案件的重要证据来源,而非唯一证据,更不应该作为法院受理有关民事赔偿案件的前置条件。⑤行政前置程序使我国证券民事诉讼起诉率偏低但赔付率偏高,平等投资者在实现诉权上不平等,存在分配不公的情况。⑥然而,黄辉教授收集了2002年至2011年满足前置程序的案件和实际提起诉讼的案件,发现法院仅审理了25.7%(65/253)的可诉案件。⑦从这个角度看,前置程序在现有制度环境下并未成为阻碍投资者寻求救济的主要障碍。行政前置程序的优点体现在能够减轻中小股东的举证责任和法院的工作负担。⑧

第五,投资者损失的认定规则较为严格。《2003 年虚假陈述若干规定》规定投资人在虚假陈述实施日及以后,至揭露日或者更正日之前买入该证券,为损害结果与虚假陈述行为之间成立因果关系的必要条件,并且明确排除了在虚假陈述揭露日或者更正日之前已经卖出证券和在虚假陈

① 参见钟志勇:《美国证券集团诉讼与我国证券民事诉讼形式之完善》,载《现代财经-天津财经大学学报》2005 年第 11 期。

② 参见潘剑锋、陈福勇:《论证券民事侵权赔偿案件的诉讼方式》,载《政法论坛》2004 年第 3 期。

③ 《2003 年虚假陈述若干规定》第 6 条第 1 款规定:"投资人以自己受到虚假陈述侵害为由,依据有关机关的行政处罚决定或者人民法院的刑事裁判文书,对虚假陈述行为人提起的民事赔偿诉讼,符合民事诉讼法第一百零八条规定的,人民法院应当受理。"

④ 参见陈朝阳:《证券民事诉讼机制的完善——兼评最高人民法院〈关于受理证券市场因虚假陈述引发的民事侵权纠纷案件有关问题的通知〉》,载《华东政法学院学报》2003 年第 1 期;陈岱松:《试论证券民事诉讼制度之完善》,载《证券法苑》2009 年第 1 期。

⑤ 主张行政前置程序弊大于利的论述,参见殷洁:《证券虚假陈述民事责任制度论》,载《法学》2003 年第 6 期。

⑥ 参见李激汉:《从〈1.9 规定〉实施效果审视其证券民事诉讼方式之规定》,载《河北法学》2016 年第 10 期。

⑦ See Hui Huang, *Private Enforcement of Securities Law in China: A Ten-year Retrospective and Empirical Assessment.* American Journal of Comparative Law 61: 757-798(2013).

⑧ 参见刘俊海:《论证券市场法律责任的立法与司法协调》,载《现代法学》2003 年第 1 期。

述揭露日或者更正日及以后买入证券的投资者。同时,为了更加精细化定义由虚假陈述所导致的损失,《2003 年虚假陈述若干规定》还要求剔除证券市场系统风险等其他因素所导致的部分。违法行为人所承担的民事责任以填补损失与恢复原状为主要救济方式,《2003 年虚假陈述若干规定》将损害赔偿的上限设置为投资人因虚假陈述而实际发生的损失。①

二、新《证券法》与多层次证券民事诉讼

自注册制改革稳步推进以来,证券民事诉讼制度一直是理论界和实务界讨论的热点,也逐渐形成了便利投资者维权、降低制度成本的改革共识。②新《证券法》第 95 条规定了代表人诉讼制度,在传统单独诉讼的基础上,增加了人数确定和不确定的"加入制"普通代表人诉讼以及"退出制"特别代表人诉讼,完善多层次证券民事诉讼体系,以解决投资者被动(shareholder passivity)的问题。③《代表人诉讼若干规定》为落实代表人诉讼提供了制度支持,实现了证券纠纷解决机制的专业化、便利化(高效化)和多元化。④ 该规定将因证券市场虚假陈述、内幕交易和操纵市场等违法行为引发的民事纠纷都纳入其规范范围,保护投资者的力度大大增强。同时,地方各级法院也充分利用证券法预留的空间进行制度创新,探索提高证券民事诉讼制度的实效。

(一)《代表人诉讼若干规定》

1. 代表人诉讼

因证券欺诈行为引发的民事案件与传统纠纷存在明显的差异,前者具有"小额、量大"的特点,即受害人数量众多,但个体损失数额较小。传统诉讼模式应对此类群体性纠纷可能存在不兼容性:一方面,"一案一审"让法院陷入重复审理大量类似案件的泥潭,浪费宝贵的司法资源;另一方面,

---

① 参见梁上上:《论证券民事责任与股东诉讼方式》,载《复旦学报(社会科学版)》2003 年第 2 期。

② 参见陈岱松:《试论证券民事诉讼制度之完善》,载《证券法苑》2009 年第 1 期。

③ 参见新《证券法》第 95 条规定:"投资者提起虚假陈述等证券民事赔偿诉讼时,诉讼标的是同一种类,且当事人一方人数众多的,可以依法推选代表人进行诉讼。对按照前款规定提起的诉讼,可能存在有相同诉讼请求的其他众多投资者的,人民法院可以发出公告,说明该诉讼请求的案件情况,通知投资者在一定期间向人民法院登记。人民法院作出的判决、裁定,对参加登记的投资者发生效力。投资者保护机构受五十名以上投资者委托,可以作为代表人参加诉讼,并为经证券登记结算机构确认的权利人依照前款规定向人民法院登记,但投资者明确表示不愿意参加该诉讼的除外。"

④ 参见陈洁:《证券纠纷代表人诉讼制度的立法理念与制度创新》,载《人民司法(应用)》2020 年第 28 期。

单个投资者遭受的损失较小，其主动起诉的成本往往大于预期收益，面临集体行动困境的制约。为解决此类纠纷，保护弱势受害人的合法权益，主要经济体采用群体诉讼模式，如我国的代表人诉讼、日本的选定当事人诉讼、美国的集团诉讼等。此类诉讼将涉及众多当事人的案件转化为两造对立的诉讼模式，通过集约化的案件审理和判决一次性解决群体纠纷，实现了诉讼结果的统一性和纠纷解决的规模经济。

《民事诉讼法》早在1991年就对代表人诉讼进行了相应的规定，包括人数确定的代表人诉讼和人数不确定的代表人诉讼。但是，证券民事诉讼制度的运行状况并不理想。法院系统对于涉众性案件持谨慎态度，证券民事诉讼发展的早期单独诉讼长期占主导地位；随后司法实践也采取了"明示加入与人数确定"的共同诉讼和单独诉讼合并审理的模式实现诉讼经济。[①]此外，由于《2022年虚假陈述若干规定》第12条规定证券民事诉讼以单独诉讼或者共同诉讼进行，《民事诉讼法》所规定的代表人诉讼制度因而并未适用于证券纠纷领域。直至2019年，最高人民法院印发《全国法院民商事审判工作会议纪要》（以下简称《九民纪要》），才提出鼓励开展证券代表人诉讼的试点工作。

新《证券法》第95条正视了投资者救济难的问题，规定人数确定和不确定的"加入制"普通代表人诉讼以及"退出制"特别代表人诉讼，完善多层次证券民事诉讼体系，满足投资者多样化的需求。"加入制"普通代表人诉讼即是《民事诉讼法》规定的代表人诉讼在证券纠纷领域的适用，在该模式中投资者必须主动起诉加入诉讼。代表人诉讼属于共同诉讼，诉讼标的是共同的或同一种类，特殊之处在于当事人一方或者双方人数众多的情形。[②]如果所有当事人都参加诉讼程序，会显著增加诉讼成本、扰乱庭审秩序。在此情况下，人数众多的一方推举2～5名代表人参与诉讼程序。《代表人诉讼若干规定》第5条规定了普通代表人诉讼适用的要件：第一，原告人数达到10人以上，且符合《民事诉讼法》第119条的规定；第二，起诉书中确定2～5名拟任代表人，且符合《代表人诉讼若干规定》第12条规定的代表人条件；第三，原告提交证券侵权事实的初步证据，也即满足行政前置程序的证据。

---

① 其中，"明示加入与人数确定"的共同诉讼模式如哈尔滨中院审理的大庆联谊案；而单独诉讼合并审理模式如广州中院审理的佛山照明案。参见宋一欣：《证券集体诉讼制度司法解释意义重大》，载《证券时报》2020年8月6日，第A03版。

② 参见《最高人民法院关于适用〈中华人民共和国民事诉讼法〉的解释》（以下简称《民事诉讼法解释》）第75条，"人数众多"一般指10人以上。

《代表人诉讼若干规定》第 6 条对于普通代表人诉讼也进行了制度创新,即除了进行人数确定的代表人诉讼之外,还可以进行人数不确定的普通代表人诉讼。后者的特点是,当在起诉阶段原告人数尚未确定,人民法院可以在发出权利登记公告前,通过阅卷、调查、询问和听证等方式,审查案件所涉欺诈行为的性质、侵权事实等要素,并在受理后 30 日内以裁定的方式确定具有相同诉讼请求的权利人范围。根据《民事诉讼法解释》第 79 条的规定,权利登记公告期间应当根据案件具体情况确定,但不得少于 30 日[①]。《代表人诉讼若干规定》第 7 条则将公告日期限定为 30 日,体现出提高诉讼效率的考量。[②]

由于代表人在诉讼过程中扮演重要角色,《代表人诉讼若干规定》花费了大量的篇幅规定其选任要件。首先,代表人应当自愿申请、持有一定相当比例的诉讼利益并具备诉讼能力和专业经验;代表人的行为会影响其他投资者的利益,因此其应当忠实、勤勉地维护全体原告的利益。[③]其次,对于人数确定的代表人诉讼,应当在起诉前确定获得特别授权的代表人;而对于起诉时人数尚未确定的代表人诉讼,如果所有权利人对于起诉阶段拟任代表人无异议,那么人民法院可以认定由上述 2～5 名权利人作为代表人;如果存在异议,那么人民法院应当组织权利人从自愿担任代表人的原告中选任。[④]最后,选任代表人采取"一人一票制",且得票数不少于参与投票人数的一半。[⑤]如果上述程序无法选任出代表人的,那么人民法院应当进行指定。[⑥]如果权利人不满意诉讼代表人,还可以在代表人公告之日起 10 日内向人民法院撤回权利登记。

而"退出制"特别代表人诉讼是新《证券法》第 95 条第 3 款的独特创新,也被称为"中国版集团诉讼"。投资者保护机构受 50 名以上投资者委托,并决定作为代表人参加诉讼后,即可启动特别代表人诉讼程序。根据中国证监会于 2020 年 7 月 31 日颁布的《关于做好投资者保护机构参加证

---

① 《民事诉讼法解释》第 79 条规定:"依照民事诉讼法第五十七条规定受理的案件,人民法院可以发出公告,通知权利人向人民法院登记。公告期间根据案件的具体情况确定,但不得少于三十日。"

② 参加登记的投资者应当对代表人进行特别授权。当然,对于会显著影响所有原告利益的事件,包括变更或者放弃诉讼请求、承认对方当事人诉讼请求、决定撤诉等,应当向人民法院提交书面申请,并通知全体原告。人民法院收到申请后,应当根据原告所提异议情况,依法裁定是否准许。参见《代表人诉讼若干规定》第 22 条。

③ 参见《代表人诉讼若干规定》第 12 条。

④ 参见《代表人诉讼若干规定》第 13 条。

⑤ 参见《代表人诉讼若干规定》第 14 条。

⑥ 参见《代表人诉讼若干规定》第 15 条。

券纠纷特别代表人诉讼相关工作的通知》,投资者保护机构是指投服中心和中国证券投资者保护基金有限责任公司两家公司。

根据《代表人诉讼若干规定》,特别代表人诉讼的适格原告范围依据“默示加入、明示退出”的原则确定。申言之,投资者保护机构将从证券登记结算机构处获得适格原告的信息,并公告权利人范围;如果投资者在公告期内未主动声明退出的,则视为同意加入代表人诉讼。“退出制”特别代表人诉讼节约了投资者主动参与诉讼的成本,可以最大化原告数量和投资者获得的损害赔偿。

我国特别代表人诉讼与美式集团诉讼模式相比具有显著优势。美式集团诉讼的特点在于,主要依靠专业的证券律师推动,高昂的违法成本可以有效地威慑证券违法行为,被视为美国证券市场健康发展的基石。然而,美式集团诉讼也同样存在明显的副作用。一方面,扰诉、滥诉风险让美国上市公司疲于应对,显著增加了直接融资的成本。近年来,每年约有10%的在美上市企业成为证券集团诉讼的被告,而该比例在21世纪初期仅为4%。另一方面,证券律师出于私利目的,存在以牺牲集团成员利益与被告达成和解的情况。他们为了降低败诉风险,并不会为了帮助投资者争取更多赔偿而推动诉讼进程,而是选择积极与被告和解。美国证券集团诉讼超过九成都以和解的方式结案。因此,从美国证券市场全体投资者的角度看,集团诉讼能否有效保护其合法权益仍然存疑。

为了避免美式集团诉讼的高昂制度成本,我国特别代表人诉讼由投资者保护机构推动。同时,投资者保护机构可以依据从证券登记结算机构处获得的信息划定适格原告的范围,有利于实现精准赔偿。这主要是基于《代表人诉讼若干规定》第30条和第35条的规定引入证券登记结算机构,即中国结算,协助法院查明事实。一方面,投资者保护机构有权依据公告确定的权利人范围,向中国结算调取权利人名单,并报人民法院登记列入代表人诉讼原告名单。通过中国结算获得的投资者名单,精确定位了因证券欺诈行为遭受损失的原告范围,计算投资者遭受的损失。另一方面,受损投资者名单还能有效提高损害赔偿分配阶段的效率,避免出现美国集团诉讼胜诉后,因为无法获得受损投资者的信息,赔偿分配难以进行的窘境。

特别代表人诉讼适用特殊的管辖规则,由涉诉证券集中交易的证券交易所、国务院批准的其他全国性证券交易场所所在地的中级人民法院或者专门人民法院管辖。[①]按照现阶段证券市场的发展状况,特别代表人诉讼案

① 参见《代表人诉讼若干规定》第2条第3款。

件将主要由北京、上海和深圳三地的中级人民法院或者专门人民法院管辖。集中管辖具有提高审判专业度、减少地方保护和保障裁判统一性的优势。

2. 其他便利诉讼的改革措施

《代表人诉讼若干规定》还采纳了大量便利证券民事诉讼的改革措施。首先，降低行政前置程序的要求，该措施也被视为此次证券民事诉讼的重要创新。[①]《2003 年虚假陈述若干规定》所设置的行政前置程序要求较为严格，受损投资人必须提交有关机关的行政处罚决定或者人民法院的刑事裁判文书。而《代表人诉讼若干规定》第 5 条第 1 款第 3 项放松了普通代表人诉讼的行政前置程序，在行政处罚决定和刑事裁判文书之外，还将被告自认材料、证券交易所和国务院批准的其他全国性证券交易场所等给予的纪律处分或者采取的自律管理措施等都作为满足行政前置程序的证据。同时，《代表人诉讼若干规定》也预留了回旋的空间，明确在为满足前置条件的情况下，法院应该适用普通共同诉讼程序审理，而不能拒绝立案。

其次，《代表人诉讼若干规定》大幅降低诉讼成本。第一，根据第 25 条的规定，代表人可以请求败诉的被告承担合理的律师费、通知费、公告费等诉讼费用，让从事欺诈行为的被告承担原告的维权成本。第二，第 39 条还规定特别代表人诉讼不预交案件受理费，并且在原告败诉或者部分败诉的情况下，如果其申请减交或者免交诉讼费的，可以酌情考虑。由于特别代表人诉讼采取"默示加入、明示退出"制度，大量投资者并未主动加入诉讼程序，考虑到案件败诉由他们承担诉讼费用并不合理，《代表人诉讼若干规定》实际上为特别代表人诉讼提供了"诉讼费用保险"。第三，第 40 条还降低了投资者保护机构在特别代表人诉讼程序中申请财产保全的要求，人民法院可以不要求提供担保。

最后，《代表人诉讼若干规定》还强调通过调解结案节约诉讼成本，审理法院应当引导当事人通过调解解决纠纷。

3. 代表人诉讼的司法实践

中国共产党第十九届中央委员会第五次全体会议提出，全面推动股票发行注册制，投资者保护成为促进直接融资发展的重要抓手。新《证券法》施行后，最高人民法院随即推出《代表人诉讼若干规定》，也意在鼓励私人实施制度实现赔偿投资者损失和威慑违法行为人的双重目的。截至 2021 年 1 月，各地中级人民法院受理证券代表人诉讼的情况详见表 6－1。

---

① 参见汤欣：《中国特色的证券集体诉讼司法解释》，载《人民法院报》2020 年 8 月 6 日，第 2 版。

表6-1　我国代表人诉讼的代表性案例

审理法院	被告发行人	原告数量	审理程序	索赔金额
广州市中级人民法院	ST康美[1]	11名投资者	普通代表人诉讼	41.22万元
上海金融法院	飞乐音响[2]	315名投资者	普通代表人诉讼	1.46亿元
厦门市中级人民法院	中创环保[3]	56名投资者	普通代表人诉讼	2220.8万元
杭州市中级人民法院	五洋建设	487名投资者	普通代表人诉讼	7.4亿元
南京市中级人民法院	怡球资源[4]	51名投资者	普通代表人诉讼	未披露
	ST蓝丰[5]	未披露	普通代表人诉讼	未披露
	ST辉丰[6]	59名投资者	普通代表人诉讼	未披露
	澄星股份[7]	176名投资者	普通代表人诉讼	未披露

注：[1]详见《ST康美迎来首批投资者索赔，中国版集体诉讼首案来了?》，载搜狐网，https://www.sohu.com/a/441909500_114986，最后访问时间：2021年6月30日。

[2]详见《全国首次！上海金融法院通过证券登记结算机构全额发放飞乐音响代表人诉讼1.23亿元赔偿款》，载金融界，https://baijiahao.baidu.com/s?id=1717766097176611483&wfr=spider&for=pc，最后访问时间：2021年11月30日。

[3]详见《中创环保56股民索赔2220万 厦门中院试水"代表人诉讼制"出庭律师提示：这两类受损投资者或有份获赔》，载东方财富网，https://finance.eastmoney.com/a/202101051762567651.html，最后访问时间：2021年6月30日。

[4]详见《新证券法实施后首批集体诉讼，这4家上市公司被索赔，南京中院仍在召集起诉者》，载界面新闻，https://baijiahao.baidu.com/s?id=1666357004517433455&wfr=spider&for=pc，最后访问时间：2021年6月30日。

[5]详见《新证券法实施后首批集体诉讼，这4家上市公司被索赔，南京中院仍在召集起诉者》，载界面新闻，https://baijiahao.baidu.com/s?id=1666357004517433455&wfr=spider&for=pc，最后访问时间：2021年6月30日。

[6]详见《新证券法实施后首批集体诉讼，这4家上市公司被索赔，南京中院仍在召集起诉者》，载界面新闻，https://baijiahao.baidu.com/s?id=1666357004517433455&wfr=spider&for=pc，最后访问时间：2021年6月30日。

[7]详见《新证券法实施后首批集体诉讼，这4家上市公司被索赔，南京中院仍在召集起诉者》，载界面新闻，https://baijiahao.baidu.com/s?id=1666357004517433455&wfr=spider&for=pc，最后访问时间：2021年6月30日。

其中，南京市中级人民法院审理的案件涉及被告数量最多，高达四家上市公司，广州市中级人民法院、上海金融法院、杭州市中级人民法院和厦门市中级人民法院受理了涉及一家上市公司作为被告的案件。普通代表人诉讼的威慑力已经逐渐显现，杭州市中级人民法院在2020年12月作出一审判决，被告五洋建设因债市虚假陈述违法行为需向487名原告支付总计7.4亿元的损害赔偿；而2021年5月，上海金融法院对飞乐音响案作出一审判决，被告应当承担对315名投资者总计高达1.46亿元的损害赔偿。而在投服中心接受超过50名原告的委托后，最高人民法院指定广州市中级人民法院管辖康美药业特别代表人诉讼,以快速推动“中国版集团诉讼”的落地。在此前大量采取单独诉讼和(或)共同诉讼审理的虚假陈述案件中,投资者仅获得数百万损害赔偿。多层次证券民事诉讼制度创新的实效已经显现,“默示加入、明示退出”和证券登记结算机构的协助,最大化了诉讼代表人所能维护的投资者利益,提高了损害赔偿的精度,显著降低了单位损害赔偿所支付的维权成本,并且大幅度提高违法行为的成本。

(二)多层次证券民事诉讼与“重大性”标准

由于《2003年虚假陈述若干规定》设置了行政前置程序,无论是理论研究还是司法审判长期都未关注“重大性”标准的判断问题。随着司法改革的深入,行政前置程序与立案登记制度的冲突显现。最高人民法院在2015年12月发布的《关于当前商事审判工作中的若干具体问题》明确取消了行政前置程序。考虑到被滥用的风险,《代表人诉讼若干规定》第5条仍然保留了代表人诉讼的前置程序要求。然而,该要求与此前相比更为宽泛,不仅包括行政处罚和刑事裁判文书,还包括被告自认材料、证券交易所和国务院批准的其他全国性证券交易场所等给予的纪律处分或者采取的自律管理措施等。根据上市公司公告整理的相关统计数据显示,符合前置程序要求的公告在2020年超过1200项,其中证监会和证监局作出的处罚数量(包括行政处罚和非行政处罚)分别为60余项和440余项,而上海证券交易所和深圳证券交易所作出的自律管理措施分别为250余项和500余项。

与此前行政前置程序的要求相比,《代表人诉讼若干规定》大幅度降低了投资者通过代表人诉讼实现救济的门槛。面对大量符合前置程序要求的代表人诉讼案件,人民法院势必无法仅依据初步证据即认定案件所涉违法行为满足“重大性”标准。“重大性”标准的判断应当与多层次证券民事诉讼相结合。如前所涉,我国《证券法》关于“重大性”标准的判断采取了事件清单和一般测试相结合的立法例。《证券法》一方面列举了属于重大事件的清单;另一方面提供了两项一般性测试,评估未落入清单范围的事件是否满足“重大性”,即“投资者决策测试”和“价格敏感性测试”。其中,“价格敏感测试”的可操作性更强,关注信息和证券价格的相关性,通过对客观价格数据的分析检验涉案信息首次向市场披露或被纠正时,相关证券的价格是否存在显著变化;而“投资者决策测试”关注投资者个体的决策机制,需要结合具体案件事实和定性分析进行判断。

从多层次证券民事诉讼体系来看,运用这两类测试判断违法行为是否满足“重大性”标准应当匹配诉讼方式。首先,特别代表人诉讼应当优先适用“价格敏感性测试”。根据《中证中小投资者服务中心特别代表人诉讼业务规则(试行)》的规定,该中心在衡量是否接受投资者委托,将普通代表人诉讼转换为特别代表人诉讼时,主要选择“典型重大、社会影响恶劣、具有示范意义”的案件。此类案件所涉违法行为严重扰乱了证券市场秩序、受侵害的投资者数量较大,理论上会引起证券价格的明显变化。投资者集体如果认为该信息对投资决策是重要的,那么其买卖行为即会改变市场总供给和总需求,进而反映为市场均衡价格的改变。“价格敏感性测试”即可从宏观层面发现违法行为与证券价格变化之间的关系。

“价格敏感性测试”一般选取违法信息首次向市场公布的时点进行。在违法行为作出之时,市场主体并未获知其欺诈性,因此很难直接观测市场均衡价格是否显著背离其价值。而当违法信息首次向市场公开时,投资者所面临的信息集出现变化,根据有效市场假说,市场价格会迅速对新信息进行调整,因而可以间接检验虚假信息是否导致证券价格出现显著变化。如果证券价格在虚假信息首次被揭露时出现显著变化,即可以证明涉案信息满足重大性标准。

其次,普通代表人诉讼应当根据原告数量区别两项测试的优先性。第一,如果原告数量较多,那么可以类推特别代表人诉讼判断重大性的分析逻辑,优先适用“价格敏感性测试”。第二,如果原告数量较少,那么应当优先适用“投资者决策测试”,即从微观角度个性化检验涉案信息是否为某个投资者决策所必需。由于非行政处罚和交易所的自律管理措施往往针对的是社会危害性较弱的违法行为,因而并不必然改变大量投资者的决策。而对于特定的投资者,他们可能因为某些原因受到此类欺诈行为的影响,改变买卖行为遭受的损失。此时,个案分析更加有利于保护投资者的合法权益。

最后,单独诉讼可以类推原告数量较少的普通代表人诉讼的分析逻辑,优先适用“投资者决策测试”。单独诉讼往往意味着不存在证明证券侵权事实的初步证据,或者起诉投资者的数量非常少。涉案证券的市场均衡价格很难因为此类违法行为发生显著改变,“价格敏感性测试”在该背景下运行效果不佳。“投资者决策测试”关注个案事实和证据的分析思路更适合此类案件。

(三)地方法院的制度创新

除了最高人民法院对代表人诉讼进行的顶层设计外,地方法院也根据新《证券法》确立的相关规则,进行了有益的制度创新尝试。最高人民法院、中国证监会在2016年5月联合发布了《关于在全国部分地区开展证券期货纠纷多元化解机制试点工作的通知》,其中明确提出建立示范判决机制。据此,上海金融法院出台了《上海金融法院关于证券纠纷代表人诉讼机制的规定(试行)》、深圳市中级人民法院出台了《深圳中院关于依法化解群体性证券侵权民事纠纷的程序指引(试行)》,创新探索示范判决制度。

上海金融法院颁布的《上海金融法院关于证券纠纷示范判决机制的规定》,确立了示范判决的上海模式。该院选取群体性证券纠纷中具有代表性的案件并作出示范判决,促进与示范案件有共通事实和法律争点的平行案件的纠纷解决。①上海示范判决模式的核心在于选取具有代表性的案件先行审理、先行判决,通过充分发挥示范案件的引领作用,促使其他平行案件当事人通过调解或快速审理解决纠纷。示范判决生效后,将大幅度降低平行案件的审理成本,免除当事人就共同事实的举证责任。平行案件在示范判决生效后,应先行委托调解。在该规定试行后,适用示范判决模式进行审理的典型案例包括涉及方正科技等上市公司因证券虚假陈述所引起的侵权纠纷。

深圳市中级人民法院发布了《深圳市中级人民法院关于依法化解群体性证券侵权民事纠纷的程序指引(试行)》,该指引突出调解优先的特点,设置了"示范判决 + 调解 + 简化审理机制"的制度组合。所谓示范案件,是指对于已经或可能涉及的群体性证券侵权纠纷,根据它们共通的事实和法律争点选取的具有代表性的案件。②深圳市中级人民法院将在案件受理和审理的各个环节引入调解组织和调解员解决纠纷,鼓励双方当事人和解。③在调解优先的指导思想下,该院通过引入示范判决来降低诉讼成本。

在处理群体性证券侵权纠纷时,该院可以依据当事人申请或者依职权确定一个或若干个案件作为示范案件。示范判决的重要意义在于,其生效后所认定的案件共通的事实、法律适用标准、损失计算方法对平行案件具有既判力,非经法定程序更改,情形相同的平行案件应当适用。④ 示范判决对未决的平行案件具有重要的参考意义,可以显著减少解决平行案件的司

---

① 参见《上海金融法院关于证券纠纷示范判决机制的规定》第2条。

② 参见《深圳市中级人民法院关于依法化解群体性证券侵权民事纠纷的程序指引(试行)》第10条。

③ 参见《深圳市中级人民法院关于依法化解群体性证券侵权民事纠纷的程序指引(试行)》第6条。

④ 参见《深圳市中级人民法院关于依法化解群体性证券侵权民事纠纷的程序指引(试行)》第29条。

法成本。根据《深圳市中级人民法院关于依法化解群体性证券侵权民事纠纷的程序指引(试行)》的规定,所谓平行案件,是指群体性证券侵权纠纷案件中,除示范案件之外的针对同一侵权事实提起诉讼的其他案件。①示范判决为未决的平行案件提供了讨价还价的参考点,减少了当事人双方关于案件结果预期的差异,为推动当事人双方通过调解达成和解提供了重要的依据。对于那些调解不成的案件,深圳市中级人民法院明确可依照示范案件的裁判结果对平行案件简化审理和合并审理。

在案件审理时,法院将优先推动示范案件的审理进程,以缩短审理周期,确保裁判文书尽快生效,推动平行案件的审理进度。②示范判决书的内容应当着重论述群体性证券侵权纠纷共通的事实和法律争点,对以下问题作出认定或处理:第一,被告的相关行为是否成立证券侵权行为;第二,被告的侵权行为是否满足"重大性标准";第三,案件涉及的违法行为的实施日、揭露日或更正日、基准日以及相关证券截至基准日的基准价;第四,违法行为与原告损失之间是否存在因果关系;第五,损失的计算方法;第六,佣金和印花税的统一计算标准;第七,如果存在多个被告的,被告之间承担责任的方式或者比例;第八,其他共通的事实或法律适用问题。③

第二节《2003年虚假陈述若干规定》与证券民事诉讼市场

在新《证券法》施行之前,《2003年虚假陈述若干规定》作为主要规范证券民事诉讼的司法解释,产生了深远的影响。基于该阶段证券法私人实施状况的研究,将有助于设计更具效能的证券民事诉讼制度。对公开判决书进行的实证分析显示,证券民事诉讼市场长期处于运行不佳的状态,无论是投资者还是证券律师都缺乏参与激励。

一、研究样本

为了从微观层面展示证券民事诉讼市场的全貌,本节使用从"中国裁判网"和"OpenLaw"收集的人民法院2013年11月1日至2016年12月31

① 参见《深圳市中级人民法院关于依法化解群体性证券侵权民事纠纷的程序指引(试行)》第10条。

② 参见《深圳市中级人民法院关于依法化解群体性证券侵权民事纠纷的程序指引(试行)》第22条。

③ 参见《关于依法化解群体性证券侵权民事纠纷的程序指引(试行)》第27条。

日作出的2815份关于证券虚假陈述引发的民事赔偿案件的民事判决书和民事裁定书。①在剔除关于管辖权争议的民事裁定书后，研究样本的容量变为1747份判决书和裁定书，共涉及40名被告②和2746名投资者，有47家律师事务所提供了法律服务。③其中，2016年共894份、2015年共506份、2014年共279份、2013年共68份。这些案件主要由广东省广州市中级人民法院、广东省高级人民法院、江苏省南京市中级人民法院、北京市第一中级人民法院和上海市第一中级人民法院审理。

二、证券民事诉讼市场的供给和需求

上述判决提供了证券民事诉讼市场供给方和需求方的详细信息。表6－2从被告的身份（24名）和原告的代理律师事务所（15家）两个维度，展示了2746位原告的分布。④总体来说，投资者对于证券民事诉讼服务的需求不高。黄辉教授曾指出仅部分被相关机关处罚的违法行为人受到投资者起诉，但这只是问题的一个方面。⑤表6－2的数据进一步显示，即便是那些被起诉的违法行为人，潜在的受侵害投资者参与诉讼的比例也不高。判决数据显示仅有24名被告面临超过10名原告起诉，仅12名被告面临超过50名原告起诉。如果考虑到上市公司股东基数的差异，提起诉讼的投资者平均仅占上市公司股东总数的0.22%。面临股东起诉比例最高的被告是南京纺织品进出口股份有限公司，有1.25%的股东提起了诉讼。另外，在佛山照明案和云南云投案中，也有近0.7%的股东向人民法院提起诉讼。剩下的被告面临股东起诉的比例都远低于0.5%。

如表6－2所示，24名被告总共支付了约1.03亿元损害赔偿。其中，最成功的维权案例是涉及佛山电器照明股份有限公司的案件，979位受侵害的投资者一共获得63,676,892.16元的损害赔偿，平均每位投资者获赔

① “中国裁判网”和“OpenLaw”的链接分别参见 http://www.court.gov.cn/zgcpwsw/和 http://openlaw.cn/。通过检索“案由：证券虚假陈述责任纠纷”，获得研究样本。

② 该数据只统计了那些面临至少2位投资者起诉的企业和个人。中国上市公司面临的证券民事诉讼的风险较低，2011年每百家上市公司年均遭受诉讼的数量约为0.6次，而同期在美国证券市场上，每百家上市公司年均遭受诉讼的数量约为4.51次。

③ 之所以剔除管辖权争议的民事裁定书，是因为2013年至2016年此类案件主要是关于佛山电器照明股份有限公司证券虚假陈述责任纠纷，而研究的样本已经包括此类案件的一审判决文本。如果统计管辖权争议的民事裁定书，将重复计算。

④ 需要注意的是，由于诉讼时效的规定，本书统计的每位被告所面临的投资者起诉的数量可能是不全面的。

⑤ See Hui Huang, *Private Enforcement of Securities Law in China: A Ten－year Retrospective and Empirical Assessment*. American Journal of Comparative Law 61: 757－798 (2013).

约6.5万元。其他19名被告共支付38,924,970.06元损害赔偿,这些案件中1767位受侵害的投资者平均每人获得2.2万元损害赔偿。[①]

由于上述被告都已经受到相关机关的处罚,因而前置程序不再是限制因素。而管辖法院都是我国司法系统效率较高省市的中级以上人民法院,低效率的法院系统带来的负面影响应当有限。在排除这两个主要的潜在影响因素后,限制证券市场需求的主要原因就是“声明加入”模式所带的高昂的参与成本。因证券市场欺诈行为而引起的侵权案件最大的特点是“小额多数”,即受侵害投资者的数量大,而大部分投资者受到的实际损害小。如果让每个投资者都反复承担参与诉讼成本,那么对于单个投资者来说,诉讼的成本将大于收益。因此,在现有制度下投资者偏好采取“被动的”策略,对民事诉讼的需求并不高。

从市场的供给侧看,由于总需求的限制,提供诉讼服务的律所数量有限。根据表6-2显示,2013年至2016年仅有15家律师事务所代理超过10名投资者,它们主要分布于北京、上海、广州三地。根据《2003年虚假陈述若干规定》第8条的规定,因虚假陈述引发的民事赔偿案件由被告所在地中级人民法院管辖,这三地也是上市公司最集中、区域金融市场最发达的省市,在这三地注册的上市公司约占上市公司总数的29.47%。[②]由于投资者自身存在“搭便车”的激励,并不会成为证券民事诉讼的主要推动者。美国证券民事诉讼市场如此繁荣的一个主要因素在于存在大量专业的“企业家式的律师”,积极推动证券集团诉讼。当然,随着市场规模的扩大,我国证券民事诉讼市场中提供诉讼服务的律所数量也会逐步增加。

---

① 根据最新的数据,2015年美国证券市场的投资者通过集团诉讼和解(securities class actions settlements)共获得30.34亿美元的损害赔偿,平均每名被告支付了0.38亿美元的和解金。See Cornerstone Research, *Securities Class Action Settlements*: 2015 *Review and Analysis*, available at https://www.cornerstone.com/Publications/Reports/Securities-Class-ActionSettlements%E2%80%942015-Review-an,最后访问时间:2021年6月30日。

② 参见程金华:《中国公司上市的地理与治理——对证券市场行政治理的再阐释》,载《证券法苑》2010年第2期。

表6-2　2013年至2016年证券民事诉讼市场的供给与需求

被告	北京威诺	北京未名	北京盈科	广东奔犇	广东环宇京茂	广东经天	江西朗秋	上海东方剑桥	上海华荣	上海汇业	上海嘉澜达	上海杰赛	上海明伦	上海天铭	浙江裕丰	其他律所	小计	处罚文件的时间	投资者起诉所依据的处罚决定	管辖法院	起诉的投资者所获得的总赔偿（单位：元）	起诉的投资者占上市公司股东总数百分比
佛山照明	15	1	73	68	9	13	0	174	98	2	98	357	0	0	21	50	979	2012年11月	证监会	广东省广州市中级人民法院	63,676,892.16	0.63%
宝安鸿基	0	0	14	8	0	0	0	0	0	0	0	26	0	0	0	0	48	2012年12月	证监会	广东省高级人民法院/深圳市中级人民法院	0	0.07%
陈坚	0	0	0	0	0	0	0	14	0	0	0	0	0	0	0	0	14	2012年5月	证监会	上海市第一中级人民法院	N. A.	N. A.
海润光伏	0	0	26	0	16	0	18	32	28	1	0	6	23	1	14	7	172	2015年10月	江苏证监局	江苏省南京市中级人民法院	16,250,445.43	0.08%
汉王科技	0	0	30	1	9	0	0	42	9	29	0	11	23	0	16	3	173	2013年12月	证监会	北京市第一中级人民法院	0	0.46%
恒天海龙	0	0	8	0	0	0	0	1	12	19	0	0	14	13	0	1	68	2013年11月	证监会	山东省济南市中级人民法院	1,634,507.93	0.08%
湖北三峡	0	0	0	0	1	0	0	36	2	0	0	0	1	0	0	0	40	2014年12月	湖北证监局	湖北省武汉市中级人民法院	3,213,982.72	0.10%

续表

被告	北京威诺	北京未名	北京盈科	广东奔犇	广东环宇京茂	广东经天	江西朗秋	上海东方剑桥	上海华荣	上海汇业	上海嘉澜达	上海杰赛	上海明伦	上海天铭	浙江裕丰	其他律所	小计	处罚文件的时间	投资者起诉所依据的处罚决定	管辖法院	起诉的投资者所获得的总赔偿（单位：元）	起诉的投资者占上市公司股东总数百分比
湖北武昌鱼	0	0	0	0	0	0	0	11	13	0	0	0	0	0	0	7	31	2013 年 10 月	湖北证监局	湖北省武汉市中级人民法院	84,373.85	0.09%
华闻传媒	0	0	0	0	0	0	0	0	0	66	0	0	0	0	0	0	66	2008 年 10 月	财政部驻海南省办事处	中华人民共和国最高人民法院	0	0.05%
南京纺织品	0	0	24	0	2	0	3	22	14	13	0	11	38	0	1	5	133	2014 年 4 月	证监会	江苏省南京市中级人民法院	285,233.91	1.25%
宁波富邦	0	0	0	0	0	0	0	7	47	0	0	0	0	0	21	4	79	2012 年 6 月	证监会	浙江省宁波市中级人民法院	1,465,782	0.35%
山东京博	0	0	0	0	0	0	0	0	0	0	0	11	0	0	0	0	11	2012 年 2 月	证监会	山东省济南市中级人民法院	0	0.17%
上海神开	0	0	3	0	0	0	0	5	13	0	0	8	0	0	1	0	30	2015 年 2 月	上海证监局	上海市第一中级人民法院	112,605.32	0.14%
上海仪电	0	0	1	0	3	0	0	36	7	0	0	62	0	0	5	10	124	2013 年 8 月	证监会	上海市第一中级人民法院	1,723,672.23	0.19%

续表

被告	北京威诺	北京未名	北京盈科	广东奔犇	广东环宇京茂	广东经天	江西朗秋	上海东方剑桥	上海华荣	上海汇业	上海嘉澜达	上海杰赛	上海明伦	上海天铭	浙江裕丰	其他律所	小计	处罚文件的时间	投资者起诉所依据的处罚决定	管辖法院	起诉的投资者所获得的总赔偿（单位:元）	起诉的投资者占上市公司股东总数百分比
深圳能源	0	0	0	0	0	10	0	0	0	0	0	0	0	0	0	1	11	2011年10月	财政部	广东省深圳市中级人民法院	0	0.01%
潍坊亚星	0	0	0	0	0	0	0	18	1	0	0	6	0	0	0	0	25	2013年1月	证监会	山东省济南市中级人民法院	2,227	0.11%
鲜言	0	0	0	0	0	0	0	31	0	0	0	0	0	0	0	0	31	2013年11月	上海证监局	上海市第一中级人民法院	N. A.	N. A.
协鑫集成	0	0	21	0	2	0	0	27	114	0	0	5	0	1	0	0	170	2015年6月	证监会	上海市第一中级人民法院	3,893,388.5	0.07%
新疆中基	0	0	0	0	14	0	0	0	0	0	0	45	0	0	0	0	59	2014年6月	证监会	新疆维吾尔自治区乌鲁木齐市中级人民法院	N. A.	0.11%
云南云投	0	10	35	0	0	0	0	0	34	6	0	1	0	4	0	3	93	2013年5月	证监会	云南省昆明市中级人民法院	587,122.3	0.63%
勤上光电	0	0	0	0	3	0	0	7	16	0	0	0	0	0	0	4	30	2014年5月	广东证监局	广东省广州市中级人民法院	967,1628.87	0.09%

续表

被告	北京威诺	北京未名	北京盈科	广东奔犇	广东环宇京茂	广东经天	江西朗秋	上海东方剑桥	上海华荣	上海汇业	上海嘉澜达	上海杰赛	上海明伦	上海天铭	浙江裕丰	其他律所	小计	处罚文件的时间	投资者起诉所依据的处罚决定	管辖法院	起诉的投资者所获得的总赔偿（单位:元）	起诉的投资者占上市公司股东总数百分比
黄石东贝	0	0	1	3	0	0	0	0	8	0	0	0	3	0	0	0	15	2014 年 8 月	证监会	湖北省武汉市中级人民法院	0	0.08%
创兴资源	0	0	0	0	0	0	0	18	0	0	0	0	0	0	0	0	18	2015 年 8 月	证监会	上海市第一中级人民法院	N. A.	0.02%
大智慧	0	0	14	0	8	0	0	0	180	0	0	0	0	0	48	3	253	2016 年 7 月	证监会	上海市第一中级人民法院	N. A.	0.16%
其他被告	0	0	0	0	4	0	0	3	10	5	0	9	2	0	5	35	73	无	无	无	无	无
总计	15	11	250	80	71	23	21	484	606	141	98	558	104	19	132	133	2746	无	无	无	102,601,862.22	无

注:1. 如果仅有小于 10 名原告针对某一被告提起民事诉讼,该被告被归为“其他被告”。

2. 如果某律师事务所在抽样期间内仅代理少于 10 名原告,该律师事务所被归为“其他律所”。

3. 其中涉及被告“华闻传媒”的都是再审一审案件,原告均败诉。

4. 涉及被告“陈坚”、“创新资源”和“大智慧”的裁定书都是“合并为一个共同诉讼”的决定、涉及被告“新疆中基”的判决都是“案件移送”的裁定书,都未涉及判决赔偿的数额。因而,“起诉的投资者所获得的总赔偿”均为 0。

5. 本表使用上市公司在处罚决定当年年报披露的股东总数计算“起诉的投资者占上市公司股东总数百分比”。其中,“山东京博”受到处罚是因为未披露“国通管业”(代码 600444)的持股情况。因而,在计算起诉投资者比例时,使用“国通管业”的股东总户数。“上海仪电”是未披露“华鑫股份”(代码 600621)的持股情况。因而,在计算起诉投资者比例时,使用“华鑫股份”的股东总户数。

由于证券民事诉讼只能以单独或者共同诉讼的方式进行，每个“积极的”投资者都需要反复承担参与成本。现有文献对于证券民事诉讼成本的讨论主要集中在行政成本，如举证成本①和时间成本②，以及低效率法院系统带来的成本③。对判决文本的进一步分析显示，投资者和证券律师之间的代理成本同样增加了诉讼的参与成本。所谓代理成本是指因证券律师和投资者之间的利益冲突给投资者带来的损失。一般来说，投资者希望最大化其获得的净赔偿，而证券律师则希望最大化其获得的代理费收入。当两者的利益不一致时，证券律师即可能利用其信息优势侵害投资者的利益，这一行为会降低投资者的预期收益。证券律师往往会高估损害赔偿，这一方面是因为投资者胜诉的比例较低，另一方面是因为在胜诉案件中，投资者还需要承担较高的受理费用。

三、投资者的胜诉比例较低

本部分研究的样本共包括1197份判决书，其中1042份为民事一审判决，88份为民事二审判决，67份为民事再审判决，图6-1展示了这些判决结果的分布。④ 与此前研究的预测不同，投资者的诉讼请求获得支持的概率并不高。⑤在民事一审判决中，仅有约42.42%（442/1042）的原告获得了一定数额的损害赔偿。约47.12%（491/807）的原告撤回起诉，原告撤诉

---

① See Hutchens Walter, *Private Securities Litigation in China: Material Disclosure About China's Legal System.* University of Pennsylvania Journal of International Economic Law 24: 599-690 (2003).

② 由于证券民事诉讼只能以单独或者共同诉讼的方式提起，并且《2003年虚假陈述若干规定》适用2年的诉讼时效，法院倾向于合并审理针对同一被告的诉讼，以保证判决的一致性。律师事务所预期到法院的行为，同时为了节约成本，一般会积累一定数量的案件后，再一并向法院提起诉讼。这种制度安排增加了投资者获得赔偿的时间成本。如大庆联谊案，投资人2002年1月24日最先提起诉讼，至2006年12月执行完毕，经历了近5年的时间。由于民事诉讼程序较长，原告人数由679人减少为不足500人。参见杨严炎：《群体案件的诉讼形式及其价值取向——以大庆联谊虚假陈述案为例》，载《清华法学》2011年第2期。

③ See Hui Huang, *Private Enforcement of Securities Law in China: A Ten-year Retrospective and Empirical Assessment.* American Journal of Comparative Law 61: 757-798 (2013).

④ 与上节所分析的样本相比，本节剔除了两类案件：第一，样本剔除了涉及被告佛山电器照明股份有限公司的判决。网上公布的判决是针对700余名投资者的文本，由于格式原因无法分离出每个投资者具体的判决结果。第二，样本剔除了涉及程序性的判决，如“合并为一个共同诉讼”“案件移送”等，共涉及542份判决。因为此类判决不涉及是否支持原告诉讼请求和判决损害赔偿的金额。

⑤ 一般认为满足行政前置程序的案件，原告的诉讼请求即会获得支持，如Liebman和Milhaupt认为此类案件的原告获得损害赔偿是“直接的”（straightforward）。See Benjamin L. Liebman & Curtis J. Milhaupt, *Reputational Sanctions in China's Securities Market.* Columbia Law Review 108: 929-983 (2008).

后案件受理费减半收取，可以节约一定的诉讼费用。约10.46%（109/1042）的原告被判决败诉。对于二审案件来说，受侵害投资者胜诉的比例更低。仅有约3.41%（3/88）的原告上诉成功，二审法院判决原告胜诉的原因有二：其一，原审法院对于损害赔偿的计算有误；其二，原审法院审理时，事实不清。约26.14%（23/88）的原告未按时预交案件受理费，而被裁定撤诉。约70.45%（62/88）的原告被判决败诉。在所有民事再审案件中，人民法院皆判决驳回原告全部的诉讼请求。

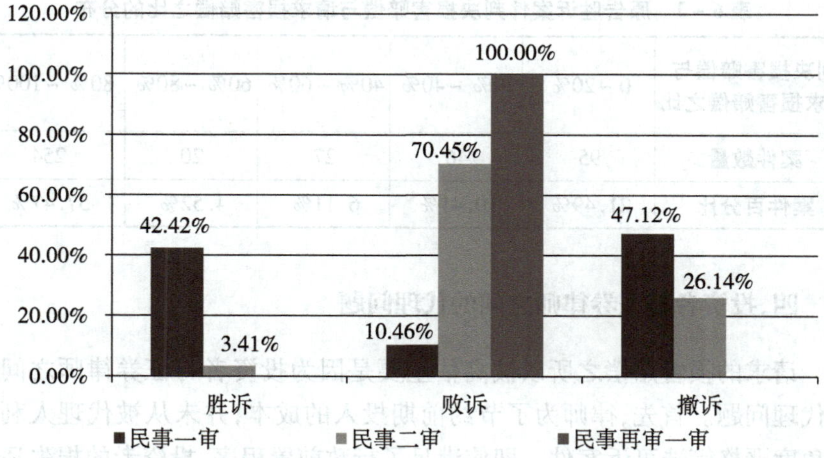

图6-1 我国证券民事诉讼案件判决结果的分布

投资者败诉的主要原因在于虽然满足行政前置程序，却未能证明投资损失和虚假陈述行为之间存在因果关系。《2003年虚假陈述若干规定》第18条第2款、第3款规定，当且仅当投资者"在虚假陈述实施日及以后，至揭露日或者更正日之前买入该证券"，在"虚假陈述揭露日或者更正日及以后，因卖出该证券发生亏损，或者因持续持有该证券而产生亏损"，才符合认定虚假陈述与损害结果之间存在因果关系的标准。因此，如果投资者在实施日之前或者在揭露日之后买入相关证券，法院则不能认定虚假陈述与损害结果之间存在因果关系。本章收集的样本即存在上述情况。例如，在云南云投证券虚假陈述的案件中，部分起诉的投资者是在虚假陈述揭露日之后买入证券。而在宝安鸿基证券虚假陈述的案件中，部分起诉的投资者是在虚假陈述的实施日之前买入证券。这两类交易都不符合《2003年虚假陈述若干规定》第18条对侵权行为因果关系的认定标准，因而法院驳回了原告的全部诉讼请求。

对于那些原告胜诉的案件，即投资者的诉讼请求在一定程度上获得支持的案件，法院判决的损害赔偿低于其请求的损害赔偿的概率较高。为了测量证券律师高估损害赔偿的程度，表6－3展示了涉及442名胜诉原告获得的损害赔偿与请求的损害赔偿之间比率的分布。① 该表显示，在约21.5%的案件中，投资者获得的损害赔偿小于其请求损害赔偿的20%。此外，在约10.4%的案件中，这一比率在20%至40%。约62%的投资者获得的损害赔偿大于其请求损害赔偿的60%。

表6－3　原告胜诉案件判决损害赔偿与请求损害赔偿之比的分布

判决损害赔偿与请求损害赔偿之比	0～20%	20%～40%	40%～60%	60%～80%	80%～100%
案件数量	95	46	27	20	254
案件百分比	21.49%	10.41%	6.11%	4.52%	57.47%

四、投资者与证券律师之间的代理问题

请求的损害赔偿之所以被高估主要是因为投资者与证券律师之间存在代理问题。首先，律师为了节约前期投入的成本，并未从被代理人利益的角度严格筛选可诉案件。即使满足了行政前置程序，投资者的损失还需符合证明侵权损害赔偿因果关系的标准。此外，法院在计算损害赔偿的数额时，一般还会考虑市场波动的影响，这也需要律师积累专业的金融知识。其次，高估损害赔偿可以增加证券律师代理投资者的数量，最大化其代理费收益。一方面，由于证券民事诉讼一般采取胜诉酬金制度，律师代理案件的收益如同持有一份看涨期权。他们需要承担低估损害赔偿的成本，即如果请求的损害赔偿低于判决的损害赔偿，将减少律师的风险代理费。另一方面，较高地请求损害赔偿可以鼓励投资者参与诉讼。考虑到律师代理额外投资者的边际成本较低，证券律师的净收益与其代理投资者的数量成正比。因而，对证券律师来说，最优的请求损害赔偿是投资者交易标的证券的所有损失。

如果证券律师最大化自身收益的行为并不会增加投资者的维权成本，那么此类行为并不会影响投资者的决策。然而高估损害赔偿的行为会给投资者带来负的外部性，增加了律师和投资者之间的代理成本。它主要表现为增加投资者支付的民事诉讼案件的受理费用。关于合理的损害赔偿

① 该样本不包括被告为佛山电器照明股份有限公司的案件。

金额,律师和普通投资者间存在信息不对称。投资者并不具备专业知识计算损害赔偿的金额,主要依靠证券律师的专业判断。民事诉讼案件受理费用由败诉一方承担,部分胜诉、部分败诉的,法院按照具体情况决定当事人所需负担的受理费。①对于受理费用的计算,财产性案件是根据诉讼请求的金额或价额,按比例分段累计缴纳。②在此规则下,投资者面临的最优情况是诉讼请求完全获得支持;次优的情况是其损害赔偿请求获得部分支持,并支付根据请求的和判决的损害赔偿的差额部分计算的受理费用;最坏的情况是投资者败诉,并承担依据诉讼请求金额计算的受理费用。

表6－4 展示了 1197 份判决中原告支付的案件受理费用的分布情况。③约 10.3% 的投资者未交案件受理费。这些投资者主要分为两类:一部分投资者未在法定期限内预交案件受理费,被视为撤诉;另一部分投资者提起民事再审申请,而最高人民法院驳回其再审申请。约 38.2% 的投资者支付的受理费超过 500 元,其中有 24 人支付的费用超过 1 万元。投资者支付的最高的诉讼费用发生在林某诉宝安鸿基案,原告共支付了 61,615 元案件受理费。而对于诉讼请求仅得到部分支持的投资者,他们同样需要支付不菲的受理费用。如在被告为佛山电器照明股份有限公司的案件中,法院一审判决案件受理费总计 2,157,108 元,其中被告负担 1,004,361 元,原告共同负担 1,152,747 元,979 名原告平均每人负担 1177 元。而在高某诉宁波富邦精业集团股份有限公司一案中,法院一审判决被告赔偿原告高某损失 2744.93 元,而原告需要负担 2135 元的案件受理费,约占损害赔偿的 78%(案件受理费总计 2198 元)。证券律师和投资者的代理成本增加,进一步减少了投资者获得的赔偿额,降低了中小投资者参与证券民事诉讼的激励。

表 6－4　原告支付的案件受理费用的分布情况

案件受理费用(元)	未交费	0～500	500～1000	1000～10000	10000 以上
数量(起)	123	617	146	286	24
占比	10.28%	51.55%	12.28%	23.89%	2.01%

① 参见《诉讼费用交纳办法》第 29 条。

② 参见《诉讼费用交纳办法》第 13 条。

③ 表6－4 与图6－1 使用的样本一致。

第三节　集体行动困境的实证分析

《2003 年虚假陈述若干规定》实施 10 余年来实效不彰的主要原因在于，其未能给投资者提供克服集体行动困境的机制，本小节利用实证分析的方法对投资者面临的集体行动困境进行量化研究。实证研究的样本为由 81 家上市公司发行的 162 只“孪生的 A/B 股”，模型的识别利用《2002 年通知》作为自然实验，通过配对算法（matching）测量同一家上市公司发行的 A 股和 B 股的股价，对于投资者私人救济权利变化的反应。

一、集体行动困境与待检验假设

（一）集体行动困境的制度成因

我国上市公司在《2002 年通知》之前几乎不用担心私人诉讼的威胁，尽管“纸面上的法律”禁止虚假陈述并为民事赔偿提供了基础。考虑到当时的种种限制，2001 年 9 月 21 日最高人民法院曾发布《2001 年通知》，指令下级法院拒绝接受证券民事赔偿案件。《2002 年通知》中的行政前置程序区分了法律执行的威慑功能和赔偿功能。证券法的公共执行者主要承担威慑功能，负责调查潜在的违法犯罪行为；以证券民事诉讼为代表的私人实施机制主要承担赔偿投资者的功能。

《2001 年通知》发布 3 个多月后，最高人民法院发布了《2002 年通知》，改变了此前对于民事诉讼的态度，允许下级法院接受满足行政前置程序的虚假陈述民事赔偿案件。这是市场始料不及的。《2002 年通知》并不是为了迎合同时发行 A 股和 B 股的上市公司，而是多方团体“游说”的结果，包括律师事务所、投资者和证监会。[①]该规定并没有关注投资者面临的集体行动问题。一方面，投资者只能提起个人诉讼和集合诉讼，而不是集团诉讼。另一方面，被告公司所在地的中级人民法院拥有管辖权，这一安排显著地增加了投资者参与诉讼的成本。

本小节所用实证模型的识别依赖于部分上市公司发行法律上相同的“孪生 A/B 股”。同一上市公司发行的 A/B 股具有相同的基本面、投票权和股利请求权，但 B 股以外币计价：上海 B 股市场以美元计价，深圳 B 股市场以港币计价。这一制度性差异为测量不同市场对民事诉讼权利的评

① See Katharina Pistor & Chenggang Xu, *Governing Stock Markets in Transition Economies: Lessons from China.* American Law and Economics Review 7: 184 – 210 (2005).

价提供了可能。A 股市场的投资者主要是散户,持有上市公司的利益微不足道,他们通常采用“用脚投票”的策略。[①]对于提起民事诉讼,中小投资者面临集体行动的问题,即使满足了行政前置程序也“理性冷漠地”对待提起民事诉讼。鉴于高昂的行动成本,卖掉股票“用脚投票”是比求偿更有效率的选择。因此,请求民事赔偿的权利对于 A 股市场的散户来说无足轻重。

相反,B 股市场的投资者主要是国内外的机构投资者,他们持有上市公司的利益更大。学者的研究指出,“富裕的中国人更可能拥有交易 B 股的美元账户”,并且他们通常通过私募基金投资 B 股。[②]在对投资者交易模式的研究中,学者证明 B 股市场由机构投资者主导,每笔交易的交易量比 A 股市场大。[③]因此,B 股市场的投资者有更强的激励克服集体行动问题,两个市场投资者维权激励的差异,导致《2002 年通知》对 B 股市场具有更强的正面影响。

(二)待检验假设

依据上述讨论,集体行动问题是投资者参与民事诉讼的主要阻碍。对于 A 股市场的散户来说,他们持有公司的股份很少,对于诉权抱着“理性冷漠的”态度。但 B 股市场投资者提起民事诉讼的预期收益较大,他们有激励克服集体行动问题。因此,B 股市场投资者对于《2002 年通知》赋予投资者民事诉讼权利的评价要高于 A 股市场投资者,由此可推得假设 1。

> **假设 1(集体行动问题):**由于 B 股市场的投资者能更好地处理集体行动问题,B 股投资组合与 A 股组合相比,在事件窗口内将获得正的超额收益。

因为投资 A 股市场的散户缺乏解决集体行动问题的有效工具,样本内的 A 股和可比较的只发行 A 股上市公司的 A 股在事件窗口内的收益并无显著的差异,由此可推得假设 2。

> **假设 2(集体行动问题:安慰剂测试):**同时发行 A 股和 B 股

---

① See Walter Hutchens, *Private Securities Litigation in China: Material Disclosure about China's Legal System.* University of Pennsylvania Journal of International Economic Law 24: 599 - 690 (2003); Jianping Mei, Jose Scheinkman & Wei Xiong, *Speculative Trading and Stock Prices: Evidence from Chinese AB Share Premia.* Annals of Economics and Finance 10: 225 - 255 (2009).

② See Martin T. Bohl, Michael Schuppli & Pierre L. Siklos, *Stock Return Seasonalities and Investor Structure: Evidence from China's B - share Markets.* China Economic Review 21: 190 - 201 (2010).

③ See Kalok Chan, Albert J. Menkveld & Zhishu Yang, *Information Asymmetry and Asset Prices: Evidence from the China Foreign Share Discount.* Journal of Finance 63: 159 - 196 (2008).

上市公司的A股组合与可比较的只发行A股上市公司的A股组合之间不存在显著的超额收益。

实证研究显示只有约1/4的可诉案件被起诉至法院，无效率的法院系统增加了投资者请求损害赔偿的成本。根据《2002年通知》第5条的规定，被告公司所在地的中级人民法院拥有管辖权。上市公司一般是地方经济增长的重要贡献者，与当地政府保持紧密的联系，可以对法院系统施加影响。所在地法院系统效率较高的上市公司的B股投资者愿意支付更高的溢价，因为他们能以更低的成本获得损害赔偿，由此可推得假设3。

假设3（法院效率）：同一公司发行的B股相较于A股的超额收益和上市公司所在地法院系统的效率正向相关。

二、样本选择和实证分析策略

实证研究的样本包括上市公司发行的“孪生A/B股”。样本选择采用了如下方法：从上市公司数据提供者Wind Information Co.，Ltd. 收集了2001年12月31日前在上交所和深交所完成首次公开发行的A股和B股数据。随后，从样本中剔除了2002年1月15日暂停交易的股票，以及只发行A股或B股公司的股票。经过筛选后，样本包括81家上市公司发行的162只A/B股。表6－5展示了样本公司按照行业和省市的数量分布。一个可能影响实证研究外部有效性（external validity）的因素是，样本公司有2/3位于广东省和上海市，即两个证券交易所的所在地。

表6－5 样本上市公司按行业和省市划分的数量分布

省市	行业								
	材料	工业	可选消费	日常消费	医疗保健	金融	信息技术	公用事业	小计
安徽	0	0	2	1	0	0	0	0	3
北京	0	0	0	0	0	0	1	0	1
广东	2	5	5	1	1	7	1	1	23
海南	0	1	0	0	0	1	0	0	2
河北	0	0	0	0	0	0	1	0	1
黑龙江	0	0	0	0	0	0	0	1	1
湖北	2	0	0	0	0	0	0	0	2
湖南	0	0	1	0	0	0	0	0	1

续表

省市	行业								
	材料	工业	可选消费	日常消费	医疗保健	金融	信息技术	公用事业	小计
吉林	0	0	1	0	0	0	0	0	1
江苏	0	1	2	0	0	0	0	0	3
辽宁	1	2	0	0	0	0	0	0	3
内蒙古	0	1	0	0	0	0	0	0	1
山东	1	0	1	1	0	0	0	0	3
山西	0	0	0	0	0	0	0	1	1
上海	3	11	6	2	2	6	2	0	32
天津	0	1	0	0	0	0	0	0	1
浙江	0	0	0	0	0	0	1	0	1
重庆	0	0	1	0	0	0	0	0	1
小计	9	22	19	5	3	14	6	3	81

注：本表采用 WIND Information Co.，Ltd. 提供的行业分类。

为了调整不同股票在事件前的特征差异，多元回归模型还控制了以下自变量：第一，2001 年 7 月 14 日到 2002 年 1 月 14 日的日均换手率（TURNOVER），以反映同一家公司发行 A/B 股流动性的差异。第二，上市公司的市值（MCAP），鉴于私人提起诉讼的固定成本，只有预期收益较高的案件值得起诉。[①]第三，2001 年中报披露的每股收益（EPS），盈利能力较强的上市公司，有更多的财产支付受侵害投资者的赔偿。第四，上市公司的国有股比例（STATE），国有企业对当地法院存在较高的影响力，这会增加诉讼的预期成本，阻碍投资者提起民事诉讼。第五，2001 年市场中介和法律环境的发展指数（CE2001），以反映司法系统的效率和起诉的预期成本之间的关系。[②]第六，2001 年中报披露的资产负债率（LARATIO），因为有研究发现杠杆率较高的公司更有可能进行虚假陈述。[③]第七，上市公司的财务指标，包括市净率（PB）和净资产收益率（ROE）。第八，实证模型的设定还包括行业虚拟变量，以控制可能存在的行业固定效应。表 6－6 展示了各变量的定义和描述性统计量。

---

① See Stephen J. Choi, *Do the Merits Matter less after the Private Securities Litigation Reform Act?* Journal of Law, Economics, and Organization 23：598－626（2007）.

② See Hui Huang, *Private Enforcement of Securities Law in China：A Ten－year Retrospective and Empirical Assessment.* American Journal of Comparative Law 61：757－798（2013）.

③ See Michael Firth, Oliver M. Rui & Wenfeng Wu, *Cooking the Books：Recipes and Costs of Falsified Financial Statements in China.* Journal of Corporate Finance 17：371－390（2011）.

表 6 – 6　回归分析中的变量定义和描述性统计量

变量名称	样本容量	均值	标准差	最小值	最大值	定义
被解释变量						
$CR_{(0)}$	162	−1.94754	2.30701	−9.9776	1.6227	事件当天股票的收益率
$CR_{(-1,1)}$	162	−4.19158	4.07612	−27.0434	3.3898	3 天的事件窗口内股票的收益率
$CAR_{(0)}$	81	1.2137	2.4496	−3.9880	7.0768	事件当天同一公司发行 B 股和 A 股之间的超额收益率
CAR(−1,1)	81	2.4204	3.8606	−6.7773	11.361	3 天的事件窗口内同一公司发行 B 股和 A 股之间的超额收益率
解释变量						
TREATMENT	162	0.5000	0.5016	0.0000	1.0000	虚拟变量(B 股 =1,A 股 =0)
ABDUMMY	162	0.5000	0.5016	0.0000	1.0000	虚拟变量(同时发行 A/B 股公司的 A 股 =1,仅发行 A 股公司的 A 股 =0)
TURNOVER	162	0.8313	0.4030	0.1186	2.6381	事件发生前半年内的日均换手率
MCAP	162	3.5856	0.2206	3.1765	4.3129	2002 年 1 月 14 日上市公司的市值的对数(百万人民币)
EPS	162	0.0999	0.1473	−0.3170	0.9956	2001 年半年报披露的每股收益
STATE	162	35.6096	21.9391	0.0000	73.525	国有股比例
CE2001	162	7.0038	2.4228	2.2900	9.4200	各省市法院效率水平
LARATIO	162	47.2482	20.2561	8.8966	99.321	2001 年半年报披露的资产负债率
PB	162	5.00100	7.54379	0.8546	72.528	2001 年半年报披露的市净率
ROE	162	0.7508	20.9714	−181.377	15.168	2001 年半年报披露的净资产收益率
TURNOVER (B/A)	81	0.1822	0.6093	−2.1592	1.5474	同一上市公司发行 B 股与 A 股日均换手率比的自然对数
PB(B/A)	81	−0.5332	0.2132	−1.2285	−0.021	同一上市公司发行 B 股与 A 股市净率比的自然对数

三、实证分析结果

本部分主要叙述通过回归分析检验前述假设的实证结果。“（一）集体行动问题”和“（二）集体行动问题：安慰剂测试”检验了关于集体行动问题的假设1和假设2，“（三）法院效率假设”检验了关于法院效率的假设3。

（一）集体行动问题

表6－7显示以超额收益（cumulative abnormal return，CAR）作为被解释变量的OLS回归结果，样本容量为162只A/B股。表6－7的第2列和第3列展示了以1天和3天事件窗口计算的$CR_{(-1,1)}$和$CR_{(0)}$为被解释变量和TREATMENT、行业虚拟变量和截距项为解释变量的回归模型。TREATMENT变量的系数显著为正，表示在事件窗口内存在显著的处理效应。当事件窗口设置为1天时，B股组合获得超额正收益大约为1.21%，当事件窗口设置为3天时，B股组合获得超额正收益大约为2.42%。回归结果与假设1是一致的，即B股投资者对于民事赔偿请求权的估价高于A股投资者。

表6－7　检验集体行动问题假设的回归分析结果

变量	$CR_{(0)}$	$CR_{(-1,1)}$	$CR_{(0)}$	$CR_{(-1,1)}$	$CR_{(0)}$	$CR_{(-1,1)}$
TREATMENT	1.21*** (0.34)	2.42*** (0.60)	1.30*** (0.34)	2.45*** (0.60)	1.18*** (0.35)	2.085*** (0.61)
TURNOVER			−1.04* (0.57)	−0.43 (0.95)	−0.90 (0.60)	0.21 (0.90)
CE2001			0.01 (0.08)	0.07 (0.16)	0.015 (0.08)	0.089 (0.15)
EPS			1.15 (0.91)	3.9* (2.26)	0.54 (0.91)	1.70 (2.22)
MCAP			1.47* (0.78)	3.89*** (1.24)	1.53* (0.82)	3.68*** (1.30)
STATE			−0.01 (0.008)	−0.01 (0.014)	−0.02* (0.009)	−0.022 (0.014)
LARATIO					0.012 (0.011)	0.021 (0.018)
PB					−0.03** (0.014)	−0.11*** (0.02)

续表

变量	$CR_{(0)}$	$CR_{(-1,1)}$	$CR_{(0)}$	$CR_{(-1,1)}$	$CR_{(0)}$	$CR_{(-1,1)}$
ROE					0.015*** (0.005)	0.05*** (0.009)
Constant	-1.57*** (0.42)	-4.32*** (1.02)	-6.37** (2.88)	-18.91*** (4.72)	-6.80** (3.11)	-18.6*** (5.08)
Industrial dummies	Included	Included	Included	Included	Included	Included
样本容量	162	162	162	162	162	162
R^2	0.1537	0.1397	0.2315	0.2246	0.2528	0.2984

注：1. 实证模型设定为：$CR(-t, +t) = \alpha + \beta_0 \times TREATMENT + \beta 1 \times X + \varepsilon$，其中"X"表示控制变量。

2. 括号内显示的是稳健的标准误。

3. *、**、*** 分别代表 10%、5%、1% 的显著水平。

现有文献显示，可以通过控制样本个体的特质降低潜在的偏误。[①]因而，实证模式将测量股票流动性的指标 TURNOVER 纳入其中。大陆境内的投资者自 2001 年 2 月 19 日起可以交易 B 股，导致 B 股市场的流动性大幅上升。B 股平均日均换手率为 0.87，而 A 股平均日均换手率为 0.79。另外，模型还控制了那些可能影响私人诉讼成本和收益的变量，包括 MCAP，EPS，STATE 和 CE2001。表 6-7 的第 4 列和第 5 列展示了实证分析的结果。在第 4 列中，B 股组合的处理效应在事件当天增加到大约 1.30%，并且非常显著（t-stat = 3.82）。TURNOVER 变量的系数为负，显示换手率越高的股票在事件当天获得的超额收益越小。与 Choi 发现的结果相似[②]，MCAP 变量的系数为正，这意味着规模越大的公司获得的处理效应越高。变量 STATE 的系数为负，但是不显著（p-value = 0.138）。在第 5 列中事件窗口被设置为 3 天，TREATMENT 变量的系数增加为 2.45%（t-stat = 4.07），测量流动性的指标 TURNOVER 不再显著，但是 MCAP 和 EPS 的系数都显著为正。

最后，实证模型还控制了其他在事件发生前上市公司报告的财务指标，包括 LARATIO、PB 和 ROE，回归的结果显示在表 6-7 第 6 列和第 7 列。总体来说，TREATMENT 变量的系数在两列中都显著为正。MCAP

① See William G. Cochran & Donald B. Rubin, *Controlling Bias in Observational Studies: A Review*. Sankhyā: The Indian Journal of Statistics, Series A 35: 417-446 (1973).

② See Stephen J. Choi, Do the Merits Matter less after the Private Securities Litigation Reform Act? *Journal of Law, Economics, and Organization* 23: 598-626 (2007).

变量在两个回归模型中都显著为正，为规模效应提供了支持证据。STATE 变量的系数为负，在第 6 列中显著，但在第 7 列中不再显著（p-value = 0.118）。在上述实证模型中，TREATMENT 变量显著为正的系数确认了假设 1，说明 B 股组合与 A 股组合相比获得了正的处理效应。B 股投资者持有的利益更大，他们更有可能行使请求损害赔偿的民事权利。

（二）集体行动问题：安慰剂测试

本部分利用安慰剂测试检验假设 2，比较《2002 年通知》对样本中的 A 股和可比较的仅发行 A 股上市公司的 A 股在事件窗口内的收益。模型包含了一个虚拟变量 ABDUMMY，它表示一只 A 股是否为同时发行 A/B 股上市公司的股票。如果某只 A 股是同时发行 A/B 股公司的股票，那么 ABDUMMY 等于 1，否则等于 0。由于中小投资者没有激励克服集体行动问题，假设 2 认为这两个组合 A 股在事件窗口内的 CRs 不会存在显著的区别。因此，样本收集了在 2001 年 12 月 31 日之前完成首次公开发行的 943 只 A 股。

为了降低样本的异质性和"极端对照组"（extreme counterfactual）带来的偏误，本部分采用了 Rosenbaum 教授提出的"最优配对算法"（optimal matching algorithm）①，利用倾向指数（propensity scores），从 943 只 A 股中选择最具可比性的 81 只 A 股作为对照组。为了检测配对前后变量的平衡程度，实证模型采纳学者的建议②，在表6-8中报告了"最优配对算法"选择前后，处理组和控制组间标准化的均值差的改善比例。从最后一列看出，"最优配对算法"显著地降低了部分变量之间的异质性。

表 6-8 配对后变量之间的统计差异分析

变量	全样本标准化的均值差	配对样本标准化的均值差	改善比率（百分比）
TURNOVER	0.163	-0.1193	26.8101
CE2001	0.9384	-0.0396	95.7777
EPS	-0.0591	-0.1138	-92.3776

① See Paul R. Rosenbaum, *Optimal Matching for Observational Studies.* Journal of the American Statistical Association 84: 1024-1032 (1989).

② See Daniel E. Ho, Kosuke Imai, Gary King & Elizabeth A. Stuart, *Matching as Nonparametric Preprocessing for Reducing Model Dependence in Parametric Causal Inference.* Political Analysis 15: 199-236 (2007).

续表

变量	全样本标准化的均值差	配对样本标准化的均值差	改善比率（百分比）
MCAP	0.8521	0.0316	96.2963
STATE	-0.2307	0.1967	14.7692
LARATIO	0.3058	0.0677	77.8586
PB	0.1589	-1.8787	-1082.3394
ROE	-0.1312	-0.0895	31.7993

注：均值差经过标准化，即除以同时发行 A/B 股公司的 A 股的标准差。

表 6-9 报告了回归分析的结果。在第 2 列和第 3 列中，ABDUMMY 变量并不显著，这表明仅发行 A 股上市公司的 A 股和同时发行 A/B 股上市公司的 A 股在事件窗口内的超额收益率没有显著的差异。这一结果支持假设 2，即 A 股投资者缺乏克服集体行动问题的激励，因此他们对于提起民事诉讼权利的估值不存在显著的差异。

表 6-9　安慰剂测试的回归结果

变量	$CR_{(0)}$	$CR_{(-1,1)}$
ABDUMMY	-0.056 (0.44)	-0.50 (0.69)
TURNOVER	-0.18 (0.25)	0.32 (0.43)
CE2001	-0.56 (0.11)	-0.28 (0.20)
EPS	1.01 (1.42)	-0.02 (2.02)
MCAP	-0.01 * (0.60)	2.45 ** (1.13)
STATE	0.016 (0.01)	-0.009 (0.014)
LARATIO	0.002 (0.013)	0.0075 (0.02)
PB	0.02 *** (0.0005)	0.0055 *** (0.0009)
ROE	-0.06 *** (0.006)	0.049 *** (0.01)
Constant	-4.62 ** (2.18)	-11.73 *** (4.34)

续表

变量	$CR_{(0)}$	$CR_{(-1,1)}$
Industrial dummies	Included	Included
样本容量	162	162
R^2	0.1024	0.1024

注：1. 实证模型设定为：$CR(-t, +t) = \alpha + \beta_0 \times TREATMENT + \beta_1 \times X + \varepsilon$，其中"X"表示控制变量。

2. 括号内显示的是稳健的标准误。

3. *、**、*** 分别代表 10%、5%、1% 的显著水平。

(三)法院效率假设

本部分检验假设3，它提出上市公司所在地法院的效率决定了事件窗口内同公司发行的B股相对于A股的超额收益。因此，实证模型使用累计超额收益作为被解释变量，样本容量减少为81家上市公司。另外，依据等式(6-1)和等式(6-2)计算同公司发行B股和A股的相对换手率和市净率：

$$TURNOVER(B/A)_i = LN(TURNOVER_{i,1}/TURNOVER_{i,0}) \quad \text{等式}(6-1)$$

$$PB(B/A)_i = LN(PB_{i,1}/PB_{i,0}) \quad \text{等式}(6-2)$$

其中，$TURNOVER_{i,1}$是第i个上市公司发行B股在事件发生日前半年的日均换手率，$TURNOVER_{i,0}$是第i个上市公司发行A股在同时期内的日均换手率。而$PB_{i,1}$是第i个上市公司2001年中报披露的B股的市净率，而$PB_{i,0}$是第i个上市公司2001年中报披露的A股的市净率。

表6-10报告了实证分析的结果。在第2列和第3列中，被解释变量分别为1天和3天事件窗口内的CAR，解释变量为CE2001。一元回归分析显示变量CE2001与被解释变量存在显著的正相关关系，其系数分别为0.245和0.393。上市公司所在地法院系统的效率越高，其B股在事件窗口内获得的超额收益越大，实证分析的结果支持了假设3。接下来，实证模型通过增加控制变量，考察一元回归分析的结果是否稳健。

首先，表6-10第4列和第5列考虑了流动性差异，增加控制变量TURNOVER(B/A)。CE2001的系数仍然显著为正，并且其大小与第2列和第3列报告的数值相似。然而，变量TURNOVER(B/A)的系数并不显著，表示其与CARs之间不存在显著的关系。

其次，模型的设定考虑了影响民事诉讼成本和收益的变量。Choi注意到由于民事诉讼存在显著的固定成本，只有规模较大的公司会遭受民事诉讼。[1]因而,模型增加了控制变量 MCAP,以反映规模效益。另外,盈利能力较强的上市公司有更强的赔偿能力,模型因此控制了变量 EPS,以反映公司的盈利能力。此外,投资者很难从国有企业那里获得赔偿,国有企业一般对地方经济发展贡献较大,与当地政府的关系较为密切,可以影响法院的判决。因此,模型控制了变量 STATE。回归分析的结果显示在表 6-10 第 6 列和第 7 列。解释变量 CE2001 与超额收益 CARs 存在显著的正相关关系。唯一与被解释变量存在显著关系的是 MCAP,为规模效益理论提供了支持证据。

最后,上市公司的财务指标可能反映出该公司进行虚假陈述、遭受民事诉讼的风险,实证模型的设定增加了反映上市公司财务状况的变量 LARATIO, PB 和 ROE。回归分析的结果显示在表 6-10 第 8 列和第 9 列。变量 CE2001 的系数与前述回归分析显示的相似,然而全部控制的财务指标都不显著。模型设定包括所有控制变量,结果显示于表 6-10 第 10 列和第 11 列。在第 10 列中,变量 CE2001 的系数为 0.244,并且在 5% 的水平上显著,所有其他控制变量都不显著。在第 11 列中,CE2001 的系数约为 0.333,但是略微不显著(p-value = 0.103)。另外,变量 MCAP 与被解释变量具有显著的正相关关系。

表 6-10 报告的实证结果支持假设 3,确认了上市公司所在地法院系统的效率水平与该公司发行 B 股相对于 A 股的超额收益之间存在正相关关系。在相同的法条规则下,由于法院系统的效率存在差异,理性的投资者预期到现实中投资者保护的区别。因此,增加法院系统的效率,可以为公权力主导的证券法律执行制度提供额外的"价值"。

---

① See Stephen J. Choi, *The Evidence on Securities Class Actions.* Vanderbilt Law Review 57: 1465-1526(2004).

表 6-10 法院效率假设的回归分析结果

变量	$CAR_{(0)}$	$CAR_{(-1,1)}$	$CAR_{(0)}$	$CAR_{(-1,1)}$	$CAR_{(0)}$	$CAR_{(-1,1)}$	$CAR_{(0)}$	$CAR_{(-1,1)}$	$CAR_{(0)}$	$CAR_{(-1,1)}$
CE2001	0.25** (0.1)	0.39** (0.18)	0.23** (0.11)	0.38** (0.18)	0.22** (0.11)	0.34* (0.18)	0.28*** (0.10)	0.42** (0.20)	0.24** (0.11)	0.33 (0.20)
TURNOVER(B/A)			-0.62 (0.48)	-0.62 (0.64)					-0.57 (0.52)	-0.378 (0.69)
MCAP					1.30 (1.32)	2.92* (1.63)			1.04 (1.34)	3.09* (1.61)
EPS					2.2 (1.47)	2.92 (2.28)			1.60 (1.56)	3.17 (2.57)
STATE					-0.005 (0.01)	-0.010 (0.02)			0.006 (0.02)	-0.006 (0.024)
LARATIO							-0.019 (0.013)	-0.01 (0.02)	-0.02 (0.014)	0.002 (0.02)
PB(B/A)							0.76 (1.31)	0.596 (1.99)	0.89 (1.42)	0.50 (2.20)
ROE							-0.002 (0.007)	-0.006 (0.01)	-0.009 (0.006)	-0.014 (0.01)
常数项	-0.50 (0.72)	-0.33 (1.40)	-0.29 (0.75)	-0.12 (1.41)	-5.04 (4.54)	-10.38 (5.96)	0.54 (1.01)	0.33 (1.51)	-3.17 (4.83)	-10.82* (5.93)
样本容量	81	81	81	81	81	81	81	81	81	81
R^2	0.0592	0.0612	0.0824	0.0707	0.0991	0.1130	0.0869	0.0653	0.1315	0.1219

注：1. 实证模型设定为：$CAR(-t, +t) = \alpha + \beta_0 \times CE2001 + \beta_1 \times X + \varepsilon$，其中“X”表示控制变量。

2. 括号内显示的是稳健的标准误。

3. *、**、*** 分别代表 10%、5%、1% 的显著水平。

第四节　损害赔偿的计算模型

一、裁判文书揭示的损害赔偿计算模型

根据前述讨论，司法审判关于损害赔偿的计算方式仍然存在较大的差异，在裁判文书网搜索关键词“案由：证券虚假陈述责任纠纷”，并附加限制条件“文书类型：判决书”和“审判程序：一审”，共获得1575份判决书作为研究样本。①总计25家中级人民法院进行了裁判，判决书涉及44名被告，其中43家为上市公司，1名为个人。判决书数量在各省和直辖市之间分布差异较大（见表6－11），江苏省、山东省和北京市三省市的案件分布数量最高，分别达到848份、176份和119份，而安徽省和青海省的判决书分布数量最低，仅1份。②原告起诉的主要依据是证监会和地方证监局发布的行政处罚，其中证监会处罚了32名被告，而证监局处罚了12名被告。

表6－11　证券虚假陈述责任纠纷一审判决数量分布

省份	数量（份）	省份	数量（份）	省份	数量（份）
安徽省	1	湖北省	60	山西省	57
北京市	119	湖南省	4	上海市	10
福建省	9	吉林省	32	天津市	5
甘肃省	3	江苏省	848	云南省	91
广东省	24	辽宁省	21	浙江省	31
海南省	10	青海省	1		
河北省	13	山东省	176		

样本判决书提供了一审法院认定实施日、揭露日/更正日和损害赔偿计算方法（扣除系统性风险）的相关信息（见表6－12）。总体来看，司法实践在上述方面还缺乏共识，不同法院裁判标准存在显著差异。

① 样本信息截至2018年9月8日。涉及以下四家机构的判决书未纳入研究样本：被告为南京医药股份有限公司的案件中，原告未能提供股票明细对账单原件；被告为中弘控股股份的案件中，监管机构未对上市公司进行行政处罚；被告为深圳能源集团股份有限公司的案件中，原告依据财政部的行政处罚；被告为新筑投资集团有限公司的案件中，证监会仅处罚了大股东。一审法院驳回了上述案件原告的诉讼请求，并未论述虚假陈述的实施日、揭露日和损害赔偿计算方法。

② 中国裁判文书网未公布江西省、广西壮族自治区、贵州省、河南省、黑龙江省、内蒙古自治区、宁夏回族自治区、陕西省、西藏自治区、新疆维吾尔自治区和重庆市证券虚假陈述责任纠纷一审判决书。

表 6－12　民事判决书认定的实施日、揭露日/更正日和系统风险抗辩

序号	被告	审判法院（简称）	处罚单位	实施日	揭露日/更正日	系统风险抗辩
1	华锐风电	北京一中院	证监会	年报发布日	行政监管措施决定书公告日	未采纳
2	无线天利	北京一中院	证监会	招股说明书发布日	立案调查公告日	未采纳
3	汉王科技	北京一中院	证监会	招股说明书发布日	立案调查公告日	未讨论系统风险
4	天津环球	天津二中院	天津局	首次发布半年报日	行政监管措施决定书公告日	未采纳，被告未能证明造成系统风险的事由存在
5	河北宝硕	石家庄中院	证监会	首次发布年报日	公司发布提示性公告日	采纳，股票价格在揭露日前就已经下跌至一个较低的价格
6	金牛化工	石家庄中院	证监会	法定披露重大担保日	立案调查公告日	未讨论系统风险
7	安泰集团	太原中院	山西局	半年报发布日	立案调查公告日	采纳，系统风险导致的损失占一半
8	振兴生化	太原中院	证监会	法定披露股东会决议日	重大诉讼提示性公告日	未采纳
9	辽宁机械	大连中院	证监会	法定股东关联关系披露日	证监会行政处罚公告日	采纳，信息披露后股价与深圳指数走势基本相同
10	欣泰电气	沈阳中院	证监会	招股说明书发布日	立案调查公告日	未讨论系统风险
11	紫鑫药业	长春中院	证监会	董事会决议公告日	中国证券网报道日	采纳，扣除比例＝（深证综指数＋深成指数＋中小板指数＋医药板块指数变化）/4
12	集安益盛	长春中院	证监会	法定股东持股披露日	立案调查公告日	采纳，扣除比例＝（深证综指数＋深成指数＋中小板指数＋医药板块指数变化）/4

续表

序号	被告	审判法院（简称）	处罚单位	实施日	揭露日/更正日	系统风险抗辩
13	上海仪电	上海一中院	证监会	法定股东持股披露日	公司发布提示性公告日	未讨论系统风险
14	鲜言	上海一中院	上海局	法定披露重大担保日	公司发布提示性公告日	未讨论系统风险
15	上海神开	上海一中院	上海局	年报发布日	立案调查公告日	未讨论系统风险
16	上海三毛	上海一中院	上海局	法定重大事项披露日	公司发布提示性公告日	未讨论系统风险
17	大智慧	上海一中院	证监会	年报发布日	行政处罚事先告知书公告日	未讨论系统风险
18	创兴资源	上海一中院	证监会	关联交易公告日	行政处罚事先告知书公告日	未讨论系统风险
19	安硕信息	上海一中院	证监会	新业务披露日	行政处罚事先告知书公告日	未讨论系统风险
20	南京纺织	南京中院	证监会	年报发布日	立案调查公告日	未讨论系统风险
21	协鑫集成	南京中院	证监会	法定重大事项披露日	立案调查公告日	未采纳，被告未能证明造成系统风险的事由存在
22	海润光伏	南京中院	江苏局	利润分配预案披露日	立案调查公告日	未采纳，被告未能证明造成系统风险的事由存在
23	宁波富邦	宁波中院	证监会	法定重大诉讼披露日	公司发布提示性公告日	采纳，比较大盘指数与行业指数的走势，占比20%
24	宋都基业	杭州中院	证监会	年报发布日	《京华时报》报道日	未讨论系统风险
25	浙江宏磊	杭州中院	证监会	半年报发布日	行政监管措施决定书公告日	未讨论系统风险
26	安徽新力	合肥中院	安徽局	重大资产购买报告书	行政处罚事先告知书公告日	未讨论系统风险

续表

序号	被告	审判法院（简称）	处罚单位	实施日	揭露日/更正日	系统风险抗辩
27	兴业证券	福州中院	证监会	招股说明书发布日	立案调查公告日	采纳，损失×（1－证券买入卖出或暂停上市日期间指数加权平均跌幅/股价平均跌幅）
28	恒天海龙	济南中院	证监会	年报发布日	立案调查公告日	采纳，化学纤维板块和深市A股流通总市值变化的平均值为系统风险的影响
29	潍坊亚星	济南中院	证监会	法定重大事项披露日	立案调查公告日	未采纳，被告未能证明造成系统风险的事由存在
30	山东恒邦	青岛中院	山东局	法定重大事项披露日	立案调查公告日	采纳，观察指数的变化趋势，与个股股价走势一致
31	山东京博	济南中院	证监会	法定股东持股披露日	证监会处罚公告日	采纳，比较个股揭露日和基准日的股票价格和上证指数和上证工业指数变化
32	武昌鱼	武汉中院	证监会	法定重大诉讼披露日	立案调查公告日	采纳，以市场综合指数代表系统风险，并认为个股下跌是由系统风险导致的
33	黄石东贝	武汉中院	证监会	年报发布日	《证券时报》报道日	采纳，国内外主要市场指数下跌幅度大、揭露日前后股价上升
34	湖北三峡	武汉中院	湖北局	年报发布日	立案调查公告日	未采纳，被告未能证明造成系统风险的事由存在
35	兴长石化	长沙中院	证监会	法定控股股东变化披露日	《每日经济新闻》报道日	采纳，系统风险导致的损失占一半

续表

序号	被告	审判法院（简称）	处罚单位	实施日	揭露日/更正日	系统风险抗辩
36	佛山电器	广州中院	广东局	法定董事会决议披露日	行政监管措施决定书公告日	采纳，买入平均价×损失计算数×(1-卖出时深成指数/买入时的平均深成指数)
37	珠海中富	珠海中院	证监会	关联交易公告日	立案调查公告日	采纳，个股涨跌幅度与大盘基本一致
38	保千里	深圳中院	证监会	资产出售及购买公告日	立案调查公告日	未采纳，比较揭露日沪深大盘指数与个股的变化情况
39	勤上光电	广州中院	广东局	法定资产收购披露日	立案调查公告日	未采纳，被告未能证明造成系统风险的事由存在
40	海南亚太	海口中院	证监会	年报发布日	立案调查公告日	采纳，比较个股与深证成指、上证指数的走势
41	金亚科技	成都中院	证监会	年报发布日	立案调查公告日	采纳，用相对比例法以创业板指数的涨跌幅度与个股的涨跌幅度相比得出比例
42	云南云投	昆明中院	证监会	招股说明书发布日	立案调查公告日	未讨论系统风险
43	甘肃皇台	兰州中院	甘肃局	年报发布日	立案调查公告日	采纳，比较个股与深证成指、上证指数的走势
44	青海春天	西宁中院	证监会	半年报发布日	立案调查公告日	未讨论系统风险

（一）实施日

由于存在行政前置程序，样本判决书显示法院认定实施日的裁判逻辑较为一致。①一审法院在认定虚假陈述实施日时，都明确参考了监管机构行

① 在缺乏行政处罚的情况下，虚假陈述行为的实施日判断将更加复杂，涉及对财务信息的事后判断。参见刘燕：《从财务造假到会计争议——我国证券市场中上市公司财务信息监管的新视域》，载《证券法苑》2012 年第 2 期。

政处罚书的内容，将其所列违法行为首次发生日认定为虚假陈述的实施日。[①]积极的虚假陈述实施日，一般是定期公告或者临时公告的法定披露日，如招股说明书首次披露日，年报、半年报公告日或董事会决议公告日等。如果虚假陈述行为持续一定期限，一般以首次实施虚假陈述行为之日为实施日。而消极的虚假陈述实施日，一般被认定为法定信息披露义务届满之日。[②]

（二）揭露日/更正日

虚假陈述揭露日/更正日的认定，在不同法院之间存在显著的差异。样本判决书披露的信息主要包括以下情形：

首先，如果在全国范围内发行或者播放的报刊、电台、电视台等媒体，在监管机构介入前或上市公司主动更正前，报道了上市公司虚假陈述的新闻，并且该新闻内容与此后行政处罚的内容具有较大程度的重合，那么一审法院会将该事件发生的日期定为虚假陈述的揭露日。样本判决书显示一审法院认可的全国性媒体包括中国证券网、《京华时报》、《证券时报》和《每日经济新闻》。但是，如果报道媒体的影响力有限（如自媒体），对虚假陈述行为的描述与行政处罚出入较大，且上市公司曾公开否认相关指控，那么法院一般不会认定该报道公布日为揭露日。[③]

其次，如果上市公司在媒体报道或监管介入前，发布纠正此前虚假陈述的提示性公告，或对此前应当披露而未披露的重大事项进行更正公告，法院一般认定该日期为更正日。

最后，一审法院对于揭露日认定存在的分歧主要集中于上市公司先后收到并公告证监局行政监管措施（非行政处罚）、证监会/证监局立案调查书和证监会行政处罚事先告知书（行政处罚决定书）的情形。样本法院在不同案件中将上述三个日期认定为虚假陈述的揭露日。[④]共四家中级人民

---

① 行政前置程序在一定程度上利用了监管机构在证券执法方面的专业优势，节约了司法成本。从功能分析层面看，取消行政前置程序的实质是将判断被告是否进行虚假陈述的权力从监管机构转移至人民法院。

② 例如，根据《上市公司信息披露管理办法》第 24 条和第 62 条的规定，上市公司应当及时履行重大事件的信息披露义务，这里的“及时”是指自起算日起或者触及披露时点的两个交易日内。

③ 对于在非法定披露渠道编造或传播证券虚假信息的法律责任，参见缪因知：《证券虚假信息规制的原理反思与实证评价》，载《北方法学》2018 年第 4 期。

④ 诉讼当事人对该问题的争议也较大，例如，“占某与安徽新力金融股份有限公司证券虚假陈述责任纠纷一审民事判决书”，原告主张虚假陈述揭露日为 2017 年 4 月 1 日，即新力金融公司发布公告称收到证监会立案调查通知书之日，而被告则主张虚假陈述行为揭露日为 2017 年 9 月 1 日，即被告公告其收到安徽证监局的《行政处罚事先告知书》之日。

法院，包括北京市第一中级人民法院、天津市第二中级人民法院、杭州市中级人民法院和广州市中级人民法院，将上市公司披露地方证监局行政监管措施之日，认定为虚假陈述的揭露日。①总计 19 家中级人民法院将上市公司公告收到证监会/证监局立案调查通知书之日，认定为虚假陈述的揭露日。此外，上海市第一中级人民法院、合肥市中级人民法院将上市公司公告证监会行政处罚事先告知书之日认定为虚假陈述日；大连市中级人民法院、济南市中级人民法院将上市公司公告证监会处罚之日认定为虚假陈述的揭露日。同一法院在不同案件的判决书中，也存在不同的认定逻辑。上海市第一中级人民法院和济南市中级人民法院就分别认定立案调查通知书公告日和行政处罚事先告知书/行政处罚书公告日为虚假陈述揭露日。

（三）系统风险抗辩

在计算投资者损失数额时，争议主要集中于如何从投资者损失中扣除系统风险。《2003 年虚假陈述若干规定》指出因系统风险导致的损失，与虚假陈述不存在因果关系。一审法院对系统风险的认定情况如下（具体情况见前文中表 6－12）。在涉及 16 名被告（约 36.4%）的判决中，一审法院在判决中未讨论系统风险因素。在涉及 10 名被告（约 22.7%）的判决中，法院考察了系统风险因素，但判决被告的抗辩事由不成立。法院裁判的主要依据是被告未能明确指出并证明引起系统风险事由的存在。如在“刘某与华锐风电科技（集团）股份有限公司证券虚假陈述责任纠纷一审民事判决书”中，北京市第一中级人民法院认为“对于此种系统风险，首先要由华锐风电举证证明造成系统风险的事由存在，其次应当证明该事由对股票市场产生了重大影响，引起全部股票价格大幅涨跌，导致了系统风险的发生”。被告不能仅概括性地援引系统风险抗辩，还应当证明具体事由和其对股价的重大影响。

在涉及其余 18 名被告（约 40.9%）的判决中，法院考察了系统风险因素，并且全部或部分认可了被告的抗辩事由。法院裁判主要遵循比较被告股价与上证综指或深圳综指或该股票所在行业指数变化趋势的思路，并基于上述比较判断系统风险是否导致了原告的损失。主要存在四种具体计算系统风险扣除的方法：第一，简单比较揭露日前后被告股票价格的变动，

---

① 较为有代表性的判决如“张某与天津环球磁卡股份有限公司证券虚假陈述责任纠纷一审民事判决书”，原告认为虚假陈述行为的揭露日为 2013 年 10 月 18 日，即被告关于收到中国证券监督管理委员会立案调查通知书的公告日。而被告则主张揭露日为 2014 年 10 月 29 日，即收到行政处罚决定书之日。但是天津市第二中级人民法院在判决书中认定 2013 年 9 月 10 日，即被告公告收到天津证监局的行政监管措施决定书之日，为揭露日。

得出系统风险是造成原告投资损失的唯一原因。①第二，在比较了相关指数与被告股价走势后，并未说明计算公式，直接得出系统风险对原告投资损失的影响。②第三，计算一种或多种相关指数在揭露日至基准日之间涨跌幅度的算术平均数，并与涉案股票同期的涨跌幅度进行对比，得出系统风险的相对比例。③

二、计算损害赔偿的事件研究法模型

（一）损害赔偿计算的基本理论

从司法实践来看，一审法院在具体认定实施日、揭露日和系统风险扣除等问题上存在差异，但都会反复讨论信息披露与涉案股票价格之间的关系。有效市场假说是关于信息与价格互动关系的经典理论，而欺诈市场理论则为证明因果关系提供了理论基础。从理论上看，虚假陈述行为扭曲价格机制造成投资者遭受损失，损失数额应当等于虚假陈述导致证券价格偏离证券价值的部分。而根据资产定价的基本原理，证券的价值等于其未来现金流的现值之和。如果虚假陈述改变了市场对该证券未来现金流情况的预期，那么在虚假陈述实施日和揭露日/更正日，证券交易价格即会出现超出市场预期的变化。也即，利用股票实际的交易价格与市场预期的价格之间的差异，可以估计虚假陈述导致的损失。

图 6－2 展示了在诱多型虚假陈述的情况下，投资者损失的理论值。④实线表示股票的交易价格，而虚线表示股票的真实价值。其中，实施日（A 点）、买入日（B 点）、揭露日/更正日（C 点）和卖出日或基准日（D 点）对应的价格分别为 P1、P2、P3 和 P4。⑤在 A 点，被告实施了虚假陈述行为。如果市场是有效的，那么股票价格将迅速反映该信息，与其价值出现背离。由于是诱多型虚假陈述，股价从 P1 上升至 P2，但其真实价值保持在 P1 水平不变。随后在 C 点，虚假陈述行为被揭露或更正，市场价格因此回调。但由于系统风险的影响，股价并未下跌至 P1，而是与其价值一起向 P3 收

① 参见刘某与河北宝硕股份有限公司证券虚假陈述责任纠纷一审民事判决书，（2016）冀 01 民初 351 号。

② 参见袁某与宁波富邦精业集团股份有限公司证券虚假陈述责任纠纷一审民事判决书，（2013）浙甬商初字第 16 号。

③ 参见陈某与吉林紫鑫药业股份有限公司证券虚假陈述责任纠纷一审民事判决书，（2017）吉 01 民初 259 号。

④ 图 6－2 展示被告主动披露虚假利好消息的情况。对于隐藏利空消息的情况，股票价值将在实施日下降、价格保持不变，其他变化类似。

⑤ 需要注意的是，价格 P3 可能大于、等于或者小于价格 P1，图 6－2 所示仅为其中一种情况。

敛。最后，股价因为其他因素出现波动，投资者在D点以P4的价格卖出股票（或者D点为基准日，投资者仍持有该股票）。

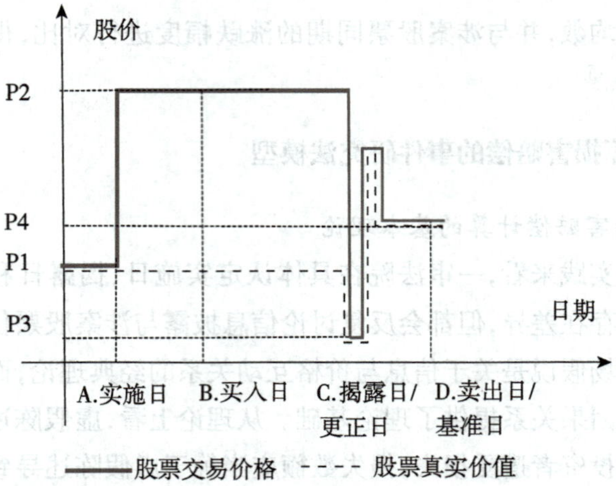

图6－2　诱多型虚假陈述股票价格和价值变化

根据《2003年虚假陈述若干规定》，D点与B点所对应的价格差，即（P2－P4），应当被认定为虚假陈述造成的损失。但从理论上看，价差（P2－P4）由三部分组成，即（P2－P1）、（P1－P3）和（P3－P4）。其中，根据欺诈市场理论，仅（P2－P1）是投资者因为虚假陈述而遭受的损失，即实施日股票交易价格对其真实价值的偏离值，应当获得赔偿。（P1－P3）是系统风险损失。而（P3－P4）是股票价格在已经充分反映虚假陈述揭露信息后，因为其他信息而发生的变化。这两部分都不应当计入投资者的损失。因而，除非在极为巧合的情况下，否则通过计算买入日和卖出日，或买入日和基准日的价格差额，无法准确估计投资者的损失。

图6－3显示了在诱空型虚假陈述的情况下，投资者损失的理论值。①其中，实施日（A点）、卖出日（B点）和揭露日或更正日（C点）对应的价格分别为P1、P2和P3。在A点，被告实施了虚假陈述行为，即未披露利好行为。如果市场是有效的，那么股价将保持不变，但是股票价值将上升。由于是诱空型虚假陈述，股价保持P1水平，股票价值从P1上升至P2。随后在B点，原告以价格P1出售价值为P2的股票。最后，在C点利好消息被披露或更正，市场价格因此上升。但是由于系统风险的影响，股价并未上

① 图6－3展示被告隐藏利好消息的情况。对于被告虚假披露利空消息的情况，股票价格将在实施日下降、价值保持不变，其他变化类似。

升至 P2，而是与其价值一起向 P3 收敛。

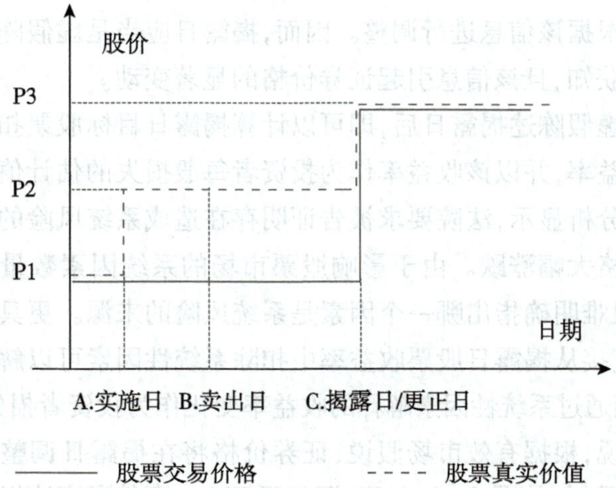

图 6-3　诱空型虚假陈述股票价格和价值变化

从理论上看，价差（P2-P1）是原告因为诱空型虚假陈述行为而遭受的损失。但由于证券价值 P2 无从观测，如果采用实施日与揭露日或更正日的价差（P3-P1）作为投资损失的估计，会将系统风险引起的价格变化（P3-P2）也计入损害赔偿之中。同样，除非在极为巧合的情况下，否则通过计算揭露日或更正日股价与卖出日股价的差额，无法准确估计投资者的损失。

根据上述理论讨论和图 6-2 和图 6-3 的分析，对于投资者损失（P2-P1）的估计可以采取两种思路：第一，直接法，计算实施日目标股票价格和价值之间的差额。但该方法涉及估计股票的真实价值，操作难度较高、准确率较低。第二，间接法，计算揭露日目标股票价格扣除系统风险后的变化。以图 6-2 为例，间接法通过从价格变化（P2-P3）中扣除（P1-P3）部分，估计投资者遭受的损失。与前述直接法不同，间接法从揭露日股价变化中分离出投资者损失，分离的思路即是使用事件研究法计算特定事件窗口内目标股票的超额收益率。

（二）使用事件研究法计算投资者损失

事件研究法是金融学测量突发事件对企业价值影响的经典工具，在证券虚假陈述案件中的应用体现了经济学与法学研究的交叉与融合。① 虚假陈述的实施日可以依据行政处罚确定，存在的争议相对较小。法院在认定

① 参见唐应茂：《金融法中的社会科学》，载《北大法律评论》2016 年第 2 期。

虚假行为的揭露日时,除了考虑信息的新颖性,还应当考察“重大性”。根据有效市场假说,如果虚假陈述行为具备重大性,那么其首次被揭露时,价格即会迅速根据该信息进行调整。因而,揭露日应当是虚假陈述行为首次被市场明确获知,且该信息引起证券价格的显著变动。

确定了虚假陈述揭露日后,即可以计算揭露日目标股票扣除系统风险后的超额收益率,并以该收益率作为投资者每股损失的估计值。对我国司法判决书的分析显示,法院要求被告证明存在造成系统风险的事由且引起全部股票价格大幅涨跌。由于影响股票市场的系统因素数量众多且相互作用复杂,很难明确指出哪一个因素是系统风险的来源。更具有可操作性的思路是,直接从揭露日股票收益率中扣除系统性因素可以解释的那部分变化,将不能通过系统性因素解释的收益率变化作为投资者损失的估计值。

具体来说,根据有效市场假说,证券价格将在揭露日调整至充分反映该信息的水平(如从图 6－2 中 P2 调整至 P3)。事件研究法以市场指数收益率衡量系统风险,当个股收益率与市场收益率之间存在稳定的函数关系时,可以根据历史数据估计该函数模型。利用该模型和揭露日市场收益率,能够进一步估计目标股票在揭露日的预期收益率,这便是系统风险可以解释的收益率变化。最后,目标股票在揭露日的实际日收益率与预期日收益率之间的差额即是超额收益率,该收益率是扣除系统风险后,投资者应当获得损害赔偿的最优估计值。

事件研究的样本选取国泰安数据库收录的 2014 年 1 月 1 日至 2018 年 12 月 31 日因信息披露违法违规公告收到行政处罚决定书的上市公司。在剔除了数据缺失的样本后,总计获得 110 项处罚公告。根据上述信息,继续在“巨潮资讯网”搜索上市公司公告的调查通知书和行政处罚事先告知书的相关信息。事件日选取调查通知书、行政处罚事先告知书或行政处罚决定书的披露日。事件窗口为[－7,7],即揭露日前后 7 个交易日。日超额收益率的计算公式如等式(6－3)所示。其中,R_{it}和$\hat{R}_{it}$分别是第 i 只股票在第 t 个交易日的每日收益和预期每日收益。

$$AR_{it} = R_{it} - \hat{R}_{it} \qquad \text{等式(6－3)}$$

使用等式(6－4)所示的市场模型估计预期每日收益$\hat{R}_{it}$,其中 R_{mt}是沪深三百指数在第 t 个交易日的每日收益率,$\hat{\alpha}_i$和$\hat{\beta}_i$是使用事件日前 150 个交易日的目标股票每日收益率和沪深三百指数每日收益率数据估计的参数值。

$$\hat{R}_{it} = \hat{\alpha}_i + \hat{\beta}_i \times R_{mt} + \hat{\varepsilon}_{it} \qquad \text{等式(6－4)}$$

使用上述方法估计上市公司公告收到证监会(局)调查通知书时,其股票组合的超额收益率。样本股票在(-1,5)事件窗口内,即公告日前1日至其后5个交易日内,样本股票组合的累计超额收益率为-12.03%,公告日当天日超额收益率为-5.535%。事件研究法估计(P2-P1)的结果显示,当被处罚的上市公司对收到证监会调查通知书作出公告时,其股票存在显著的负超额收益。

上述事件研究法对超额收益率的估计具有两方面的政策含义:第一,是否存在显著的超额收益可以作为判断相关信息是否满足“重大性”要件的标准,进而确定虚假陈述行为的揭露日。《2003年虚假陈述若干规定》第17条关于虚假陈述的认定,明确将“重大性”作为核心要件。[①] 由于我国证券民事诉讼存在前置条件,现阶段重大性并非法院考察的主要因素。但是随着最高人民法院推动取消行政前置程序的改革[②],信息是否具有“重大性”必将成为原被告争议的焦点。而信息的“重大性”体现在其是否能引起相关证券价格出现显著的异常波动,也即事件研究法是否能发现统计显著的超额收益。在Halliburton Co. v. Erica P. John Fund, Inc.案中[③],被告通过证明发行人股票价格并未显著受到原告主张的欺诈行为的影响,主张欺诈行为不具备“重大性”,以请求法院拒绝确认原告集团成立(class certification)[④]。

结合有效市场假说,对信息“重大性”的检验,应该在该信息首次公开时进行。事件研究法的结果表明样本股票组合仅在调查通知书公告日附近出现显著的超额负收益,而上市公司披露行政处罚事先告知书和行政处罚决定书并未引起其股票显著的波动。事件研究法的结果说明仅调查通知书公告向市场传递了新的重大信息,而行政处罚事先告知书或行政处罚决定书所披露的信息并不具有“重大性”。因此,以信息是否具有“重大性”为标准,揭露日的选择应当不晚于调查通知书的公告日。

第二,使用超额收益率可以估计虚假陈述给投资者造成的损失总额。报告样本股票组合在调查通知书公告日(-1,5)事件窗口内的累计超额收益率达到-12.03%,该比率可以视为持有样本股票的投资者遭受的每股

---

① 参见宋晓燕:《证券民事赔偿制度的经济分析》,载《法学评论》2002年第4期。

② 最高人民法院于2015年12月24日颁布的《关于当前商事审判工作中的若干具体问题》指出,根据立案登记司法解释规定,因虚假陈述行为引发的民事赔偿案件,立案受理时不再以生效的刑事裁判文书和监管部门的行政处罚为前置条件。

③ See 134 S. Ct. 2398, 2407-13 (2014).

④ See Donald C. Langevoort, *Judgment Day for Fraud-on-the-market: Reflections on Amgen and the Second Coming of Halliburton*, Arizona law review, 1: 37-59 (2015).

平均损失的估计值(图 6－2 所示 P2－P1)。[①]通过国泰安数据库获取样本内 107 只股票在调查通知书披露当日的总市值和流通市值,其中样本股票平均总市值约为 87.8 亿元人民币、平均流通市值约为 64.5 亿元人民币。以总市值作为基准,市场对样本股票组合因虚假陈述给投资者带来总损失均值的估计约为 10.56 亿元人民币(－12.03%×87.8);以流通市值作为基准,市场对样本股票组合因虚假陈述给投资者带来总损失均值的估计约为 7.76 亿元人民币(－12.03%×64.5)。而对裁判文书网公布的虚假陈述民事赔偿案件判决书的实证研究显示,被告支付的损害赔偿总额最高仅为 0.64 亿元人民币,大部分被告支付的赔偿总额在 0.1 亿元人民币以下。被告所承担的违法成本远低于其给投资者造成的损失。

使用超额收益率估计投资者损失具有显著的优势。一方面,超额收益率具有清晰的理论基础,以有效市场假说和欺诈市场理论为大前提,并以事件研究法作为估计模型。它以一致的逻辑估计受侵害投资者应当获得的民事损害赔偿,有助于降低证券民事诉讼的不确定性。另一方面,超额收益率也更具有理论上的说服力。对于同一虚假陈述行为,假定在揭露日之前不存在信息泄露,那么所有适格投资者面临的每股损失都应当为固定值,即(P2－P1)。而根据《2003 年虚假陈述若干规定》,同一虚假陈述行为可能导致不同投资者遭受不同的损失,这种差异缺乏理论支撑。例如,两位投资者可能在发行人虚假陈述实施日后某天内,以不同的价格买入两笔标的证券,并持有至虚假陈述揭露日或者更正日后某天以相同的价格卖出。这两位投资者受到的损失因为买入价格不同而存在差异。这种差异与有效市场假说和欺诈市场理论存在明显的矛盾。

第五节　其他多元化纠纷解决机制

与成熟证券市场相比,我国个人投资者占全市场投资者比例超过 99%,持股市值在 50 万元以下的中小投资者占比超过 95%。[②]随着我国证券市场的快速发展,证券期货纠纷数量呈现快速攀升的趋势,仅中国证监

---

① 调查通知书并未披露发行人违法行为的具体内容,因而在该事件附近计算的累计超额收益率,可能无法充分反映适格投资者遭受的每股损失。保证市场有效性的机制可以缓解该因素造成的不确定性。如证券市场存在不同类型的投资者,相较于散户来说,成熟的投资者获取信息的渠道更多,他们买卖行为所造成的股价变动可以有效估计虚假陈述的影响。

② 参见《体系化构建中小投资者损害赔偿救济制度》,载中国证券监督管理委员会官网,http://www.csrc.gov.cn/pub/newsite/zjhxwfb/xwdd/201709/t20170901_322892.html。

会“12386”投诉热线每年收到的投诉就高达数万件。①而大部分案件的案情相对简单、涉案金额较低，使用民事诉讼程序解决纠纷的成本较高，适合通过调解等多元化纠纷解决机制化解社会矛盾。②

最高人民法院、证监会发布了《关于全面推进证券期货纠纷多元化解机制建设的意见》，确立司法机关和行政机关调解组织之间协同合作的基本原则。证券纠纷调解具有以下三方面的基本特征：第一，便民免费。对于由中小投资者提起的纠纷调解申请，不收取任何费用，这也体现出调解制度减少私人救济成本的目的。第二，专业高效。调解程序是由证券监管机构、证券行业组织依据相关法律法规设计，调解员皆为具有多年从业经验的专业人士；并且对于争议金额较小的案件，可以适用小额速调机制。第三，诉调协同。经证券期货调解组织主持达成的调解协议，经调解员和调解组织签字盖章后，当事人可以申请具有管辖权的人民法院确认其效力，且一方当事人拒绝履行的，另一方当事人可以申请人民法院强制执行。③ 诉调协同保证了调解机制解决纠纷的能力，避免出现当事人双方投入大量资源进行调解却无法实质解决纠纷的尴尬情况，提升了调解机制的公信力。④

一、投服中心的调解程序

投服中心根据新《证券法》第 94 条的规定组织纠纷调解，作为主要的投资者保护机构，创新纠纷调解模式，采取与当地证券期货监管机构建立调解工作站的形式，拉近调解机构与纠纷双方的距离，提高调解机制的投资者友好度。截至 2019 年 3 月，投服中心已经在全国 35 个辖区设立了调解工作站。⑤ 根据《中证中小投资者服务中心调解规则》第 8 条的规定，投服中心纠纷受理范围较广。⑥ 调解程序分为普通调解程序和简易调解程序。在普通程序中，投服中心收到调解申请应当在 7 日内征求被申请人意见，而后者应当在 10 日内答复。如果被申请人不同意调解的，投服中心应

① 参见卢勇：《中国证券申诉专员制度的探索构建——以投服中心为样本的思考》，载《投资者》2018 年第 1 期。

② 参见范愉：《中小投资者保护与证券业纠纷解决机制的构建》，载《投资者》2018 年第 2 期。

③ 参见董新义：《证券期货纠纷调解机构的组织形态选择》，载《投资者》2018 年第 4 期。

④ 参见沈竹莺：《论我国金融专业调解机制的完善》，载《证券法苑》2019 年第 2 期。

⑤ 参见中证中小投资者服务中心官网的“调解工作站”相关内容，http://www.isc.com.cn/html/djgzz/。

⑥ 投服中心纠纷受理范围包括：第一，投资者与上市公司之间的纠纷；第二，投资者与证券期货经营机构之间的纠纷；第三，投资者与资本市场其他主体之间的纠纷；第四，投资者之间的纠纷；第五，投服中心认为可以受理的纠纷。

当在收到通知5日内告知申请人。当事人应当在10日内选定调解员,并告知投服中心。普通调解程序应当在30日内完成,简易程序应当在20日内完成调解。调解形式多样,包括现场调解、书面调解、网络调解、电话调解等。当事人双方达成一致意见的,调解员组织签署调解协议,并经当事人和调解员签名,当事人可以请求加盖投服中心印章。如果当事人拒不履行协议,投服中心可以根据《证券期货市场诚信监督管理办法》将相关信息记录至当事人的诚信档案。截至2019年年初,投服中心总计登记纠纷超过8000件,受理案件超过6000件,成功调解4300余件,投资者通过调解程序共获得赔偿近10亿元。[①]

二、证券业协会的调解程序

中国证券业协会在2016年通过《中国证券业协会证券纠纷调解工作管理办法》(以下简称《纠纷调解管理办法》)和《中国证券业协会证券纠纷调解规则》(以下简称《纠纷调解规则》),规范涉证券期货纠纷调解机制。中国证券业协会设立调解中心,可以向地方证券业协会按属地原则转办证券纠纷调解案件。[②] 根据《纠纷调解管理办法》第11条的规定,调解中心受理案件范围仅限涉及会员单位的纠纷,主要包括三类主体之间发生的证券业务纠纷:第一,会员与投资者之间; 第二,会员与会员之间;第三,会员与其他利益相关者之间。

调解员应当保持较高的道德水平,熟悉证券法规和业务,不存在违法或重大违规行为。此外,为了体现证券纠纷调解的专业性,调解员还应当满足以下条件之一:第一,会员单位担任中层以上领导职务或有5年以上证券行业工作经历;第二,5年以上证券监管部门、自律组织工作经历; 第三,5年以上纠纷解决经验的律师、仲裁员或调解员; 第四,有一定影响和威望的离退休法官、检察官和政府工作人员; 第五,具有中高级职称并从事法律、经济教学或研究的专家学者。根据2020年10月的数据,中国证券业协会在全国范围内聘任了294名调解员,其中律师、退休法官、高校法学教师等占比为32%,来自证券公司的占比为43%,来自监管机构及协会与地方协会的占比为25%。[③]在调解员的人员组成中,在证券监管机构和

---

① 参见《中证中小投资者服务中心纠纷调解工作站介绍》,载搜狐网,https://www.sohu.com/a/304029209_115124,最后访问时间:2021年6月30日。

② 参见杨东、文诚公:《资本市场诚信背景下的证券纠纷调解机制的现状与展望》,载《证券法苑》2012年第2期。

③ 参见 https://tzz.sac.net.cn/zqzsjs/zqjftj/tjgzjs/202010/t20201016_144381.html。

协会会员单位内任职的人员占比较高,他们可能因各自工作背景,对投资者寻求救济的诉求存在偏见。①

根据《纠纷调解规则》所设定的程序,调解申请可以由当事人单方或者共同向调解中心提出,后者在收到完备的申请材料后,应当在5个工作日内决定是否受理。调解程序分为简易调解程序和普通调整程序。对于简易调整程序,当事人无须现场参与,调解组织的工作人员即可以通过电话、邮件等方式组织调解,并在10日内完成调解工作。如果无法达成调解协议,且当事人双方同意,即进入普通调解程序。在该程序中,当事人应当选定调解员,根据案件复杂程度由1名或3名调解员进行调解。普通调解程序应当在20个工作日内结束,经调解中心批准最多可以延长10个工作日。调解协议应当在调解程序结束后3个月内完成制作并由当事人签字。根据中国证券业协会披露的相关数据,2012年7月至2020年10月,调解中心通过在线申请平台和书面方式共受理了2364起调解申请。其中,成功调解1724起纠纷,调解协议所涉金额总计达3.35亿元。②

① 参见沈伟、林大山:《我国证券纠纷多元化解决机制构建:实施困境和优化进路》,载《投资者》2020年第1期。

② 参见 https://tzz.sac.net.cn/zqzsjs/zqjftj/tjgzjs/202010/t20201016_144381.html。

第七章　美国证券法公共实施机制

美国证券市场受到严格的监管①，存在多家公共机构独立实施证券法，形成了多层次的证券法公共实施机制。首先，SEC 作为联邦证券监管机构，是最为重要的公共实施主体，对维护和促进证券市场的健康发展起到至关重要的作用。此外，美国 FINRA 作为受到 SEC 监督的证券业自律监管组织，也享有广泛的自律监管和处罚权。在上述机构之外，还有州证券监管机构和 DOJ 的公共执法投入。两位美国教授收集了 2004 年至 2006 年纽约证券交易所（New York Stock Exchange，NYSE）的上市公司提交的 10 – K 表格，其中第三项"重大诉讼"提供的相关信息显示，总计 43 家企业受到与证券违法行为相关的州机构的调查或执法活动，而 243 家企业受到了联邦机构调查或执法活动。在涉及联邦机构的案件中，SEC 参与了近 98%（238/243）的案件，DOJ 参与了 30%（73/243）的案件，全美证券交易商协会（The National Association of Securities Dealers，NASD）参与了 11%（27/243）的案件，NYSE 参与了 5.76%（14/243）的案件。②本章试图对上述主体实施证券法的活动进行全景式分析，进一步深入理解美国证券市场的制度基础。

第一节　美国证券交易委员会执法概况

一、组织机构

SEC 成立于 1934 年 7 月 2 日，是依据《1934 年证券交易法》设立的独立监管机构③，主要负责监管证券现货交易市场和与证券相关的期权产品

---

① 参见席涛：《美国管制：从命令—控制到成本—收益分析》，中国社会科学出版社 2006 年版，第 206 – 209 页。

② See Amanda Rose & Larry LeBlanc, *Policing Public Companies: An Empirical Examination of the Enforcement Landscape and the Role Played by State Securities Regulators*. Florida Law Review 65: 395 – 442(2013).

③ 美国的独立监管机构与内阁行政机构存在显著的区别，它们拥有"半立法、半行政、半司法权力"，除了受到司法审查之外，这些独立监管机构处于事前没有权力制约的状态，是"无上级的第四部门"。参见席涛：《法律、监管与市场》，载《政法论坛》2011 年第 3 期。

市场(以下简称证券市场)。①总统负责提名组成 SEC 主席委员会的5 位委员,每位委员任期5 年。为了防止单一党派把持证券监管活动,主席委员会中同一党派的委员数量应当少于3 人。SEC 明确指出其监管措施试图达到三个政策目标:第一,保护投资者;第二,保持证券市场公正、有序和有效率;第三,促进资本积累。

SEC 的监管和执法权力,来源于一系列法案的授权。如《1933 年证券法》和《1934 年证券交易法》分别赋予 SEC 监管证券发行和交易各环节的权力。《1939 年信托契约法》(Trust Indenture Act of 1939)进一步授权 SEC 监管公开发行的债权类产品。随后,《1940 年投资公司法》(Investment Company Act of 1940)和《1940 年投资顾问法》(Investment Advisers Act of 1940)则将大量投资公司和投资顾问纳入 SEC 的监管范畴。进入21 世纪后,《萨班斯法案》、《多德—弗兰克法案》(Dodd - Frank Wall Street Reform and Consumer Protection Act of 2010)和《2012 年创业促进法》(Jumpstart Our Business Startups Act of 2012)则授权 SEC 修订监管规章、提高上市公司信息披露水平、修改财务审计规则、改良信用评级规则和解决中小企业融资难等问题。SEC 通过提起诉讼程序,请求违法行为人承担法律责任。它可以选择向联邦法院或其内部设立的 ALJ 起诉,司法机关承担着监督 SEC 执法行为的责任。

SEC 的监管对象涵盖了证券市场的主要参与者,包括超过 5000 家证券经纪—交易商、证券公司、超过 11,000 名注册投资顾问、投资公司、自律监管组织(包括交易所和清算行)、评级机构、上市公司、会计师和审计师事务所。这些机构的注册、信息披露、日常交易和风险控制等行为都受到严格的监控。此外,SEC 还负责大量的规则制定工作,如审查政策建议稿、制定和解释监管规则、执行相关法律和监管规则,它通过解释并执行联邦证券法规为市场参与者提供行为指引。然而,美国证券监管体系也被广泛诟病存在监管割裂,部分金融衍生品的主管机关为美国商品期货交易委员会(Commodity Futures Trading Commission),导致现货市场和衍生品市场的监管真空,被认为是引发美国次贷危机的重要制度缺陷。②

SEC 的组织架构同样较为复杂,共设立了 5 个职能部门(divisions)、

---

① SEC 没有监管远期产品市场(futures market)的权力,该市场主要由商品期货交易委员会(Commodity Futures Trading Commission)监管。

② See Department of the Treasury, 2008 *Blueprint for a Modernized Financial Regulatory Structure*, available at http://www.treas.gov/press/releases/reports/Blueprint.pdf,最后访问时间:2021 年 6 月 30 日。

23 个办公室（offices）①和 11 个派出机构（regional offices）。其中，5 个职能部门包括：公司金融部（Division of Corporation Finance），主要负责监管发行人信息披露活动，可以发出宽恕函（no - action letters）指导发行人的创新活动；交易和市场部（Division of Trading and Markets），负责日常监督证券市场主要的参与者，保持公正、有序和有效的市场；投资管理部（Division of Investment Management），负责投资者保护、促进资本积累，监督投资管理行业；执法部（Division of Enforcement），负责调查证券市场的违法犯罪行为；经济和风险分析部（Division of Economic and Risk Analysis），负责经济运行分析和市场数据分析。

实施证券法是 SEC 的主要任务，主要由执法部和派出机构负责。在 1934 年 SEC 成立之时，法律部（Legal Division）承担了实施法律的职能。此后40 年间，派出机构一直负责调查证券市场违法犯罪行为并提起民事和行政诉讼，而交易和市场部主要负责监管和协调，并将刑事案件提交给 DOJ 提起刑事诉讼。②自 20 世纪 60 年代，SEC 总部执法部门雇员数量急剧增长，越来越多的重大案件转由 SEC 总部查处。1972 年 8 月，SEC 整合了分散在交易和市场部、公司金融部和投资管理部的执法权力，建立了执法部，专门负责 SEC 所有的执法行动。③

派出机构的组织形式更为复杂，每个派出机构都由一个地区主任负责，直接向执法部的主任和合规检查办公室主任汇报工作。SEC 的派出机构获得了大量的资源投入。波士顿咨询近期的报告显示，在 2010 年 SEC 所有的 3900 名雇员中，派出机构雇用了 1600 名，约占 SEC 全职人员总数

① SEC 在 2009 年至 2010 年对执法部进行了机构改革，以提高部门内部执法的效率和专业性，建立了 5 个全国性的小组（units）分别负责不同的子证券市场，以应对这些市场的专业性和复杂性。这 5 个小组包括资产管理小组（Asset Management Unite）、滥用市场小组（Market Abuse Unit）、结构性产品和创新产品小组（Structured and New Product Unit）、海外腐败法案小组（Foreign Corrupt Practices Act Unit）及市政证券和公共养老金小组（Municipal Securities and Public Pensions Unit）。

② See Daniel Hawke, *A Brief History of the SEC's Enforcement Program* 1934 - 1981, available at http://www.sechistorical.org/collection/oralHistories/roundtables/enforcement/enforcementHistory.pdf，最后访问时间：2021 年 6 月 30 日。

③ See Paul Atkins & Bondi Bradley, *Evaluating the Mission: A Critical Review of the History and Evolution of the SEC Enforcement Program.* Fordham Journal of Corporate & Financial Law 13: 367 - 417, 374(2008).

的40%。[①]由于派出机构的主要职责是合规检查和证券法执行，这样的制度安排可以有效加强监管机构与证券市场和被监管主体之间紧密联系，有利于获得一手信息。当然，派出机构实施证券法的缺点也很明显，由于各机构之间交流不畅，存在多个派出机构调查相同对象的情况，造成资源浪费。同时，各个派出机构遵循的执法程序存在显著差异，因而无法保持执法工作的一致性。最后，派出机构负责执法的雇员往往和SEC执法部雇员之间缺乏配合，降低了全国证券法执行的一致性和工作效率。

SEC对于执法活动的热衷还体现在其发展战略上。根据其2014—2018年战略规划，“促进遵守和实施联邦证券法”是其主要的战略目标。[②]为了达到这一目标，SEC设立了全国检查计划（National Examination Program）。该计划将尽最大可能检查被监管的金融机构。SEC期望这些检查工作可以帮助它发现违法行为，保证受到监管的组织和个人遵守联邦证券法。SEC采用多元化的检查策略以降低监管成本，包括风险优先级检查、依据举报和投诉的检查、在风险凸显行业的特别检查、对经纪人—交易商的日常监管检查等。[③]SEC保持高强度的检查活动，对投资顾问的检查率维持在9%左右，对经纪人—交易商的检查率保持在49%左右，对上市公司信息披露文件的检查率保持在50%左右。而执法部实施证券法的活动保持了较高的成功率，约90%的执法行为都至少获得了法院的判决、双方同意的法庭命令、缺席判决、有罪判决和/或货币或其他处罚。[④]

---

① 其中，纽约办公室（New York Regional Office）有391名雇员，波士顿办公室（Boston Regional Office）有125名雇员，费城办公室（Philadelphia Regional Office）有111名雇员，亚特兰大办公室（Atlanta Regional Office）有96名雇员，迈阿密办公室（Miami Regional Office）有106名雇员，芝加哥办公室（Chicago Regional Office）有240名雇员，沃斯堡办公室（Fort Worth Regional Office）有105名雇员，丹佛办公室（Denver Regional Office）有96名雇员，盐湖城办公室（Salt Lake City Regional Office）有25名雇员，洛杉矶办公室（Los Angeles Regional Office）有167名雇员，旧金山办公室（San Francisco Regional Office）有109名雇员，参见Boston Consulting Group, *U. S. Securities and Exchange Commission*: *Organizational Study and Reform*, https://www.sec.gov/files/967study.pdf，最后访问时间：2021年6月30日。

② 参见www.sec.gov/about/sec-strategic-plan-2014-2018.pdf，最后访问时间：2021年6月30日。

③ 执法活动同样存在不同机构之间的分工与协作。对于投资顾问（investment advisors）和投资公司（investment companies）的检查主要由SEC的合规检查办公室完成，对经纪人—交易商的检查主要由SEC和FINRA共同完成，对信息披露文件的检查主要由SEC的公司金融部负责，而对潜在的违法者提起诉讼的工作主要由执法部完成。

④ See SEC, 2015. Agency Financial Report: Fiscal Year 2015.

二、执法流程

（一）违法调查和合规检查程序

1. 违法调查程序

《1934年证券交易法》第21(a)章授权SEC调查违反证券法和其指定监管规则的行为，主要由执法部负责，其发起的调查活动分为非正式程序和正式程序两类，具体执法流程如图7-1所示。SEC的调查活动受到《SEC行为规范》的约束。[①]一般来说，SEC首先启动非正式的调查程序。在此程序中，调查人员不能通过传票(subpoenas)取证，而主要依靠机构和个人自愿的配合来获得相关的信息、证据和证词。非正式的调查程序是不公开的，因此其成功主要依靠被调查者的配合。调查人员在完成上述程序后，可以作出以下决定：(1)开始一项行政程序，以寻求矫正性制裁(remedial sanctions)；(2)寻求禁令救济(injunctive relief)；(3)当存在故意违法行为时，向DOJ转移相关案件；(4)不做其他处理并结案；(5)寻求启动正式调查的命令。如果该职员认为存在进一步调查的必要性，他可以通过向执法部的高级官员申请，由其向证交会委员会提交开始正式调查程序的申请。如果委员会认为存在违法行为的风险，那么会授予其正式的调查令(formal order)。

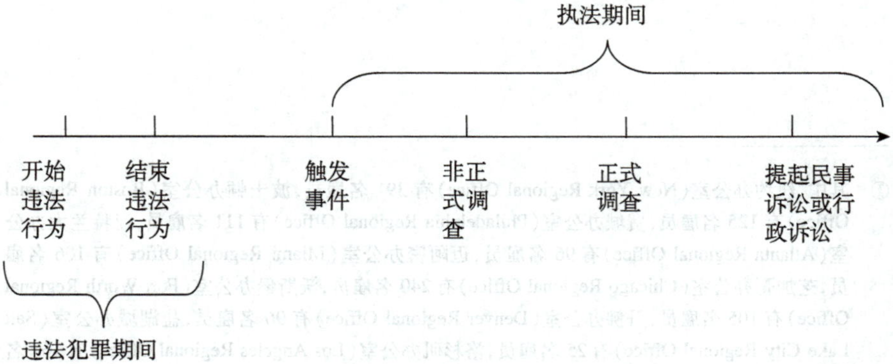

图7-1　SEC执法程序图示

如果证人拒绝配合非正式的调查，调查人员可以寻求启动正式程序，或者通过传票来获得必要的信息。在开始正式调查之前，调查人员需要获

① See SEC Rules of Practice, 17 C. F. R. § §201.1 et seq.

得 SEC 授权的正式调查令(formal order of investigation)。[①]正式调查令有两方面的作用:一是它说明了 SEC 授权调查的性质;二是它赋予调查人员签发传票和监督誓言的权利。[②]一旦正式调查程序开始,那么 SEC 的职员就有权力在全国范围内签发传票,调取人证和物证。如果传票被拒绝,SEC 职员必须通过向联邦法院起诉来执行传票。《多德—弗兰克法案》在《1934 年证券交易法》增加了第 4E 章,要求 SEC 职员在非正式调查开始后 180 天内向被调查人提供一份通知书,也被称为威尔斯通知书(wells notice),或者报告执法部主任不再推进执法程序。威尔斯通知书的内容包括被调查人违反的法条和基本事实,它为被调查人提供了一个申辩的机会。在正式调查程序中,证人有聘请代理律师的权利。

在正式调查结束后,调查人员可以决定不采取进一步的行动,或者建议 SEC 开始执行程序(enforcement proceedings)。如果 SEC 认定被调查人违反了证券法,那么执法部可以启动执行程序。SEC 的执法活动和其调查活动之间存在紧密的联系。一般来说,每个调查程序可能涉及多个违法行为和违法行为人,因此可能引起多个诉讼程序。有学者的实证研究显示,1978 年至 2006 年,每个成功的调查程序,平均将带来 2.06 个民事诉讼案件、1.7 个行政诉讼案件和 0.56 个刑事诉讼案件。[③]

2. 合规检查程序

合规检查办公室与执法部之间存在紧密的合作,前者进行的日常检查工作所发现的违法线索,是后者执法工作重要的信息来源。该办公室主要从提高被监管对象的合规体系效能、预防欺诈行为的角度,检查被监管对象。合规检查办公室会持续审查金融机构发行的产品是否符合监管要求,如是否符合向零售投资公开发行的要求、是否进行了充分的信息披露,以及服务于投资者的金融中介是否履行相关义务等。出于有效配置资源的考虑,合规检查办公室采取了风险为本的查验模式,通过对大数据的收集和分析,发现潜在的异常风险点,以便更有针对性地进行检查。

① 为了提高证券法执行的效率,2009 年至 2010 年,SEC 授权执法部的主任发行正式调查令和传票的权利。执法部主任进一步将上述权利授权给总部和派出机构负责法律执行的高级别雇员。SEC 还授权执法部主任向 DOJ 申请豁免令的权利,参见 Boston Consulting Group, *U. S. Securities and Exchange Commission: Organizational Study and Reform*, available at https://www.sec.gov/files/967study.pdf,最后访问时间:2021 年 6 月 30 日。

② See William McLucas, Lynn Taylor & Susan Mathews, *A Practitioner's Guide to the SEC's Investigative and Enforcement Process*. Temple Law Review 70: 58 - 59(1997).

③ See Jonathan Karpoff, Scott Lee & Gerald Martin, *The Cost to Firms of Cooking the Books*. Journal of Financial and Quantitative Analysis 43: 581 - 611(2008).

合规检查办公室在2019财年总计对监管对象进行了3089次合规检查,包括对注册投资顾问进行了2180次检查,覆盖该群体总数的15%;对投资公司进行的150次检查;对经济自营商进行的350次检查;对全国性证券交易所进行的110次检查;以及对市政投资顾问、清算机构等进行的近200次检查。[①] 此外,合规检查办公室还对FINRA各项工作进行了160次合规检查,督促其履行作为自律监管组织对其成员的约束责任。通过密集的检查活动,合规检查办公室发现并督促被监管对象纠正违法行为,在2019财年共发出近2000份“问题函”(deficiency letters),指出包括合规政策和程序、监管报告、信息披露以及不合理收费等问题。其中,合规检查办公室关于不合理收费的治理活动取得了显著的效果,全年共督促企业返还收取投资者的不合理收费超过7000万美元。当合规检查办公室发现严重的违法行为,会将案件信息移交给执法部。上述信息共享成为执法部查处案件的主要来源之一。在2019财年内,该办公室向执法部提供了超过150件违法行为的案件信息,帮助执法部查处注册投资顾问、共同基金和经纪自营商等监管对象的违法活动。[②]

(二)行政处罚程序

SEC必须起诉违法行为人,请求联邦法院判处违法行为人承担法律责任。证券执法程序与私人诉讼的主要差异在于,SEC在诉讼程序中不存在请求损害赔偿的诉求,因而只需要证明被告存在违法行为。同时,根据“第17(a)章”的规定,SEC无须在诉讼程序中证明主观故意。[③] SEC处罚的违法犯罪行为主要包括虚假陈述或隐藏重要信息、操纵证券价格、内幕交易、偷挪客户资金或证券、违反经纪人—交易商公平对待客户的责任和出售未注册的证券等。

SEC可以通过两种执法程序寻求救济、威慑违法犯罪行为:第一,SEC可以向联邦法院提起民事诉讼请求禁令(injunction),禁止被告违反证券法律法规的行为。它还可以请求民事罚款(civil monetary penalties)、返还

---

① See SEC, *Office of Compliance Inspections and Examinations*: 2020 *Examination Priorities*, available at https://www. sec. gov/about/offices/ocie/national - examination - program - priorities - 2020. pdf.

② See SEC, *Office of Compliance Inspections and Examinations*: 2020 *Examination Priorities*, available at https://www. sec. gov/about/offices/ocie/national - examination - program - priorities - 2020. pdf.

③ See James D. Cox, Robert W. Hillman, Donald C. Langevoort, Ann M. Lipton & William K. Sjostrom, 2020. *Securities Regulation*: *Cases and Materials* (9th Ed), New York: Wolters Kluwer, p. 758.

非法利润(disgorgement)或高管报酬回收(compensation clawbacks)等货币处罚。SEC 还可以向法院请求禁止或暂停被告担任公众公司管理层和董事的资格。第二,SEC 可以向其内部的 ALJ 提起行政诉讼,请求施加行政处罚。SEC 的行政处罚工具主要包括中止令(cease - and - desist order)、暂停交易(trading suspension)、暂停或收回经纪人—交易商和投资顾问注册文件、谴责、证券市场禁入和货币处罚等。行政法法庭虽然设在 SEC,但是 ALJ 被要求保持相对独立的地位。

在行政处罚程序中,SEC 可以请求被告承担的责任类型主要包括以下五种:

其一,禁令救济(injunctive relief)。在民事程序中,SEC 可以请求联邦法院判决从业禁令,法院在判罚中则主要考虑被告再次从事违法行为的可能性。[①] SEC 如果援引"第 10(b)章"和"10b - 5 规则"起诉,则需要证明被告具有主观故意。

其二,返还违法所得或者其他衡平性的救济措施(equitable relief)。《萨班斯法案》第 305(b)章授权 SEC 请求衡平性的救济措施。[②]无论在民事还是刑事程序中,被告所支付的罚款,都不能用于冲抵返还违法所得。[③]

其三,民事罚款(civil money penalties),1984 年通过的《内幕交易处罚法》(Insider Trading Sanctions Act of 1984)和 1988 年通过的《1988 年内幕交易和证券欺诈执法法》(Insider Trading and Securities Fraud Enforcement Act of 1988),授权 SEC 在联邦法院或行政法院对二级市场内幕交易人提起诉讼,请求最高 3 倍于内幕交易获利或者损失规避数额的民事罚款。[④]在《萨班斯法案》颁布之前,上述罚款必须上缴国库。[⑤]不过该法案第 308(a)章修改了上述规则,对于 SEC 通过诉讼或和解程序,成功请求被告同时承担返还违法所得和民事罚款的法律责任,民事罚款可以与返还违法所得一起用于赔偿受到违法行为伤害的投资者。

其四,市场禁入,禁止担任公众公司的高级管理人员或董事(officer or director)。《1990 年证券法执法救济和低价股改革法》(Securities Enforcement Remedies and Penny Stock Reform Act of 1990)授权 SEC 在联邦法院请求对被告施加资格罚,即判定禁止其担任公众公司的高级管理人

---

① See Aaron v. SEC, 446 U. S. 680 (1980).

② See 15 U. S. C. § 78u(d)(5).

③ See SEC v. Shah (S. D. N. Y. 1993).

④ 参见《1934 年证券交易法》第 21A(a)(2)章。

⑤ 参见《1934 年证券交易法》第 21A(d)(1)章和第 21A(e)章。

员或董事。SEC 必须证明被告违反了“第 10(b)章”或《1933 年证券法》第 17(a)(1)章,并且其行为表明不适合担任高级管理人员或董事。而《萨班斯法案》第 1105(a)章进一步授权 SEC 在行政程序中寻求剥夺被告的任职资格。

其五,行政救济措施,此类法律责任是指 SEC 在行政法庭(administrative forum)寻求的救济措施,主要包括以下五类:第一类是停止令(cease and desist order),如果 SEC 发现行为人可能或已经违反上述法案的规定,则可以请求向任何人发出停止令,阻止其可能从事的违法行为。[①] SEC 工作人员应当证明被告从事了违反证券法的行为。SEC 请求停止令处罚比禁令处罚所需证明的被告违法严重程度低很多,SEC 只需要证明被告从事违法行为,并且再犯的风险较低。而对于禁令处罚,SEC 则需要证明被告存在一定的概率(reasonable likelihood)再犯。第二类是 SEC 可以向在其注册的经纪商—自营商(broker - dealer)、投资顾问(investment adviser)、投资公司(investment company)以及它们的员工施加惩戒措施(disciplinary actions)。第三类是 SEC 可以根据《萨班斯法案》第 602 章[②]和规则 102(e)暂停、限制或禁止任何中介机构及其员工在其监管范围内从业。第四类是返还违法所得。[③] 第五类是对受到 SEC 监管的主体进行罚款。[④]根据违法行为的危害性,罚款分为三个等级:第一级是如果仅是技术性违规行为,最高罚款个人 7500 美元、机构 75,000 美元;第二级是如果违法行为还涉及欺诈、操纵或故意违反监管要求,最高罚款个人 75,000 美元、机构 375,000 美元;第三级是如果违法行为还造成大量的损失或者损失风险,最高罚款个人 150,000 美元、机构 725,000 美元。[⑤]

SEC 的执法行动给被监管对象带来了高昂的成本。第一,直接经济成本。根据 2016 年的统计数据显示,SEC 施加的罚款和追缴的非法获利总计高达 40 亿美元。[⑥]第二,执法活动给上市公司带来了高昂的声誉成本。针对 1978 年至 2002 年上市公司财务虚假陈述处罚的实证研究显示,造假公司平均需要支付 0.235 亿美元的罚款,约占公司市值的 8.8%。此外,被

① 参见《1933 年证券法》第 8A(a)章、《1934 年证券交易法》第 21C 章。

② 参见《1934 年证券交易法》第 4C 章。

③ 参见《1933 年证券法》第 8A(e)章。

④ 参见《1934 年证券交易法》第 21B 章,《投资顾问法》第 Section 203(i)章,《投资公司法》第 9(d)章。

⑤ 参见《1933 年证券法》第 8A(g)章。

⑥ See SEC, *Agency Financial Report: Fiscal Year* 2016, available at https://www.sec.gov/about/secpar/secafr2016.pdf.

处罚上市公司还需要承担额外的声誉损失，当其违法行为被披露时，市场施加的声誉成本约占市值的24.5%。[①]第三，执法活动给违法责任人施加了较高的私人成本。针对1997年至2006年2206名上市公司财务造假责任人的实证研究显示，违法行为人平均须支付570万美元的罚款。此外，约93.4%的管理人员在执法程序进行过程中被上市公司开除，并且约31%的被处罚责任人被SEC禁止担任公众公司的管理人员。[②]第四，执法行动给证券发行承销商带来了不菲的间接成本。虽然SEC对承销商施加的直接罚款不高，但是会显著降低承销商的市场份额。当承销商受到SEC调查的消息公布后，其次年市场份额平均下降了50%。[③]此外，由受过处罚的承销商承销的首次公开发行证券，其首日折价率也会显著上升。[④]

此外，执法程序可能导致被告被剥夺从事某些活动的能力，即取消资格处罚（disqualification）。这些处罚并未包含在法院判决内，不需要监管者或者法院裁定，而是由法律或监管规则自动适用的。[⑤]取消资格处罚的目的在于增加违法成本、防止违法行为人继续从事违法活动。证券法规主要规定了两类取消资格处罚：第一，取消作为发行人享受简易发行程序的资格。SEC为了节约发行人的成本，设置了免除发行人注册的特殊程序。[⑥]如果发行人、其子公司或承销商受到了刑事处罚、行政处罚、禁令或禁止从事某些业务，那么即不能享受这些特殊程序。此外，发行人的董事、管理人员、普通合伙人、持股10%以上的股东、发起人或承销商的合伙人、董事或管理人员如果受到刑事、行政处罚、禁令或禁止从事某些业务，也同样不能享受简易程序带来的便利。第二，SEC在2005年12月实施了一系列证券发行改革措施，专门定义了一类特别的上市公司，即“知名的再融资发行

① See Jonathan Karpoff, Scott Lee & Gerald Martin, *The Cost to Firms of Cooking the Books*. Journal of Financial and Quantitative Analysis 43: 581－611(2008).

② See Jonathan Karpoff, Scott Lee & Gerald Martin, *The Consequences to Managers for Financial Misrepresentation*. Journal of Financial Economics 88: 193－215(2008).

③ See Randolph Beatty, Howard Bunsis & John Hand, *The Indirect Economic Penalties in SEC Investigations of Underwriters*. Journal of Financial Economics 50: 151－186(1998).

④ See Randolph Beatty, Howard Bunsis & John Hand, *The Indirect Economic Penalties in SEC Investigations of Underwriters*. Journal of Financial Economics 50: 151－186(1998).

⑤ See Urska Velikonja, *Waiving Disqualification: When Do Securities Violators Receive a Reprieve*. California Law Review 103: 1081－1137(2015).

⑥ 主要的简易发行程序主要包括：“监管规则A”第262条（Rule 262 of Regulation A）关于小额发行豁免程序；“监管规则D”第505(b)(2)(iii)条[Rule 505(b)(2)(iii) of Regulation D]关于非公开发行证券总额低于500万美元的豁免程序；以及“监管规则D”第506(d)条[Rule 506(d) of Regulation D]关于向不超过35名合格投资者发行证券的豁免程序。

人”(well - known seasoned issuers)。①此类公司可以更快地向投资者发售证券,而不需要等待 SEC 审阅他们的注册文件。如果发行人受到 SEC 的执法处罚,那么即不能享受上述特殊程序。

当然,SEC 的处罚行为并不是无偏的,容易受到政治关联的影响。SEC 作为独立监管机构,不受总统和其他行政机关的制约。但是,其执法行为会受到国会专门委员会的影响,包括负责监督 SEC 工作的美国参议院银行、住房和城市事务委员会(U. S. Senate Committee on Banking, Housing, and Urban Affairs),美国众议院金融服务委员会(U. S. House Committee on Financial Services),以及负责拨款的美国参议院拨款委员会(U. S. Senate Committee on Appropriations)和美国众议院拨款委员会(U. S. House Committee on Appropriations)。②为了向专业委员会证明 SEC 工作的高效率,在其财年结束前(每年 9 月),SEC 都会大幅度提起执行程序,以增加每年的执法产出。另外,那些向任职于上述委员会的国会议员捐款的企业,他们受到 SEC 执法处罚的概率更小。③最后,游说支出较高的上市公司,SEC 处罚其欺诈行为的概率更低。④

(三)美国证券交易委员会的行政法官

ALJ 在美国已经有 70 余年的历史,《美国行政程序法》(Administrative Procedure Act, APA)在 1946 年创设了该职位,希望利用 ALJ 的专业性保障联邦政府的行政程序的公平性。⑤在 1972 年之前,ALJ 被称为听证审查官(hearing Examiner),无论是其独立性还是行政地位都处于较低的水平。⑥2016 年的统计数据显示,30 家联邦机构雇用了总计 1792 名 ALJ。⑦根据 SEC 披露的信息,ALJ 作为中立的裁判者,主要负责审理主席委员会命令(orders)的案件,裁判被告是否从事了被控告的违法行为。ALJ 的主

① See Securities Offering Reform, 70 Fed. Reg. 44722 (Aug. 3, 2005).

② See Urska Velikonja, *Politics in Securities Enforcement.* Georgia Law Review 50: 17 - 41 (2014).

③ See Maria Correia, *Political Connections and SEC Enforcement.* Journal of Accounting and Economics 57: 241 - 262(2014).

④ See Frank Yu & Xiaoyun Yu, *Corporate Lobbying and Fraud Detection.* Journal of Financial and Quantitative Analysis 46: 1865 - 1891(2011).

⑤ See Jeffrey S. Lubbers, *Federal Administrative Law Judges: A Focus on Our Invisible Judiciary*, Administrative Law Review 33: 109 - 131(1981).

⑥ See Bernard G. Segal, *The Administrative Law Judge - Thirty Years of Progress and the Road Ahead*, American Bar Association Journal 62: 1424 - 1428(1976).

⑦ See Office of Personnel Management, *ALJs by Agency*, available at https://www.opm.gov/services - for - agencies/administmtive - law - judges/#url = ALJs - by - Agency,最后访问时间:2021 年 6 月 30 日。

要工作包括：第一，对“委员会诉讼程序发起令”（commission order instituting proceedings）涉及的案件进行初次审理；第二，签发传票；第三，组织庭前沟通会（prehearing conferences）；第四，对于各项动议和证据采纳情况进行裁定。[①] SEC 内部的行政审判程序与联邦法院的非陪审团审理程序类似。

《SEC 行为规范》规定了其行政执法的程序性要求。第一，SEC 应当先向被调查人签发“程序发起令”，该发起令包括了关于违法行为的基本信息。第二，被调查人应当在收到发起令后 20 天内进行回复。第三，SEC 内设的独立 ALJ 会对案件进行审理。根据 APA 的相关规定，SEC 的举证责任必须达到优势证据（preponderance of the evidence）的程度。ALJ 作出判决，双方可以上诉至证交会委员会；而被调查人如果不满意证交会委员会的审查结果，还能上诉至美国巡回上诉法院。[②] ALJ 可以施加广泛的行政处罚，主要包括返还违法收益、中止令、谴责、暂停交易、限制营业活动、禁业、暂停或收回注册文件等。[③]

行政程序独有的处罚形式主要体现为禁业裁决，即 ALJ 可以判罚禁止令和追究经纪人公司未能有效监督其雇员的责任。[④]禁止令对于经纪人、会计师、律师等证券行业的从业者具有很强的威慑力。一旦他们被禁止在证券市场执业，他们的职业生涯即宣告终止，违法成本非常高。当然 ALJ 可以判决的救济形式也有其局限性，不能施加以下三类处罚：第一，依照《1934 年证券交易法》第 21（d）（2）章，请求禁止被告担任公众公司的管理人员和董事的禁令；[⑤]第二，根据《萨班斯法案》第 304 条，没收高级管理人员因为财务造假而获得的奖金；[⑥]第三，刑事处罚。上述三类救济形式仅能通过请求联邦法院裁判来实现。

次贷危机后，美国国会认为应当提高投资者保护水平，因此通过《多德—弗兰克法案》授权扩大 SEC 行政诉讼程序的适用范围，ALJ 的重要性获得了显著的提升。首先，此前依据《1990 年证券法执法救济和低价股改

---

① 参见 https://www.sec.gov/page/aljsectionlanding，最后访问时间：2021 年 1 月 17 日。

② See David Zaring, *Enforcement Discretion at the SEC*, Texas Law Review 94: 1155 – 1219 (2016).

③ See SEC, *Office of Administrative Law Judges*, available at https://www.sec.gov/alj，最后访问时间：2021 年 6 月 30 日。

④ See Urska Velikonja, *Reporting Agency Performance: Behind the SEC's Enforcement Statistics*. Cornell Law Review 101: 901 – 980, 936 – 937 (2016).

⑤ See 15 U.S.C. § 78u(d)(2) (2012).

⑥ See 15 U.S.C. § 7243(a) (2012).

革法》[1]的规定,ALJ仅有权管辖那些被告是在SEC注册的个人和企业的案件,即证券经纪商—交易商,投资顾问和那些证券在SEC处注册发行证券的企业。[2]对于未在SEC处获得执照或者注册执业的违法犯罪行为人,联邦法院享有专属的管辖权。如果SEC想向其他主体施加民事处罚,必须在联邦法院提起诉讼。《多德—弗兰克法案》则授权SEC在ALJ主导的行政诉讼程序中,请求向违反联邦证券法或其他依据该法制定监管规则的违法行为人施加民事处罚(civil penalties),以扩大行政执法的强度。[3]

上述变化显著改变了SEC执法活动。由于行政诉讼程序适用范围的限制,SEC此前每年仅将60%的案件诉至ALJ,而《多德—弗兰克法案》颁布后,该比例在2015年上升至80%,也即超过八成的处罚案件是在SEC的"主场"进行审理的。[4]而对于公众公司的执法程序更是呈现向SEC"主场"迁移的趋势,从2010年仅21%的案件由ALJ审理,上升到2016年的88%。[5]从案件类型来看,发生审理机构迁移的主要是以下三类案件:第一,内幕交易;第二,涉及《反国外行贿法案》(Foreign Corrupt Practices Act)的案件;第三,涉及财务造假的案件。[6]

表7-1展示了ALJ在2017年至2020年审理案件数量的情况。从第1栏的数据可以看出,ALJ每年待审理案件的数量处于波动状态,2017年和2018年,每年新增案件数量较高,结案压力较大。第2栏显示2017年下半年较高比例的案件是以其他方式结案,如和解、驳回等。第3栏的数据则揭示出当ALJ的待审案件数量较高时,结案所用时间也大幅度缩短。由于担心SEC的"主场"优势会剥夺被告受到正当程序保护的权利,SEC"择地而诉"的行为也遭到不少学者的批评。[7]

---

① See 15 U.S.C. § 77h-1 (2012).

② See David Zaring, *Enforcement Discretion at the SEC.* Texas Law Review 94: 1155-1219, 1164 (2016).

③ 参见《多德—弗兰克法案》第929P(a)章。

④ See Cornerstone Research, *SEC Enforcement Activity Dips in* 2016, available at https://www.cornerstone.com/Publications/Research/SEC-Enforcement-Activity-Dips-in-2016.

⑤ See Stephen Choi, Sara E. Gilley & David F. Marcus, *SEC Enforcement Activity Against Public Company Defendants: Fiscal Years* 2010-2015, available at http://www.law.nyu.edu/sites/default/files/SEC-Enforcement-Activity-FY2010-FY2015.pdf.

⑥ See Gideon Mark, *SEC and CFTC Administrative Proceedings*, Journal of Constitutional Law 19: 45-140(2017).

⑦ See Kent Barnett, *Against Administrative Judges*, U.C. Davis Law Review 49: 1643, 1645 (2016).

表 7-1 2017 年至 2020 年美国 SEC 行政法官审理案件情况

	2020 年春季	2019 年秋季	2019 年春季	2018 年秋季	2018 年春季	2017 年秋季	2017 年春季
第 1 栏 案件数量							
期初未判决案件	26	43	58	186	58	101	76
期间新增案件	3	2	7	1	166	133	105
第 2 栏 结案方式							
判决	4	12	17	102	12	56	57
其他（和解、驳回等）	9	7	5	27	26	120	23
第 3 栏 结案时间							
首次结案所用天数（中位数）	345	466	336	111	226	43	69

注：1. SEC 每半年披露一次其 ALJ 系统的运行状况，本表所示“春季”指每年 4 月 1 日至当年 9 月 30 日、“秋季”是指每年 10 月 1 日至次年 3 月 31 日。

2. 数据参见“SEC Report on Administrative Proceedings 2017 – 2020”系列报告。

此外，《多德—弗兰克法案》颁布后，SEC 获得授权请求 ALJ 裁定被告支付罚款，该项授权增加了 SEC 施加货币处罚的优势。虽然罚款金额相对较低，针对个人每项违法行为的罚款上限为 160,000 美元，针对企业每项违法行为的罚款上限为 775,000 美元①，但是罚款被认定为违法行为人获得非法货币收入的重要证据，是联邦法院判罚返还违法收益的前提②。而违法所得的数额一般较大，如内幕交易和市场操纵行为，往往高达数亿美元。③ SEC 请求 ALJ 施加罚款将增加其在联邦诉讼程序中请求被告返还违法所得的成功率。

第二节 美国证券交易委员会执法的要素投入

衡量证券法公共执行要素投入的两个主要指标是监管部门的预算和雇员的数量。由于资源的有限性，监管机构无法完美地监管证券市场，但是缺乏资源投入必定会降低监管的有效性。有学者对证券监管要素投入

① See 17 C. F. R. § 201.

② See 15 U. S. C. § 78u – 2(e).

③ SEC 对违法所得的定义包括违法获利，也包括违法避免的损失。See SEC, *Agency Financial Report*: *Fiscal Year* 2014, available at https://www.sec.gov/reportspubs/annual reports/about – secafr2014shtml.html.

的跨国研究显示，预算规模和雇员数量与资本市场发展呈显著的正相关关系。[①]而在他们调查的49国样本中，美国证券监管机构的标准化预算数量和人力资本投入的排名都相对靠前。本节将从时间序列的维度对美国证券监管的要素投入进行深入的分析。

一、美国证券交易委员会的人力资本投入

监管机构的雇员数量和专业程度是其人力资本的重要体现。特别是对于证券监管机构，其监管活动的专业性较强，需要大量受过系统训练的雇员从事调查、取证和执法等工作。图7－2展示了2011年至2018年SEC雇员数量和年度增长率的变化趋势。[②]2011年SEC雇用了3844名全职雇员，此后雇员规模逐步增长，到2017年达到最高峰4794人，6年间增长了约25%。SEC雇员规模的增长实际上始于2002年安然财务丑闻。美国国会2003年2月授权SEC在2年内新雇用840名工作人员，超过当时雇员总数的30%。[③]而考虑到市场规模，使用美国国内上市公司数量对SEC的雇员规模进行标准化处理，平均每家上市公司对应0.99名监管人员。标准化雇员数呈现持续上升的趋势，年均增长约2.02%，监管机构雇员规模的增长与上市公司数量的增长相匹配。SEC的工作人员主要从事法律执行、违法行为调查和信息披露审查等工作。根据美国政府问责署（Government Accountability Office）2008年的报告显示，受雇于执法部的工作人员为1117人，约占雇员总数的1/3，其中50%为调查律师。[④]

雇员规模仅是决定公共机构人力资本的因素之一，雇员的专业程度同样是监管机构能力的重要决定因素。一方面，SEC的工作人员都受过系统的专业训练。例如，84%的雇员获得了本科以上的学位，其中约500人获得硕士学位，超过50人获得博士学位。[⑤]另一方面，SEC试图防止有经验的员工流失，以提高其监管效率。SEC雇员的平均服务年限为10年，有40%员工的服务年限超过10年。[⑥]由于SEC近年来未披露员工的离职率

---

① See Howell Jackson & Mark Roe, *Public and Private Enforcement of Securities Laws: Resource－Based Evidence*. Journal of Financial Economics 93: 207－238(2009).

② 美国证交会的财年与自然年并不重合，财年的截止日期为8月31日。

③ See SEC, 2004 *Performance and Accountability Report*, available at https://www.sec.gov/reportspubs/annual－reports/aboutsecparshtml.html.

④ See United States Government Accountability Office, *Greater Attention Needed to Enhance Communication and Utilization of Resources in the Division of Enforcement*, available at https://www.gao.gov/products/gao－09－358.

⑤ See SEC, 2010. SEC HR Database 2010.

⑥ See SEC, 2010. SEC HR Database 2010.

数据,图7－3仅显示了2005年至2009年SEC全职员工离职率的变化趋势,5年平均离职率为7.2%。为了减少有经验员工的流失,SEC在2009年实施了更具有竞争力的薪酬制度,来吸引顶尖的人才。即使金融危机导致市场衰退,该政策还是达到了不错的效果,将2009年离职率大幅度降低至3.7%。

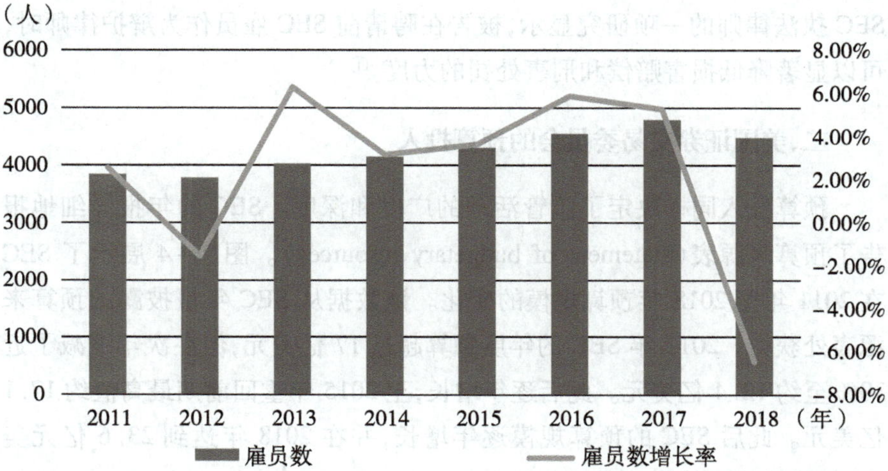

图7－2　2011年至2018年SEC全职雇员数量及其年度增长率

资料来源:"SEC Agency Financial Report: Fiscal Years 2012－2019"系列报告。

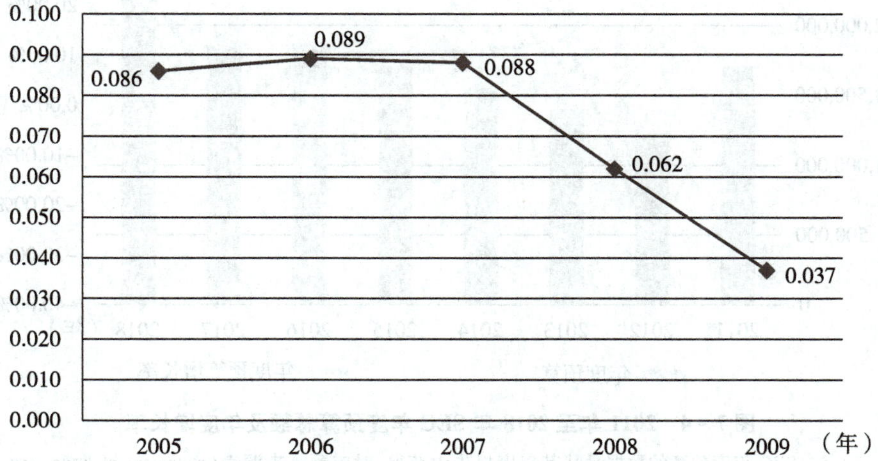

图7－3　2005年至2009年SEC全职雇员的年度离职率

资料来源:"SEC Agency Financial Report: Fiscal Years 2009"。

SEC有经验的雇员大规模流向证券行业,引起了对监管机构"旋转门"(eevolving door)的担忧。所谓"旋转门"是指监管机构与被监管行业之间的人员流动。当SEC的雇员可以在证券行业找到报酬丰厚的工作时，他们在监管机构工作期间，极有可能优待被监管机构，以期保持良好的关系，这将有利于他们未来在业界寻求一份高薪工作。高离职率也显著地降低了SEC监管的有效性。当有经验的员工从监管机构离职后，一方面，降低了监管机构的人力资本和法律执行的效率；另一方面，离职的监管人员提高了被监管机构的人力资本，增加他们规避监管规则的能力。针对SEC执法律师的一项研究显示，被告在聘请前SEC雇员作为辩护律师时，可以显著降低损害赔偿和刑事处罚的力度。①

二、美国证券交易委员会的预算投入

预算投入同样决定了监管活动的广度和深度。SEC的年报详细地报告了预算来源表（statement of budgetary resources）。图7－4展示了SEC在2011年至2018年预算规模的变化。该数据从SEC年报披露的预算来源表处获得。2011年SEC的年度预算超过17亿美元，但在次年缩减了近30%至约12.4亿美元。此后逐年增长，至2015年重回前期最高值约17.1亿美元。此后SEC的预算规模逐年增长，并在2018年达到23.6亿元美金，年均增长率约为6.22%。

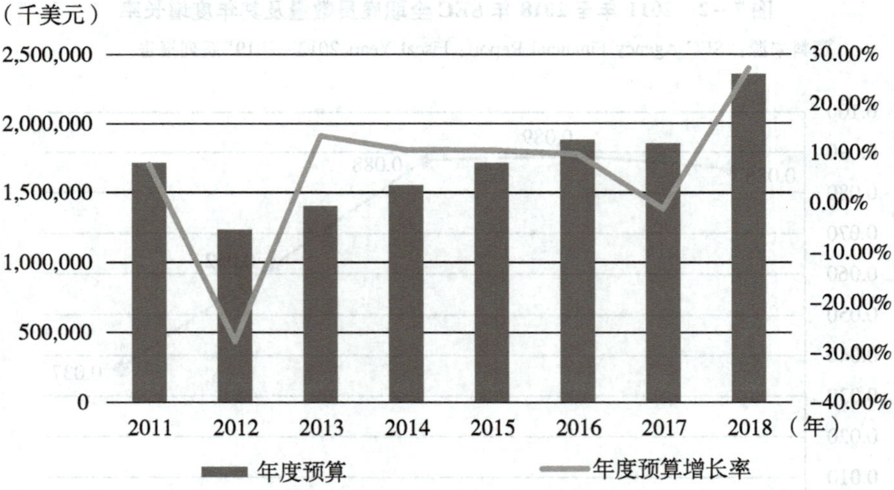

图7－4　2011年至2018年SEC年度预算总额及年度增长率

注：SEC年度预算的数据是从其年度报告中获得，对应预算来源表（statement of budgetary resources）中的总预算来源项目（total budgetary resources），其单位为千美元（thousand dollars），数据参见“SEC Agency Financial Report Fiscal Years 2012－2019”系列报告。

① See Ed deHaan, Simi Kedia, Kevin Koh & Shivaram Rajgopal, *The Revolving Door and the SEC's Enforcement Outcomes: Initial Evidence from Civil Litigation.* Journal of Accounting and Economics 60: 65－96(2015).

证券市场频发的丑闻成了 SEC 预算增长的催化剂。早在《萨班斯法案》颁布后，SEC 的年度预算在 2003 年即增长了 39%，而为了执行《多德—弗兰克法案》，2010 年 SEC 的年度预算又增长了 60.4%。考虑到数据的可比性，使用美国国内上市公司总市值作为分母，对 SEC 的年度预算进行标准化处理。5 年内美国股票市场每百万美元的市值中，平均约有 70.65 美元用于支付监管成本。标准化的年度预算呈现逐年递减的原因在于，美国股票市场迅速从次贷危机中恢复，总市值快速增长。

SEC 的预算支出存在两个明显的特征。一方面，预算主要是支付雇员的工资和福利。例如，人力成本的支出占 2010 年全年预算的 70%。①另一方面，SEC 的预算主要支付直接与证券法实施相关的项目(program)，包括执法项目(enforcement program)和守法检查项目(compliance inspections and examinations)。②这两个项目的投入约占 SEC 所有支出的 55%。表 7-2报告了 SEC 在 2009 年至 2018 年法律实施项目的投入。其中，执法项目的投入在 2017 年之前呈现稳定增长的趋势，9 年间增长了约 144%，而守法检查项目的投入增长了 83.8%，证券法实施项目投入的年均增长率约为 9.2%。但是，SEC 在 2018 年削减了执法项目的预算，法律实施项目总预算投入比上年减少了约 17.6%。

SEC 实施证券法打击欺诈行为面临的主要困境就是信息不对称问题，即其作为监管者与被监管对象相比处于信息劣势，获得有关违法行为的信息较为困难。为了提高证券法执法的效率，《多德—弗兰克法案》要求 SEC 建立“吹哨人”办公室③，鼓励知悉违法行为的主体向 SEC 提供有价值的线索。实际上《萨班斯法案》即设立了针对提供内幕交易相关信息的奖励制度。但是该制度存在明显的局限性，它主要着眼于保护“吹哨人”不受报复，对货币性奖励的规定是选择性的。因而，“吹哨人”制度并未发挥重要作用。

《多德—弗兰克法案》从两方面改善了既有的规则，以鼓励知情人向

---

① See Boston Consulting Group, *U. S. Securities and Exchange Commission: Organizational Study and Reform*, available at https://www.sec.gov/files/967study.pdf.

② SEC 将其预算支出与四个战略目标相挂钩。其中，“促进遵守和执行联邦证券法”被列为最重要的战略目标，安排了总额高达 9.549 亿美元的预算。其他三个战略目标和预算安排分别为：“建立和保证有效的监管环境”(1.691 亿美元)、“促进投资获得决策所需信息”(2.136 亿美元)和“通过统筹人力、信息和金融资本提高证监会的绩效”(2.46 亿美元)，参见 SEC, *Agency Financial Report: Fiscal Year* 2015, available at https://www.sec.gov/reportspubs/annual-reports/about-secafr2015shtml.html。

③ “吹哨人”是指那些向监管者或上级报告与组织中非法或者不诚信行为相关联信息的个人。他们是法律执行的重要信息来源，可以帮助监管者节约执法成本。

监管者提供信息。一方面,它强化了反报复的机制;另一方面,它强制监管者向"吹哨人"支付货币奖励。[①]如果"吹哨人"向 SEC 提供原始性、高质量的信息,且基于上述信息开展的执法程序总计共向违法行为人施加超过 100 万美元的罚款,则吹哨人可以获得货币处罚总额的 10% 至 30% 作为奖励。向"吹哨人"支付的货币奖励主要来源于 2010 年建立的投资者保护基金(Investor Protection Fund),该基金在 2011 年至 2018 年的规模如下页表 7-3 所示。投资者保护基金由美国国会设立,并且资金全部来自 SEC 根据《萨班斯法案》第 308 章收缴的货币处罚中赔偿给投资者后的剩余部分,因此不存在减少投资者可能获得赔偿的问题。

自 2012 年首次支付"吹哨人"奖励以来,SEC 总计向 106 人支付了 5.62 亿美元的奖励。高额的投入也换来可观的回报,根据"吹哨人"提供的原始信息,SEC 在执法程序中总计向违法行为人施加货币罚款超过 20 亿美元。近年来,SEC 试图提高奖励发放程序的效率,鼓励更多主体提供有价值的信息。在 2020 年,SEC 总计向"吹哨人"支付了 1.75 亿美元的奖励,包括在 2020 年 10 月 22 日向单一"吹哨人"支付的历史最高奖励 1.14 亿美元。[②]高额奖金也激励着知情人向 SEC 提供案件信息,其在 2012 财年仅收到 3000 件举报信息,而在 2019 财年则收到来自超过 70 个经济体的知情人提供的 5212 件举报信息,7 年内增长了超过 70%。[③]

---

① See Caroline Dayton, *An Empirical Analysis of SEC Enforcement Actions in Light of the Dodd-Frank Whistleblower Program.* NYU Journal of Law & Business 12: 215-256, 221(2015).

② See SEC, *SEC Issues Record $114 Million Whistleblower Award*, https://www.sec.gov/news/press-release/2020-266.

③ See SEC, *Whistleblower Tips Received and Communications in Fiscal Year* 2019, available at https://www.sec.gov/files/OW2019ARFINAL1.pdf.

表 7 – 2　2009 年至 2018 年 SEC 的证券法实施项目的投入

（单位：千美元）

项目	2009 年	2010 年	2011 年	2012 年	2013 年	2014 年	2015 年	2016 年	2017 年	2018 年
执法项目投入	333,382	355,451	391,183	400,574	451,072	487,047	549,396	602,923	812,238	578,452
守法检查项目投入	212,061	229,389	239,435	235,737	265,348	281,738	325,745	375,888	389,707	411,696
法律实施项目投入小计	545,443	584,840	630,618	636,311	716,420	768,785	875,141	978,811	1,201,945	990,148
法律实施项目占总投入的百分比	55.6%	55.3%	54.9%	53.1%	53.8%	53.4%	55.3%	56.39%	60%	54.8%
法律实施项目投入的年增长率	N. A.	7.22%	7.83%	0.90%	12.59%	7.31%	13.83%	11.85%	2.3%	–17.6%

注：数据来源见“SEC Agency Financial Report：Fiscal Years 2009 – 2018”系列报告。

表 7 – 3　2011 年至 2018 年美国投资者保护基金资产

（单位：千美元）

项目	2011 年	2012 年	2013 年	2014 年	2015 年	2016 年	2017 年	2018 年
年初基金规模	451,910	452,788	453,429	439,197	414,660	387,111	334,358	79,798
支付给“吹哨人”的奖励数额	0	46	14,832	25,069	28,397	55,122	257,165	14,398
支出比例	0.00%	0.01%	3.27%	5.71%	6.85%	14.24%	76.91%	18.04%

注：数据来源见“SEC Agency Financial Report：Fiscal Years 2011 – 2018”系列报告。

第三节　美国证券交易委员会的执法产出

本小节将系统地分析 SEC 的执法产出，即其执法部通过提起诉讼程序请求违法行为人承担法律责任的活动。这项研究的重要意义在于，依据贝克尔的违法行为预期成本收益公式可知，执法产出直接决定了违法犯罪活动的预期成本，也即决定了对违法行为人的威慑力。

一、美国证券交易委员会执法总产出

（一）执法活动的数量

SEC 执法产出同样保持较高的水平，图 7－5 展示了 2011 年至 2018 年 SEC 年度执法产出的数据。在此期间，SEC 平均每年提起 769 件执法程序，年均增长接近 5%。其中 SEC 的执法产出在 2016 年达到了最大值，为 868 件。如果以前一年在美国上市的国内公司总数为分母，对 SEC 年度执法产出进行标准化，则平均每家上市公司每年面临的执法行动在 0.15～0.2。[①] SEC 提起的涉及上市公司的执法程序并不多，平均每年仅有 30 家上市公司因违反证券法受到处罚，低于 SEC 执法行动总数的 5%。受到 SEC 处罚的主要对象为证券经纪商（占比 15.4%）、投资公司和投资顾问（占比 15.6%）。

以执法程序是否由 SEC 主动发起为标准，可以将执法产出划分为主要的执法行动（primary enforcement actions）和衍生的执法行动（follow－on action）。[②]主要的执法行动是指那些由 SEC 首先发起并主导以寻求民事或行政处罚的行动。而衍生的执法行动主要包括两类：第一，SEC 依据《1934 年证券交易法》第 15（b）章[③]和 SEC 执业规则（SEC's Rules of Practice）第 102（e）条[④]，在主要执法行动完成之后，请求禁止被告作为执业证券律师和会计师、禁止从事与证券行业相关的工作或者禁止从事与低价股相关的业务（penny stock bar）[⑤]。第二，SEC 可以基于违法行为人相

---

① 需要说明的是，SEC 的执法行动并不仅仅针对上市公司，还包括金融中介机构和投资者等。因而，使用上市公司的数量对执法产出进行标准化是为了调整证券市场的规模。

② See Urska Velikonja, *Reporting Agency Performance: Behind the SEC's Enforcement Statistics.* Cornell Law Review 101: 901－980（2016）.

③ See 15 U.S.C. § 78o（b）（2012）.

④ See 17 C.F.R. § 201.102（e）（2015）.

⑤ 《1934 年证券交易法》第 15（b）（6）（A）（iii）章规定了从事低价股相关业务的禁令。

同的违法事实同时提起民事诉讼以寻求罚款救济和行政诉讼以寻求禁止令。①

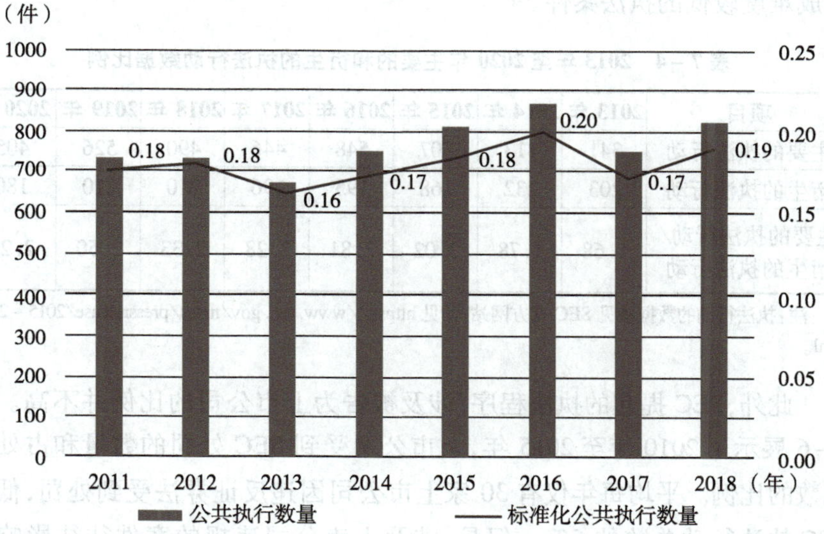

图7－5　2011年至2018年SEC公共执法总产出

注：1. SEC年度公共执行总量从SEC官网获得，详见https://www.sec.gov/。

2. "标准化公共执行的数量"是以前一年美国上市的国内公司总数为基础，2009年至2015年美国上市的国内公司总数分别为4401、4279、4171、4102、4180、4369和4381，详见世界银行网站http://data.worldbank.org/indicator/。

对主要执法行动与衍生执法行动进行区别的意义在于，SEC在这两类案件中投入的执法资源和执法难度存在差异。对于主要的执法行动，SEC需要调查、取证、起诉并证明被告存在违法故意，因而投入的资源较多、执法难度较大。而衍生的执法行动是建立在其他执法行动的基础之上，是一种"搭便车"行为，因而投入的执法资源较少。②如果SEC执法的产出更多是衍生的执法行动，那么即便总产出呈现较大幅度的增长，也并不能说明SEC的执法效率和执法强度存在显著的提升。表7－4汇报了2013年至2020年SEC的主要执法行动和衍生执法行动的相关数据。SEC在2013年至2020年主要执法产出的绝对数量呈现波动上升趋势，而衍生执法产出的绝对数量呈现波动下降趋势。2013年至2016年，主要执法行动与衍

① See Urska Velikonja, *Reporting Agency Performance: Behind the SEC's Enforcement Statistics.* Cornell Law Review 101: 901－980(2016).

② See Urska Velikonja, *Reporting Agency Performance: Behind the SEC's Enforcement Statistics.* Cornell Law Review 101: 901－980(2016).

生执法行动的比例呈现快速上升的趋势，而2017年至2020年则保持了较为稳定的状态。这些数据说明SEC的执法行动的增长并不完全是依赖于完成难度较低的执法案件。①

表7-4　2013年至2020年主要的和衍生的执法行动数据比例

项目	2013年	2014年	2015年	2016年	2017年	2018年	2019年	2020年
主要的执法行动	341	413	507	548	446	490	526	405
衍生的执法行动	203	232	168	195	196	210	210	180
主要的执法行动/衍生的执法行动	1.68	1.78	3.02	2.81	2.28	2.33	2.50	2.25

注：执法行动的数据参见SEC官方网站，详见https://www.sec.gov/news/pressrelease/2015-245.html。

此外，SEC提起的执法程序，涉及被告为上市公司的比例并不高。图7-6展示了2010年至2015年，上市公司受到SEC处罚的数量和占处罚总数的比例。平均每年仅有30家上市公司因违反证券法受到处罚，低于SEC执法行动总数的5%。但是，涉及上市公司违规的案件往往影响巨大，涉及大量受侵害的中小投资者。

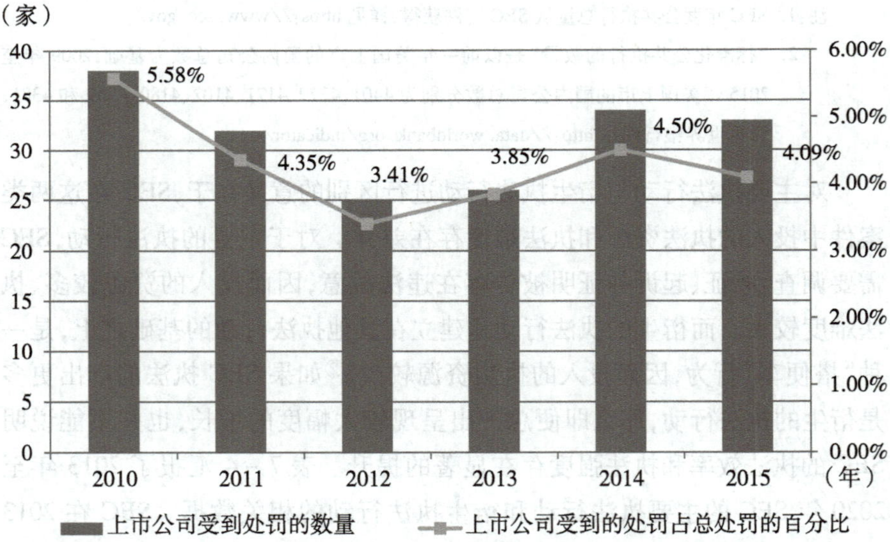

图7-6　2010年至2015年上市公司受到SEC处罚的数量和占总处罚的比例

资料来源：Cornerstone Research发布的报告"SEC Enforcement Activity Against Public Company Defendants 2015"。

① 对SEC执法产出的实证分析也显示出类似的结果，SEC主动发起的执法程序并未显著增加。See Urska Velikonja, *Reporting Agency Performance: Behind the SEC's Enforcement Statistics*. Cornell Law Review 101: 901-980 (2016).

(二)货币处罚

在1984年以前,SEC并不享有货币处罚权①,货币处罚现在已经成为SEC维护证券市场稳定和发展最主要的监管工具。2013年9月SEC主席Mary Jo White于芝加哥机构投资者大会上的发言指出,“我们必须积极使用现有的处罚权,并承认对个人或企业施加严格的货币处罚,起到保证法律实施机制有效率的重要作用”。② SEC对违法行为责任人施加货币处罚意图达到两方面的目标:第一,增加违法成本,威慑违法行为;第二,赔偿投资者的损失。

1. 威慑犯罪行为

由于证券市场的违法犯罪行为以非法获得经济利益为目的,货币惩罚直接增加了此类行为的经济成本。依据贝克尔关于犯罪行为的预期成本收益公式可知,货币惩罚可以对此类经济犯罪行为产生直接的威慑力。SEC现在享有广泛地在行政程序和民事程序中请求被告支付货币处罚的权利。《1990年证券法执法救济和低价股改革法》授权SEC通过民事程序向所有违法行为人,和通过行政程序向其监管的机构和个人,施加货币处罚的权利。③ SEC在虚假信息披露和内幕交易的案件中,一般会要求违法行为人返还非法获利。当涉及发行证券时的虚假信息披露时,SEC往往追究企业获得的违法收益;而当企业不出售证券时,企业一般不会被要求返还违法所得,因为很难确定企业获得了哪些收益。直到2010年,《多德—弗兰克法案》第929P章才授权SEC通过行政程序请求所有违法行为人支付货币处罚。

SEC依据违法行为(each act or omission)的数量来计算货币处罚的数额,因而在同一个执行案件中,被告可能因为存在多个违法行为而支付高昂的罚款。根据违法行为的严重程度,罚款的上限存在差异。第一类:如果行为人仅违反了证券法规,那么货币罚款取以下两个数值间的较高数额。针对自然人每项违法行为的罚款上限为5000美元,针对其他主体的上限为50,000美元;或者是该主体通过违法行为获得的货币收入。第二

---

① See Jon Eisenberg, *Brother Can You Spare $8.9 Billion? Making Sense of SEC Civil Money Penalties*, http://www.klgates.com/files/Publication/7b9cf03a-e90d-4bba-a373-bb494b063f9b/Presentation/PublicationAttachment/e5d51e6b-f798-4bf7-80beebeb853f0ad9/SECalert021114.pdf.

② Mary Jo White, *Remarks at the Council of Institutional Investors Fall Conference in Chicago, IL: Deploying the Full Enforcement Arsenal*, http://www.sec.gov/News/Speech/Detail/Speech/1370539841202.

③ See 15 U.S.C. §§ 78u-2(e).

类:如果违法行为涉及欺诈、市场操纵或故意/重大疏忽,那么货币罚款取以下两个数值间的较高数额。针对自然人每项违法行为的罚款上限为50,000美元,针对其他主体的上限为250,000美元;或者是该主体通过违法行为获得的货币收入。第三类:如果违法行为涉及欺诈、市场操纵或故意/重大疏忽,并且给他人造成重大损失,或产生重大损失的风险,或给违法行为人带来巨大收益,那么货币罚款取以下两个数值间的较高数额。针对自然人每项违法行为的罚款上限为100,000美元,针对其他主体的上限为500,000美元;或者是该主体通过违法行为获得的货币收入。

图7-7展示了2010年至2015年SEC施加的罚款和追缴的违法收益。SEC货币处罚的总额呈现急剧上升的趋势,6年间从28亿美元增加到42亿美元,增长率约为50%。如果考虑其间证券市场的市值变化,以当年上市公司的市值为分母,对上述数据进行标准化处理,则标准化的罚款和追缴非法获利数额约为1.5‰。也就是说,平均每1万美元的市值,SEC每年的罚款和追缴非法获利数额为1.5美元。SEC施加的货币处罚急剧增长是由于针对单个违法行为人的处罚数额大幅提高,特别是针对上市公司的货币处罚。[①]在2002年,SEC称施乐(Xerox)支付的1000万美元的民事罚款是其有史以来对上市公司施加的最高处罚。[②]而2010年至2015年,SEC共向上市公司被告施加了37亿美元的罚款和追缴非法获利处罚。其中有10个案件,被告支付了超过1亿美元的货币处罚。[③]巨额的货币惩罚使得证券市场参与者很难通过违法行为获得预期净收益,有效地降低了违法行为的数量。

① 2000年至2013年,上市公司被告在发行人报告和披露违规案件中支付的平均货币处罚为5790万美元。See Sonia Steinway, *SEC Monetary Penalties Speak Very Loudly, but What Do They Say - A Critical Analysis of the SEC's New Enforcement Approach*. Yale Law Journal 124: 209-232, 210(2014).

② See SEC, *SEC Annual Report* 2002, available at https://www. sec. gov/reportspubs/annualreports/aboutannrep02shtml. html.

③ See Cornerstone Research, *SEC Enforcement Activity Against Public Company Defendants, available at https://www. cornerstone. com/Publications/Reports/SEC - EnforcementActivity - Against - Public - Company - Defendants* - 2016.

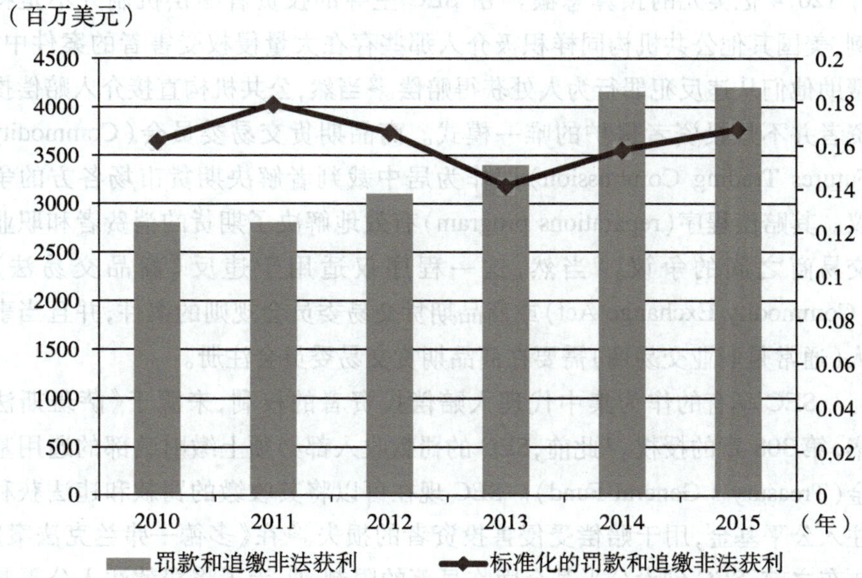

图 7－7　2010 年至 2015 年 SEC 罚款和追缴非法获利的规模

注：1. 年度罚款和追缴非法获利的数据从 SEC 年度报告处获得，参见"SEC Agency Financial Report：Fiscal Years 2010－2015"系列报告。

2. 美国国内上市公司总市值的数据从世界银行处获得，详见 http://data. worldbank. org/indicator/。

3. 年度罚款和追缴非法获利的单位为百万美元。

另外，SEC 的货币处罚主要由违法行为人承担。在计算货币处罚数额时，SEC 主要考虑违法行为给被告带来的货币收入，而不是给投资者造成的损失。如此设计处罚规则是考虑处罚成本的最终负担方。股东作为企业的所有者，任何针对企业的经济处罚，最终都是由股东负担。如果违法行为带来的收益主要由股东获得，那么针对企业的处罚就是有益的；如果违法行为带来的收益主要由企业的某些内部人获得，那么针对企业的处罚实际给股东造成了二次伤害。在此种情况下，货币惩罚由实际获利的内部人支付。

2. 赔偿投资者

SEC 作为公共监管者，其最引人注目的职能是查处和威慑违法犯罪行为。然而，SEC 同样承担着赔偿投资者的职能。根据最新的统计数据显示，2002 年至 2013 年，SEC 共建立了 243 只公平基金（fair fund），向被侵害的投资者支付了 144.6 亿美元的赔偿，这已经超过了近 12 年间 SEC 总计120.4亿美元的预算总额。[①]由SEC主导的投资者赔偿机制并不是特例,美国其他公共机构同样积极介入那些存在大量侵权受害者的案件中,帮助他们从违反犯罪行为人处获得赔偿。[②]当然,公共机构直接介入赔偿投资者并不是投资者保护的唯一模式。商品期货交易委员会(Commodity Futures Trading Commission)即作为居中裁判者解决期货市场各方的争议。其赔偿程序(reparations program)有效地解决了期货的消费者和职业交易商之间的争议。[③]当然,这一程序仅适用于违反《商品交易法》(Commodity Exchange Act)或商品期货交易委员会规则的案件,并且当事人(通常是职业交易商)需要在商品期货交易委员会注册。

SEC享有的作为集中代理人赔偿投资者的权利,来源于《萨班斯法案》第308章的授权。[④]此前,SEC的罚款收入都必须上缴财政部的通用基金(Treasury's General Fund)。SEC现在可以将其收缴的罚款和违法获利注入公平基金,用于赔偿受侵害投资者的损失。[⑤]在《多德—弗兰克法案》颁布之前,SEC创设公平基金面临显著的限制。[⑥]为了将罚款注入公平基金,SEC必须从同一个违法行为人追缴违法获利。[⑦]而请求被告返还违法获利的前提是,SEC必须在诉讼程序中证明被告从违法行为中获得经济利益。这一制度安排考虑到对于违法的企业来说,只有证明其获得了可观的非法利益,对于其施加的罚款才不至于造成无辜股东的二次损失。

在公平基金赔偿投资者的案件中,SEC被视为公共集团诉讼的代理人(public class counsel)。[⑧]其通过向违法行为人施加货币惩罚,并建立公平基金向投资者支付赔偿,达到威慑犯罪和赔偿投资者的双重目标。但公平

---

① See Urska Velikonja, *Public Compensation for Private Harm: Evidence from the SEC's Fair Fund Distributions.* Stanford Law Review 67: 331 - 395, 333(2015).

② 例如,联邦贸易委员会(Federal Trade Commission)即帮助受到虚假广告侵害的消费者寻求赔偿。See Adam Zimmerman, *Distributing Justice.* New York University Law Review 86: 500 - 572(2011).

③ See Verity Winship, *Public Agencies and Investor Compensation: Examples from the SEC and CFTC.* Administrative Law Review: 137 - 161(2009).

④ See 15 U.S.C. § 7246 (2013).

⑤ See Barbara Black, *Should the SEC Be a Collection Agency for Defrauded Investors?* Business Lawyer 63: 317 - 346, 318.

⑥ 《多德—弗兰克法案》第929B章规定即使不存在追缴的非法获利,SEC仍然可以将罚款用于赔偿投资者。See 15 U.S.C. § 7246(a).

⑦ See Barbara Black, *Should the SEC Be a Collection Agency for Defrauded Investors?* Business. Lawyer 63: 317 - 346.

⑧ See Verity Winship, *Fair Funds and the SEC's Compensation of Injured Investors.* Florida Law Review 60: 1103 - 1144.

基金作为赔偿投资者的机制，与私人集团诉讼存在显著的区别。[①] 针对243只公平基金的实证研究显示，公共机构介入的都是那些私人诉讼不能发挥作用的案件，并且也避免了“循环赔偿”的问题。[②]一方面，SEC施加货币处罚的对象大部分是金融中介，如券商、经纪公司或咨询公司等，这些机构往往不是私人诉讼针对的目标。另一方面，违法行为人（而非雇用其的公司）支付了大部分的罚金，并且他们不能通过董责险支付。虽然公平基金在赔偿投资者方面取得了显著的成效，但行政赔偿同样存在显著的缺陷。首先，公平基金的分配方案缺乏有效的程序保障，如司法审查和公示；其次，受侵害的投资者缺乏选择退出赔偿方案的权利，以确保充分考虑每个被侵害人的利益；最后，行政赔偿可能与私人诉讼重合，造成资源浪费。[③]

二、按违法行为类型划分总产出

按照被监管者违法行为的类型，可以将执法行动划分为九大类，如表7-5所示。其中，SEC处罚的违法行为主要涉及信息披露违规，即发行人报告、披露和证券发行违规、经纪自营商违规和违规申报。[④]

表7-5　2010年至2017年SEC查处的违法行为类型分布

违法行为类型	年份								平均占比
	2010	2011	2012	2013	2014	2015	2016	2017	
经纪自营商	70	112	134	121	166	124	173	168	17.62%
违规申报	106	121	127	132	107	132	125	112	16.10%
海外反腐败法	N/A	20	15	5	7	13	21	14	1.78%
内幕交易	53	57	58	44	52	39	45	41	6.48%
投资顾问/投资公司	113	146	147	140	130	126	159	126	18.17%

① 参见巫文勇：《金融市场侵权损害的多重民事法律救助制度》，载《甘肃社会科学》2014年第4期。

② See Urska Velikonja, *Public Compensation for Private Harm: Evidence from the SEC's Fair Fund Distributions*. Stanford Law Review 67: 331-395 (2015).

③ See Adam Zimmerman, *Distributing Justice*. New York University Law Review 86: 500-572 (2011).

④ 2010年至2015年，上市公司最主要的违法行为是发行人报告和披露违规与违反海外反腐败法。See Cornerstone Research, *SEC Enforcement Activity Against Public Company Defendants*, available at https://www.cornerstone.com/Publications/Reports/SEC-Enforcement Activity-Against-Public-Company-Defendants-2016.

续表

违法行为类型	年份								平均占比
	2010	2011	2012	2013	2014	2015	2016	2017	
发行人报告和披露	126	89	79	68	99	135	103	110	13.52%
市场操纵	34	35	46	50	63	43	33	46	5.86%
证券发行	144	124	89	103	81	98	97	99	14.06%
其他	35	31	39	13	50	97	112	38	6.64%
总计	681	735	734	676	755	807	868	754	100.00%

注:1. 在2011财年以前,“海外反腐败法”并不是一个单独的类型,而是归类为“发行人报告和信息披露”这一类型。

2. 在2011财年之前,“发行人报告和信息披露”这一类型包括“海外反腐败法”。

3. 数据参见“Select SEC and Market Data Fiscal 2010 - 2015”系列报告。

(一)信息披露违规

针对信息披露行为违规的处罚是SEC最主要的执法行为,占总数的28.26%。这是因为信息披露对于证券市场的健康发展有着重要的意义,被认为是证券市场健康发展的基石。①与有形资产不同,证券是无形资产,其价值是由未来产生的现金流决定的。而投资者和发行人之间存在信息不对称,发行人更加了解自身的经营状况和未来发展。因而,如果信息披露不规范,发行人将会利用自身的信息优势欺诈投资者,产生高昂的代理成本,这些都将给市场信心带来严重的负面影响。② 监管者通过设计标准化的强制性信息披露规则③来降低信息不对称和委托代理关系带来的交易成本。④美国证券法规对发行人的信息披露义务进行了详细的规定。发行人在发行证券时,需要准备招股说明书。招股说明书是相对标准化的针对发行人经营状况、财务状况和公司治理状况的文件。而证券上市交易后,

① See Bernard Black, *The Legal and Institutional Preconditions for Strong Securities Markets.* UCLA Law Review 48: 781 - 855(2000).

② 参见盛学军:《信息不完全——对证券公开规制的一种经济分析》,载《现代法学》2002年第6期。

③ 当然,并不是所有的学者都支持强制性信息披露,比如纽约大学法学院的Choi教授即支持通过市场声誉机制保证信息披露的有效性。See Stephen Choi, *Regulating Investors Not Issuers: A Market - Based Proposal.* California Law Review 88: 279 - 334(2000).

④ 标准化的强制性信息披露避免投资者与发行人就信息披露规则单独签订契约,给市场带来了正面的网络效应(network effects),可以有效降低交易成本。See Frank Cross & Robert Prentice, *The Economic Value of Securities Regulation.* Cardozo Law Review 28: 333 - 389, 357 (2006).

发行人有义务对影响证券价格的重要事件进行定期和临时的信息披露。

信息披露违规主要包括两类：一类是发行人报告和披露违规，主要是指证券发行人在定期报告和临时报告中虚假陈述或隐藏与证券相关的重要信息。[①]这类违规行为主要包括六大类，即确认营业收入（revenue recognition）、资产估值和减计（valuation and impairment issues）、盈余管理（earnings management）、披露不足（missing or insufficient disclosure）、内部会计控制（internal accounting controls）和返还奖金（clawback of bonuses and incentive – based compensation）。[②]另一类是证券发行违规，是指发行人在证券招股说明书或其他发行文件中虚假陈述或隐藏关于证券的重要信息。

SEC 的执法部主要负责查处发行人报告和信息披露违规行为，并在 2013 年建立了财务报告和审计工作小组（Financial Reporting and Audit Task Force），专职开发、完善调查和数据分析方法，以期更有效地发现和处罚欺诈行为。而发行人的临时和定期信息披露行为主要由 SEC 的公司金融部负责审查。此外，金融市场"看门人"等市场化的监督机制，也承担着保证信息披露真实有效的责任。[③] SEC 执法部主任 Andrew Ceresney 即评论道："'看门人'承担着保证发行人进行及时、全面和准确披露的重要作用。"[④]因而，近年来 SEC 在信息披露执法活动中也逐渐重视落实"看门人"的违规责任。[⑤]

（二）经纪自营商违规

《1934 年证券交易法》第 3（a）（4）（A）章将经纪人定义为"任何从事帮助他人账户执行证券交易业务的人"，是他人的代理人。而依据《1934 年证券交易法》第 3（a）（5）（A）章，自营商是"任何为他自己账户买卖证券

① 表 7 – 5 的数据显示 SEC 近年来加强了针对发行人报告和披露违规行为的查处力度。与 2013 年相比，其 2015 年的执法产出增加了 1 倍。

② See Jordan Clark, *SEC Prioritizes Prosecution of Issuer Reporting and Disclosure Abuses*, available at http://www.dwt.com/SEC – Prioritizes – Prosecution – of – Issuer – Reporting – andDisclosure – Abuses – 05 – 04 – 2016/.

③ 美国金融市场在 21 世纪初接连爆发的两次金融危机，都与"看门人"机制失灵有关。2001 年安然丑闻曝露出会计师事务所审计工作缺位，而 2008 年次贷危机则暴露出信用评级公司未能有效评估金融产品的风险。See Assaf Hamdani, *Gatekeeper Liability*. Southern California Law Review 77: 53 – 121（2003）.

④ Andrew Ceresney, *Directors Forum 2016 Keynote Address*, available at https://www.sec.gov/news/speech/directors – forum – keynote – ceresney.html.

⑤ See John Coffee, *Understanding Enron: "It's About the Gatekeepers, Stupid."* Business Lawyer 57: 1403 – 1420（2002）.

的人”。2010 年至 2016 年,SEC 针对经纪自营商违法行为的处罚约占执法总产出的 16.5%。其合规检查办公室承担了日常检查的责任,定期审核经纪自营商的账簿和交易记录。日常检查是 SEC 发现经纪自营商违规行为的最主要途径。经纪自营商有代表性的违法行为包括:未注册、欺诈相关行为、账簿和交易记录违规、行贿、市场操纵、择时交易、侵占投资者资金和庞氏骗局等。一旦合规检查办公室发现违反证券法的行为,它将向 SEC 的执法部移交相关案件。执法部可以通过提起民事诉讼或行政诉讼,请求被告承担违法责任。SEC 在联邦法院和 ALJ 处可以对经纪自营商施加相同的处罚,包括禁止从事类似的违法行为、货币处罚或禁业处罚。①

SEC 对经纪自营商的处罚呈现两个显著的特征:第一,SEC 对规模较大的经纪自营商的处罚多针对企业,而不涉及从事违法交易的一线雇员或者管理人员。②第二,SEC 对审判地的选择显示其对规模较大经纪自营商的偏袒。由于联邦法院施加禁业处罚的概率更高,并且行政程序往往在案件审理之前即庭外和解,保密性较高,因而被告更偏好于行政程序。对于相似的案件,SEC 更倾向于通过行政执法程序处罚规模较大的经纪自营商。对于那些通过行政执法程序审结的案件,规模较大的经纪自营商受到禁业处罚的概率也更低。③

(三)违规申报

2010 年至 2016 年,SEC 处罚的违规申报行为约占执法行动总数的 16.56%。所谓违规申报是指被监管主体未按照联邦证券法规的要求,及时准确地向 SEC 申报相关文件。违规申报行为主要有三类:第一,发行人未定期报告违规;第二,企业的内部人,如管理人员、董事和持有 10% 以上股权的股东,未申报其证券交易和持股变化的情况;第三,发行人未在其官方网站上及时更新内部人持股情况。存在违规申报行为的主体多为壳公司,SEC 对此类行为的处罚一般也是取消普通股注册。

违规申报行为的特殊之处在于,和其他主要执法行动相比,其需要承担严格责任,也即一旦被告存在上述行为,即需要承担违法责任。SEC 在针对违规申报行为的执行程序中无须证明被告人的犯罪意图(mens rea);

---

① See Stavros Gadinis, *The SEC and the Financial Industry*: *Evidence from Enforcement Against Broker – Dealers*. Business Lawyer 67:679 – 728(2012).

② See Stavros Gadinis, *The SEC and the Financial Industry*: *Evidence from Enforcement Against Broker – Dealers*. Business Lawyer 67:679 – 728(2012).

③ See Stavros Gadinis, *The SEC and the Financial Industry*: *Evidence from Enforcement Against Broker – Dealers*. Business Lawyer 67:679 – 728(2012).

而对于其他类型的违法行为，SEC 至少需要证明被告存主观疏忽大意（negligence），甚至是主观故意（scienter）。[①]因而，SEC 处罚违规申报行为的执法难度和执法投入都显著低于其他主要执法行动。有研究指出，SEC 为了在不增加支出的情况下提高其执法产出，针对违规申报行为的执法产出占总产出的比例出现大幅上升，从 2003 年的 2% 上升至 2013 年的 20%。

三、按受理法院类型划分总产出

SEC 的执法部可以通过向其内部的 ALJ 提起行政执法程序，或向联邦法院提起民事诉讼程序，请求违法行为人承担法律责任。表 7－6 展示了 2005 年至 2017 年，SEC 执法产出在不同受理法院之间的分布。2005 年仅有约 50% 的案件是通过行政程序执行。而 2014 年至 2016 年，SEC 通过行政程序执行了高达约 80% 的案件，这一比例在三年间保持稳定。[②] SEC 转向行政执法程序也引发了广泛的批评。[③] ALJ 属于该机构的雇员，任职保障类似于公务人员，由该机构支付报酬，远逊于联邦法官，这使他们更容易受到利益集团的影响。[④] 相关研究认为 ALJ 在裁判时存在严重的偏见，倾向于支持 SEC 的诉求。[⑤]相关实证研究也发现，SEC 更倾向于将理据较弱的案件诉至 ALJ，以提高执法的成功率。[⑥]

---

① See Urska Velikonja, *Reporting Agency Performance：Behind the SEC's Enforcement Statistics.* Cornell Law Review 101：901－980（2016）.

② SEC 转向更加依赖行政执法程序这一现象也发生在那些针对上市公司的执法行动中。2010 年至 2013 年，SEC 向 ALJ 提起的以上市公司为被告的执法程序仅占其执法总数的 30%，而在 2014 年和 2015 年这一比例上升至 75%，参见 Cornerstone Research，*SEC Enforcement Activity Against Public Company Defendants*，available at https：//www. cornerstone. com/Publications/Reports/SEC－Enforcement－Activity－Against－PublicCompany－Defendants。

③ See Ryan Jones，*The Fight Over Home Court：An Analysis of the SEC's Increased Use of Administrative Proceedings.* SMU Law Review 68：507－536（2015）.

④ See Rachel E. Barkow，*Overseeing Agency Enforcement.* George Washington Law Review 84：1129－1186，1160－1161（2016）.

⑤ See Lucille Gauthier，*Insider Trading：The Problem with the SEC's in－House ALJs.* Emory Law Review 67：122－155（2017）.

⑥ See Stephen Choi & A. C. Pritchard，*The SEC's Shift to Administrative Proceedings：An Empirical Assessment.* Yale J. Reg. 34：1－34（2017）.

表7-6　2005年至2017年SEC提起的行政和民事程序的分布

	2005年	2006年	2007年	2008年	2009年	2010年	2011年	2012年	2013年	2014年	2015年	2016年	2017年
行政程序	294	356	394	386	352	429	469	462	469	610	645	692	569
民事程序	335	218	262	285	312	252	266	272	207	145	162	176	185
总执行程序	630	574	656	671	664	681	735	734	676	755	807	868	754
行政程序占总执行程序的百分比	47%	62%	60%	58%	53%	63%	64%	63%	69%	81%	80%	80%	75%

资料来源："Select SEC and Market Data Fiscal 2010－2015"系列报告。

此外，行政审理程序也未能为违法行为人提供足够的程序性保护[①]，SEC对于违法事实类似的案件分别起诉至ALJ和联邦法院，而不同的处理方式缺乏合理性。[②]第一，行政执法程序受到APA和《SEC行为规范》的约束，类似于联邦法院的非陪审团审理程序，因此被告方无权申请接受陪审团审理。[③]第二，虽然争议双方有机会向ALJ提交己方主张、事实证据和法律适用的意见，但被告缺乏在联邦法院程序中享有的证据开示权利，以及由独立于SEC的联邦法院审理的机会。[④]第三，行政审理程序的证据规则也更灵活，无论是FRCP还是《联邦证据规则》(Federal Rules of Evidence，FRE)都不适用于行政执法程序，ALJ可以采纳"任何口头或纸质证据，除非该证据是无关的、不重要的或重复的"[⑤]。因此，传闻证据更容易影响裁判者的判断。第四，行政审理期限更为紧凑，根据《SEC行为规范》，ALJ必须在120天至300天内作出初始裁定。[⑥]在这段时间内需要完成证据开示(discovery)、庭审准备(trial preparation)、审前会议(prehearing conferences)、庭审(hearing)和出具判决书等事项。被告缺乏足够的时间收集证人和证据应对执法活动，而SEC在提起诉讼之前已经就案件做了充足的准备。第五，在行政执法程序中，双方和解无须ALJ的批准。执法部提出和解方案，双方达成合意后，报SEC的委员批准结案。而双方在联

---

① See Alexander I. Platt, *SEC Administrative Proceedings: Backlash and Reform*. Business Lawyer 71: 1－51(2016).

② See Ryan Jones, *The Fight over Home Court: An Analysis of the SEC's Increased Use of Administrative Proceedings*. SMU Law Review 68: 507－536, 527－528(2015).

③ See SEC, *Office of Administrative Law Judges*, available at https://www.sec.gov/alj.

④ See David Zaring, *Enforcement Discretion at the SEC*. Texas Law Review 94: 1155－1219 (2016).

⑤ See 17 C.F.R. § 201.320 (2012).

⑥ See SEC Rule of Practice, 第360(a)(2)章。

邦法院审理的诉讼程序中达成和解，则需要 SEC 委员和审理法官两方批准才生效。

由于上述原因，从审理结果来看，SEC 获得异于寻常的胜率也就不足为奇了。2010 年至 2015 年，SEC 在 ALJ 审理的案件中，如果被告选择进行抗辩，获得了 86% 的胜率，而类似案件中，SEC 在联邦法院仅获得了 70% 的胜率。①如果被告不满意 ALJ 审理的结果，那么接受其上诉的是 SEC 的委员，而正是这些委员签发授权令批准正式调查活动。SEC 的执法部在上诉案件中获得了 95% 的胜率。②当然，也有实证研究质疑 SEC 行政执法程序存在偏见的主张。例如，对2007 年至2015 年 SEC 行政执法活动的实证研究显示，其所获得的胜率主要是因为执法对象主要为企业，而企业与其达成和解的概率更高，而在法院诉讼程序中，执法对象主要是自然人，而自然人寻求获胜的激励更强。③而 Zaring 教授的分析指出，SEC 在行政程序中取得的高胜率仅是由其提交审理案件本身的特点决定的。ALJ 在 2010 年至 2015 年作出判决的 359 件案件中，182 件是缺席判决，即判定取消被告公司的注册资格，而被告公司并未出庭应诉。④剔除这类案件，在 SEC 起诉至 ALJ 的案件中，其诉讼请求获得支持的概率大约为 70%，与其在联邦法院的胜率类似。⑤

四、按结案类型划分总产出

SEC 执法程序的结案方式主要包括和解结案和判决结案。其中，超过 90% 的案件都以与被调查人达成和解的方式结案。⑥ ALJ 受理了更高比例的和解案件（settlement）。⑦ 2007 年至 2012 年，SEC 每年平均将 200 件和解案件（约占全部和解案件的 60%）诉至联邦法院。而这个趋势在 2013

① See Jean Eaglesham, *Fairness of SEC Judges Is in Spotlight*, available at http://www.wsj.com/articles/fairness-of-sec-judges-is-in-spotlight-1448236970.

② See Jean Eaglesham, *SEC Wins with In-House Judges*, available at http://www.wsj.com/articles/sec-wins-with-in-house-judges-1430965803.

③ See Urska Velikonja, *Are the SEC's Administrative Law Judges Biased? An Empirical Investigation.* Washington Law Review 92：315-370(2017).

④ See David Zaring, *Enforcement Discretion at the SEC.* Texas Law Review, 94：1155-1219 (2016).

⑤ SEC 在民事程序中的胜率大概为 2/3。See David Zaring, *Reasonable Agencies.* Virginia Law Review 96：135-197(2013).

⑥ See James D. Cox, Robert Hillman, Donald Langevoort, Ann Lipton & William Sjostrom, 2020. *Securities Regulation：Cases and Materials* (9th Ed), New York：Wolters Kluwer, p. 910.

⑦ See Urska Velikonja, *Securities Settlements in the Shadows.* Yale Law Journal Forum 126：124-138(2016).

年后出现了显著的改变。2015年,SEC仅将83件和解案件(约占全部和解案件的17%)诉至联邦法院,而将419件案件诉至ALJ。和解案件的特点在于,庭审前被告已经和SEC达成了协议,SEC和违法行为人都希望能节约成本,尽快使和解协议生效,降低不确定性。但是,和解协议生效需要ALJ或联邦法院批准。而联邦法院作为外部监督机制,存在一定的拒绝批准和解协议的风险。因而,SEC转向请求ALJ批准和解协议,降低了执法活动的不确定性,但是此类安排削弱了外部监督的有效性。

当事人双方存在较强的激励寻求和解方式结案。从被调查人方面来说,诉讼程序漫长、昂贵,会产生不良的公众影响;而辩护失败还要承受更严重的处罚。而对于SEC员工来说,机构资源的有限性限制其过多投入调查一个案件,因此他们也希望通过和解协议的方式,让违法行为人承担一定的惩罚。SEC和解协议的一个显著特征是包括"不承认、不否认"(no－admit/no－deny)条款,即在和解协议中被调查人可以不承认也不否认被控的违法行为。①为了减少被调查人利用政策漏洞进行正面宣传,和解协议一般明确禁止被告公开否认执法活动所指控的违法事实。SEC在1972年正式采纳了该政策②,并将其编入《SEC非正式和其他程序规则》(SEC Informal and Other Procedures)③。该政策被认为是激励被调查人和解的主要动因。

然而,迫于金融危机带来的压力,SEC在2013年修改了"不承认、不否认"政策,开始要求执法对象在某些和解程序中承认其违法行为,以应对公众对其允许违法行为人利用金钱掩盖违法行为的批评。新政策指出,在危害巨大的案件中,如存在同时进行的刑事审判程序,被执行人应当在和解协议中承认违法行为。这一政策转变也被认为会降低被调查对象寻求和解的积极性,特别是那些资产雄厚的机构投资者,它们可能不愿意在承认违法行为的前提下与SEC达成和解。因为,当被调查人在和解协议中承认违法行为后,该协议将会成为证券集团诉讼中原告投资者有力的证据,显著提高被告支付损害赔偿的概率。④在该政策施行4年后,实证研究显示SEC仅在约3%的和解协议中,要求被调查人承认违法行为,大幅度降低

① See Verity Winship & Jennifer K. Robbennolt, *An Empirical Study of Admissions in SEC Settlements.* Ariz. L. Rev. 60：1－66(2018).

② See Securities Act Release No. 33－5337, 37 Fed. Reg. 25 (1972).

③ See SEC Informal and Other Procedures, 17 C.F.R. § 202.5(2012).

④ See Daniel Fisher, *Why Settling with the SEC Can Be Worse Than Losing at Trial*, available at https://www.forbes.com/sites/danielfisher/2014/01/29/why－settling－with－the－sec－can－be－worsethan－losing－at－trial/#6d1f834e14b5.

了该制度的威慑力。[①]

第四节　金融业监管局的自律处罚程序

一、自律监管与金融业监管局

交易所自律监管在美国证券市场发展初期是保护投资者利益的主要制度。早在1791年,纽约的股票经纪人就采纳了一系列程序规则保证合同履行,并且交易所会剔除那些缺乏诚信的经纪人。[②]《1934年证券交易法》在约150年后,才在此基础上建立起由SEC主导的监管体系。自律监管能够起到保护投资者的作用,主要是因为交易所和经纪自营商的利润与市场的流动性紧密相连。证券交易量的增加,一方面将促进佣金收入增长,另一方面还可以增加自营交易的利润。而欺诈和内幕交易行为会对市场流动性产生显著的负面影响。因此,自律监管组织(self-regulatory organization)有激励保证行业的诚信,以维护投资者信心。[③]

自律监管具有明显的优势。与公共监管者相比,其具有信息优势、专业优势和激励优势,有利于提高监管的效率。[④]此外,由于自律监管无须投入公共资源,极大地节约了监管者的预算投入。当然自律监管也存在显著的风险,会员协会可能会成为维护卡特尔利益的组织,如采用固定费率、禁止与非成员交易等规定,限制成员之间的竞争。[⑤]此外,由于协会成员之间的利益冲突,自律监管可能会导致监管缺失,或选择性监管等问题。

FINRA是一家独立的、非营利性的自律监管组织[⑥],为美国唯一的管理经纪人和经纪自营商的自律监管机构。经SEC批准,2007年1月由美国全国证券交易商协会(National Association of Securities Dealers, NASD)[⑦]和纽约交易所(New York Stock Exchange, NYSE)的会员监管、执法和仲裁部门合并成立FINRA。FINRA的自律监管权主要来自《1934年

---

① See David Rosenfeld, *Admissions in SEC Enforcement Cases: The Revolution That Wasn't.* Iowa Law Review 103: 113-184(2018).

② See Paul G. Mahoney, *The Exchange as Regulator.* Virginia Law Review 83: 1453-1500 (1997).

③ See Adam C. Pritchard, *Self-regulation and Securities Markets.* Regulation 26: 32-39(2003).

④ See Marcel Kahan, *Some Problems with Stock Exchange-Based Securities Regulation.* Virginia Law Review 83: 1509-1519(1997).

⑤ See William F. Baxter, *NYSE Fixed Commission Rates: A Private Cartel Goes Public.* Stanford Law Review 22: 675-712(1970).

⑥ 详见http://www.finra.org/about。

⑦ NASD曾是负责监管柜台交易市场的自律监管组织。

证券交易法》第 15 章的授权。根据《1938 年玛隆尼法》(1938 Maloney Act),经纪人和经纪自营商必须在 NASD 注册才能销售证券。1975 年《1934 年证券交易法》修改后,NASD 才明确享有针对违法行为的处罚权。① FINRA 的成立由多方面的因素促成。首先,NYSE 在 2005 年进行了公司制改革,作为一家上市公司,其有效监管上市公司的能力受到质疑。② 其次,NYSE 和 NASD 同时作为证券市场的自律监管者,难免会出现监管重叠和冲突的问题,增加了市场参与者的守法成本。因而,SEC 通过合并上述机构成立 FINRA,希望能够提高监管的效率,降低交易成本。③

FINRA 是否属于政府机构存在较大的争议,特别是涉及其自律处罚措施。虽然 FINRA 在不同场合都强调自身作为自律监管机构,属于非政府机构,但是,法院和市场参与者并未完全接受这一观点。关于 FINRA 的机构属性,学界存在三种主流观点:第一,私人组织;第二,半政府组织;第三,仅从事政府活动的组织(organizations engaged in purely governmental activity)。④而从司法判决来看,同样存在较大争议。判断是否为公共机构的主流理论主要有两种:第一,公共职能理论(public function theory),考察私人机构所承担的活动是否在传统上为政府所独有。该理论强调"独有性",即历史上私人机构从未有权从事过该职能。FINRA 所从事的自律监管工作,在美国历史上存在很长时间是由私人机构执行的,因此其不属于政府机构。第二,联系理论(nexus theory),考察某项行为与政府之间的联系是否足够紧密。例如,政府是否授权、积极鼓励或者帮助私人机构从事某项行为,关键在于被考察的机构其决策是否具有自主性(discretion)。而美国国会与 SEC 都主张 FINRA 是依靠其资源和专业人士治理证券行业,因此,FINRA 享有较高的自主权,也不属于政府机构。⑤在设立 FINRA 之

---

① See Barbara Black, *Punishing Bad Brokers: Self - Regulation and FINRA Sanctions.* Brooklyn Journal of Corporate, Financial & Commercial Law 8: 23 - 55(2013).

② See Steven Irwin, Scott Lane, Carolyn Mendelson & Tara Tighe, *Self - Regulation of the American Retail Securities Markets - An Oxymoron for What Is Best for Investors.* University of Pennsylvania Journal of Business Law 14: 1055 - 1084(2011).

③ See Cervantes, Yesenia, *Fin Rah... A Welcome Change: Why the Merger was Necessary to Preserve US Market Integrity.* Fordham Journal of Corporate & Financial Law 13: 829 - 862, 831 (2008).

④ See Roberta S. Karmel, *Should Securities Industry Self - Regulatory Organizations Be Considered Government Agencies.* Brooklyn Law School Legal Studies Paper 14:151 - 197(2008).

⑤ See Michael Deshmukh, *Is FINRA a State Actor - A Question That Exposes the Flaws of the State Action Doctrine and Suggests a Way to Redeem It.* Vanderbilt Law Review 67: 1173 - 1212 (2014).

前,美国第二巡回法院曾经判定过 NASD 属于私人机构,指出主要负责行政监管的机构,其行为并不一定代表国家行为。①但美国联邦法院在审理有关 FINRA 自律处罚的案件时,如果一方当事人提出"FINRA 不是政府部门"的异议,法院却会驳回该异议。②

二、FINRA 的自律监管权

FINRA 的自律监管权主要来自《1934 年证券交易法》第 15 章的相关规定。根据《1938 年玛隆尼法》,经纪人和经纪自营商必须在 NASD 注册才能销售证券,但是该法案并未赋予 NASD 明确的权利提起惩戒性的处罚程序。③直到 1975 年修改《1934 年证券交易法》,NASD 才明确享有针对违法行为的处罚权。④表 7 - 7 展示了 2010 年至 2019 年 FINRA 监管的市场规模。会员企业和个人的数量较为稳定,截至 2019 年年底,约有 3517 家经纪商和 62.5 万名注册经纪人受到 FINRA 的监管。⑤

表 7 - 7 FINRA 监管的注册企业和个人规模

各项数量	2010 年	2011 年	2012 年	2013 年	2014 年	2015 年	2016 年	2017 年	2018 年	2019 年
会员企业	4600	4500	4289	4146	4068	3957	3835	3726	3607	3517
分支办公室	162,711	160,403	161,149	160,478	161,272	161,392	159,464	155,967	154,661	153,907
注册的销售代表	628,465	627,071	627,497	627,493	636,183	639,448	635,633	630,261	629,529	624,674

资料来源:https://www.finra.org/newsroom/statistics。

FINRA 受到 SEC 的直接监督,同时又与其紧密合作监管证券市场。近年来,FINRA 逐渐呈现摆脱其作为自律监管组织的角色,而向半行政机构靠拢的趋势。⑥促成该转变的因素有三:第一,由于参与证券投资的零售投资者数量众多,缺乏保护自身利益的工具。第二,证券违法行为带来的损失较高,自律监管失灵给证券市场带来的负面冲击更大。第三,自律组

---

① See Desiderio v. National Association of Securities Dealers, Inc., 191 F.3d 198, 206 (2nd Cir. 1999).

② See Barbara Black, *Punishing Bad Brokers: Self - Regulation and FINRA Sanctions.* Brooklyn Journal of Corporate, Financial & Commercial Law 8: 23 - 55(2013).

③ See 15 U.S. Code §78o.

④ See Barbara Black, *Punishing Bad Brokers: Self - Regulation and FINRA Sanctions.* Brooklyn Journal of Corporate, Financial & Commercial Law 8: 23 - 55(2013).

⑤ 详见 http://www.finra.org/industry/member - regulation。

⑥ 行政机构的特点在于,其行为需要通过高度官僚主义的正式程序完成,且受到公务员管理规则的限制。此类行为不是出于道德和伦理的判断,而是由外部的第三方执行,并受到国家强制力的保障。See William Birdthistle & Todd Henderson, *Becoming a Fifth Branch.* Cornell Law Review 99: 1 - 69(2013).

织被会员俘获,导致其市场监督和证券监管功能脱离会员的控制。例如,1996 年 NASD 陷入了反竞争和欺诈消费者的丑闻之中,具有影响力的做市商左右了其监管和执法活动。通过更加严格地检查和处罚特定会员,NASD 实行不公平的竞争策略。为了降低自律监管被俘获的风险,一方面,NASD 提高处罚和监管委员会中独立和外部委员的比例;另一方面,其运行受到 SEC 更严格的监督。

FINRA 的三个部门主要负责查处违法行为。第一,会员监管部门(Member Regulation Department),该部门负责审查新会员的申请,并监督其日常经营活动。FINRA 通过日常检查保证其会员遵守证券法,以及 SEC、FINRA 和市政证券立法委员会(Municipal Securities Rulemaking Board)的相关规定。每年 FINRA 的会员监管部门会检查 1500 家至 2000 家经纪公司,并保证所有经纪公司在 4 年中至少被检查一次。[①]第二,市场监管部门(Market Regulation Department),该部门负责监管全美国 99% 的股权交易市场和 65% 的期权交易市场。[②] 这种全方位的监督策略,为 FINRA 发现跨市场的违法行为提供了可能。第三,执法部(Enforcement Department),该部门主要负责调查违反证券法规的行为,并提起执法程序,请求施加惩戒性措施(disciplinary action)。[③] FINRA 有权利对经纪人和经纪公司施加罚款、谴责、暂停或禁止执业的处罚。[④]与 SEC 的执法程序不同,FINRA 的执法部向其内设的审判员办公室(Office of Hearing Officers)提交投诉申请,因而执法程序不涉及司法审判。审判员办公室在收到投诉后,将组成一个 3 人的审判小组。该小组一般由 1 名办公室职员和 2 名行业专家组成。对于每个案件,审判小组都将在充分考虑涉案双方提交证据的前提下,出具书面的裁判决定,并解释裁判的依据。为了防止处罚程序被滥用,FINRA 还应当制定相应的程序规则,如听证、处罚材料与决定的存档和公开等。处罚决定必须包括以下要件:一是具体的违法行为;二是该行为违反了《1934 年证券交易法》,以及依据其制定的规则或 FINRA 规则的具体条文;三是处罚和相应的说理。[⑤]被处罚方如果对决定存在异议,可以向 FINRA 内设的全国审判委员会(National Adjudicatory Council, NAC)提起上诉程序。NAC 的决定是 FINRA 的最终决定,除非 FINRA 的

---

① 详见 http://www. finra. org/industry/member – regulation,最后访问时间:2021 年 6 月 30 日。

② 详见 http://www. finra. org/industry/market – regulation,最后访问时间:2021 年 6 月 30 日。

③ 详见 http://www. finra. org/industry/enforcement,最后访问时间:2021 年 6 月 30 日。

④ See 15 U. S. C. § 78o – 3(b)(7).

⑤ See 15 U. S. C. § 78o – 3(h)(1).

理事会（Board of Governors）决定重新审核。[①]如果其仍不服从上诉决定，可以向 SEC 或联邦法院起诉。[②]

FINRA 的执法活动需要遵守其处罚指引确定的相关原则。[③]首先，纪律处分是为了通过威慑违法行为保护投资者，以维护商业活动的诚信水平。对违法行为人的处罚应当超过该行为带来的收益，以便保持足够的威慑力。而纪律处罚同时应当考虑企业的规模，因为处罚是补救性的（remedial），因而处罚不应当超过企业的支付能力。其次，应当加倍处罚惯犯，并考虑对相关个人和企业实施最高的禁业处罚。再次，处罚的形式应当与违规行为相一致。例如，对于某些经纪公司延迟履行在证券销售过程中的录像要求，可以考虑相应延长该期限，而不是直接施加货币处罚。复次，当企业或个人因违规行为遭受损失时，应当要求被告承担赔偿责任。最后，当违法活动给被告带来显著的收益时，FINRA 还应当追缴不法获利。

三、金融业监管局的执法投入

作为独立的自律监管组织，FINRA 依靠其自身的经营和投资活动筹集运营经费。其总收入和总支出从不同侧面反映出其执法投入的情况。根据其 2018 年的年报，FINRA 持有的总资产高达 24 亿美元，并且大部分为流动性较高的货币资产和投资。[④]表 7 – 8 展示了 FINRA 在 2011 年至 2018 年年度收入和年度支出的数额。总体来说，FINRA 的收入足够支持其监管活动的成本，其全年总收支都大约为 10 亿美元。该数值已经接近 SEC 年度预算的 60%。从 2015 年的数据来看，FINRA 的主要收入来源是监管活动收入（占比 45%）[⑤]、用户收入（占比 22%）[⑥]、合同服务收入（占比 13%）[⑦]和罚款收入（占比 9%）。而 FINRA 主要的支出成本是雇员成本（占比 66%）、专业和合同服务成本（占比 17%）及电脑运营和数据交换成本（占比 5%）。

---

① See FINRA, *Adjudication*, available at http://www.finra.org/Industry/Enforcement/Adjudication.

② 详见 http://www.finra.org/industry/decisions。

③ See FINRA, *FINRA Sanction Guidelines* (2016), available at http://www.finra.org/web/idcplg? ldcService = SSGETPAGE&ssDocName = pO11038.

④ See FINRA, 2018 *FINRA Annual Financial Report*, available at https://www.finra.org/sites/default/files/2019 – 06/2018_Annual_Financial_Report.pdf.

⑤ 监管收入包括交易费、总收益评估、人事评估和地区办公室评估收入等。

⑥ 用户收入包括会员首次注册和年度注册费、资格检查费等。

⑦ 合同服务收入主要指 FINRA 提供的监管服务收费。

表 7-8 FINRA 年度总收入和总支出规模

（单位：万美元）

	2011 年	2012 年	2013 年	2014 年	2015 年	2016 年	2017 年	2018 年
总收入	91,160	100,510	100,150	109,500	99,980	109,660	103,550	90,700
总支出	99,560	99,460	99,980	96,600	103,930	103,890	99,390	97,570

注：1. 数据参见“FINRA 2011-2018 Year in Review and Annual Financial Report”系列报告，其中“Summary of Operations”展示了相关信息。

2. 总收入等于净收入、利息和红利收入、投资收入和其他投资的权益收入之和。

3. 总支出等于总费用和其他费用之和。

FINRA 的收入主要来源于其监管的证券经纪行业，实际上是对该行业征收的税款，在一定程度上增加了投资者的交易成本。而中小经纪自营商无法通过规模经济降低单位守法成本。根据前表 7-7 显示，2010 年至 2016 年，经纪自营商的数量减少了约 17%。另外，FINRA 收缴的罚款全部归为其年度收入，在 2016 年，罚款数量高达 1.74 亿美元。这种制度安排虽然有助于增加执法产出，但由于 FINRA 的执法程序缺乏法定程序（due process）的约束，容易出现处罚过度的情况。

FINRA 维持了相当规模的雇员数量，并呈现持续增长的趋势。2010 年其雇员规模约为 3000 人[①]，而至 2016 年其雇员已经达到 3600 人[②]，6 年间增长了 20%。FINRA 的雇员规模约为 SEC 的 80%，然而其监管活动并不是主要依靠人力完成。在 2015 年，FINRA 的市场监督系统每天平均处理 500 亿笔股权、期权和固定收益市场的交易，最高峰达到 750 亿笔。由于市场交易量庞大，FINRA 采用了一个以数据为导向、基于风险大小的监管模式。由于采用了更为智能化的监控方式，FINRA 现场调查的时间占总监控时间的比例，已经从 32% 降至 19%。在 2015 年，FINRA 加大了基于云计算和大数据监控工具的研发投入，将进一步提高监管效率。[③]

四、金融业监管局的执法产出

与其他机构不同，FINRA 详细披露了其处罚标准（Sanction Guideline），主要包括基本原则和其他共计 11 类超过 70 个具体的违法行为的处罚裁量标准。对于具体的案件，执法部门主要考虑以下几个因素：

---

① See FINRA, 2010 *Year in Review and Annual Financial Report*, available at https://www.finra.org/sites/default/files/Corporate/p123836.pdf.

② 详见 https://www.finra.org/newsroom/statistics。

③ See FINRA, 2015 *Year in Review and Annual Financial Report*, available at https://www.finra.org/sites/default/files/2015_YIR_AFR.pdf.

第一,被告是否从事多项违法行为或以某种模式违法;第二,违法行为持续的时间;第三,违法行为是否给投资者带来损失,以及损失的数额。第四,违法行为是故意(intentional act)、疏忽大意(recklessness)或过失(negligence);第五,企业是否聘请了专业的中介机构;第六,被告是否获得违法收益;第七,投资者的成熟度。

表7-9展示了针对15类违法行为的货币处罚范围。① FINRA对经纪商违反对客户的信义义务的容忍度较低。其中,违反最佳价格执行规则的最高处罚最为严重,对于其他违法行为,包括过度交易、过度涨价、簿记违规、不合适的推荐、延迟报告和欺诈/虚假陈述,同样施加了较为严格的货币处罚,最高罚款都在10万美元以上。② 未能满足监管规则设定要求的一类行为,如净资本不足、经纪业务外活动、监督不力、销售未注册证券等,受到的处罚相对较低,最高处罚在7万美元左右。最后一类是在FINRA调查违法行为时未能及时配合,包括延迟报告U4/U5表格、不诚实回复FINRA和不及时回复FINRA,最高处罚在10万美元以下。

表7-9　FINRA对15类违法行为的货币处罚范围

(单位:美元)

违法行为	货币处罚范围	违法行为	货币处罚范围
违反最佳价格执行交易规则	5000~292,000	净资本不足	1000~73,000
过度交易	5000~110,000	经纪业务外活动	2500~73,000
过度涨价	5000~146,000	簿记违规	1000~146,000
监督不力	5000~73,000	销售未注册证券	2500~73,000
欺诈/虚假陈述	2500~146,000	推销非雇主持有或发行的证券	2500~73,000
延迟报告U4/U5表格	2500~73,000	不合适的推荐	2500~110,000
延迟报告	5000~146,000	不及时回复FINRA	2500~37,000
不诚实回复FINRA	25,000~73,000		

图7-8展示了FINRA 2011年至2018年主要的执法产出数量。FINRA每年施加的惩戒性措施的数量较为稳定,维持在1400项至1600项

① See Jonathan N. Eisenberg, 2015 *FINRA Enforcement Actions*, available at https://corpgov.law.harvard.edu/2016/01/10/2015-finra-enforcement-actions/.

② 参见李文华:《美国证券市场投资者适当性规则的发展及启示》,载《北京航空航天大学学报(社会科学版)》2017年第2期。

之间。而其每年施加的罚款数量呈现逐年上升的趋势,2011 年的罚款总额不到 8000 万美元,而到 2016 年罚款总额增长至 1.76 亿美元,5 年间增长了一倍有余。2017 年和 2018 年罚款总额有所下降,仅为 6000 万美元左右。此外,违法行为人还需要承担赔偿受害投资者损失的责任。在 2010 年,违法行为人共支付了 620 万美元的赔偿,而在 2016 年则支付了 2790 万美元。投资者获得的赔偿数额的最大值在 2015 年,达到了 9660 万美元。综合货币处罚和惩戒性措施的变化趋势可以看出,FINRA 对于单个违法行为人所施加的平均货币处罚呈现显著上升的趋势。

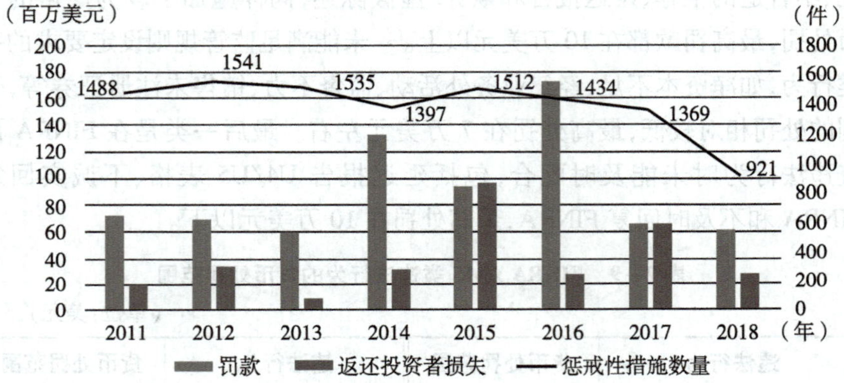

图 7-8　2011 年至 2018 年 FINRA 执法产出

资料来源:"FINRA 2011-2018Year in Review and Annual Financial Report"系列报告。

此外,FINRA 还积极寻求对违法违规企业和个人的禁入和停业处罚,以提高经纪人行业的质量。2010 年至 2016 年,FINRA 平均每年裁定约 20 家经纪人公司停止营业,额外 20 家暂停营业,总数约占会员企业数量的 1%。此外,受到禁业或者暂停营业处罚的经纪人数量明显增加,每年约有 1200 名受到此类处罚,约占注册的销售代表总数的 0.2%。

为了节约执法资源,FINRA 的执法活动也是以和解程序为主。FINRA 通过签发"接受、豁免和同意函"(Letter of Acceptance, Waiver and Consent),以和解的形式终止正式执法程序。"接受、豁免和同意函"写明执法人员和被告共同认可的主要违法行为和救济方式。2015 年全年,在超过 90% 的执法程序中,FINRA 和被告达成和解。FINRA 共签发了 1042 份"接受、豁免和同意函",且额外 81 件案件的被告在正式审理程序开始后也与 FINRA 达成和解。仅有 69 件案件通过正式的庭审结案。被告对审理结果提出异议的比例更低。仅 21 件上诉至 FINRA 内设的全国审判委员会,其中 13 件进一步上诉至 SEC。①

五、金融业监管局自律处罚的典型案例分析

本小节详细讨论 FINRA 全国审判委员会在 2015 年 4 月 16 日作出的,针对布鲁克斯东证券公司(Brookstone Securities)及其 T(实际控制人)、K、L(首席合规官)三名高管上诉案件的裁定。②布鲁克斯东证券公司在 2005 年成为 FINRA 的企业注册会员,T、K、L 三人皆是通过该证券公司注册成为 FINRA 的个人会员。FINRA 在 2007 年的例行检查中发现该证券公司专门为高龄退休投资者的全权委托账户购买了大量的高风险担保抵押证券。在调查期间,这些投资账户出现了巨额亏损。

在 2009 年 12 月,FINRA 的执法部提起了 6 件针对该公司和企业负责人违法行为的惩戒性程序,控诉布鲁克斯东证券公司和其注册销售代表存在 4 类违规行为。第一,他们向低风险偏好的客户推荐了高风险的担保抵押证券(collateralized mortgage obligation),并从事欺诈行为。第二,他们违反了向公众披露信息应当遵守的内容标准。第三,他们未能按规定审查客户全权委托买卖账户。第四,他们没能有效监督企业的活动。2010 年 2 月,4 名被告答辩否认上述指控。

审理程序持续了 8 个月,从 2011 年 6 月至 2012 年 2 月。2012 年 5 月审查听证委员会作出裁决,认定针对布鲁克斯东证券公司和其 3 名高管的指控成立,并作出禁业和罚款的判决。2012 年 6 月 4 名被告不服上述裁决,向 FINRA 全国审判委员会提起上诉。考察了相关证据后,上诉审理小组在 2015 年 4 月作出裁决,谴责布鲁克斯东证券公司,并处罚金 100 万美元。对 T 和 K 两位管理人员实施禁业处罚,对 L 高管实施 2 年禁业处罚,并处罚款 2.5 万美元。最后,布鲁克斯东证券公司、T、K 和 L 需要承担赔偿投资者 162 万美元的连带责任。

对于被告应诉并上诉的案件,审理期限较长。本案自执法部提起诉讼,到审查听证委员会作出裁决,共经历了 5 年半时间。裁决的说理部分较为详细,针对每一项违法行为,都援引相关规则作出相应的处罚。处罚对象同时包括违法的企业和个人,货币处罚和禁业限制。特别是对首席合规官来说,当企业出现违规行为时,FINRA 倾向于认定由首席合规官承担

① See Jonathan N. Eisenberg, 2015 *FINRA Enforcement Actions*, available at https://corpgov.law.harvard.edu/2016/01/10/2015-finra-enforcement-actions/.

② See *Complaint No.* 2007011413501, available at http://disciplinaryactions.finra.org/Search/ViewDocument/47934.

内控失职的责任。

第五节　美国司法部的刑事司法程序

DOJ 犯罪处(Criminal Division)的反欺诈科(Fraud Section)主要负责调查和起诉白领犯罪。证券和金融欺诈案件仅是反欺诈科职责的一部分[①],主要由证券和商品欺诈组(Securities and Financial Fraud Unit)负责起诉[②]。具体而言,证券和商品欺诈组负责起诉涉及金融服务业欺诈,如外汇操纵、公司欺诈、政府采购欺诈、投资欺诈、电话欺诈、内幕交易和汽车欺诈。[③]自世通(WorldCom)和安然(Enron)财务造假丑闻被揭露后,刑事责任威慑证券违法行为的作用得到加强。DOJ 内部新建立了公司欺诈特别工作组(Corporate Fraud Task Force)[④],而法院对证券欺诈违法行为的判决也更加严格[⑤]。

一、证券欺诈犯罪的刑事处罚

有关证券欺诈行为的刑事责任主要规定在《1933 年证券法》第 24 章和《1934 年证券交易法》第 32(a)章。上述条文规定所有故意违反(willful violations)证券法律法规的行为都属于犯罪行为,需要承担刑事责任。其中,《1933 年证券法》第 24 章规范证券发行过程中的违法行为,刑事法律责任包括处以不超过 10 万美元和(或)5 年以下有期徒刑。而《1934 年证券交易法》第 32(a)章则规范证券交易过程中的违法行为,最高可以处以 500 万美元罚款和(或)20 年以下有期徒刑;如果违法行为人是非自然人组织,则最高可以处以 2500 万美元罚款。

由于内幕交易对证券市场的严重危害,SEC 多次提高了内幕交易的违法责任。在 1983 年,美国国会通过了《1983 年内幕交易处罚法》(Insider Trading Sanctions Act of 1983),修改《1934 年证券交易法》的相关条款,将

---

① 参见反欺诈科负责的其他案件主要包括“海外反腐败法”和“医保欺诈”,载 https://www.justice.gov/criminal - fraud。

② 详见 https://www.justice.gov/criminal - fraud/securities - and - financial - fraud - unit。

③ See *Fraud Section Year in Review* 2016, available at https://www.justice.gov/criminalfraud/page/file/929741/download.

④ See Executive Order No. 13271.

⑤ See Wilson Meeks, *Corporate and White - Collar Crime Enforcement: Should Regulation and Rehabilitation Spell an End to Corporate Criminal Liability*. Columbia Journal of Law and Social Problems 40: 77 - 124(2006).

对内幕交易违法行为可以施加的民事罚款提升至因违法行为获得收益或避免损失的3倍，同时将刑事罚款（criminal fines）的上限从1万美元提高到10万美元。① 1988年，美国国会又出台了《1988年内幕交易和证券欺诈执法法》，作为对华尔街集中爆发丑闻的回应。该法案主要提高了内幕交易的刑事处罚，将监禁的上限从5年提高到10年，刑事罚款的上限从10万美元提高至100万美元。②

DOJ虽然拥有提起刑事控告的权力，但案件主要源于SEC的调查和转交（referral）。联邦法院没有权利要求SEC调查潜在的违法行为。SEC主要提交4个类型的案件：第一，有组织的集团犯罪（organized crime）；第二，惯犯（chronic violator）；第三，欺诈行为给投资者带来了巨大的威胁；第四，涉及SEC工作人员或其他政府部门工作人员的腐败问题。SEC可以提出正式和非正式建议，非正式建议的比例远高于正式建议。正式建议由SEC工作人员准备的详细报告，并列出主要的证据和采取的行动方案，因而SEC在调查过程中起到主导作用。而非正式建议则是SEC将其掌握的资料与DOJ分享，而由DOJ继续刑事调查。此外，美国联邦检察官办公室（US Attorney's Office）还有权力直接调取SEC掌握的资料，进行独立调查。

证券欺诈行为的刑事责任和民事责任并不互斥，被告在承担了民事罚款和返还违法所得等民事责任后，还可能需要支付刑事罚款。对于违反《1934年证券交易法》的行为，个人或企业分别最高面临500万美元或2500万美元的刑事罚款和最高20年的监禁。③而依据《1988年内幕交易和证券欺诈执法法》内幕交易行为最高面临500万美元（个人）或2500万美元（企业）的刑事罚款和最高20年的监禁。④

二、刑事处罚对象

当企业的雇员在职责范围内从事欺诈行为时，传统理论认为企业需要承担其雇员所导致的刑事责任，这是侵权法的替代责任（vicarious liability）在刑法上的体现。⑤雇员的主观意愿被强加于公司之上。不仅单个雇员的

① See 15 U. S. C. § § 78a, 78u, 78ff.

② See 15 U. S. C. § § 78u - 1.

③ See 15 U. S. C. § 78ff(a).

④ See 15 U. S. C. § 78ff(a).

⑤ See John Coffee, *Does "Unlawful" Mean "Criminal"?: Reflections on the Disappearing Tort/Crime Distinction in American Law*. Boston University Law Review 71: 193 - 246(1991).

主观犯意可能导致企业承担刑事责任，基于“集体知识原则”（doctrine of collective knowledge），即便不存在单个员工有故意进行欺诈行为，但所有员工作为整体可能保有犯罪的故意，因而企业同样需要承担刑事责任。并且雇员未经董事会或管理层的授权或公司政策或上级禁止此类行为，都不能作为抗辩理由。

企业承担刑事责任的第一个判例是 New York Central & Hudson River Railroad Co. v. United States 案①。20 世纪初期，两方面的制度原因导致企业开始承担刑事责任。一方面，对于侵害公众利益的案件，受害人数量众多，但单个受害人的损失较小。在这种情况下，受害人陷入集体行动困境，私人诉讼制度无法发挥有效作用。企业承担刑事责任使公共执法机制可以介入填补私人执法机制的缺失。②另一方面，刑事处罚的严厉程度在当时远超民事处罚，可以提高威慑力。③

支持企业承担刑事责任的理论认为其有助于威慑潜在的违法行为。首先，由于刑事处罚的声誉成本和直接成本更高，从威慑犯罪行为、保证企业守法的角度来说更加有效。④其次，企业承担刑事责任是和其雇员之间最优的风险分担策略。股东可以通过持有组合资产分散企业的特质性风险。而管理人员持有大量与特定企业相关的人力资本，并且不能通过分散化降低特质性风险。在这种情况下，由企业承担与特定企业相关的刑事责任风险即是最优的。⑤再次，企业承担刑事责任有助于受害人获得足额赔偿。企业可以通过购买相应的责任保险转嫁风险。⑥最后，刑事处罚还可能导致独有的附带成本。例如，受过刑事处罚的企业，除非获得政府的豁免，否则不能依据《1933 年证券法》的“405 规则”发行证券。

反对企业承担刑事责任的理由同样较为充分。企业本身是虚拟的法

---

① See 212 U. S. 481.

② See Vikramaditya Khanna, *Corporate Criminal Liability*: *What Purpose Does It Serve*? Harvard Law Review 109：1477 – 1534(1996).

③ See Stephen Cutler, *Speech by SEC Staff*: *24th Annual Ray Garrett Jr. Corporate and Securities Law Institute*, available at http/www. sec. gov/news/speech.

④ See Lewis Kornhauser, *An Economic Analysis of the Choice Between Enterprise and Personal Liability for Accidents.* California Law Review 70：1345 – 1392(1982).

⑤ See Reinier, Kraakman, *Corporate Liability Strategies and the Costs of Legal Controls.* Yale Law Journal 93：857 – 898(1984).

⑥ See John Musewicz, *Vicarious Employer Liability and Section* 10(*b*)：*In Defense of the Common Law.* George Washington Law Review 50：754 – 811(1982).

人，并不具备独立的精神，不能被监禁、感受到羞耻。[1]企业不具备主观犯意，因而对欺诈犯罪的威慑，主要是威慑企业内部的个人。[2]对企业刑事处罚的成本大部分是由无辜的股东和员工承担，并且会给第三方，如消费者、被侵权方，带来间接损失。[3]如果考虑到企业作为雇主，具有发现违法行为的优势，那么刑事责任可能会通过增加企业的违法成本，降低他们在事前检查和报告雇员从事违法行为的激励，[4]因而可能会增加雇员在事前从事违法行为的概率。

从法律责任功能的角度来说，货币处罚或者公司治理的改革方案，都可以通过民事责任实现，因而这两种责任并不存在显著区别。[5]但是刑事处罚，甚至只是刑事指控，都可能给企业的正常经营带来巨大的负面冲击。原世界第五大会计师事务所亚瑟·安德森（Arthur Anderson）的破产事件即是刑事处罚巨大成本的体现。由于亚瑟·安德森会计师事务所帮助安然进行财务造假，被法院判处承担刑事责任。刑事处罚导致亚瑟·安德森会计师事务所的声誉扫地，客户和债权人纷纷弃之而去。虽然亚瑟·安德森会计师事务所的有罪判决被推翻，但也不得不以申请破产而告终。[6]

《萨班斯法案》体现了证券欺诈刑事处罚对象的转变，提高了个人在向大众传播虚假信息时的责任。例如，该法案要求企业的首席财务官在报告给 SEC 的财务报表和相关申报材料上签字，以保证数据披露的准确性。如果这些披露材料存在问题，那么首席财务官即可能承担刑事责任。[7]企业和个人同时承担刑事责任的制度安排，更加有利于威慑潜在的犯罪行为。[8]

---

① See Daniel Fischel & Alan Sykes, *Corporate crime*. Journal of Legal Studies 25: 319 – 349 (1996).

② See Gerhard Mueller, *Mens Rea and the Corporation: A Study of the Model Penal Code Position on Corporate Criminal Liability*. University of Pittsburgh Law Review 19: 21 – 50 (1957).

③ See Albert Alschuler, *Two Ways to Think about the Punishment of Corporations*. American Criminal Law Review 46: 1359 – 1392 (2009).

④ See Jennifer Arlen, *The Potentially Perverse Effects of Corporate Criminal Liability*. Journal of Legal Studies 23: 833 – 867 (1994).

⑤ See Vikramaditya Khanna, *Corporate Criminal Liability: What Purpose Does It Serve?* Harvard Law Review 109: 1477 – 1534 (1996).

⑥ See Charles Lane, *Justices Overturn Andersen Conviction*, available at http://www.washingtonpost.com/wp-dyn/content/article/2005/05/31/AR2005053100491.html.

⑦ 参见《萨班斯法案》第 302 章。

⑧ See John Coffee, "*No Soul to Damn: No Body to Kick*": *An Unscandalized Inquiry into the Problem of Corporate Punishment*. Michigan Law Review 79: 386 – 459 (1981).

三、美国司法部执法的投入与产出

反欺诈科一共有150名检察官，其中证券和商品欺诈组有50名检察官。[①]2013年至2016年，证券和商品欺诈组的执法产出显著：该小组与20家企业达成协议促使它们通过公司决议(corporate resolutions)进行公司治理改革；追缴了66.87亿美元的刑事罚款；将260名自然人定罪。[②]美国联邦检察官的起诉权在20世纪80年代得到加强。美国国会在1984年通过《量刑改革法》(Sentencing Reform Act)，法官量刑参考非强制性的《联邦量刑指引》(Federal Sentencing Guidelines)。该指引依据不法行为的类型和被告的特征将量刑裁判细致化，减少了法官的自由裁量权。[③]而检察官却保留了对是否向被告提起犯罪指控的自由裁量权。根据DOJ在2008年发布的《联邦起诉商业组织原则》(Principles of Federal Prosecution of Business Organizations)[④]，检察官在考察是否起诉企业时，主要考虑的因素是被调查企业是否配合提供真实的(authenticity)证据。[⑤]

DOJ基于其拥有的是否提起指控的自由裁量权，针对企业被告的执法活动更多地使用不起诉协议(non - prosecution agreement, NPA)或暂缓起诉协议(deferred prosecution agreements, DPA)以达到政策目标。DOJ在NPA中承诺不起诉被告，以换取被告支付罚款、配合调查以及提高企业透明度和建立内控机制等公司治理改革的承诺。而DPA是DOJ已经提起刑事指控后，以同意撤回起诉为条件，换取被告认罪、缴纳罚款和改革公司治理的承诺。DPA实际是被告和DOJ签订的缓刑协议(probationary agreement)，检察官同意暂缓刑事起诉，并保持随时继续诉讼的权利，直到被告完成了协议规定的要求，才可以避免联邦起诉的后果。[⑥]

---

① 由于缺乏更详尽的数据，本小节关注证券和商品欺诈组的投入和产出，而不是DOJ打击证券违法犯罪的投入产出。See *Fraud Section Year in Review* 2016, available at https://www.justice.gov/criminal - fraud/page/file/929741/download.

② See *Fraud Section Year in Review* 2016, available at https://www.justice.gov/criminalfraud/page/file/929741/download.

③ See Nicole Amsler, *Leveling the Playing Field: Applying Federal Corporate Charging Considerations to Individuals.* Duke Law Journal 66: 169 - 210(2016).

④ See DOJ, *Justice Department Revises Charging Guidelines for Prosecuting Corporate Fraud*, available at https:justice.gov/archive/opalpr/2008/August/08 - odag - 757.html.

⑤ See Gerard Lynch, *The Role of Criminal Law in Policing Corporate Misconduct.* Law & Contemporary Problems 60: 23 - 65(1997).

⑥ See Erik Paulsen, *Imposing Limits on Prosecutorial Discretion in Corporate Prosecution Agreements.* New York University Law Review 82: 1434 - 1469(2007).

NPA与DPA存在两个主要区别:第一,由于已经提起指控,DPA需要获得法院的批准。如果被告履行了协议,则依据NPA检察官不会提起指控,因而避免了起诉行为可能给被告带来的负面影响。①第二,NPA向市场传达的负面信息更少,不起诉的决定表明被告的违法行为并不严重。DPA和NPA之所以在实践中获得青睐是因为《联邦起诉商业组织原则》要求检察官考虑刑事指控对其他商业主体的间接影响,如企业的雇员、投资者、消费者等第三方主体。由于刑事指控会给企业带来致命的冲击,往往导致企业破产,第三方的利益将会遭受巨额损失。DPA和NPA的优势在于以较低的成本重组企业,建立防止再犯的制度,并让从事犯罪行为的雇员承担责任,降低了刑事处罚对第三方的损害。当然,DPA和NPA也存在显著的缺陷,由于企业急于避免刑事处罚的成本,DOJ在谈判过程中具有显著的优势,而缺少正当程序的保障,企业很有可能会屈服于DOJ的不公平条件。②

一项针对2003年至2007年的35份NPA和DPA的实证分析显示,DOJ在拟定协议时,是以保证企业遵守法律为主要目标。超过六成的协议包括任命独立监督者,近七成要求企业建立合规计划。另一个显著的特点是所有协议都要求企业协助DOJ调查其雇员的犯罪行为,并且整个调查期间企业都需要承担此协助义务。③由于NPA和DPA的兴起,受到刑事指控和承担刑事责任的企业数量大幅下降。根据最新的数据,2004年至2014年,受到刑事指控的企业数量下降了24%。④与此相对应的是被定罪企业的数量也大幅下降。2000年共有304家企业被判定承担刑事责任,而2014年仅162家企业被判定承担刑事责任,降幅高达47%。⑤此外,2010年至2012年,DOJ的犯罪处在其负责起诉的2/3案件中,与被告达成NPA或DPA。⑥

---

① See David Uhlmann, *Deferred Prosecution and Non-Prosecution Agreements and the Erosion of Corporate Criminal Liability*. Maryland Law Review 72: 1295-1344(2013).

② See Wilson Meeks, *Corporate and White-Collar Crime Enforcement: Should Regulation and Rehabilitation Spell an End to Corporate Criminal Liability*. Columbia Journal of Law and Social Problems 40: 77-124(2006).

③ See Brandon Garrett, *Structural Reform Prosecution*. Virginia Law Review 93: 853-957(2007).

④ See *Justice Department Data Reveal 29 Percent Drop in Criminal Prosecutions of Corporations* (*Fiscal Year* 2004-2014), available at http://trac.syr.edu/tracreports/crim/406.

⑤ See Nicole Amsler, *Leveling the Playing Field: Applying Federal Corporate Charging Considerations to Individuals*. Duke Law Journal 66: 169-210(2016).

⑥ See David Uhlmann, *The Pendulum Swings: Reconsidering Corporate Criminal Prosecution*. UC Davis Law Review 49: 1235-1283(2016).

四、美国司法部执法案例分析

位于马萨诸塞州(Massachusetts)的美国道富公司(State Street Corporation)是一家提供全球金融服务的企业。美国道富在合约上与客户约定较低的佣金率,尽管交易员的书面指引要求他们不能额外收取客户佣金,但是实际上这些雇员还是收取客户额外佣金。其雇用投资银行的雇员在帮助至少6名客户从事固定收益和股权交易时,秘密收取协议费用之外的额外佣金。这些雇员帮助上述机构投资者将它们的资产配置在不同投资项目中,或清算投资组合。美国道富还对其中1名客户披露虚假信息,以隐藏交易损失。

FBI的波士顿办公室(FBI's Boston Field Office)负责调查此案件。在调查过程中,DOJ声称美国道富"滥用其客户的信任,并且给他们造成了巨大的损失,其将会追究责任人的刑事责任"。随后,美国道富与DOJ之间就证券欺诈刑事指控达成了DPA协议,同意支付3.23亿美元的刑事罚金,以避免针对其向数十亿美元证券交易秘密收取佣金的指控。此外,美国道富还同意向SEC支付相同数额的民事罚款。

作为DPA协议的其他条件,美国道富还同意与DOJ或其他国外监管者就该违法行为的相关调查进行合作。它还同意加强公司内部的合规规范,在3年内保持外部独立的合规监管者。之所以美国道富获得DPA协议,是因为DOJ考虑到其已经完全赔偿了投资者的损失。而在2016年4月,DOJ向联邦法院提起了针对此案涉及的2位自然人(Ross McLellan和Edward Pennings)的刑事指控。联邦法院在2017年10月审理了该案件。

第六节　州监管机构的执法程序

一、"联邦主义"与州证券监管机构的执法权

虽然美国联邦证券法统一了公众公司跨州发行和交易证券的监管规则,但是证券法执行机制却体现了"联邦主义"(federalism)特色。[①]联邦证券监管机构SEC和州证券监管机构都有权力执行证券法,因而存在垂直

① "联邦主义理论"主要探讨联邦和州如何划分监管权限,相关讨论主要集中于美国各州公司法之间的竞争,存在"向上竞争"(race to the top)和"向下竞争"(race to the bottom)两种观点,详见Ralph Winter, *State Law, Shareholder Protection and the Theory of the Corporation* Journal of Legal Studies 6: 251 - 292(1977); William Cary, *Federalism and Corporate Law: Reflections Upon Delaware.* Yale Law Journal 83: 663 - 705(1974)。

的竞争关系。[①]联邦政府在20世纪30年代之前,并未介入证券监管领域。各州依据本州的证券法,又被称为"蓝天法案"(Blue Sky Laws),监管证券市场。1929年大萧条让美国国会意识到州监管机构主导的体制导致"向下竞争"的问题,监管和执法强度不足以威慑犯罪。[②]随后通过的《1933年证券法》和《1934年证券交易法》统一了公众公司的信息披露义务,但是联邦证券法规并未取代州证券法。在此后60余年的时间里,联邦对证券发行、信息披露和反欺诈的监管活动和州证券监管活动并行不悖。[③]北美证券监管机构协会(North American Securities Administrators Association)是全美州证券监管机构的协调组织,力图降低州一级证券监管和执法的差异。

20世纪90年代,国会开始限制州政府监管证券市场的权力。《1996年全国证券市场促进法案》(National Securities Markets Improvement Act of 1996)改变了双层监管制度安排。该法案禁止各州以其州证券法监管证券发行和非公开配售,收回了他们在全国市场上监管证券发行和信息披露的权力。SEC成为监管全国性证券市场的机构。但是,该法案却保留了他们提起针对上市公司欺诈行为和经纪自营商从事的与证券或证券交易相关的违法行为的权力。[④]另一个对州监管证券市场的限制是SLUSA,禁止投资者依据州证券法在州法院提起证券集团诉讼。[⑤]

此外,由于近年来美国深陷经济衰退风险的困扰,SEC为了促进资本积累,扩大了豁免发行注册证券的范围,大量证券市场活动既不受SEC注册制约束,也被豁免了州一级的证券监管要求,增加了证券监管真空地带。对于购买了那些豁免发行注册的证券,投资者无法获得《1933年证券法》第11章和第12(a)(2)章的保护,只能根据"第10(b)章"和"规则10b-5"请求违法行为人承担民事责任。前者仅要求原告证明注册文件或招股说明书中存在重大虚假陈述,而后者证明要件更复杂,投资者受到的保护

---

① 本小节对州监管者的定义包括州证券监管机构和州检察官(State attorneys general),包括50个独立的州证券监管者。对SEC和州监管者执法行为的讨论,详见Margaret Lemos, *State Enforcement of Federal Law*. New York University Law Review 86: 698-765(2011); Amanda Rose, *State Enforcement of National Policy: A Contextual Approach (with Evidence from the Securities Realm).*" *Minnesota Law Review* 97: 1343-1415(2013)。

② See James Landis, *The Legislative History of the Securities Act of* 1933. George Washington Law Review 28: 29-49, 30(1959).

③ See Amanda Rose, *State Enforcement of National Policy: A Contextual Approach (with Evidence from the Securities Realm)*. Minnesota Law Review 97: 1343-1415(2013).

④ See 15 U.S.C. §7r(c)(1).

⑤ See 15 U.S.C. §77(p)(c), 78(b).

水平显著降低。①

美国州一级的监管者保有的执法权包括两方面:第一,州监管机构与联邦机构分享执行联邦法律的权力。例如,州检察官有权力执行联邦消费者保护法。②第二,对于联邦法律和州法律同时规制的违法行为,州监管者可以选择执行州法律。在这种情况下,联邦机构负责执行联邦法律,而州监管机构则没有这样的权力。SEC 和州证券监管机构之间逐渐达成了一种默契,即州监管者负责那些危害性较小的案件,如庞氏骗局;而 SEC 则负责那些具有全国影响力的案件。③

SEC 与州监管机构分享执法权具有显著的优势。第一,联邦机构由于监管资源投入有限,因而可能会限制其执法活动。而州监管者具有大量的监管资源,可以弥补联邦监管的真空地带,降低执法不足的问题。州监管者可能与联邦监管者合作,利用双方的比较优势,提高执法效率。例如,联邦监管者在调查取证方面具有更广泛的权力,而州管者在处理州内事务时的成本较低。第二,SEC 和州监管者之间的垂直竞争有益于促进证券法的有效执行④,降低了监管失灵的风险。当联邦监管机构被俘获时,州监管者可以作为"保险机制"惩罚违法行为。⑤第三,州监管者位于监管前线,并且具有信息优势。他们与位于华盛顿的联邦机构相比,对地方的行业情况和经营状况更加了解。州内利益相关方,特别是个人,更容易与州监管机构沟通,有助于提高执法效率。⑥第四,州监管者是由州内选民选举产生,与总统任命的 SEC 主席相比,他们更有激励满足州内选民的诉求。⑦

当然,SEC 和州监管者共同执法的结构也具有一定的成本。首先,州和联邦政府都有权调查和处罚同一违法行为,必定会造成一定程度的机构重叠和资源浪费。对于被调查方来说,同时遵循两个监管机构的要求,也

---

① See Carlos Berdejo, *Small Investments*, *Big Losses*: *The States' Role in Protecting Local Investors from Securities Fraud*, Washington Law Review 92: 567 - 630(2017).

② See Amy Widman & Prentiss Cox, *State Attorneys General's Use of Concurrent Public Enforcement Authority in Federal Consumer Protection Laws.* Cardozo Law Review 33: 53 - 88(2011).

③ See Michael Perino, *Fraud and Federalism*: *Preempting State Private Securities Fraud Causes of Action.* Stanford Law Review 50: 273 - 338(1998).

④ See Robert Ahdieh, *Dialectical Regulation.* Connecticut Law Review 38: 863 - 928(2006).

⑤ See Renee Jones, *Dynamic Federalism*: *Competition*, *Cooperation and Securities Enforcement.* Connecticut Insurance Law Journal 11: 107 - 131(2004).

⑥ See Margaret Lemos, *State Enforcement of Federal Law.* New York University Law Review 86: 698 - 765(2011).

⑦ See Jessica Bulman - Pozen & Heather Gerken, *Uncooperative Federalism.* Yale Law Journal 118: 1256 - 1310(2009).

增加了辩护成本。监管者需要同两个监管机构达成和解,增加了纠纷解决的成本。其次,SEC 和州监管者联合执法降低了监管标准的一致性,增加了被监管者事前守法的成本。①虽然"纸面上的法律"是一致的,但是执法机构的偏好、执法技术、执法策略都有可能引起执法标准的差异。SEC 与州监管者之间没有隶属关系,因而 SEC 没有权力监督和纠正州监管者的执法行为。州监管者作为民选产生的政客,缺乏专业性(generalist),因而更容易受到大众意见的影响,而忽略了过度监管的成本。②最后,由于每个州的监管机构都有权力执行证券法,并且其管辖权不局限于其州内,因而州监管者实际上可以处罚所有在全国发行证券的企业。因而发行人可能面临重复的执法活动。此外,州监管者还可能通过执法"寻租",损害其他州的利益。例如,州监管机构对本州之外的企业施加巨额罚款,给其他州带来负外部性,并造成过度威慑的风险。而其他州的选民无法通过选举机制约束该州的监管者。③

二、州证券监管机构的执法产出

由于 50 个州的证券监管机构都有权力执行证券法,各州执法产出存在较大的差异。Rose 和 LeBlanc 两位教授收集了 2004 年至 2006 年,纽约证券交易所交易的上市公司申报的 10 - K 表格中第三项"重大诉讼"④的相关信息。在取样期间,共有 399 家上市公司披露了 534 份涉及证券诉讼的案件。对样本的实证分析显示,超过一半的企业,面临两个及以上原告的指控(SEC、DOJ、州监管机构或私人投资者)。

州监管者起诉的频率不高,仅占全部证券诉讼案件的 8%。绝大部分州监管者(32 个州)并未提起任何执法行动,其他 14 个州在样本期间起诉的数量小于 4 次。最主要的执法者是纽约州、西弗吉尼亚州、康涅狄格州和马萨诸塞州,上述四个州的监管者贡献了 70% 的执法产出。州监管者处罚的违法行为以金融业的丑闻为主,而不是公司内部的违法行为,占执法产出总数的 93%。具体而言包括四类违法行为:第一,共同基金择时交易和延迟交易(late trading)。第二,保险公司利用非传统的保险产品操纵

① See John Coffee, *Competitive Federalism: The Rise of the State Attorney General.* New York Law Journal 230: 5 - 32(2004).

② See Margaret Lemos, *State Enforcement of Federal Law.* New York University Law Review 86: 698 - 765(2011).

③ See Timothy Meyer, *Federalism and Accountability: State Attorneys General, Regulatory Litigation, and the New Federalism.* California Law Review 95: 885 - 914(2007).

④ 重大诉讼的标准是标的超过企业现有资产的 10%。

财务报表。第三,投资银行发布有偏见的财务分析报告和IPO股份分配策略。第四,共同基金指定经纪公司的违规行为。[①]

州监管机构的执法对象集中于注册地或主要经营地不在该州的企业(68%),并且当监管机构的负责人是通过民选产生时,其执法产出是采用任命制的州监管机构的四倍。执法对象的选择可能反映出政治制度对州监管者执法行为的影响。由于州监管机构负责人的当选依赖选民的选票,因而他们并不愿意得罪本州内的企业,以免影响其选举结果。同时,其又必须积极执行证券法,以积累政治资本。州监管者在大部分情况下与其他执法者,如与联邦机构(91%)或与私人集团诉讼(67%),共同提起执法程序。

金融业在上述积极参与证券执法的四个州中都占有相当重要的地位。纽约州的金融业产值占其GDP的15%,贡献了所得税36%。[②]州监管机构因而有强烈的激励积极执行证券法,保证证券市场的健康发展。纽约州检察官(New York Attorney General)主要关注共同基金的违规行为,如向重要的客户提供择时交易和延迟交易机会的丑闻。直到纽约州检察官Eliot Spitzer公开向金丝雀资本(Canary Capital)提出控告后,SEC才开始关注共同基金市场面临的丑闻。[③]在2002年4月,纽约检察官、证券监管局局长(Securities Bureau Chief)及其他州监管者与美国最主要的证券经纪公司达成协议,这些经纪公司承认向投资者发布具有误导性的研究报告。康涅狄格州在地理位置上毗邻纽约市,其金融业占GDP的比重达到10%。该州保险业特别发达,因而其60%的执法产出集中于处罚保险公司不当会计处理。在康涅狄格州监管机构介入之前,SEC和纽约州检察官实际也已经着手调查相关的保险公司。康涅狄格州检察官执法活动的一个显著特点是几乎都停留在调查取证阶段,因而其执法活动仅是对联邦执法活动的补充。

马萨诸塞州的金融业占GDP比重也超过10%,有大量共同基金在其州内注册,因而其执法活动主要针对共同基金的违法行为。马萨诸塞州监管者存在明显的"搭便车"倾向,往往与其他联邦监管机构共同执法。2003

① See Amanda Rose, *State Enforcement of National Policy: A Contextual Approach (with Evidence from the Securities Realm)*. Minnesota Law Review 97: 1343 – 1415(2013).

② See Michael Bloomberg & Charles Schumer, *Sustaining New York's and the US' Global Financial Services Leadership*, available at www.nyc.gov/html/om/pdf/ny_report_final.pdf.

③ See SEC Office of Inspector General, 2009 *Memorandum of Inquiry PI No. 09 – 38*, available at http://www.sec.gov/news/studies/2009/pi-09-38.pdf.

年9月,马萨诸塞州联邦秘书长和证券监管副秘书长与共同基金达成了关于择时交易违法行为的和解协议。西弗吉尼亚州的经济发展并未严重依赖金融业,其执法活动的特点在于“搭”其他联邦机构的“便车”。该州检察官往往在违法行为人与其他联邦机构达成和解协议后提起执法程序,因而并未投入任何额外的努力,反而是意图通过提起诉讼寻求罚款。在诉讼过程中存在“寻租”的行为。西弗吉尼亚州检察官通过指定代理律师,支付高昂的代理费,以换取律师事务所在竞选过程中为相关检察官提供高昂的竞选捐赠。

美国州证券监管机构的执法活动长期面临一个难解的问题,即违法行为人缺乏足够的资产赔偿投资者损失。各州证券法近年来也出现了一个新的趋势,在州层面加强对证券投资者的保护,监管机构的权力得到扩充,获得授权,将投资者赔偿纳入其权力范围。监管创新增加了州证券法的威慑力,以及投资者获得赔偿的概率。州证券法允许州监管机构代表受侵害的投资者,请求被告支付损害赔偿、返还违法所得。①印第安纳州(Indiana)作为全美首个立法创设投资者赔偿基金的州,在2010年设立了“印第安纳证券补偿基金”(Indiana Securities Restitution Fund),该补偿基金向适格的受害人支付其损失的25%或15,000美元(二者中较低的数额)。截至2016年,该基金总计支出近55万美元。

随后,蒙大拿州也在2011年设立了“蒙大拿证券协助赔偿基金”(Montana Securities Restitution Assistance Fund),该基金以保险的形式运作。②如果违法行为人没有资产赔偿受损投资者,那么投资者可以从该基金中获得的损害赔偿为以下两者中较低的数额:投资者损失的25%或25,000美元。另一个模式是佛罗里达州创设的“佛罗里达证券保证基金”(Florida's Securities Guaranty Fund),该基金来源于在佛罗里达州注册的经纪商与自营商首次注册和更新注册支付的注册费。当投资者从法院获得针对注册的经纪商或自营商的胜诉判决后,可以向“佛罗里达证券保证基金”申请补偿救济。当然,在申请之前,投资者应当尽合理的努力确认被告无可用于分配的财产。“佛罗里达证券保证基金”向单个投资者支付的补偿上限为1万美元,一名经纪商或自营商支付的补偿总额不超过10万美元。③

---

① See State v. Parks, 310 P.3d 1088(2013).

② See Ind. Sec. State, *Securities Restitution Fund Will Be First of Its Kind for Indiana and Nation*, available at http://www.in.gov/sos/3587.htm [https://perma.cc/2YF9 - H93K].

③ See Fla. Stat. §§ 517.141(1), 517.141(2).

三、纽约州检察官关于证券分析师利益冲突的执法案例

纽约州的检察长 Eliot Spitzer 是 21 世纪初州证券监管者执法的代表，他最引人注目的执法活动之一是调查独立证券分析师的利益冲突问题。美国的个人投资者缺乏专业知识，他们往往依赖证券分析向其客户提供的独立研究报告进行投资。而这些对外声称独立的分析师，实际上与被评级的企业保持密切的关系，夸大了标的企业的评级，以吸引他们将投资银行业务交给自己所在的证券公司。

在 2001 年 3 月，一名叫 Debases Kanjilal 的投资者向纽约证交所提交了一份投诉，声称其因依据美林证券的明星分析师 Henry Blodget 的建议，投资 InfoSpace 公司的股票，损失高达 50 万美元。他曾经几次想要出售该股票，但是由于 Blodget 对 InfoSpace 公司的推荐评级而一直持有。Kanjilal 的投诉进入了 Eliot Spitzer 的视野。2001 年 4 月美林证券收到了调查传票，要求提供与其有业务往来的互联网公司的 IPO 资料、股票推荐和分析师报酬等信息。由于 SEC 要求证券公司保存近 3 年内的邮件通信记录，Spitzer 因而获得了大量相关的邮件。这些邮件显示 Blodget 并不认为其推荐的股票具有投资价值。Blodget 的团队通过发布欺诈性的评级，帮助美林证券投资银行部获得了 1.15 亿美元的收入。他个人在 1999 年至 2001 年共获得了 2200 万美元的报酬。

当 Spitzer 公布调查结果后，媒体跟风进行了大量的负面报道。美林证券出于舆论压力与他达成了和解协议，同意支付 1 亿美元的罚金，并在其研究部和投资银行部之间建立“防火墙”。由于 Eliot Spitzer 的成功，随后 SEC、NYSE、NASD 以及其他州的证券监管者都加入了针对证券分析师欺诈行为的调查之中。他们的调查活动显示投资银行普遍存在类似问题，10 家华尔街公司共支付了 14 亿美元的罚款。实际上，在 Spitzer 获悉证券分析师的利益冲突的前 10 年，SEC 即获悉上述信息，但是，时任 SEC 主席的 Harvey Pitt 命令终止相关调查，他担心相关调查会导致投资者丧失对证券市场的信心。

Spitzer 依据纽约州的《马丁法案》（Martin Act）介入调查证券分析师的利益冲突，州检察官与 SEC 相比拥有更大的权力打击证券欺诈。该法案第 352 章[①]赋予纽约州检察长广泛的调查权，并且对于欺诈行为的定义极度宽泛。具体来说，当检察长获知与证券交易相关的欺诈行为后，他即

① See New York General Business Law § 352 (McKinney 1996).

可以展开广泛的调查。欺诈行为不以证券实际进行交易、存在犯罪故意(scienter)和欺诈导致的损失为先决条件。同时,检察长拥有发传票传唤证人的权力,并不受到司法审查的约束。最后第352章c节将故意进行证券欺诈的行为视为重罪(felonies),该行为需要承担刑事责任。因而,仅有州检察长有权力同时追究违法行为人民事和刑事责任。[①]

① See New York General Business Law § 352 - c (McKinney 1996).

第八章 中国证券法公共实施机制

从我国的证券法实施体系来看，公共实施机制一直处于核心地位，监管机构和司法机关之间存在一定分工。证监会根据新《证券法》第 168 条的授权依法监管证券市场，并将对轻微违法行为的处罚权下放给证监局，以便充分利用监管资源和地方证券监管者的信息优势。[①] 注册制改革取得实质性进展后，公共执法的重要性进一步提升。[②] 根据新《证券法》第 96 条和第 99 条的规定，证券交易所、国务院批准的其他全国性证券交易场所属于自律管理法人，履行自律管理职能。证监会通过人事任命，保持对上述证券交易场所的控制力。证券业协会作为非营利的社会团体法人，是证券业自律性组织，受到中国证监会的指导和监督管理。[③]新《证券法》第 164 条规定，证券业协会属于社会团体法人，是证券业的自律性组织。根据新《证券法》第 166 条的规定，可以对违反法律、行政法规、自律规则或者协会章程的会员及其从业人员，按照规定给予纪律处分或者实施其他自律管理措施。依据《证券投资基金法》第 111 条的规定，中国证券投资基金业协会监管基金行业的市场参与者。而财政部作为《会计法》的执法机构，对上市公司违反会计准则的行为拥有处罚权。最后，司法机关可以通过刑事诉讼程序请求从事证券犯罪行为的主体承担刑事法律责任。

公共实施机制在一定程度上影响着私人实施机制，虽然随着司法改革的推进，其影响力在减弱。但长期以来，证监会、证监局、财政部的行政处罚决定和刑事判决是投资者请求违法行为人承担民事责任的前置条件。根据最高人民法院颁布的《2003 年虚假陈述若干规定》第 6 条的规定，投资者因虚假陈述提起民事赔偿诉讼，需要满足行政前置程序。虽然最高人民法院在 2015 年 12 月 24 日发布《关于当前商事审判工作中的若干具体问题》，要求“因虚假陈述、内幕交易和市场操纵行为引发的民事赔偿案

---

① 参见王建文：《中国证监会的主体属性与职能定位：解读与反思》，载《法学杂志》2009 年第 12 期。

② 参见冷静：《注册制下发行审核监管的分权重整》，载《法学评论》2016 年第 1 期。

③ 证券业协会的会员主要包括证券交易所，金融期货交易所，证券登记结算机构，证券投资者保护基金公司，融资融券转融通机构，从事证券业务的律师事务所、会计师事务所及其他中介机构。

件,立案受理时不再以监管部门的行政处罚和生效的刑事判决认定为前置条件”,但从司法实践来看原告投资者很难在未满足行政前置程序的条件下满足立案条件。

此外,《代表人诉讼若干规定》第 5 条第 3 款对代表人诉讼设置了较为宽泛的前置条件,要求原告提交证明证券侵权事实的初步证据,否则适用非代表人诉讼程序进行审理。①本章采用实证分析的方法,从监管机构和司法机关的官方网站、上市公司信息披露指定网站和上市公司公告获得执法活动的数据②,讨论我国证券法公共实施机制的实效。③

第一节　证监会行政执法概况

一、行政执法权

证监会享有主要的证券剩余立法权和执法权④,根据新《证券法》第 7 条的规定,证监会对全国证券市场实行集中统一监督管理。证监会的执法活动主要承担着威慑违法违规行为的功能,维护证券市场健康运行和发展。⑤ 新《证券法》第 7 条第 2 款授权证监会根据监管需要设立派出机构,现有 36 家证监局以及上海和深圳监管专员办事处。上述派出机构分布在各省、自治区、直辖市和计划单位列市,其主要职责包括根据证监会的授权,对辖区内的上市公司,证券、期货等经营机构,咨询机构和相关的律师事务所、会计师事务所等中介机构的证券、期货业务活动进行监督管理,并对违法违规行为进行调查和处罚。

---

① 全国首例上市公司因受行政监管措施引发的证券虚假陈述案宣判,由于原告无法证明涉案信息披露行为与其损失之间的因果关系且虚假陈述并未满足重大性标准,深圳市中级人民法院判决驳回原告诉讼请求。详见搜狐网,https://www. sohu. com/a/446285463_800660,最后访问时间:2021 年 6 月 30 日。

② 参见国泰安数据服务中心提供关于上市公司受到处罚的相关信息,载 http://www. gtarsc. com/,最后访问时间:2021 年 6 月 30 日。

③ 文献中有一些对证监会执法活动的时间序列分析,如根据刘燕和吕玉梅的统计数据,证监会在 1993 年至 2012 年共作出 685 份行政执法决定,年均约为 35 件。参见刘燕、吕玉梅:《我国上市公司财务造假行政处罚实践(1993 - 2002)述评》,载中央财经大学金融服务法研究中心等编:《金融服务法咨询报告》2012 年第 7 期。缪因知对证监会事后执法情况进行了系统的梳理和分析。参见缪因知:《政府性证券监管批判及与民事诉讼之权衡》,载《交大法学》2015 年第 1 期。

④ 运用不完全契约理论分析剩余立法权在证监会和法院之间配置问题的论文,参见黄韬:《为什么法院不那么重要——中国证券市场的一个观察》,载苏力主编:《法律和社会科学》第 9 卷,法律出版社 2012 年版,第 63 - 110 页。

⑤ 参见陈甦、陈洁:《证券法的功效分析与重构思路》,载《环球法律评论》2012 年第 5 期。

我国证券系统绝大部分的执法资源都集中在派出机构层面,证监局和专员办事处的职员规模约为证监会的3倍。考虑到充分发挥监管资源的作用,证监会将对轻微违法行为的调查权和处罚权委托给38家派出机构,以有效利用地方监管者的信息优势与监管的灵活性,降低监管干预的时滞。① 证监局负责辖区内的一线监管工作,主要履行以下四项基本职责:第一,对辖区有关市场主体实施日常监管;第二,防范和处置辖区有关市场风险;第三,对证券期货违法违规行为实施调查、作出行政处罚;第四,对证券期货投资者进行教育和保护。②其中第一项、第二项和第四项均属于证监局的非行政执法程序,第三项属于证监局的行政执法职责。

证监局长期只享有施加非行政处罚的权力,且并未积极参与实施证券法。而在2011年后,证监会开始推动执法机制改革,鼓励派出机构实施证券法,并试点将行政执法权下放给上海、广东和深圳三地的证监局③,在2013年10月,证监会进一步将作出行政处罚的权力下放至所有的证监局④。《中国证券监督管理委员会派出机构行政处罚工作规定》指出,除大案要案、复杂疑难案件以及其他可能对当事人权益造成重大影响的案件仍由证监会机关负责审理外,派出机构将按照规定对管辖范围内的自立自办案件进行审理,实施行政处罚,并由证监会行政处罚委员会负责备案⑤。证监会与证监局之间形成了自上而下的分权模式,促进地方监管竞争。证监局作为地方监管者负责本辖区的证券事务,与市场互动更频繁,能够形成及时的"信息反馈机制""内置反馈机制",以及一旦监督政策出现错误的"自我纠正机制",有助于规范区域证券市场,储备优质上市资源,有效保护投资者的合法权益。⑥

新《证券法》第170条赋予了证监会广泛的执法权。对于违法行为人,证监会还掌握相应的处罚工具,具体可以分为两大类:第一类是行政处罚,

---

① 参见董安生:《中国资本市场改革法律问题研究》,载《甘肃社会科学》2008年第5期。

② 证监局的基本职责包括:第一,对辖区有关市场主体实施日常监管;第二,防范和处置辖区有关市场风险;第三,对证券期货违法违规行为实施调查、作出行政处罚;第四,对证券期货投资者进行教育和保护。参见《中国证监会派出机构监管职责规定》第5条。

③ 位于这三个省市的上市公司的数量最高,参见程金华:《中国公司上市的地理与治理——对证券市场行政治理的再阐释》,载《证券法苑》2010年第2期。

④ 参见杜卿卿:《证监会全面下放行政处罚权》,载《第一财经日报》2013年9月30日版。

⑤ 《证监会:派出机构行使行政处罚权10月1日起实施》,载中国新闻网,http://www.chinanews.com.cn/stock/2013/09-27/5332673.shtml。

⑥ 《证券法》的权力配置可以分为三种类型:具有垄断权力的单一监管者、私人合同监管和地方监管的竞争体制。参见沈朝晖:《论证券法的地方竞争体制》,载《北方法学》2013年第5期。

包括罚款、警告、没收违法所得、责令改正、吊销资格和责令关闭。[①]第二类是非行政处罚，也就是监督管理措施。根据《证券期货市场监督管理措施实施办法（征求意见稿）》的规定，非行政处罚包括16种，该办法还明确规定证监会规章以外的行政规范性文件不得设定监督管理措施。[②] 与此前2008年实施的《证券期货市场监督管理措施实施办法》相比，新版根据《证券法》《优化营商环境条例》和处罚属性删除了"停止批准增设、收购营业性分支机构""撤销其任职资格""责令停止职权或者解除职务""责令参加培训""临时接管"五类非行政处罚措施，新增加了《创业板上市公司证券发行管理暂行办法》等规定的"限制作为特定对象认购证券"和《上市公司重大资产重组管理办法》《非上市公众公司收购管理办法》等规定的"责令暂停或者终止并购重组活动"两类措施。

《证券期货市场监督管理措施实施办法（征求意见稿）》还重点明确了适用各种监督管理措施的程序要求，充分保障行政相对人的合法权益。首先，考虑到监督管理措施主要针对的是轻微违法违规行为，一方面，监管机构不能以监督管理措施代替行政处罚；[③]另一方面，违法行为在2年内未被发现的，不再采取监督管理措施。[④]其次，详细规定了每种措施的内容和基本程序要求，特别是对于较为严厉的处罚措施（该办法第2条第6款至第17款所规定），监管机构应当事先告知当事人拟采取措施的类别和事实、理由、依据，并告知当事人依法享有陈述、申辩以及要求举行听证等权利；如果当事人要求听证的，实施机构可以组织听证[⑤]。最后，该办法还规定除了涉及国家秘密、商业秘密、个人隐私的内容，监督管理措施决定书应当公开，并纳入证券期货市场诚信档案数据库。[⑥]

二、行政执法程序

证监会在1999年就颁布了《中国证券监督管理委员会调查处理证券

---

① 参见陈彬：《中国证监会2010年度证券行政处罚分析报告》，载《证券市场导报》2011年第9期。

② 16种证券监督管理措施包括：责令改正，监管谈话，出具警示函，责令公开说明，责令定期报告，暂不受理与行政许可有关的文件，限制作为特定对象认购证券，责令暂停或者终止并购重组活动，认定为不适当人选，责令增加内部合规检查次数，公开谴责，责令处分有关人员，责令更换董事、监事、高级管理人员等或者限制其权利，停止核准新业务，限制股东权利或者责令转让股权，限制证券期货基金经营机构业务活动等。

③ 参见《证券期货市场监督管理措施实施办法（征求意见稿）》第5条。

④ 参见《证券期货市场监督管理措施实施办法（征求意见稿）》第23条。

⑤ 参见《证券期货市场监督管理措施实施办法（征求意见稿）》第6条。

⑥ 参见《证券期货市场监督管理措施实施办法（征求意见稿）》第28条。

期货违法违规案件基本准则》(已失效)和《中国证券监督管理委员会调查处理证券期货违法违规案件证据准则》,规范证券行政执法活动。证监会的执法程序可以大致分为非正式调查、报批和立案、正式调查与调查终结等环节。① 2013 年《中国证券监督管理委员会关于进一步加强稽查执法工作的意见》第 6 条规定了案件调查组织方式:稽查局负责所受理线索的立案交办、全系统案件调查工作的协调督导评价、交办案件的统一复核移送,以及派出机构自立自办案件的备案管理工作。②

其一,非正式调查环节,证券执法部门在获得相关违法违规行为信息后,需要进行非正式调查活动以决定是否启动正式的调查程序。违法违规信息主要来自于证监会业务部门和派出机构、自律监管组织等日常监管活动,或公众举报、媒体报道等。例如,于 2013 年开通的"12386"热线,每天能收到举报线索 400 余件,开通 6 年来共处理投资者诉求超过 48 万件。③稽查部门获得相关信息后,需要对相关信息进行评估,也可以开展一些非正式的调查活动,以便决定是否正式报批证监会领导立案。

其二,如果证券执法部门进行评估,认为确实存在违法违规行为,应当向证监会主管领导报批立案。根据《中国证券监督管理委员会关于进一步加强稽查执法工作的意见》第 5 条建立的案件分类管理制度,案件被分为大案要案类(A 类)、常规案件类(B 类)和简单案件类(C 类)。遗憾的是,立案标准并未向公众公开,而是以内部"立案指引文件"的形式对内设置了工作规则。④一旦证监会决定立案,即应当以"立案通知书"的形式告知被调查方。

其三,正式调查阶段,证监会执法部门根据新《证券法》第 179 条的规定,享有广泛的调查取证权,甚至可以查封当事人账户、限制其出境。根据 2006 年颁布的《中国证券监督管理委员会案件调查实施办法》第 17 条的规定,实施调查时应当由不少于 2 名工作人员进行并出示合法证件。然而,证监会的正式调查活动又受到两方面的诟病:一方面,在正式调查进行

① 对证券监管机构的执法程序的细致讨论,参见刘一玮:《证券监管机构对证券违法行为的调查、处理与救济》,载彭冰主编:《规训资本市场》,法律出版社 2016 年版,第 3 - 32 页。

② 证监会执法部门的分工如下:上海、深圳专员办分别与稽查总队上海支队、深圳支队合署办公,主要负责案件调查工作。稽查总队、上海稽查支队、深圳稽查支队以承办 A 类案件为主。天津、沈阳、上海、济南、武汉、广州、深圳、成都、西安等 9 个大区稽查局在承办所在辖区案件的同时,需承办稽查局交办的跨辖区案件。

③ 参见王君晖:《12386 热线累计为投资者 挽回损失 1.32 亿元》,载证券时报网 2020 年 1 月 10 日,https://www.sohu.com/a/365937407_115433。

④ 参见中国证券监督管理委员会编:《中国资本市场法制发展报告(2013)》,法律出版社 2014 年版,第 2 - 3 页。

中，被调查方知情权缺乏保障；另一方面，证监会缺乏具备强制力的调查措施，如搜查、强制传唤当事人等，无法满足调查需要。①

其四，调查终结，主要是报告撰写和归档工作。调查报告是对整个调查活动的总结性材料，《中国证券监督管理委员会调查处理证券期货违法违规案件基本准则》第22条列明了其主要内容，包括立案依据、调查情况、已查明的证券期货违法违规行为、对上述行为的定性、处理处罚建议以及法律依据、调查人员的署名和报告日期等要素。上述报告经过稽查局复核形成处理意见，对于需要进行处罚的案件将调查报告和证据等卷宗移交案件审理部门；如果存在违反刑法的情况，还应当移交司法机关。

在完成上述执法环节后，即进入案件审理程序。自2002年起，证监会开始实行查审分离的模式，将行政处罚案件的审理权交给行政处罚委员会负责。《行政处罚委员会组成办法》规定，委员会设主任委员1名，副主任委员及委员若干名。《行政处罚法》第57条第2款规定，“对情节复杂或者重大违法行为给予较重的行政处罚，行政机关负责人应当集体讨论决定”。行政处罚委员会负责对重大、复杂案件进行集体讨论、研究。中国证券监督管理委员会《关于进一步完善中国证券监督管理委员会行政处罚体制的通知》第二章第1条第3款规定，行政处罚委员会实行合议制对违法事实认定、法律适用、处理结论等进行集体讨论，提出意见。案件审理结果主要包括4类。② 在证监会作出行政处罚决定之前，由法律部负责告知当事人作出行政处罚决定的事实、理由及依据，并告知当事人依法享有的陈述、申辩和要求听证等权利。听证会一般由3～5位行政处罚委员会委员参加，目的在于听取当事人及其代理人的申辩理由，提出听证复核意见。审理活动完成后，行政处罚委员会应当提出审理意见，报会分管领导批准。

① 参见柯湘：《中国证券监管权的行使与制约研究》，知识产权出版社2015年版，第116－118页。

② 案件审理结果包括：第一，案件事实不清、证据不足的，由法律部退回稽查部门补充调查；第二，违法行为不成立或虽构成违法但依法不予处罚，应当采取非行政处罚性监管措施的，由法律部处理；第三，涉嫌构成犯罪的，移送司法机关；第四，证券违法行为涉及违纪及其他违法行为的，移交各级纪检部门及政府有关执法部门处理。参见中国证券监督管理委员会《关于进一步完善中国证券监督管理委员会行政处罚体制的通知》。

第二节 证监会的执法投入与产出

一、证监会的执法投入

第一节的讨论是关于证监会和派出机构的处罚权的讨论，主要集中于证监会在理论上拥有的执法工具，执法活动的效率还依赖于监管的资源投入。本节试图根据学者提出的衡量指标，从监管机构的预算和雇员规模两个维度，讨论证监会2011年至2019年的监管投入。①

表8－1报告了证监会2011年至2019年的预算规模投入。② 2011年证监会的年度预算约为7.72亿元，此后两年快速增长，至2014年预算有所下降，自2016年起又出现快速上升的趋势。9年间证监会的平均年度预算约为10.07亿元，年均增长率为6.6%。考虑到数据的可比性，表8－1的第3列还使用沪深两个交易所在每年年底的总市值作为分母，对证监会的年度预算进行标准化处理。我国股票市场每亿元的市值中，平均约有2768元用于支付监管成本。标准化的年度预算在2014年和2015年快速降低的原因在于股票市场处于牛市区间。证监会支出的分项数据显示，年度预算用于支持证券法实施的比例并不高。以2015年为例，证监会年度预算表中，分项“金融支出”（科目编码217）共计9.2亿元，约占总预算的92%。其中子分项“金融部门监管支出”（科目编码21702）共计3亿元，仅占当年总预算的30%。在这30%的年度预算支出中，还包括用于“从业人员资格考试”的约1.5亿元预算（占总预算的约15%）。

表8－1　2011年至2019年证监会的年度预算

年份	年度预算（亿元）	年度预算增长率	标准化预算（每亿元市值）	标准化预算增长率
2019	13.40	11.39%	2259.95	－18.30%
2018	12.03	2.04%	2766.00	33.04%
2017	11.79	12.18%	2079.05	0.43%
2016	10.51	5.84%	2070.18	10.76%
2015	9.93	4.64%	1868.99	－26.63%

① See Howell Jackson & Mark Roe, *Public and Private Enforcement of Securities Laws: Resource－Based Evidence*. Journal of Financial Economics 93: 207－238(2009).

② 证监会报告的年度预算规模包括了证监会本级预算和38家派出机构预算。

续表

年份	年度预算（亿元）	年度预算增长率	标准化预算（每亿元市值）	标准化预算增长率
2014	9.49	-1.96%	2547.33	-37.09%
2013	9.68	14.15%	4048.90	9.99%
2012	8.48	9.84%	3681.23	2.41%
2011	7.72	1.31%	3594.74	25.21%
平均值	10.07	6.60%	2768.49	-0.02%

注：1. 证监会年度预算数据来源于2010年至2019年《中国证监会部门预算》。

2. 证监会的年度预算单位为亿元人民币，标准化预算为每1亿元市值。

3. "标准化的年度预算"使用中国股票市场的上市公司的市值作为分母进行标准化，数据来源于万德数据库。

监管机构的雇员数量和专业程度是其人力资本的重要体现。特别是对于证券监管机构，其监管活动的专业性较强，需要大量受过系统训练的雇员从事调查、取证和执法等工作。表8-2报告了证监会的雇员规模。证监会的雇员数量总体呈现增长的趋势，年均增长率约为2.65%。在2014年至2016年出现了小幅回落，基本稳定在3100人左右。其中38家派出机构的雇员约占总数的75%，监管资源向基层集中。① 考虑到市场规模的区别，第3列利用我国国内上市公司数量对证监会的雇员规模进行标准化处理，平均每家上市公司对应1.06名监管人员。但是标准化雇员数量自2014年起持续下降，9年间年均减少3.89%。上述现象说明，在注册制改革的大背景下，企业上市的节奏加快，被监管对象的数量增长明显快于监管机构雇员规模的增长。

表8-2　2011年至2019年证监会的雇员规模

年份	雇员规模（人）	雇员规模增长率	标准化雇员数（每家上市公司）	标准化雇员数增长率
2019	3256	3.07%	0.86	-2.20%
2018	3159	2.33%	0.88	-0.49%
2017	3087	0.85%	0.89	-11.68%
2016	3061	-1.16%	1.00	-8.45%
2015	3097	-2.21%	1.10	-9.61%

① 参见《中国证券监督管理委员会2015年年报》第11页。

续表

年份	雇员规模(人)	雇员规模增长率	标准化雇员数(每家上市公司)	标准化雇员数增长率
2014	3167	-0.50%	1.21	-5.22%
2013	3183	10.10%	1.28	10.32%
2012	2891	5.32%	1.16	-1.10%
2011	2745	6.03%	1.17	-6.61%
平均值	3072	2.65%	1.06	-3.89%

注:1. 证监会年度雇员规模数据来源于2010年至2019年《中国证券监督管理委员会年报》。

2. "标准化雇员数"使用在中国股票市场上市的国内公司的数量作为分母进行标准化,数据来源于万德数据库。

证监会监管能力的另一个重要体现是其雇员的人力资本。截至2012年年底,证监会及证监局2891名工作人员中约97.5%具有本科学历,其中证监会机关硕士以上学历雇员占76.1%,博士占16.4%。[①]从教育背景上看,相关工作人员都受过一定的专业训练。但是,证监会面临着有经验的工作人员流失的风险。相关统计数据显示,2014年全年,证监会约有30名处级以上干部离职,投身市场机构。[②] 流失有经验的工作人员可能会降低证监会的监管效率。

二、证监会的执法产出

根据相关研究对违法行为预期成本和收益的分析,法律法规对违法违规行为的威慑力主要由被定罪的概率和处罚的力度决定。[③] 证券监管者的执法产出决定了潜在违法违规行为被发现的概率。本部分将叙述证监会和其派出机构证监局在2011年至2015年的年度执法产出和处罚力度。

(一)证监会层面的执法产出

行政处罚权下放改革后,证监会与证监局形成了一定的执法分工。图8-1展示了证监会年度执法产出,左边坐标轴表示证监会处罚总数,而右边坐标轴表示证监会处罚的上市公司数量。2010年至2019年,上市公司公告受到证监会行政处罚总计624项。从图8-1中可以看出证监会的执法产出增长较快,2010年至2012年,证监会每年约作出不到40项处罚决

① 参见《中国证券监督管理委员会2012年年报》第7页。

② 参见王红茹:《证监会2014年30名处级干部离职》,载《中国经济周刊》2015年4月14日版。

③ See Gary Becker, *Crime and Punishment: An Economic Approach*. Journal of Political Economy 76: 169-217(1968).

定，而在 2017 年，证监会每年的处罚决定数量已经接近 100 项。此外，上市公司受到处罚的频率并不大，平均每年约 30 家上市公司受到证监会的行政处罚。

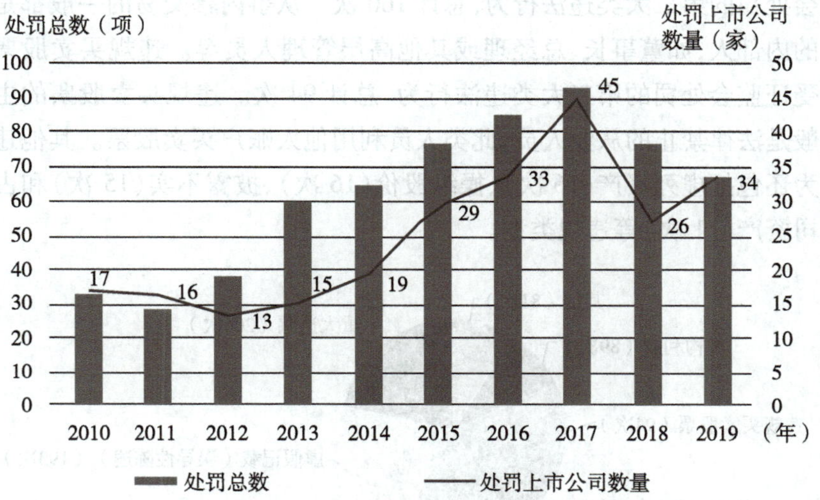

图 8－1　2010 年至 2019 年证监会处罚总数和处罚上市公司的数量

注：证监会执法产出数据参见其官方网站，详见 http://www.csrc.gov.cn/pub/newsite/。

作为“垄断的”执法者，证监会的执法活动主要受到以下两个方面的批评：第一，执法强度较弱，无法有效威慑违法违规行为；①第二，存在“选择性”执法问题，某些企业受到的处罚较轻。②上市公司存在“网状层级”，多为区域经济主要贡献者，关联社会因素会削弱证券法执行者的动力与有效性。有学者将证监会的处罚决定分为声誉罚、财产罚、资格罚和市场禁入四类，通过对比数据发现：对违法主体惩戒作用较小的声誉罚，证监会的执法强度较大；而会对违法主体产生实际威慑的，如资格罚和市场禁入措施，证监会的执法力度较小。③

证监会的处罚主要针对股票市场的违法行为，期货市场的违规行为受

① 如内幕交易类违法案件，证监会对个人内幕交易行为的罚款数额上限为 30 万元，对单位的最高罚款数额为 60 万元。基于相关行政处罚决定书的实证分析显示，证监会的罚款数额较低，未能达到“过罚相当”的原则。参见王启迪：《内幕交易罚款数额影响因素的实证研究——基于证监会 21 份行政处罚决定书的整理》，载《行政法学研究》2011 年第 4 期。

② 政治关联程度可能会显著影响投资者法律保护的执行效率，参见许年行等：《政治关联影响投资者法律保护的执法效率吗?》，载《经济学(季刊)》2013 年第 2 期。

③ 参见张舫、李响：《对证监会执法强度的实证分析》，载《现代法学》2016 年第 1 期。

到处罚的频率较低。图 8－2 展示了违法行为的分布。信息类违法违规行为是受证监会处罚频率最高的第一大类违法行为，包括重大遗漏 206 次、虚假记载 193 次、推迟披露 124 次和虚构利润 89 次。内幕交易是易受证监会处罚的第二大类违法行为，总计 160 次。从事内幕交易的一般都是企业的内部人，如董事长、总经理或其他高层管理人员等。违规买卖股票是易受证监会处罚的第三大类违法行为，总计 94 次。违规买卖股票的主体一般是法律禁止的从业人员，此类人员利用他人账户买卖股票。其他违法行为还包括虚列资产（16 次）、操纵股价（16 次）、披露不实（15 次）和占用公司资产（11 次）等违规类型。

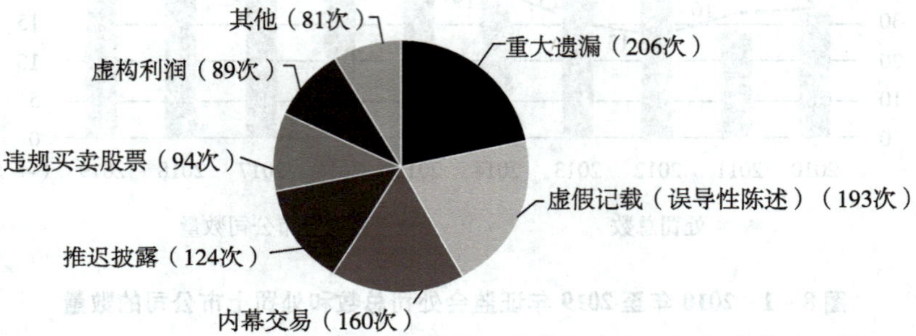

图 8－2　证监会查处的违法行为类型分布

注：本表采用国泰安数据库提供的处罚数据。“其他”包括以下违法行为类型：“虚列资产”（16 次）、“披露不实”（15 次）、“欺诈上市”（5 次）、“擅自改变资金用途”（4 次）、“占用公司资产”（11 次）、“操纵股价”（16 次）、“违规担保”（7 次）、“一般会计处理不当”（7 次）。

决定证券法威慑力的另一个因素是违法行为被发现后所受到的处罚程度。证券市场参与者从事违法行为一般期望获得经济利益，因而货币处罚是威慑此类违法活动的重要监管工具。图 8－3 展示了 2010 年至 2019 年，证监会收缴的罚没收入金额数量，从中可以看出货币处罚的增速很快。①左侧坐标轴表示证监会年度罚没收入的绝对值，右侧坐标轴则表示标准化后的罚没收入。证监会在 2008 年至 2012 年，总计罚没金额达到 6 亿元②，其中 2010 年罚没金额达到 1.11 亿元。③ 自 2013 年起，证监会的罚没

① SEC 施加的货币处罚主要是由返还违法所得（disgorgement）和罚款（fine）构成。

② 参见《证监会近四年新增案件调查 1458 起》，载金融界网 2013 年 1 月 24 日，http://stock.jrj.com.cn/2013/01/24075114983059.shtml?to=pc。

③ 参见《中国证监会 2010 年度证券行政处罚分析报告》，载《证券时报》2011 年 12 月 1 日，http://www.p5w.net/today/201112/t3963653.htm。

收入总额出现了爆炸性增长，2013 年罚没数额总计达到 7.3 亿元，虽然在 2014 年出现下跌，但 2015 年又增长至 54 亿元。① 2010 年至 2019 年，罚没收入的最大值出现在 2018 年，达到 106.41 亿元。

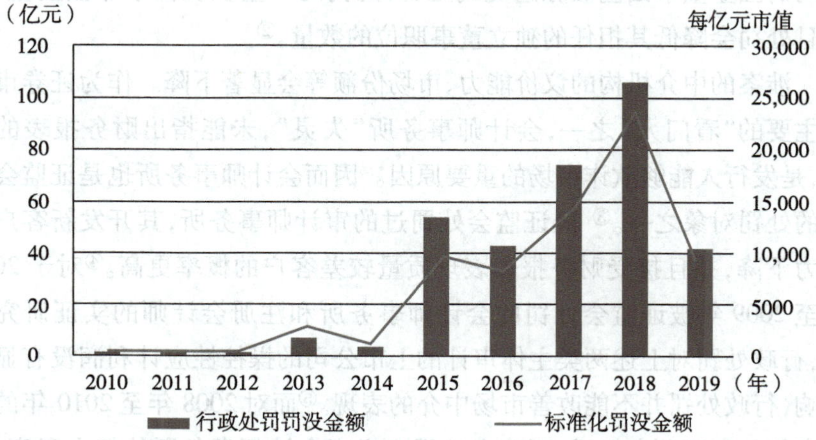

图 8－3　2010 年至 2019 年证监会货币处罚和标准化货币处罚规模

注：证监会施加的年度货币处罚参见其年报、网络新闻汇总。

用我国股票市场的市值对证监会的罚没收入进行标准化处理后，2011 年股票市场每亿元市值约 420 元用于支付证监会行政处罚罚款和没收违法所得，而这一数值在 2015 年后出现了大幅度的增长，2018 年达到最大值约 24,500 元。货币处罚的大幅度增加，有助于提高证券违法行为的成本，提高行政法律责任的威慑力。然而，由于证监会需要将罚没收入上缴国库，对于证券市场来说即属于资金流出，在功能上与税收无异，减少了投资者可以获得的赔偿。有学者因此建议建立投资者赔偿基金，保障民事赔偿的优先权。②

直接的货币处罚仅是监管机构执法活动给违法行为人带来的成本之一，证券市场同样会给违法行为人施加声誉处罚。上市公司披露受到证监会的处罚，其股价会承受超额负收益。③当然，证监会执法周期较长，处罚信

① 2015 年证监会收缴的罚没收入超过此前 10 年罚没款总和的 1.5 倍，罚没收入的高速增长显示证监会政策的转变，但证监会的政策转变可能会面临较高的诉讼风险，并且缺乏制衡，详见 http://www.csrc.gov.cn/pub/newsite/zjhxwfb/xwdd/201601/t20160115_289929.html。

② 参见傅穹：《我国证券法实施后时代下的投资者赔偿基金制度构想》，载《投资者》2020 年第 1 期。

③ See Gongmeng Chen, Michael Firth, Daniel N. Gao & Oliver M. Rui, *Is China's Securities Regulatory Agency a Toothless Tiger? Evidence from Enforcement Actions*. Journal of Accounting and Public Policy 24: 451－488 (2005).

息可能已经提前泄露给市场，因而超额收益低估了市场对证监会处罚的评价。此外，被处罚机构的管理人员被强制离职的概率增加。例如，证监会的行政处罚增加了上市公司的审计师和CEO的离职率。①最后，如果上市公司的独立董事因虚假陈述受到处罚，处罚的严重程度低于非独立董事，并且处罚会降低其担任的独立董事职位的数量。②

涉案的中介机构的议价能力、市场份额等会显著下降。作为证券市场最主要的“看门人”之一，会计师事务所“失灵”，未能指出财务报表的问题，是发行人能够欺诈市场的重要原因。因而会计师事务所也是证监会主要的处罚对象之一。③ 经证监会处罚过的审计师事务所，其开发新客户的能力下降，并且接受财务报表表现质量较差客户的概率更高。④对于2001年至2009年被证监会处罚的会计师事务所和注册会计师的实证研究显示，行政处罚对上述两类主体审计的上市公司的操控性应计利润没有显著影响，行政处罚并不能改善市场中介的表现。⑤而对2008年至2010年的处罚案例的实证研究显示，证监会处罚会提高会计师事务所的努力程度，降低其客户报表中操控性应计的绝对值。⑥

证券监管者施加的第三类处罚是市场禁入，即通过禁止违法行为人在未来从证券市场获得收入，来威慑潜在的违法行为。市场禁入包括禁止责任人担任上市公司董事、监事、高级管理人员职务，以及禁止责任人从事证券业务，如在证券（期货）公司、证券服务机构和证券投资基金机构工作。由于市场禁入对被处罚者的惩戒较为严重，监管者并未频繁作出此类处罚。2011年至2015年，证监会一共作出69项市场禁入决定，共涉及126人。

通过上述对证监会执法活动投入和产出的分析可知，证监会获得的监

---

① See Gongmeng Chen, Michael Firth, Daniel N. Gao & Oliver M. Rui, *Is China's Securities Regulatory Agency a Toothless Tiger? Evidence from Enforcement Actions.* Journal of Accounting and Public Policy 24: 451 - 488(2005).

② 参见辛清泉、黄曼丽、易浩然：《上市公司虚假陈述与独立董事监管处罚——基于独立董事个体视角的分析》，载《管理世界》2013年第5期。

③ 证监会的处罚对象多是会计师，而对会计师任职的事务所处罚频率不高。参见吴溪：《监管处罚中的“重师轻所”及其后果：经验证据》，载《会计研究》2008年第8期。

④ 参见李晓慧、曹强、孙龙渊：《审计声誉毁损与客户组合变动——基于1999 - 2014年证监会行政处罚的经验证据》，载《会计研究》2016年第4期。

⑤ 参见王兵等：《行政处罚能改进审计质量吗？——基于中国证监会处罚的证据》，载《会计研究》2011年第12期。

⑥ 参见刘笑霞：《审计师惩戒与审计定价——基于中国证监会2008 - 2010年行政处罚案的研究》，载《审计研究》2013年第2期。

管资源投入总量呈逐年上升的趋势,但是增长速度低于被监管上市公司数量和市场规模增长的速度,这可能会导致监管有效性的降低。证监会保持了对情节较重违法行为的处罚力度,无论是以违法行为人被定罪的概率,还是以监管者施加的处罚力度来衡量,近年来都呈现高速增长的态势。特别是证监会增加了对违法行为人施加的罚没处罚,显著提高了货币处罚的威慑力。

(二)证监局的执法产出

在证监会下放行政处罚权后,证监局的执法产出呈现快速上升的趋势。[①] 沪深两市上市公司自2010年至2019年发布的公告,总计记载了证监局作出的1472项处罚决定,平均每年147项。表8-3的A栏显示了年度处罚决定的数量分布。2010年证监局处罚的总数还较低,仅17项,占处罚总数的1.15%。此后,证监局施加的处罚数量出现了较快的增长,在2012年达到152项,与2010年相比增了近10倍。2013年至2016年,保持了较为平稳的态势。2017年后,证监局的执法产出又出现大幅度上升,2019年更是作出了276项处罚决定。

由于一项处罚决定可能对多个违法行为进行处罚,表8-3的B栏报告了上述1472项处罚决定涉及的总违法行为数,共计2107次。其中,证监局主要处罚的是信息类违法行为,主要包括重大遗漏(553次)、推迟披露(454次)、虚假记载(误导性陈述)(340次)、一般会计处理不当(267次)、披露不实(其他)(100次)和虚构利润(55次)六大类,分别占处罚的违法行为总数的26.25%、21.55%、16.14%、12.67%、4.75%和2.61%。另外,证监局对违规买卖股票行为的处罚数达到116次,占处罚的违法行为总数的5.51%。证监局对于占用公司资产、违规担保和擅自改变资金用途等违法行为也有所处罚,但是所占比例并不高。

① 参见李文华:《我国上市公司信息披露违法违规监管执法问题研究》,载《西南金融》2015年第1期。

表 8 – 3　证监局处罚决定按处罚年度和违规行为类型的分布

A 栏 按年度分处罚数量										
年份	2010	2011	2012	2013	2014	2015	2016	2017	2018	2019
处罚数量（项）	17	62	152	154	105	147	145	198	216	276
比例	1.15%	4.21%	10.3%	10.46%	7.13%	9.99%	9.85%	13.45%	14.67%	18.75%

B 栏 按处罚事由分处罚数量											
处罚事由	重大遗漏	推迟披露	虚假记载（误导性陈述）	一般会计处理不当	违规买卖股票	披露不实（其他）	占用公司资产	违规担保	虚构利润	擅自改变资金用途	其他
处罚数量（次）	553	454	340	267	116	100	89	73	55	44	16
占比	26.25%	21.55%	16.14%	12.67%	5.51%	4.75%	4.22%	3.46%	2.61%	2.09%	0.76%

此外,对于欺诈上市和市场操纵这两大类证券市场较为严重的违法行为,从上市公司获得的处罚数据来看,证监局未进行处罚。而对于内幕交易违法行为的处罚频次也很低,仅7次。这可能存在两个方面的原因:第一,欺诈上市、内幕交易和市场操纵案件往往情节较为严重,此类案件主要上报证监会处罚。第二,内幕交易和市场操纵案件并未触及上市公司的披露义务。例如,在并购交易中,中介机构的雇员利用内幕信息买卖标的证券。虽然此类行为构成内幕交易,并且会受到惩罚,但是并没有上市公司有义务披露此类信息。

证监局的执法活动是我国公共执法产出高速增长的主要动力,现在已占我国公共执法产出总量的3/5。[①] 表8-4显示了各派出机构的执法产出。从最后一列可以看出,广东证监局(140项)、上海证监局(138项)、深圳证监局(105项)和浙江证监局(103项)施加的行政处罚数量超过100项。而施加的处罚数量超过50项的证监局有11个,共施加处罚965项,占证监局系统总产出的66%。

表8-4　证监局处罚决定按年份和处罚主体的分布

(单位:项)

处罚主体	年份										总计
	2010	2011	2012	2013	2014	2015	2016	2017	2018	2019	
广东证监局	1	3	32	19	3	11	14	28	12	17	140
上海证监局	1	2	10	21	11	17	12	14	22	28	138
深圳证监局	3	7	17	12	8	9	8	9	10	22	105
浙江证监局	0	2	5	7	6	5	7	22	19	30	103
江苏证监局	1	1	16	15	4	6	3	10	11	14	81
四川证监局	0	2	13	10	8	7	8	7	13	9	77
山西证监局	0	3	4	7	8	16	9	8	9	8	72
河南证监局	1	5	15	14	8	13	5	1	3	0	65
湖北证监局	0	0	2	5	5	7	9	14	10	12	64
山东证监局	3	5	6	4	3	2	9	7	9	15	63
福建证监局	1	7	3	3	6	2	5	9	10	11	57
其他	6	25	29	37	35	52	56	69	88	110	507

证监局执法产出的大幅增长是由于证监会通过向证监局分权,创建了

① 参见吕成龙:《证监会地方执法的绩效实证与机制改革》,载《行政法学研究》2021年第4期。

竞争机制。2010 年年底证监会试点向广东、上海和深圳三地的证监局下放行政处罚权，鼓励证监局积极实施证券法。[①] 2012 年证监局执法产出增长最为明显，其中，广东证监局执法产出增加了 867%（从 3 项增长至 32 项）、上海证监局执法产出增加了 400%（从 2 项增长至 11 项）、深圳证监局执法产出增加了 43%（从 7 项增长至 17 项）。之所以分权改革的效果到 2012 年才显现出来，是由于证监局调查取证需要时间，因而其产出的显著增长出现了时滞。

证监局的处罚对象不局限于上市公司，还有非上市的企业和个人。2010 年至 2019 年，证监局一共对上市公司作出 1179 项处罚决定，占总数的 80%。而证监局对上市公司的处罚措施以整改为主，共 1061 次；其他较为严重的处罚包括监管谈话 70 次、公开说明 28 次、警示函 371 次和记入证券期货诚信档案 14 次；最为严重的处罚措施警告和罚款共 118 次。

证监局一共处罚了与上市公司关联的非上市企业、个人共 293 次，约占总数的 20%。其中，较轻微的处罚包括整改 23 次、监管谈话 23 次、公开说明 1 次，较为严重的处罚警示函 111 次、记入证券期货诚信档案 5 次。证监会对 15 位违法行为人施加了警告或警告并罚款的处罚。4 位违法行为人被认定为不适当人选，在一定时间内不得担任上市公司的董事、监事、高级管理人员职务或者实际履行上述职务。总体来说，证监局对于与上市公司关联的非上市企业、个人的处罚较为严厉。

三、证监会执法活动的衍生成本

证监会的执法活动不仅会给上市企业带来直接的处罚成本，还有衍生成本，主要表现为股票价格下跌。本小节采用计量经济学的事件研究法[②]，测量股票市场对上市公司公告行政处罚的反应，也即被处罚上市公司发行的股票在处罚信息被披露后，股票价格的超额收益。超额收益的估计遵循等式(8－1)：

$$AR_{it} = R_{it} - \hat{R}_{it} \qquad \text{等式(8－1)}$$

其中，$\hat{R}_{it}$和 R_{it} 分别是证券 i 在第 t 个交易日的收益率和预期收益率。

---

① 根据联邦主义理论，证监会向证监局下放实施证券法的权力，将为其执行证券法提供强激励，参见周黎安：《中国地方官员的晋升锦标赛模式研究》，载《经济研究》2007 年第 7 期。利用联邦主义理论分析证券发行制度改革的讨论，参见沈朝晖：《论证券法的地方竞争体制》，载《北方法学》2013 年第 5 期。

② 对于事件研究法的讨论，参见 A. C. MacKinlay, *Event Studies in Economics and Finance*. Journal of Economic Literature 35：13－39(1997)。

预期收益 $\hat{R}_{it}$ 使用等式(8-2)表示的市场模型进行估计：

$$\hat{R}_{it} = \hat{\alpha}_i + \hat{\beta}_i \times R_{mt} + \hat{\varepsilon}_{it} \qquad \text{等式(8-2)}$$

其中，R_{mt}表示第 t 个交易日的沪深三百指数，该指数是市场组合收益率的代理变量，而 $\hat{\alpha}_i$ 和 $\hat{\beta}_i$ 使用事件窗口前 150 个交易日的收益率数据进行估计。个股的日收益率、沪深三百指数收益率都从国泰安数据服务中心处获得。①

根据行政执法活动的进程，接受调查与行政处罚的上市公司至少会公告调查通知书、行政处罚事先告知书和行政处罚决定书，因此，证券市场存在多次机会了解行政处罚的相关信息。本部分的样本来源于国泰安数据库，包括 2014 年 1 月 1 日至 2018 年 12 月 31 日间因信息披露违法违规公告收到行政处罚决定书的上市公司。在剔除了数据缺失的样本后，总计获得 110 项处罚公告。根据上述信息，笔者继续在“巨潮资讯网”搜索上市公司公告调查通知书和行政处罚事先告知书的相关信息。

事件研究法的事件日选取调查通知书、行政处罚事先告知书或行政处罚决定书的披露日。事件窗口为[-7,7]，即揭露日前后 7 个交易日。表 8-5 展示了使用上述方法分别估计上市公司公告收到证监会或证监局调查通知书、行政处罚事先告知书或行政处罚决定书时，其股票组合的超额收益率。A 栏关注的事件是上市公司公告收到调查通知书，并报告了样本股票在(-7,7)事件窗口内每日超额收益的平均值和中位数。在(-1,5)事件窗口内，即公告日前 1 日至其后 5 个交易日内，样本股票组合的累计超额收益率为 -12.03%，公告日当天日超额收益率为 -5.535%。B 栏关注的事件是上市公司公告收到行政处罚事先告知书，并报告了样本股票在(-7,7)事件窗口内每日超额收益的平均值和中位数。上市公司收到行政处罚是明显的利空消息，但是样本股票组合仍然在事件日获得了约 1.549% 的超额收益。事件日正超额收益可能源于行政处罚事先告知书消除了调查活动给上市公司带来的不确定性。C 栏关注的事件是上市公司公告收到行政处罚决定书，并报告了样本股票在(-7,7)事件窗口内每日超额收益的平均值和中位数。样本股票组合在事件日获得 0.985% 的正超额收益率。

依据表 8-5 的 A 栏报告的超额收益率计算市场估计虚假陈述给投资者造成的损失总额。样本股票组合在调查通知书公告日(-1,5)事件窗口内的累计超额收益率达到 -12.03%，该比率可以视为持有样本股票的投

① 详见 http://www.gtarsc.com/。

表 8-5　行政处罚事件研究法的超额收益分布

交易日	C 栏 行政处罚决定书公告日				A 栏 调查通知书公告日				B 栏 行政处罚事先告知书公告日			
	样本容量	超额收益平均值	超额收益中位数	威尔科克森符号秩检验	样本容量	超额收益平均值	超额收益中位数	威尔科克森符号秩检验	样本容量	超额收益平均值	超额收益中位数	威尔科克森符号秩检验
7	107	-0.175%	-0.426%	-0.771	97	0.217%	0.097%	1.330	110	-0.211%	-0.342%	-1.370
6	107	-0.100%	-0.038%	-0.379	97	-0.005%	0.289%	0.304	110	-0.123%	-0.071%	-0.330
5	107	-0.757%	-0.394%	-2.642***	97	-0.543%	-0.506%	-2.231**	110	0.102%	0.023%	0.088
4	107	-0.911%	-0.373%	-2.999***	97	-0.287%	-0.185%	-1.196	110	0.355%	0.067%	0.562
3	107	-0.720%	-0.453%	-1.921*	97	-0.551%	-0.424%	-1.599	110	0.201%	-0.100%	0.097
2	107	-0.904%	-0.513%	-2.539**	97	-0.310%	-0.392%	-1.373	110	-0.243%	-0.467%	-1.809*
1	107	-2.388%	-1.324%	-6.406***	97	0.485%	0.065%	0.506	110	-0.315%	-0.161%	-1.376
0	107	-5.535%	-5.740%	-8.382***	97	1.549%	1.161%	3.456***	110	0.985%	0.853%	3.216***
-1	107	-0.811%	-0.610%	-2.859***	97	0.665%	0.265%	1.765*	110	-0.071%	-0.149%	-1.080
-2	107	-0.450%	-0.337%	-1.383	97	0.754%	0.327%	2.175**	110	0.178%	0.030%	0.303
-3	107	-0.082%	-0.132%	-0.469	97	-0.066%	0.025%	-0.059	110	0.268%	0.145%	0.995
-4	107	-0.004%	0.040%	0.339	97	-0.321%	-0.292%	-1.247	110	0.387%	0.271%	0.917
-5	107	-0.184%	-0.306%	-0.811	97	-0.290%	0.169%	-0.059	110	-0.100%	-0.042%	-0.681
-6	107	-0.098%	-0.105%	-0.923	97	-0.519%	-0.547%	-1.873*	110	0.257%	-0.027%	0.361
-7	107	-0.021%	-0.435%	-0.833	97	0.208%	-0.004%	0.264	110	0.725%	0.412%	2.381**

注：1. *、**、*** 分别表示 10%、5%、1% 的显著水平。

2. 威尔科克森符号秩检验(Wilcoxon sign - rank test)的原假设是样本中位数为零。

3. A 栏、B 栏和 C 栏的样本容量存在差异的原因在于，一些样本上市公司未公告收到行政处罚事先告知书或行政处罚决定书。

资者遭受的每股平均损失的估计值。[①]笔者通过国泰安数据库获取样本内107只股票在调查通知书披露当日的总市值和流通市值，其中样本股票平均总市值约为87.8亿元人民币、平均流通市值约为64.5亿元人民币。以总市值作为基准，市场对样本股票组合因虚假陈述给投资者带来总损失均值的估计约为10.56亿元人民币（-12.03%×87.8）；以流通市值作为基准，市场对样本股票组合因虚假陈述给投资者带来总损失均值的估计约为7.76亿元人民币（-12.03%×64.5）。而对裁判文书网公布的虚假陈述民事赔偿案件判决书的实证研究显示，被告支付的损害赔偿总额最高仅为0.64亿元人民币，大部分被告支付的赔偿总额在0.1亿元人民币以下。被告所承担的违法成本远低于其给投资者造成的损失。

证监会行政执法活动所带来的高昂衍生成本主要源于以下几个方面：首先，受到证监会处罚的上市公司的声誉资本会大幅受损。市场参与者获知上市公司曾经从事较为严重的违法违规行为，并受到证监会的行政处罚，不仅会质疑其所从事的违法行为对公司价值的扭曲，还会对该公司所有的信息披露产生怀疑。信息失真所导致的不确定性会显著降低上市公司的市场价值。

其次，证监会在其他规章中设置了大量的条件限制，其中援引较为频繁的条件即包括上市公司在此前是否受到过行政处罚，如表8-6所示。上市公司及其实际控制人和董监高受到行政处罚后，面临的衍生限制主要包括以下两方面：第一，资格限制。如根据《上海证券交易所股票上市规则》（2019年修订）的规定，最近3年受到过证监会行政处罚的个人不得担任董事会秘书。第二，业务限制。《上市公司股东、董监高减持股份的若干规定》提出，如果上市公司、大股东或董监高因涉嫌证券期货违法犯罪，在被中国证监会立案调查或者被司法机关立案侦查期间，以及在行政处罚决定、刑事判决作出之后未满6个月的，不得减持股份。此外，上市公司非公开发行股票、分拆子公司境内上市、在境外发行存托凭证以及发行优先股等活动，监管规章都要求上市公司、其实际控制人或董监高在一定期限内未受到证监会的行政处罚。

---

① 调查通知书并未披露发行人违法行为的具体内容，因而在该事件附近计算的累计超额收益率，可能无法充分反映适格投资者遭受的每股损失。有效市场可以缓解该因素造成的不确定性。证券市场存在不同类型的投资者，相较于散户来说，成熟的投资者获取信息的渠道更多，他们买卖行为所造成的股价变动可以有效估计虚假陈述的影响。See Ronald J. Gilson & Reinier H. Kraakman, *The Mechanisms of Market Efficiency*. Virginia Law Review 70: 549-644 (1984).

表 8-6 我国证券市场主体因受处罚而面临的限制性规定

文件名	发文单位	条文规定
《上海证券交易所股票上市规则》(2019 年修订)	上交所	第 3.2.4 条关于不得担任董事会秘书事由的规定
《上市公司股东、董监高减持股份的若干规定》	证监会	第 6 条关于上市公司大股东不得减持股份事由的规定;第 7 条关于上市公司董监高不得减持股份事由的规定
《上市公司证券发行管理办法》(2020 年修正)	证监会	第 39 条关于不得非公开发行股票事由的规定
《上市公司分拆所属子公司境内上市试点若干规定》(已失效)	证监会	第 1 条关于上市公司不得分拆的条件
《关于上海证券交易所与伦敦证券交易所互联互通存托凭证业务的监管规定(试行)》(已失效)	证监会	第 17 条关于不得以新增股票为基础证券在境外发行存托凭证事由的规定
《优先股试点管理办法》	证监会	第 25 条关于上市公司不得发行优先股事由的规定

第三节 证监会的多元纠纷化解制度

在行政执法体系之外,证监会还积极探索多元纠纷化解机制,包括先行赔付制度与行政和解制度。上述制度的实践案例数量有限,本小节因此主要从理论分析角度进行探讨。

一、先行赔付制度

新《证券法》第 93 条规定:"发行人因欺诈发行、虚假陈述或者其他重大违法行为给投资者造成损失的,发行人的控股股东、实际控制人、相关的证券公司可以委托投资者保护机构,就赔偿事宜与受到损失的投资者达成协议,予以先行赔付。先行赔付后,可以依法向发行人以及其他连带责任人追偿。"截至 2019 年年底,我国证券市场共发生了 3 起先行赔付的案例,都属于欺诈发行违法行为,分别是万福生科案、海联讯案和欣泰电气案。证券法建立先行赔付制度的主要功能是赔偿投资者的损失,因此赔付主体范围较为广泛,按照法条规定发行人控股股东、实际控制人、相关的证券公司都可以先行赔付因违法行为受到侵害的投资者。在证监会的推动下,证券侵权主体与被侵权方达成协议，将欺诈发行主体对投资者的侵权之债，转化为合同之债。当然，先行赔付制度并未改变证券违法行为的归责原则，而是从维护投资者利益、效率化解纠纷的角度，暂时搁置责任认定的问题[①]，赔付人对于未参与赔付的共同侵权人，还可以就其应该赔偿的部分进行追索[②]。

先行赔付是建立在证券违法行为人和受损投资者自愿达成协议的基础上。[③] 违法行为人首先应当提出先行赔付方案，该方案可以视为赔付人向适格投资者发出的要约，如果投资者认可并接受赔偿，那么则视为承诺行为，从而成立和解协议。作为接受先行赔付的对价，和解协议通常包括投资者在获得赔偿后放弃提起民事诉讼的条款。先行赔付虽然具有明显的私法属性，但其还具备一定公法层面的影响。先行赔付人之所以有激励提出赔偿投资者损失，最重要的原因是希望上述行为能够作为减少损失、配合监管的情节，使监管机构从轻或者减轻行政处罚。[④] 因此，虽然行政机关不是赔付协议的主体，但其所扮演的重要主导作用是无法忽视的。此外，关于先行赔付最重要的实践问题是赔付对象、赔付资金来源和赔付机制，上述三个方面直接关系到投资者的切身利益。先行赔付的对象是投资者因欺诈、虚假陈述或者其他重大违法行为而遭受的损失，包括因果关系证明和损失额的计算。[⑤]

而对于先行赔付的资金来源，主要存在两种观点：一种观点认为应当由先行赔付义务人“自掏腰包”设立先行赔付专项基金，专门用于赔偿特定欺诈行为引发的损失；另一种观点则主张通过资金更为雄厚的证券投资者保护基金，探索由其先行赔付投资者，并向相关责任人索赔的制度。[⑥]后一种观点受到一定的批评，主要是因为证券投资者保护基金的资金主要来源于证券市场交易手续费、会员费和投资收益等，因此应当用以解决市场宏观问题，不宜为单个主体的违法行为买单。[⑦]从现有案例来看，在万福生科和欣泰电气欺诈发行案中，两家上市公司的保荐机构平安证券和兴业证券分别出资3亿元和5.5亿元设立了先行赔付专项基金。而在海联讯欺

---

① 参见段丙华：《先行赔付证券投资者的法律逻辑及其制度实现》，载《证券市场导报》2017年第8期。

② 参见肖宇、黄辉：《证券市场先行赔付：法理辨析与制度构建》，载《法学》2019年第8期。

③ 参见巩海滨、王旭：《证券市场先行赔付制度研究》，载《财经法学》2018年第6期。

④ 参见席涛：《〈证券法〉的市场与监管分析》，载《政法论坛》2019年第6期。

⑤ 参见《2003年虚假陈述若干规定》第18条。

⑥ 参见巩海滨、王旭：《证券市场先行赔付制度研究》，载《财经法学》2018年第6期。

⑦ 参见赵吟：《证券市场先行赔付的理论疏解与规则进路》，载《中南大学学报（社会科学版）》2018年第3期。

诈发行案中，海联讯的4名控股股东共同出资2亿元设立先行赔付专项基金。三家机构都委托中国证券投资者保护基金有限责任公司作为基金管理人，负责向适格投资者支付补偿。

关于资金分配的问题，从现有案例来看，仍然采取的是“选择加入模式”，即投资者必须主动向专项基金申请。与证券民事诉讼存在区别，赔付人为了提高赔付效果会主动联系受损投资者，提醒他们申请补偿，降低了受损害投资者因不知情而错过赔偿的风险。表8－7展示了上述3起案件中赔付时间、赔付比例和赔付金额的信息。总体来看，超过95%的适格投资者都获得了赔偿。

表8－7　我国代表性的先行赔付案例

发行人	基金设立人	公告设立时间	行政处罚时间	基金规模	实际补偿金额	占应赔付总金额比例
万福生科[1]	平安证券	2013年5月10日	2013年9月24日	3亿元	1.79亿元	99.56%
海联讯[2]	实际控制人	2014年7月18日	2014年11月14日	2亿元	0.89亿元	98.81%
欣泰电气[3]	兴业证券	2016年7月9日	2016年7月25日	5.5亿元	2.42亿元	99.46%

注：[1]详见《万福生科补偿收官投资者获赔1.8亿》，载每日经济新闻，https://www.nbd.com.cn/articles/2013－07－11/757357.html，最后访问时间：2021年6月30日。

[2]详见《海联讯补偿基金运作高效95.7%适格投资者受偿》，载东方财富网，https://finance.eastmoney.com/a/20140922426449323.html，最后访问时间：2021年6月30日。

[3]详见《欣泰电气因欺诈发行已退至新三板 投资者获赔2.42亿》，载新浪财经，http://finance.sina.com.cn/stock/s/2017－11－11/doc－ifynshev5229353.shtml，最后访问时间：2021年6月30日。

二、行政和解制度

从行政法的层面来看，行政和解是指行政主体和相对人在平等自愿的基础上协商沟通，以缔结和解协议的形式达成合意，有效化解纠纷的一种行政契约行为和纠纷解决方式。①行政法虽有“公权力不可处分”原则，但行政自由裁量权为行政和解提供了空间。行政和解因此不得违反法律的强制性规定、不得损害公共利益以及第三人私益。行政和解以高效率解决

① 参见周佑勇、解瑞卿：《行政和解的理论界定与适用限制》，载《湖北社会科学》2009年第8期。

纠纷为出发点,同时维护市场公平和执法权威,能够较好地平衡多方利益。①

证券行政和解制度代表着证券监管理念的转变,从监管机构与被监管者之间冲突、对抗,转变为双方合作达到及时赔偿投资者损失、终止行政执法活动和减少对行政相对人正常经营活动的负面冲击。② 证监会于2015年2月颁布了《行政和解试点实施办法》(已失效),然而该制度运行实效并不理想,截至2019年年底仅有2起案件达成和解。为了提高制度效率,证监会在2020年8月发布了《证券期货行政和解实施办法(征求意见稿)》,意图系统地修改证券和解制度。根据该办法的第4条,行政和解的适用范围限定于四种情形。③

根据实施办法的相关规定,行政和解只能由被调查的当事人发起,证监会不是发起行政和解的主体。如果被调查人认为己方理据较为充分,那么其寻求行政和解的激励便不高,而这正是证监会处理起来最为棘手的案件类型。证监会和解意愿较高的案件,被调查人可能不愿意和解;而被调查人和解意愿较高的案件,证监会可能不愿意和解。

而《证券期货行政和解实施办法(征求意见稿)》第5条则以负面清单的形式规定了禁止适用行政和解的六种情形:第一,当事人的行为涉嫌证券期货犯罪,依法应当移送司法机关处理的;第二,当事人曾因证券期货犯罪被判处刑罚,执行完毕未逾3年,或者曾因证券期货违法被行政处罚,执行完毕未逾1年的;第三,当事人已经申请行政和解,但因不符合条件未被受理,没有新情况、新事实、新证据,就同一案件再次申请行政和解的;第四,当事人申请的行政和解已被受理,但未达成行政和解协议,没有新情况、新事实、新证据,就同一案件再次申请行政和解的;第五,当事人与中国证监会已经达成行政和解协议,但由于自身的原因未按约定履行协议内容,就同一案件再次申请行政和解的;第六,中国证监会基于审慎监管原则认定不适宜行政和解的。

而被调查当事人提出行政和解的时间也受到明确的规定,"当事人自收到中国证监会送达的案件调查法律文书之日起,至中国证监会作出行政

---

① 参见丁丁、侯凤坤:《我国引入证券执法和解制度的法律争点与解决途径》,载《证券法苑》2013年第2期。

② 参见席涛:《证券行政和解制度分析》,载《比较法研究》2020年第3期。

③ 这四种情况包括:第一,案件事实难以完全明确;第二,法律适用难以完全明确;第三,当事人已经或者承诺采取有效措施,纠正涉嫌违法行为,赔偿有关投资者损失,消除损害或者不良影响;第四,采取行政和解有利于保护投资者合法权益,提高执法效率,恢复市场秩序的其他情形。

处罚决定前,可以向中国证监会提出行政和解申请”①。和解实施部门应当在自出具行政和解申请接收凭证之日起40个工作日内出具受理通知书,或不予受理通知书,并说明依据和理由。②在协商阶段,和解实施部门与当事人进行行政和解协商的期限为3个月。经中国证监会主要负责人或者其授权的其他负责人批准,可以延期;每次延期最长不超过3个月,延期不得超过3次。③

在计算行政和解金数额时,应当综合考虑以下因素:当事人因涉嫌违法行为所获收益、所避免的损失;涉嫌违法行为如被查实依法可处以罚款的金额、资格处罚措施;其他人因该违法行为遭受的损失;当事人在调查中的配合情况;达成和解时所处的执法阶段。④中国证监会在与当事人签订行政和解协议后,应当中止调查,并向当事人出具中止调查决定书,予以公布。当事人履行全部义务后,中国证监会应当终止调查,并向当事人出具终止调查决定书,予以公布。⑤最后,当事人交纳的行政和解金应当优先用于赔偿投资者的损失,而和解金在赔偿投资者后仍有剩余的应当上缴国库。遗憾的是,投资者仍然需要主动向行政和解金管理机构申请或向人民法院提起损害赔偿诉讼,才可能获得赔偿。“选择加入”模式增加了投资者维护自己合法权益的成本。

第四节　自律监管机构的执法程序

一、证券交易所的执法活动

(一)交易所的执法权

证券交易所是我国证券市场主要的监管执法者,主要负责日常稽查工作,如监督上市证券的交易和信息披露行为。⑥影响证券交易所监管执法职能的宏观因素有两个:首先是证券交易所的组织形式,其次是证券交易所和证券监管者的互动关系。关于证券交易所的组织形式,一种是会员制,另一种是公司制。会员制证券交易所其主要收入来源为会员的出资与会

① 参见《证券期货行政和解实施办法(征求意见稿)》第9条。
② 参见《证券期货行政和解实施办法(征求意见稿)》第9条。
③ 参见《证券期货行政和解实施办法(征求意见稿)》第13条。
④ 参见《证券期货行政和解实施办法(征求意见稿)》第16条。
⑤ 参见《证券期货行政和解实施办法(征求意见稿)》第17条。
⑥ 参见甘培忠、张菊霞:《IPO注册体制下证券监管机构的功能调整——从证监会和交易所分权视角观察》,载《法律适用》2015年第7期。

员所缴纳的年费。在会员制证券交易所中,会员享有均等的投票权,不受其出资多少或本身财务状况影响,会员间联系紧密,易在证券市场上形成强有效的声誉。而公司制证券交易所则以公司治理模式为基础,是追求盈利性的独立法人。[①]与会员制证券交易所不同的是,公司制证券交易所以股东出资比例享有股权和比例投票权,或按章程规定享有不均等的投票权。[②]其经营目标偏重营利为目的最大化股东利益。[③]因而,公司制交易所和会员制交易所在监管和执法上存在明显的差异。

而证券交易所与证券监管机构间的治理模式决定了交易所在证券市场的定位,这种关系大体分为交易所主导型、分工合作型和政府控制型。英国的伦敦证券交易所是以证券市场自律监管为主要模式的典型代表,交易所是其重要的监管主体;美国的证券交易所则以政府监管和自律管理的双层监管体制为主导,属于典型的分工合作型。我国的证券交易所是证券监管机构的“附属”,属于政府控制型[④];而在我国香港特别行政区,其交易所为分工合作型。

2005 年《证券法》第 102 条规定证券交易所是实行自律管理的法人,但证券法并没有明确规定证交所的法人类型,其法人类型是通过深圳证券交易所章程与上海证券交易所章程表明的,是会员制法人。目前证监会拥有对上海证券交易所和深圳证券交易所的控制权,例如,证券交易所的总经理由证监会任命,交易所实施的证券法规一般与证监会的政策目标保持一致。

证券交易所与证监会在处分案件上略有分工,但基本扮演着一线市场组织者的角色,承担提供证券市场违法违规线索的主要任务。具体来说,证券交易所可以依据上市规则和上市协议审查上市公司的信息披露,既可以依据交易所章程和会员规则监管交易所的会员企业,还可以依据交易规则实时监控证券交易活动。[⑤]交易所虽然不享有施加行政处罚的权力,但是

---

① 参见郑彧:《我国证券交易所法律性质之重塑——兼论证券交易所互助化与非互助化的取舍》,载《法商研究》2008 年第 6 期。

② 在 1993 年,瑞典斯德哥尔摩证券交易所成为世界上第一个由会员制证券交易所改制为股份公司制证券交易所的证券交易机构,并且在改制后,斯德哥尔摩证券交易所还将其母公司在自身证券交易所上市,由此在世界范围内掀起证券交易机构由会员制向公司制改革的风潮。参见杨大楷、刘伟:《论我国证券交易所的公司化战略》,载《财经研究》2003 年第 11 期。

③ 参见谢增毅:《我国证券交易所的组织结构与公司治理:现状与未来》,载《财贸经济》2006 年第 6 期。

④ 参见鲁篱:《证券交易所自治地位的比较研究》,载《社会科学研究》2004 年第 5 期。

⑤ 参见彭冰、曹里加:《证券交易所监管功能研究——从企业组织的视角》,载《中国法学》2005 年第 1 期。

可以施加非行政处罚①,如自律监管措施和纪律处分措施。自律监管措施包括要求作出解释和说明、书面警示、约见谈话、要求参加培训或考试、撤销任职资格证书等。纪律处分措施包括通报批评、公开谴责、建议法院更换破产管理人或管理人成员、限制或取消交易权限、取消会员资格等。②

以证券监管机构在1993年至2003年处罚的272项上市公司违规事件为研究样本的实证分析显示,不同监管机构在监管职能与工作侧重点方面存在差异。证监会和证监局主要对上市公司信息披露的真实性与完整性进行监管,而交易所则主要监管上市公司信息披露的及时性,同时兼顾其真实性与完整性。③本节从上市公司公告中收集整理了上海证券交易所和深圳证券交易所的执法产出数据,并进行详细分析。④

(二)交易所的执法产出

沪深两市上市公司在2010年至2019年发布的公告,总计披露了证券交易所作出的1931项处罚决定,平均每年约193项。⑤其中,深圳证券交易所总计作出的处罚决定为978项,而上海证券交易所总计作出的处罚决定为953项。图8-4展示了两个交易所的年度处罚决定的数量。总体来说,深圳证券交易所在2010年至2014年处罚数量较为平稳,每年作出的处罚决定约为70项,仅在2012年处罚数量有所增加,达到95项。2015年以后,深圳证券交易所的处罚产出大幅上涨,维持在150项左右,在2019年更是首次突破200项大关,达到204项。而上海证券交易所在2010年至2014年执法产出较低,每年产出低于40项,在2014年以后出现了明显的增长,2019年的执法产出更是高达228项。

① 参见《深圳证券交易所自律监管措施和纪律处分》(2016)第10条。非行政处罚会给上市公司带来显著的声誉成本,参见Benjamin L. Liebman & Curtis J. Milhaupt, *Reputational Sanctions in China's Securities Market*. Columbia Law Review 108:929-983(2008)。

② 参见《深圳证券交易所自律监管措施和纪律处分措施实施细则(试行)》第11条、第40条。

③ 上市公司重复违规的比例高达16.91%,重复违规行为之间的时间间隔为10.56个月。高重复违规率与短重复违规间隔证明了我国证券市场行政监管力度较弱,行政执法威慑力不足。参见计小青:《中国证券市场三级监管体制的效率:理论模型及经验证据》,载《审计与经济研究》2005年第2期。

④ 交易所执法产出的信息主要从国泰安数据库整理的上市公司公告处获得,详见http://www.gtarsc.com/。研究样本可能低估交易所处罚的数量,因为如果交易所的处罚对象不包括上市公司或与上市公司相关的人员,那么在国泰安数据库中将不会收录此类处罚。

⑤ 对交易所处罚行为的研究,参见曾斌:《新形势下多层次证券违法处罚体系的构建——以证监会和证券交易所的处罚机制为例》,载《证券市场导报》2015年第6期。

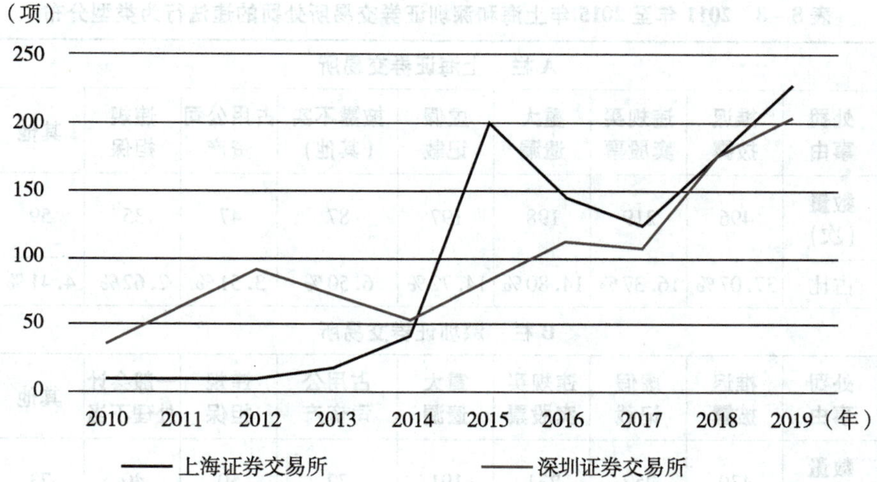

图 8－4　2010 年至 2019 年上海和深圳证券交易所年度处罚数量

注：本表采用国泰安数据库提供的处罚数据。

由于一项处罚决定可能对多个违法行为进行处罚，表 8－8 报告了上述交易所 1931 项处罚决定涉及的违法行为总数，共计 2682 次。A 栏显示了上海证券交易所处罚的违规行为分布，共计 1338 次，信息类违法行为仍然是受到查处最高的违法行为。其中，推迟披露（496 次）、重大遗漏（198 次）、虚假记载（197 次）和披露不实（其他）（87 次）四大类信息违法行为分别占该交易所处罚的违法行为总数的 37.07%、14.80%、14.72% 和 6.50%。另外，上海证券交易所主要查处了违规买卖股票行为（219 次），占违法行为总数比为 16.37%；占用公司资产（47 次）和违规担保（35 次）也是被处罚频率较高的违法行为类型，分别占比 3.51% 和 2.62%。

表 8－8 B 栏显示了深圳证券交易所处罚的违法行为类型分布，共计 1344 次，同样地，信息类违法行为受到查处的比例最高，占比 65.32%。其中，推迟披露（430 次）、虚假记载（257 次）和重大遗漏（191 次）三大类信息违法行为，分别占该交易所处罚的违法行为总数的 31.99%、19.12% 和 14.21%。另外，深圳证券交易所主要查处了违规买卖股票行为（231 次），占违法行为总数比为 17.19%；其他被查处的违法行为包括违规担保（50 次）和一般会计处理不当（40 次），分别占比 3.72% 和 2.98%。

表8－8　2011年至2015年上海和深圳证券交易所处罚的违法行为类型分布

A栏　上海证券交易所								
处罚事由	推迟披露	违规买卖股票	重大遗漏	虚假记载	披露不实（其他）	占用公司资产	违规担保	其他
数量（次）	496	219	198	197	87	47	35	59
占比	37.07%	16.37%	14.80%	14.72%	6.50%	3.51%	2.62%	4.41%
B栏　深圳证券交易所								
处罚事由	推迟披露	虚假记载	违规买卖股票	重大遗漏	占用公司资产	违规担保	一般会计处理不当	其他
数量（次）	430	257	231	191	72	50	40	73
占比	31.99%	19.12%	17.19%	14.21%	5.36%	3.72%	2.98%	5.43%

从被处罚的违法行为类型的分布来看，上海和深圳证券交易所的处罚偏好较为一致，两者对“推迟披露”违法行为处罚的比例远高于其他类型的违法行为。根据新《证券法》第87条第2款的规定，“证券交易场所应当对其组织交易的证券的信息披露义务人的信息披露行为进行监督，督促其依法及时、准确地披露信息”。交易所的执法偏好与其作为信息披露的一线监管者的定位是相符的。而证监局负责重大遗漏和虚假记载等危害程度更高的信息类违法行为。交易所同样未处罚欺诈上市、内幕交易和市场操纵等危害程度更高的违法行为，说明这三类违法行为主要由证监会处罚。

证券交易所只能施加非行政处罚措施。深圳证券交易所使用的监管工具主要集中于“通报批评”（688次）、“公开谴责”（238次）和“整改”（71次）三类处罚措施。而上海证券交易所主要使用“监管关注”（418次）、“通报批评”（356次）、“公开谴责”（140次）和“整改”（13次）四类处罚措施。两个交易所对于最为严重的“限制交易”[①]仅使用过1次。此外，“记入上市公司诚信档案”处罚措施被使用73次。

交易所监管的效率依赖于充分的竞争环境。我国上海证券交易所与深圳证券交易所对拟上市公司分类清楚，分工明确，两者缺乏有效竞争。从表8－8的数据分析可以看出，交易所较少施加较为严格的处罚。虽然

① 参见新《证券法》第115条第3款。

依据《证券法》的规定，交易所可以暂停和终止发行人的股票上市交易[①]，但受行政权力干预的影响，两个交易所并未作出过此类最严格的处罚措施[②]。由于缺乏竞争压力，两大交易所往往处于过度监管或者监管不足的局面。只有通过保持充分的竞争压力，才能保证作为逐利个体的交易所充分发挥其监管功能，使其监管水平在证券市场中处于最优状态，避免交易所在监管中片面维护自己利益。[③]

通过多种方式使交易所保持充分的竞争有利于加强其监管能力，是交易所监管功能有效发挥的必要条件。充分协调交易所监管与政府监管，还有利于缓解政府监管的压力，补充政府监管能力的不足。[④]拟上市公司倾向于选择信誉较高的交易所上市，以证明自身信誉水平，增强公司影响力，可以获得成本更低的融资。交易所保持充分竞争还有利于防止优质企业选择在境外上市，为我国证券市场储备优质的上市资源。

证券交易所选择公司制或者会员制的组织形式，需要考虑不同模式对证券监管执法效率的影响。一方面，随着计算机通信技术的进步与全球化市场的发展，电子化交易方式获得了极大的发展，去中介化、无纸化、国际化证券交易正成为新兴趋势。交易所在全球范围内面临激烈的竞争，必须提高运营的效率。交易所的公司制改革有助于减少会员制交易所内部会员对交易所的过度控制，改善交易所治理结构。公司制下的交易所将以股东利益为核心出发点，而不再对某一个或某些少数会员负责，不再追求特定利益团体的利益。[⑤]

随着交易所趋于分散的股权结构，股东将专业从事监督和决策。交易所应以股份有限公司甚至上市公司取代有限责任公司形式，以保证融资水平与融资效率。上市的证券交易所同样须遵守披露制度，通过交易所信息披露制度能够保证交易所行为的公开性与透明性。投资者通过信息披露可以形成对交易所的外部监督，同时也有利于投资者和上市公司作出投资

---

① 参见新《证券法》第55条、第56条。

② 参见李成、李玉良、王婷：《宏观审慎监管视角的金融监管目标——实现程度的实证分析》，载《国际金融研究》2013年第1期。

③ 交易所需要通过给予投资者高回报来吸引投资者的投资，从而扩大自身规模与盈利能力。因此交易所有激励要求上市公司进行全面、完整、真实、准确的信息披露，有激励通过自律行为限制惩处上市公司违法行为，以保证投资者能够作出投资判断，对交易所的质量与信誉有信心。参见彭冰：《证券交易所监管功能研究：从企业组织的视角》，载《中国法学》2005年第1期。

④ 参见缪因知：《论证券交易所竞争与监管的关系及其定位》，载《时代法学》2008年第6期。

⑤ 参见谢增毅：《证券交易所组织结构和公司治理的最新发展》，载《环球法律评论》2006年第2期。

与上市判断。①

另一方面,由于我国证券市场发展的历史传统,上海证券交易所与深圳证券交易所目前还存在法律地位不明晰、缺乏独立性与监管职能弱化的问题。交易所向公司制转变不一定能够实现理论上的收益。由于我国证券市场的市场环境处于过渡期,以互助化为特点的会员制交易所,更符合我国证券监管实践②,也有利于避免交易所在做决策时片面追求自身利益,损害上市公司与投资者利益等弊端③。

二、中国证券业协会

中国证券业协会成立于1991年8月28日,是证券业自律性组织,属于社会团体法人④,《证券法》规定证券公司应当加入证券业协会。证券业协会以发挥证券业与政府间的纽带作用,为会员服务和维持证券业正当秩序,促进证券市场发展为宗旨。由于金融消费者与证券服务机构之间的实力对比悬殊,因而在出现纠纷时,需要自律监管机构从行业发展的角度公平裁判、维护投资者的利益。⑤ 证券业协会有制定业内规则,自律管理协会会员;组织相关资格考试;通过业务培训教育会员遵守证券法律法规;调解证券业务矛盾、监督、检查会员行为,对违反法律、行政法规或者协会章程的,按照规定给予纪律处分等职责。截至2016年年底,中国证券业协会共有会员企业和组织1123家。其中,法定会员129家、普通会员845家、特别会员149家。然而,由于我国证券服务机构缺乏自律监管的文化,我国证券业协会与成员之间更多地体现为行政管理的关系,自律监管的效果并不理想。⑥

《中国证券业协会自律管理措施和纪律处分实施办法》(以下简称《纪律处分实施办法》)授权证券业协会,对作为自律管理对象的个人和机构可以施加多种管理措施和处分。根据《纪律处分实施办法》的相关规定,证券业协会对从业人员(会员)及其他作为自律管理对象的个人(机构)可

---

① 参见廖华:《顺潮流而动或逆之——也论我国证券交易所法律性质的选择》,载《法商研究》2009年第3期。

② 参见郑彧:《我国证券交易所法律性质之重塑——兼论证券交易所互助化与非互助化的取舍》,载《法商研究》2008年第6期。

③ 参见唐波:《交易所对金融衍生品市场的自律监管——兼评新修订的证券法相关规定》,载《法学》2005年第12期。

④ 参见2013年《证券法》第174条。

⑤ 参见王建平、吴伟央:《投资者保护法制框架的境外经验及借鉴——以金融消费者保护为视角》,载《证券市场导报》2014年第5期。

⑥ 参见侯东德:《证券服务机构自律治理机制研究》,载《法商研究》2020年第1期。

以采取多种自律管理措施，具体包括：第一，谈话提醒；第二，要求提交承诺；第三，要求参加合规教育；第四，警示；第五，责令改正；第六，责令所在机构给予处理；第七，责令进行合规检查；第八，暂不接受备案或注册等。证券业协会对从业人员（会员）及其他作为自律管理对象的个人（机构）可以施加的纪律处分包括：第一，行业内告诫；第二，公开谴责；第三，认定不适合从事相关业务；第四，暂停会员权利；第五，取消会员资格。

依据中国证券业协会在2015年至2016年发布的通知公告，证券业协会总共公布了1787项自律管理措施与纪律处分措施。图8－5的数据显示，证券业协会在2015年共施加了599项管理处分措施，占比约34%；而在2016年共施加了1188项管理处分措施，处罚数量实现了飞跃式增长，占比约66%；2年平均每年处罚894项。证券业协会主要针对三类违法行为施加管理处分措施，分别是首次公开发行股票配售对象违法①、非法仿冒证券公司和非法仿冒证券投资咨询公司等机构。对此证券业协会主要采取黑名单和资格罚的处分。

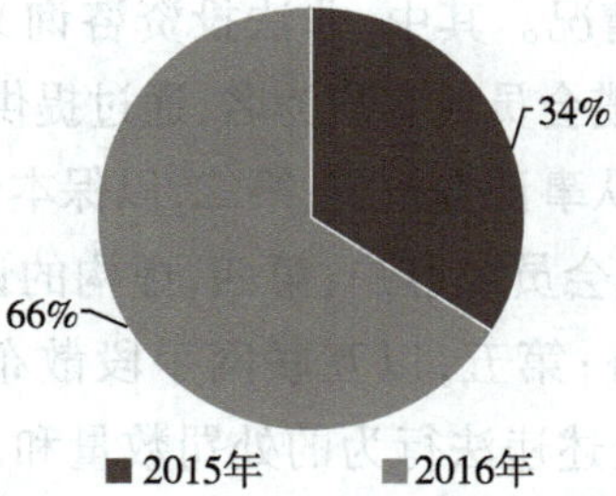

图8－5　2015年至2016年按年度分管理处分措施占比情况

资料来源：证券业协会年度报告。

图8－6显示了上述1787项管理处分措施的分布（以1787家企业受到处分来计算）。其中，近1400家企业被列入非法仿冒证券公司、证券投资咨询公司等机构的"黑名单"，占比约76%。当相关机构进行非法投资咨询、非法发行证券和非法证券交易时，证券业协会将其列为非法仿冒类的"黑名单"。证券业协会还将超过400家企业列为首次公开发行股票配售对象"黑名单"，占比23%。证券业协会施加处罚数量最少的是资格罚，即免去相关人员和机构的会员资格，仅2例，占比0.1%。

① 主要包括相关机构和个人违反了中国证券业协会《首次公开发行股票承销业务规范》第45条、第46条相关规定的情况。

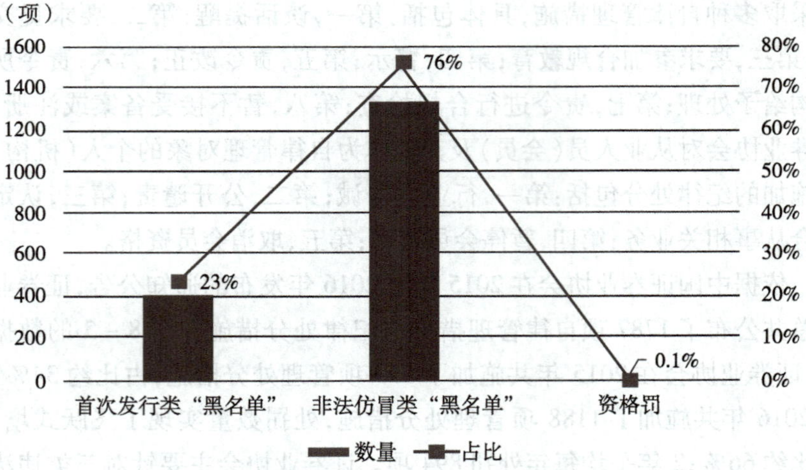

图 8－6　管理处分措施种类占比分布

资料来源：证券业协会年度报告。

对非法仿冒类"黑名单"的进一步分析显示，仅存在因非法投资咨询而被列为"黑名单"的情况。其中，非法投资咨询又可以分成五个违法类别，分别是：第一，以招揽会员或客户为名，通过提供证券投资分析、预测或建议的方式，非法代客从事证券投资；第二，以保本保收益代客操盘；第三，假冒合法证券机构招揽会员或客户；第四，虚构的证券公司名称变相开展非法证券投资咨询业务；第五，以互联网手段散布非法证券信息收取费用。[①] 图 8－7 报告了上述违法行为的处罚数量和占比分布情况。从图中可以看出违法行为第五类，即以互联网手段散布非法证券信息收取费用的违法行为受到的管理处分规制数量最多，占比达到 69%。其他各项违法行为被列入"黑名单"的数量与所占比率都很低，只有第三项违法行为占比达到约 11%（146 项）。其中，第二项违法行为受到 31 份处分，占比仅 2%。

① 参见《打击非法证券投资咨询（一）七种典型的非法证券投资咨询活动》，载中国证监会网，http://www.csrc.gov.cn/hebei/xxfw/tzzsyd/201811/t20181128_347343.htm。

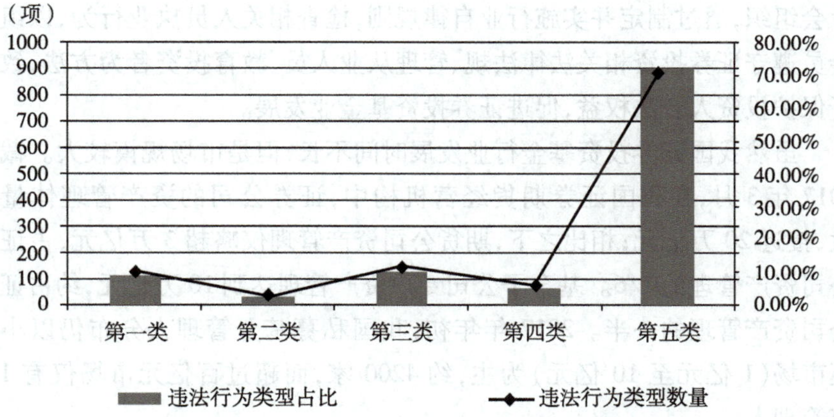

图8－7　非法投资咨询中各类违法行为受到处罚数量与占比情况

资料来源：证券业协会年度报告。

根据上述分析可见，证券业协会积极通过施加自律管理措施，威慑会员的违法违规行为，但是其处罚主要依赖“黑名单”制度，资格罚的数量较低，信用处罚的威胁力仍显不足。①由于信息技术发展迅速等原因，在非法投资咨询中，以公共互联网平台为主要手段的违法违规行为在非法仿冒“黑名单”中占比最高，是证券业协会管理处分的主要违法行为。中国证券业协会的职责和监管权与证监会、证监局等公共行政执法机构多有重叠，并且其会员之间联系松散，缺乏必要的利益约束。② 证券业协会长期面临自律组织性不强、专业性不够、有效性不足、权威性不高等问题。③为了保证证券市场的有效性，应使外部管理与自律管理相结合，以自律管理为主进行保护性监管，从而规制证券业市场违法违规行为，促进证券业市场公开透明，保持充分的竞争，在现有法治结构下促使投资者保护制度的发展和完善。④

三、中国证券投资基金业协会

2012 年 6 月，中国证券投资基金业协会依据《证券投资基金法》，以社会团体法人的组织形式正式成立。该协会是证券投资基金行业的自律性

① 参见曹兴权：《金融行业协会自律的政策定位与制度因应——基于金融中心建设的考量》，载《法学》2016 年第 10 期。

② 参见刘毅：《我国证券管理中亟待解决的几个问题》，载《金融管理》1995 年第 4 期。

③ 参见黄湘平：《中国证券行业自律组织的发展历程与趋》，载《中国金融》2010 年第 11 期。

④ 参见程晋：《股权众筹投资者权益保护的思维变革与制度完善——如何构建有效的股权众筹投资者保护机制》，载《金融观察》2015 年第 4 期。

社会组织,通过制定并实施行业自律规则,检查相关人员执业行为,以组织会员遵守证券投资相关法律法规、管理从业人员、教育投资者为方法,致力于保护投资人合法权益,促进证券投资基金业发展。

虽然我国证券投资基金行业发展时间不长,但是市场规模较大。截至2017年3月,在我国证券期货经营机构中,证券公司的资产管理体量最大,接近20万亿元;相比之下,期货公司资产管理仅略超3万亿元,占证券公司资产管理的1/6。基金子公司专户资产管理达到10万亿元,约占证券公司资产管理的一半。2017年年初,我国私募基金管理人分布仍以小规模市场(1亿元至10亿元)为主,约4200家,而超过百亿元市场仅有145家管理人。

而我国证券法对于证券、基金等概念的界定较为宏观,存在一定重叠,导致不同法律法规在规制相关行业时常常存在功能和适用的重叠与冲突。市场主体存在通过不同的资金募集方式(如公开募集与非公开募集),或采用不同法律关系以规避监管,利用监管真空实现监管套利。尤其是在私募基金行业,存在诸多亟须解决的问题。由于其与民间借贷、担保等存在业务交叉,使风险较容易集聚。而在大中型金融控股公司中,内幕交易、操纵基金市场和挪用财产等违法行为较为严重,母公司倾向于通过设立壳公司利用高杠杆进行高风险活动,以期获得超额收益。而一旦发生不利情况,则只能以违约收场,投资者将遭受损失,易发生系统性风险。

证券投资基金业协会在2016年年初颁布了《关于进一步规范私募基金管理人登记若干事项的公告》,规范管理人及相关人员的登记与注销,信息披露等事项。随后,2016年7月证监会发布了《证券期货经营机构私募资产管理业务运作管理暂行规定》,明确规范证券期货经营机构和资产管理计划,并对经营机构结构化资产管理计划作出了更加严格的限制,明确规定其不得违背利益共享、风险共担、风险与收益相匹配的原则。①《证券投资基金托管业务管理办法》则规定基金托管人为安全保管基金财产,应对不同基金财产分别设立单独账户②,按照法律法规进行相关信息披露,制定基金投资的监督标准、监督流程,对托管人对法律法规遵守情况以及收益分配进行定期复核③,以保障资金安全,用途正当,符合投资者权益。

2017年3月1日,证券投资基金业协会发布《私募投资基金服务业务

① 参见《证券期货经营机构私募资产管理业务运作管理暂行规定》第4条。
② 参见《证券投资基金托管业务管理办法》第17条。
③ 参见《证券投资基金托管业务管理办法》第20条、第21条、第22条。

管理办法（试行）》，适用主体包括投资顾问、估值核算、资产保管等证券服务行业。[①] 其规定了管理人负有制定风险管理框架，进行与其经营水平相当的委托服务的职责。而在管理人委托其他机构进行服务前，应当对拟被委托服务机构进行尽职调查，在合同中明确各方权利义务关系，定期评估其业务水平。[②]随后《私募投资基金服务业务管理办法（试行）》通过若干细则具体明确管理人与委托服务机构的权利义务关系，避免管理人以委托服务关系为推脱免除自身责任。多项规定致力于解决服务机构资质水平参差不齐，无统一标准，管理人与服务机构职责边界过于模糊等问题。

证券基金业协会还通过发布《投资顾问管理办法》与《私募投资基金服务业务管理办法（试行）》，为投资顾问行业提供明确的参考标准。同时，证券基金业协会通过加强外部监督与促进内部控制，采取多种形式提高证券基金业的公开、公正与透明度，打击证券基金业违法违规行为。通过实施具体、明确、清晰的法律法规削弱投资者与管理人间的委托代理冲突，减弱两者间的信息不对称情况，提高证券基金业的诚信度，激发行业活力与创新能力。

第五节　监管执法模式的假设检验

前述对监管型国家和法律实施理论的讨论指出，当前存在两种竞争性的执法模式：一类是基于法和经济学成本—收益分析的威慑模型，即强调预期成本对违法行为的威慑；另一类是基于法社会学心理学分析的回应性模型，即主张执法活动应当对违法行为进行“同等回应”（tit－for－tat），形成“威慑—合作”的动态关系。本小节使用证监会及其派出机构和证券交易所的执法数据，检验我国证券执法模式的特点。

一、待检验假设

（一）证券执法工具的类型化分析

本小节从行政处罚和回应性执法理论的角度对证券处罚措施进行分类讨论。证券执法工具箱主要是指证监会（证监局），以及上海和深圳证券交易所依法对上市公司实施的处罚措施，根据是否属于行政处罚可以划分为两大类：第一类，行政处罚，仅证监会和证监局有权施加该类处罚；第

① 参见《私募投资基金服务业务管理办法（试行）》第2条。
② 参见《私募投资基金服务业务管理办法（试行）》第5条。

二类,非行政处罚,包括证监会和证监局的监督管理措施以及证券交易所的自律处分措施。2021 年 1 月 22 日修订的《行政处罚法》第 9 条规定了行政处罚的类型。[①]由于《行政处罚法》供给的处罚措施种类有限,实践中存在"其他行政处罚"远超列举的处罚种类的情况。[②]根据行政处罚法的基本理论,具体处罚措施可以进一步类型化分为声誉罚、财产罚、行为罚、资格罚和自由罚等。[③]

《证券期货违法行为行政处罚办法(征求意见稿)》第 2 条规定,公民、法人或者其他组织违反证券期货法律、法规和规章规定,应当给予行政处罚的,中国证监会及其派出机构依照有关法律、行政法规、部门规章和本办法规定实施。可见,证券行政处罚的法律渊源主要为法律、行政法规和部门规章。表 8-9 按照处罚类型对上市公司收到的具体行政处罚措施进行了分类。[④]在绝大多数情况下,证监会和证监局会对违法行为人同时处以警告和罚款,前者为声誉罚,后者为财产罚。对于情节较为严重的案件,违法行为人还会受到"没收违法所得"或"没收业务收入"等财产罚。

表 8-9　我国上市公司受到的证券行政处罚分类

行政处罚的类型	处罚措施
声誉罚	警告
财产罚	罚款;没收违法所得;没收业务收入
行为罚	无
资格罚	暂停或撤销业务许可;市场禁入
自由罚	无

证券执法"工具箱"中另一类重要的行政处罚为资格罚,包括"暂停或撤销业务许可"和"市场禁入",前者的处罚对象主要是受到证监会监管的

---

① 该条规定的行政处罚措施类型包括,第一,警告、通报批评;第二,罚款、没收违法所得、没收非法财物;第三,暂扣许可证件、降低资质等级、吊销许可证件;第四,限制开展生产经营活动、责令停产停业、责令关闭、限制从业;第五,行政拘留;第六,法律、行政法规规定的其他行政处罚。

② 参见黄海华:《行政处罚的重新定义与分类配置》,载《华东政法大学学报》2020 年第 4 期。

③ 参见马怀德:《〈行政处罚法〉修改中的几个争议问题》,载《华东政法大学学报》2020 年第 4 期。

④ 证券法律法规所规定的行政处罚还包括"责令关闭""停止行为""停业整顿""转让股权""限制股东权利"。证监会和证监局并未对上市公司处以上述行政处罚。此外,被行政处罚的违法行为人有时还同时会被处以监督措施,包括"责令改正""停止核准新业务""限制证券期货基金经营机构业务活动""处分有关人员""认定为不适当人选"。

证券服务机构，后者则是针对自然人。对于“市场禁入”是否属于行政处罚，理论和实务界并未达成共识。在证券监管执法实践中，行政处罚决定书与市场禁入决定书分别制作与披露，但行政相对人可以就市场禁入决定提起行政复议。从功能分析的角度看，市场禁入符合行政处罚的制裁属性，能实现立法期待的维护行政相对人的权利和利益、确保依法行政和行政管理的有效性等目标。[①]因此，市场禁入属于以剥夺或限制违法相对人行为能力、任职资格为内容的资格罚，应当视为“法律、法规规定的其他行政处罚”。[②]本书因此将其纳入行政处罚范畴。

行政处罚的制裁属性最强，行政执法和解是完善“威慑—合作”动态执法模型的重要支柱。早在2015年中国证监会就发布了《行政和解试点实施办法》，行政相对人在调查执法过程中，可以通过履行消除涉嫌违法行为不良后果，交纳行政和解金等补救措施，与证监会进行协商达成行政和解协议，并据此终止对其涉嫌违法行为的调查执法程序。[③]新《证券法》第171条虽未明确使用“行政和解”的概念，但整体上吸收了此前证监会的试点经验，从上位法层面为行政和解制度提供了法律依据。证监会于2019年根据新《证券法》发布了《证券期货行政和解实施办法（征求意见稿）》，理顺了相关程序安排，提高和解制度的效能。行政执法和解鼓励行政相对人寻求与监管机构合作解决行政争议，节约了应对案件调查、处罚、复议和诉讼的成本，同时激励其降低违法行为的损失。[④]从监管机构的角度看，行政执法和解也能够以较低的行政成本，实现惩罚和制裁违法行为人、维护市场秩序的目标。[⑤]

证券非行政处罚主要包括证监会和证监局的监管措施，以及证券交易所的自律措施两大类。2008年，证监会就已出台了《证券期货市场监督管理措施实施办法（试行）》，试图通过全面梳理法律法规和部门规章，规范监管措施的调整范围、适用原则、种类和实施程序等问题。近期，证监会又根据新《证券法》的规定起草发布了《证券期货市场监督管理措施实施办法（征求意见稿）》。该办法第2条规定，我国证券监督管理措施的法律渊源主要包括法律、行政法规以及证监会规章。通过对现有法律、法规和规

---

① 参见陈鹏：《界定行政处罚行为的功能性考量路径》，载《法学研究》2015年第2期。

② 参见宋华琳：《禁入的法律性质及设定之道》，载《华东政法大学学报》2020年第4期。

③ 参见席涛：《证券行政和解制度分析》，载《比较法研究》2020年第3期。

④ 参见高振翔、陈洁：《美国证券执法和解制度镜鉴》，载《证券市场导报》2020年第11期。

⑤ 参见中国证券监督管理委员会编：《中国证券监督管理委员会年报（2014）》，中国财政经济出版社2015年版，第33页。

章的“监督管理”或“法律责任”一栏进行检索，整理发现我国的证券监管措施共有 49 种。①此外，证券交易所为了维护市场的公平、有序、透明等行政管理法益，有权对违法违规行为实施自律管理措施。②《上海证券交易所纪律处分和监管措施实施办法》(2019 年修订)和《深圳证券交易所自律监管措施和纪律处分实施办法》(2020 年修订)列举了 38 种自律措施。③表 8－10对上市公司收到的非行政处罚措施进行了分类。

表 8－10　我国上市公司受到的非行政处罚分类

非行政处罚的类型	非行政处罚措施
恢复类措施	责令改正，整改，要求追偿损失
声誉类措施	公开谴责，诚信档案，通报批评，监管关注，监管谈话，警示函，监管函
财产类措施	无
行为类措施	处分有关人员，公开说明，公开致歉，更换董监高或限制其权利，聘请保荐机构、证券服务机构进行核查并发表意见，暂停或者终止并购重组活动，增加合规检查，限制证券期货基金经营机构业务活动，限制分配红利或限制向董监高支付报酬、提供福利
资格类措施[1]	不适当人选，停止核准新业务，暂不受理与行政许可有关的文件，暂停信息披露直通车业务
限制自由类措施	无

注：[1]仅交易所施加“暂停信息披露直通车业务”监管措施。

---

① 证券法律法规和部门规章所规定的监管措施还包括：第一，声誉类措施，“重点关注”、“实行特别提示”和“持续监管”；第二，行为类措施，“限制期货公司调拨和使用自有资金或者风险准备金”、“限制转让财产或在财产上设定其他权利”、“限期撤销境内分支机构”、“限制交易”、“责令购回股票”、“依法处理非法持有的股票以及其他具有股权性质的证券”和“限期要求改善流动性”；第三，资格类措施，“限制作为特定对象认购证券”、“不受理保荐机构、保荐代表人具体负责的推荐”、“对提交的注册申请不适用简易程序”、“不予接受其诚信信息申报和查询申请”、“不受理该推荐人的推荐意见和签署意见的年检登记表”、“不受理出具的评级报告”和“不受理和审核该律师、律师事务所出具的法律意见书”。证监会和证监局并未对上市公司处以上述监管措施。此外，根据《〈证券期货市场监督管理措施实施办法(征求意见稿)〉起草说明》，证监会根据新《证券法》和《优化营商环境条例》的相关规定，取消了“停止批准增设、收购营业性分支机构”“撤销其任职资格”“责令停止职权或者解除职务”“责令参加培训”等监管措施。

② 参见《证券交易所管理办法》第 2 条。

③ 交易所自律措施还包括：第一，声誉类措施，“将账户列为重点监控账户”；第二，行为类措施，“要求投资者提交合规交易承诺书”、“暂停投资者账户交易”、“建议法院更换上市公司破产管理人或管理人成员”、“取消交易权限”和“对未按要求改正的证券发行人相关证券实施停牌”；第三，资格类措施，“暂不接受控股股东、实际控制人及其控制的其他发行人提交的发行上市申请文件”、“暂不接受发行人提交的发行上市申请文件”、“暂不接受保荐人、承销商、证券服务机构提交的文件”、“暂不接受保荐代表人及保荐人其他相关人员、承销商相关人员、证券服务机构相关人员签字的文件”、“取消会员资格”和“认定为不合格投资者”。

与行政处罚存在差异，部分非行政处罚措施不以制裁性为主要特征，而是以纠正行政相对人违法状态为目标。该类执法措施的合作属性最强，单独被归为恢复类措施，主要包括责令改正、整改和要求追偿损失。①以制裁性为主的非行政处罚主要集中于声誉类措施、行为类措施和资格类措施三种。其中声誉类措施主要包括公开谴责、诚信档案、通报批评、监管关注、监管谈话、警示函、监管函。而行为类措施种类较多，主要包括处分有关人员、公开说明、公开致歉、更换董监高或限制其权利、聘请保荐机构、证券服务机构进行核查并发表意见、暂停或者终止并购重组活动、增加合规检查、限制证券期货基金经营机构业务活动、限制分配红利或限制向董监高支付报酬、提供福利、依法处理非法持有的股票以及其他具有股权性质的证券。资格类措施主要包括不适当人选、停止核准新业务、暂不受理与行政许可有关的文件、暂停信息披露直通车业务、暂停或撤销业务许可、限制交易。

（二）待检验假设

根据回应性执法理论，上述处罚类型依据制裁属性的强弱可以分为三类：第一，合作执法类，主要包括恢复类监管措施。此类处罚的制裁属性最弱，监管机构意图通过被监管对象的自我纠正行为，达到合作执法的目的。第二，弱制裁类，主要包括非行政处罚中的声誉类措施和行为类措施，以及行政处罚中的声誉罚。该类处罚的制裁属性较强，监管机构通过披露违法行为的信息和要求违法行为人履行相应的行为义务，从而达到惩戒和威慑违法行为的目的。第三，强制裁类，主要包括非行政处罚中的资格类措施与行政处罚中的财产罚和资格罚。该类处罚的对抗属性最强，通过货币处罚、暂时或永久市场禁入达到制裁违法行为人的目的。

“威慑—合作”的动态执法模型对执法产出的分布存在两方面的预测假设。第一，执法产出符合“金字塔式”分布，即制裁属性最强的处罚措施仅作为威慑监管对象的手段，监管机构使用更频繁的反而是合作属性较强的处罚措施。因此，合作执法措施、弱制裁措施和强制裁措施占执法总产出的比例应当依次递减。第二，执法活动具有制裁升级的特点，即当被监管对象反复从事违法违规行为时，监管机构对其处以制裁属性更强的处罚。因此，一定时间内的违法频次越高，行为人受到弱制裁措施、强制裁措施的概率越大。

二、实证检验

本节检验我国证券公共执法是否符合回应性执法理论的预测，即在

① 参见王贵松：《论行政处罚的制裁性》，载《法商研究》2020 年第 6 期。

“威慑—合作”动态模型下，公共执法产出呈现“金字塔式”分布，且执法措施的制裁属性随着违法行为发生的频次上升。研究样本包括2009年至2020年，上市公司收到的总计3688项处罚公告。

（一）“金字塔式”执法产出分布

“威慑—合作”动态模型预测执法产出呈现“金字塔式”分布。根据合作执法类、弱制裁类和强制裁类，以及是否为行政处罚，研究样本所涵盖的处罚决定可以分为五种，即强制裁性行政处罚、弱制裁性行政处罚、强制裁性非行政处罚、弱制裁性非行政处罚和合作性非行政处罚。①图8－8展示了十几种最为常见的处罚措施在样本期间内出现的频次。②监管机构在一项决定中，可能对违法行为人施加多项处罚措施，因此图8－8所展示的处罚措施总数大于处罚决定数。

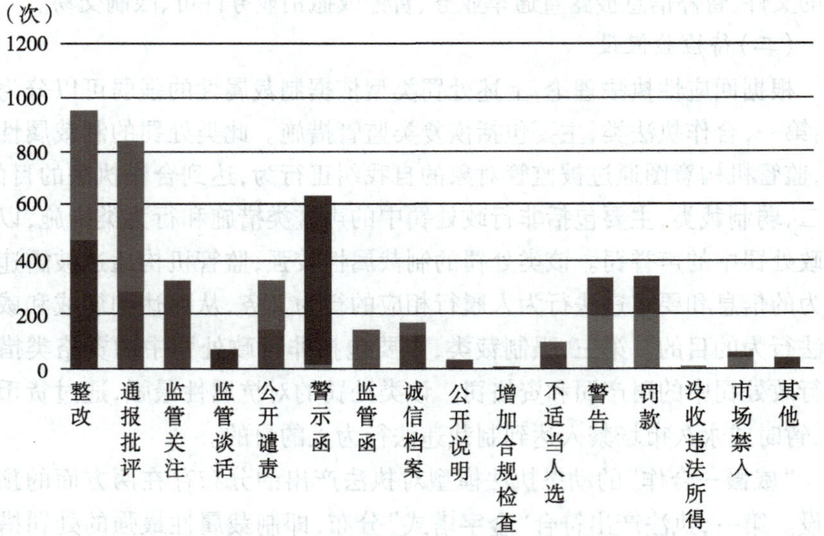

图8－8　2009年至2020年证券处罚措施数量分布情况

注：本表采用国泰安数据库提供的处罚数据。

① 每一项处罚决定仅会被归类为一种类型，如果一项决定包括多项处罚措施，同时存在制裁性措施和合作性措施，则优先将其归为制裁性措施。

② 图8－8展示的处罚措施仅包括那些在样本期间内，存在超过10家上市公司公告受到此类处罚的类型。归为“其他”的处罚措施和频次为：限制证券期货基金经营机构业务活动8次、没收业务收入6次、责令处分有关人员5次、要求追偿损失5次、限期参加培训5次、停止核准新业务3次、暂不受理与行政许可有关的文件3次、聘请保荐机构、证券服务机构进行核查并发表意见3次、暂停或撤销业务许可2次、公开致歉2次、限制分配红利或限制向董监高支付报酬、提供福利1次、责令更换董监高或限制其权利1次、暂停信息披露直通车业务1次、责令暂停或者终止并购重组活动1次。

首先,证监会和证监局在对违法行为人处以行政处罚时,偏好强制裁性行政处罚,基本上同时使用罚款和警告两项措施,在样本期间总计分别达到342次和339次。另外,上述机关总计作出了66次市场禁入处罚决定。其他行政处罚包括没收违法所得、没收业务收入和暂停或撤销业务许可的使用频次较低,分别为13次、6次和2次。其次,在非行政处罚方面,证监会作出的处罚数量较少,主要集中于合作性非行政处罚,包括责令改正(120次)和整改(13次)。证监会作出的其他监管措施还包括警示函(16次)。

证监局作出的非行政处罚数量较多,主要包括合作性非行政处罚和弱制裁性非行政处罚。前者包括整改(464次)和责令改正(561次),后者主要包括声誉类措施,如警示函(618次)和记入诚信档案(136次)。此外,证监局还是主要使用监管谈话、责令公开说明和责令增加合规检查三类措施的主体,分别达到54次、28次和10次。

深圳和上海证券交易所偏好使用弱制裁性非行政处罚。上海证券交易所主要使用声誉类自律处罚措施,包括通报批评(290次)、公开谴责(132次)和监管关注(321次);而深圳证券交易所则偏好合作性非行政处罚和弱制裁性非行政处罚,前者包括整改(467次),后者包括通报批评(550次)、公开谴责(198次)和监管函(150次)三种措施。上述机构也会使用强制裁性非行政处罚,上海和深圳证券交易所分别作出46次和15次不适当人选的监管措施。

图8-9展示了2009年至2020年,合作属性与制裁属性处罚措施的年度分布情况。总体来看,证券监管机构对上市公司的执法产出呈现逐年增加的趋势,特别是上市公司在2019年公告的处罚决定数量达到763项,与2018年相比增加了87%。非行政处罚快速增长是推动执法产出上升的主要原因。在行政处罚中,强制裁性处罚占据绝大多数,但绝对数量相对较低,在2020年达到63项。样本期间内证监会和证监局仅作出一项弱制裁性行政处罚决定,即监管机构仅对行政相对人处以警告处罚。另外,在非行政处罚中,弱制裁性非行政处罚占据绝大多数,约占非行政处罚总数的70%,其次为合作性非行政处罚,占比约为20%。

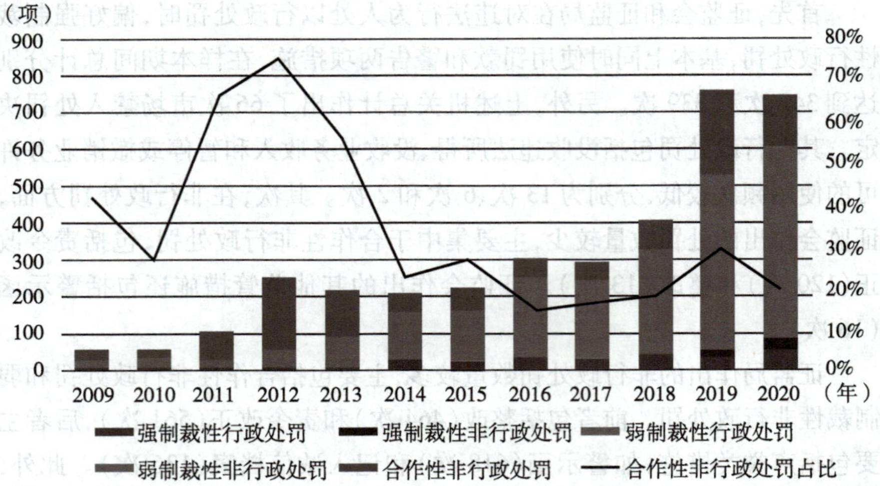

图 8－9　2009 年至 2020 年证券执法产出中合作属性与制裁属性处罚措施分布

图 8－9 所展示的曲线为每年证券监管机构作出的合作性非行政处罚占处罚总数的比例。2009 年至 2013 年，合作性非行政处罚占比呈现上升的趋势，平均占比超过 50%。该趋势在 2014 年后出现了较大的变化，合作非行政处罚占比快速下降，稳定维持在 20% 左右，而弱制裁性非行政处罚占比快速攀升，在 2020 年达到 75%。出现上述变化的主要原因在于，2013 年年底证监会在总结前期试点经验的基础上，全面下放行政处罚权，派出机构有权对管辖范围内的自立自办案件进行审理、实施行政处罚。①通过分散化实施证券执法权，有助于在派出机构内部形成竞争，激励他们积极实施证券法。

根据图 8－9 所展示的信息，我国证券执法产出基本符合“金字塔式”分布，虽然监管机构的偏好存在从合作性非行政处罚向弱制裁性非行政处罚转变的趋势，总体来看，监管机构仍然以寻求与行政相对人达成合作，降低执法活动的对抗性为主要原则。在证券执法总产出大幅增长的背景下，合作属性较强的处罚措施产出增长明显，而强制裁性处罚措施产出增长并不明显。申言之，公共执法产出的变化趋势显示，我国证券执法模式正逐步由威慑型执法模式向合作型执法模式转变。

（二）违法频次与制裁性处罚

“威慑—合作”动态模型预测对于那些反复从事违法行为的行政相对人，监管机构应当予以更严厉的处罚。图 8－10 显示了 2009 年至 2020 年

① 详见 https://www.yicai.com/news/3035609.html。

企业受到处罚的频次分布。研究样本被划分为四组:第一组包括处罚频次在10~18次的上市公司,也即违法最为频繁的行政相对人。该组包括23家上市公司,总计收到监管机关作出的271项处罚决定,其中制裁性处罚决定达到66项,占比24%。第二组为处罚频次在5~9次的上市公司。该组包括161家上市公司,总计收到981项处罚决定,其中制裁性处罚决定为146项,占比15%。第三组为受处罚频次在2~4次的上市公司。该组包括667家上市公司,总计收到1774项处罚决定,其中制裁性处罚决定为181项,占比10%。第四组为仅受到1次处罚的上市公司,该组包括662家上市公司,其中制裁性处罚决定为24项,占比仅为4%。从图8-10所示的分布情况来看,违法违规频繁的上市公司,其受到制裁性处罚的概率更高,符合"威慑—合作"动态模型有关对累犯的处罚应当升级的预测。

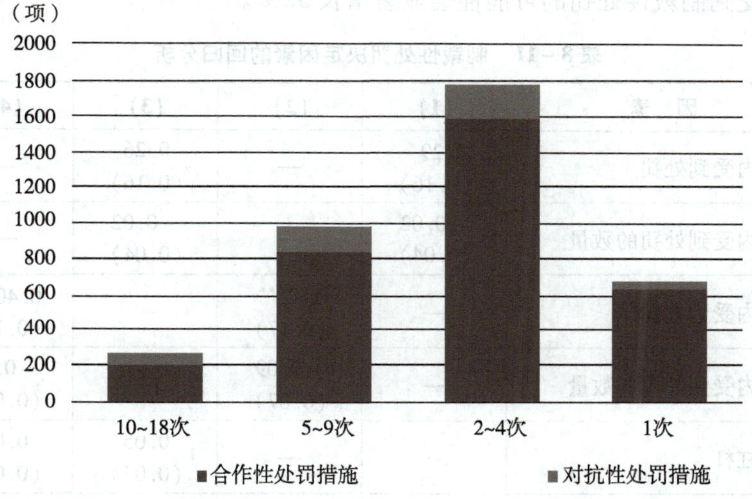

图8-10　上市公司被处罚频次的分布

表8-11展示了控制相关干扰因素后的多元回归分析结果,分析样本为2014年至2020年上市公司公告的2967项处罚决定,使用Logit回归估计变量系数。实证模型的被解释变量为"制裁性处罚"哑变量,即表示上市公司是否受到制裁性处罚。而核心解释变量为上市公司的历史违法频次,共选取了四个指标,包括"五年内受到处罚"、"五年内受到处罚的数量"、"一年内受到处罚"和"一年内受到处罚的数量"这几个哑变量。此外,实证模型还控制了上市公司的特征变量,包括上市公司在公告处罚决定前一年年报披露的"财务杠杆"、"实际控制人的现金流量权"、"净利润"、"总收入"、"成立时间"、"国有企业"、"上市公司所属行业",以及违法行为特征,包括"违法行为类型"与"受罚年份"。

表8-11的第(1)列和第(2)列显示了基准模型的回归结果。第(1)列的回归模型设定仅包括解释变量“五年内受到处罚”、“五年内受到处罚的数量”以及“上市公司所属行业”、“违法行为类型”和“受罚年份”这几个哑变量。回归结果显示,“五年内受到处罚”哑变量的系数为0.29且在10%的显著水平上显著。列1的回归分析说明,在其他条件不变的情况下,如果一家上市公司五年内曾经受到处罚,那么其再次违法时受到制裁性处罚的可能性(odds)会显著增长34%。在列(2)中,回归模型的自变量包括“一年内受到处罚”哑变量、“一年内受到处罚的数量”“上市公司所属行业”、“违法行为类型”和“受罚年份”这几个哑变量。与列(1)的回归结果相似,列(2)中“一年内受到处罚”哑变量的系数为0.42且在5%的显著水平上显著,说明如果一家上市公司在一年内曾受到处罚,那么其再次违法时受到制裁性处罚的可能性会显著增长52%。

表8-11　制裁性处罚决定因素的回归分析

因　素	(1)	(2)	(3)	(4)
五年内受到处罚	0.29* (0.16)	—	0.26 (0.16)	—
五年内受到处罚的数量	-0.02 (0.04)	—	-0.02 (0.04)	—
一年内受到处罚	—	0.42** (0.17)	—	0.40** (0.17)
一年内受到处罚的数量	—	-0.09 (0.07)	—	-0.09 (0.07)
财务杠杆	—	—	0.05 (0.04)	0.05 (0.04)
实际控制人的现金流量权	—	—	-0.009** (0.004)	-0.009** (0.004)
净利润	—	—	-0.01** (0.004)	-0.01** (0.004)
总收入	—	—	-0.001 (0.001)	-0.001 (0.001)
成立时间	—	—	0.04*** (0.01)	0.04*** (0.01)
国有企业	—	—	-0.47*** (0.17)	-0.46*** (0.17)
上市公司所属行业	控制	控制	控制	控制
违法行为类型	控制	控制	控制	控制

续表

因　素	(1)	(2)	(3)	(4)
受罚年份	控制	控制	控制	控制
常数项	-1.62^{***} (0.41)	-1.59^{***} (0.41)	-2.14^{***} (0.48)	-2.1^{***} (0.48)
样本容量	2,937	2,937	2,928	2,928
Pseudo R – squared	0.0383	0.0395	0.0632	0.0643

注:1. 回归分析采纳了以上市公司为单位的聚类稳健标准误。

2. *、**、*** 分别代表10%、5%、1%的显著水平。

列(3)和列(4)则进一步控制了企业的特征变量,包括“财务杠杆”、“实际控制人的现金流量权”、“净利润”、“总收入”、“成立时间”和“国有企业”哑变量。在列(3)中,哑变量“五年内受到处罚”的系数为0.26,其“p值”为0.105,弱不显著。其他控制变量中,“实际控制人的现金流量权”、“净利润”和“国有企业”这几个哑变量的系数都显著为负,说明上述变量与上市公司受到制裁性处罚的可能性成反比。在列(4)的回归中,核心解释变量“一年内受到处罚”的系数为0.4,且在5%的显著水平上显著,与列(2)所得结果类似。而其他控制变量的回归结果与列(3)大致相同。表8-11所示回归分析证实,违法违规频次较高的上市公司更有可能受到制裁性处罚,符合“威慑—合作”动态模型的理论预测。

（三）政策含义

证券市场注册制改革推动发行审核市场化,减少了不必要的事前准入干预,监管机构的工作重心转向事中、事后监管,打击证券市场违法违规行为。① 2009年至2020年,中国证券监管机构针对上市公司执法活动的实证研究显示,执法产出具备“威慑—合作”模型的两个核心特征:第一,执法产出呈现“金字塔式”分布,合作属性较强的处罚措施占比较高;第二,对于那些屡次违反证券法的上市公司,也即拒绝合作的监管对象,证券公共执法更倾向于对其处以制裁属性较强的处罚措施。

从“威慑—合作”模型的角度看,新《证券法》和《刑法修正案(十一)》显著提高了证券执法措施的威慑力。证券违法犯罪行为的行政和刑事法律责任大幅度提高,同时中国版“证券集团诉讼制度”也有望缓解投资者维权成本高昂的难题,落实民事责任,增加违法成本。另外,证券执法体系的合作属性还有待进一步加强,实证研究发现违法行为人进入行政处罚程

① 参见郭锋、邢会强、杜晶:《股票发行注册制改革风险评估与对策建议》,载《财经法学》2016年第6期。

序后，绝大多数情况下都会受到强制裁性处罚，缺乏与监管机构达成合作的可能性。笔者认为，可以通过以下措施为行政相对人提供合作的机会：优化证券执法和解制度，为行政相对人提供和解激励。证券执法和解制度意图鼓励当事人与监管机构合作，减少违法行为造成的损失、赔偿受侵害的投资者。当缺乏有效的证券执法和解制度时，证券监管机构与违法行为人之间即处于对立状态。一方面，违法行为人可能会通过"寻租"行为寻求免于处罚；另一方面，其可能会拒绝与监管机构合作，增加行政执法成本。考虑到大部分证券违法行为主要侵犯的是金钱法益，行政和解制度可以激励行政相对人纠正违法行为、充分履行赔偿责任，通过柔性的合作安排以较低的成本实现执法目的，可以显著提高证券执法效能。

第六节　其他公权力机构的执法程序

本节主要讨论财政部对《会计法》和相关规则与检察院对于证券刑事犯罪的执法产出。

一、财政部的行政处罚行为

财政部是我国国务院直属部级单位，主管全国的会计工作，制定会计管理相关的法律、行政法规、部门规章，制定并实施国家统一的会计制度。①它负责处罚会计违法违规行为，监督并指导注册会计师、会计师事务所和注册会计师协会，并享有制定全国统一注册会计师考试制度的权力。②注册会计师名单须在财政部进行备案。③

《财政部门监督管理办法》规定，财政部门监督范围包括财务会计制度的执行情况④，对符合其监督范围的，可以依法采取责令提供资料，调取、查阅、复制相关资料，责令停止违法行为，暂停使用拨款、暂停拨款或者停止拨款等措施⑤。财政部印发的《财政部随机抽查工作细则》规定，通过采取随机抽查的方式检查会计事务所、企事业单位的执业质量、会计核算、财务管理、内部控制等情况，并在全国各地开展会计金融监督培训班以提高监管质量。财政部还颁布《关于加强地方财政监督工作的若干意见》，进

① 参见《会计法》第7条、第8条。

② 参见《注册会计师法》第5条、第6条。

③ 参见《注册会计师法》第11条、第34条。

④ 参见《财政部令第69号——财政部门监督办法》第16条第7款。

⑤ 参见《财政部令第69号——财政部门监督办法》第17条。

一步完善会计师事务所执业质量与会计信息质量的检查工作。在各省、直辖市,财政部共设有33个财政部驻地方专员办,专员办通过内部监督检查处对接监督检查局、国防司等部门,通过专项检查,具体监督与指导会计工作。

根据《立法法》第71条与《行政处罚法》第12条的规定,财政部有权根据法律与国务院相关法规制定规章,规范其法定权限范围内的行政处罚行为。2010年至2019年,财政部对会计违法违规行为共作出19项处罚决定,处罚依据有《证券法》《中国注册会计师审计准则》《会计法》《会计基础工作规范》《企业财务会计报告条例》等多部法律法规。在这19项行政处罚中,上市公司违规受到处罚共17项,会计师事务所违规受到处罚共2项。财政部及其驻地方专员办施加的处罚措施具体包括:取消中央财政补助资格2项、撤销业务许可2项、罚款6项和其他处罚措施9项。在公布的处罚措施中,罚款金额从3万元至33.4万元不等。其中,上市公司在2013年披露的行政处罚数量最高,达到6项,占比32%。

表8-12的A栏报告了19项处罚决定涉及的违法违规行为类型的分布情况。因为同一项处罚决定可能涉及多个违法违规行为,因而违法行为的数量超过处罚决定的数量。一般会计处理不当受到了14次处罚,占比58%;披露不实、虚假记载与重大遗漏各受到了3项处罚,各占比12.5%;推迟披露仅受到了1项处罚,占比4.2%。由此可知,财政部处罚的违法行为类型中,一般会计处理不当的比例最高。B栏则报告了处罚主体的占比情况,地方财政部专员办共作出13项处罚决定,占比68%,是主要实施监督指导行为的主体;财政部单独作出的处罚决定仅4项,占比21%;证监会联合财政部共作出处罚决定2项,都是针对重大遗漏违法行为,占比11%。

表8-12　我国财政部处罚的会计违规类型分布

<table>
<tr><th colspan="6">A栏　违规处罚类型</th></tr>
<tr><td></td><td>一般会计处理不当</td><td>披露不实</td><td>虚假记载</td><td>推迟披露</td><td>重大遗漏</td></tr>
<tr><td>违法数量（次）</td><td>14</td><td>3</td><td>3</td><td>1</td><td>3</td></tr>
<tr><td>占比</td><td>58%</td><td>12.5%</td><td>12.5%</td><td>4.2%</td><td>12.5%</td></tr>
<tr><th colspan="6">B栏　施加处罚的主体</th></tr>
<tr><td></td><td>财政部</td><td colspan="2">财政部地方专员办</td><td colspan="2">财政部联合证监会</td></tr>
<tr><td>处罚决定（项）</td><td>4</td><td colspan="2">13</td><td colspan="2">2</td></tr>
<tr><td>占比</td><td>21%</td><td colspan="2">68%</td><td colspan="2">11%</td></tr>
</table>

财政部及其地方专员办承担着为会计师事务所与企业内部会计治理创造良好的执业环境的职能。依照《中国注册会计师审计准则》《会计法》等相关法律，财政部可以通过行政处罚措施，威慑会计师事务所与企业内部会计治理的违法环节，监督、指导其提高自身执业水平与治理能力。但是通过相关数据分析，财政部系统明显存在执法数量明显不足，执法力度不强、执法效率不高、执法时滞较长等问题。

二、司法机关的刑事司法程序

（一）欺诈发行证券罪和违规披露、不披露重要信息罪

规制信息类犯罪行为的罪名主要为《刑法》第160条规定的“欺诈发行股票、债券罪”和第161条规定的“违规披露、不披露重要信息罪”。与虚假陈述的行政责任不同，刑事责任的承担均要求行为人具有主观故意。此外，上述两项罪名都强调犯罪行为所涉金额巨大、产生严重后果或者有其他严重情节，这也是行政责任和刑事责任的重要边界。因此，刑事司法程序的关键在于认定违法行为是否满足上述要件，这也是争议较大的问题。《立案追诉标准（二）》第5条和第6条分别规定了满足上述两项罪名的情形。根据最高人民检察院发布的第17批指导性案例，“博元投资股份有限公司、余某等人违规披露、不披露重要信息案”中检察机关审查认为，“违规披露、不披露重要信息罪”非单位犯罪，因此对于余某等人提起公诉；而对于博元公司依法不予起诉，向证监会发出检察意见书，建议依法给予博元公司行政处罚。相关代表性案件如表8－13所示。

表 8-13　我国代表性的证券刑事犯罪案件

序号	上市公司	被告	身份	案件来源	罪名	案号	裁判时间	民事案件情况
1	高新张铜	郭照湘	法定代表人、董事长	证监移送	违规披露重要信息罪、职务侵占罪、非国家工作人员受贿罪	（2011）苏中刑二终字第0117号	2011年9月	（2019）苏民终85号
		李美蓉	财务总监		违规披露重要信息罪			
		李敬华	董事长					
		周建清	副总经理					
2	云南绿大地	云南绿大地	上市公司	证监移送	欺诈发行股票罪、伪造金融票证罪、故意销毁会计凭证罪	（2013）云高刑终字第365号	2013年	（2017）最高法民申1451号
		赵海艳			欺诈发行股票罪、违规披露重要信息罪			
		蒋凯西	董事、财务总监		欺诈发行股票罪、伪造金融票证罪、违规披露重要信息罪			
		庞明星	财务顾问					
		赵海丽			欺诈发行股票罪、伪造金融票证罪、违规披露重要信息罪、故意销毁会计凭证罪			
		何学葵	董事长					

续表

序号	上市公司	被告	身份	案件来源	罪名	案号	裁判时间	民事案件情况
3	万福生科	万福生科	上市公司	证监移送	欺诈发行股票罪	（2014）长中刑二初字第00050号	2014年12月	无
		里程所常德分所	会计师事务所					
		杨晓华	其他直接责任人员					
		彭雪明	其他直接责任人员					
		左光涛	里程所常德分所直接负责的主管人员					
		龚永福	董事长、总经理		欺诈发行股票罪、违规披露重要信息罪			
		覃学军	财务总监					
4	博元投资	余蒂妮	珠海博元投资法定代表人、董事长、华信泰投资法定代表人	证监移送	违规披露、不披露重要信息罪	（2016）粤04刑初131号	2017年2月	（2019）粤民终1464－1466号
		伍宝清	珠海博元投资财务总监、华信泰财务人员					
		张丽萍	珠海博元投资会计、财务总监、董事					
		陈杰	珠海博元投资总裁					
		罗静元	珠海信实企业管理咨询有限公司、珠海裕荣华投资有限公司出纳、珠海博元投资监事					

续表

序号	上市公司	被告	身份	案件来源	罪名	案号	裁判时间	民事案件情况
5	华锐风电	陶刚	副总裁、财务总监	证监移送	违规披露重要信息罪	（2017）京刑终88号	2017年6月	（2017）京民终81号
		韩俊良	法定代表人、董事长、总裁					
6	中恒通	中恒通	上市公司		欺诈发行债券罪	（2018）沪刑终22号	2018年6月	无
		卢汉旺	中恒通董事长、大股东、实际控制人					
		卢文煊	中恒通总经理、法定代表人					
		卢华光	中恒通财务总监					
		边晓磊	申万宏源证券有限公司固定收益融资总部业务部董事		非国家工作人员受贿罪	（2017）沪01刑终1716号	2017年11月	
		杨安杰	利安达会计师事务所浙江分所副所长、项目负责人		出具证明文件重大失实罪	（2017）沪01刑初80号	2017年11月	
		陈俊明	利安达会计师事务所浙江分所项目现场负责人					
		王科宇	利安达会计师事务所浙江分所签字注册会计师					
		徐丹	利安达会计师事务所浙江分所注册会计师					

续表

序号	上市公司	被告	身份	案件来源	罪名	案号	裁判时间	民事案件情况
7	海欣食品	滕用雄	董事长	公安移送	编造并传播证券交易虚假信息罪	（2018）沪02刑初27号	2018年6月	无
		林天山	董事会秘书					
8	华泽钴镍	华泽钴镍涉嫌构成违规披露、不披露重要信息罪，王涛等人涉嫌构成背信损害上市公司利益罪，已被证监会移送公安机关					2018年	（2019）川01民初2202号
9	雅百特	涉嫌构成违规披露、不披露重要信息罪，已被证监会移送公安机关					2018年	（2019）苏民终291号
10	金亚科技	涉嫌构成欺诈发行股票、伪造金融票证、挪用资金以及违规披露、不披露重要信息罪等，已被证监会移送公安机关					2018年	（2019）川民终757号
11	欣泰电气	温德乙	董事长	证监移送	欺诈发行股票罪、违规披露重要信息罪	（2017）辽06刑初11号	2019年4月	（2018）辽民终789号
		刘明胜	财务总监					
		欣泰电气	上市公司		欺诈发行股票罪			
12	多伦股份	鲜言	董事长、实际控制人		损害上市公司利益罪、操纵证券市场罪		2019年9月	（2015）沪高民五（商）终字第13号

续表

序号	上市公司	被告	身份	案件来源	罪名	案号	裁判时间	民事案件情况
13	中毅达	任鸿虎	上海中毅达副董事长、总经理		违规披露重要信息罪	（2020）沪03刑初4号	2020年4月	（2020）沪民终302号
		林旭楠	上海中毅达副总经理、财务总监					
		盛某	上海中毅达全资子公司厦门中毅达副总经理					
		秦某某	上海中毅达财务经理					
14	上海普天	郑建华	上海普天副董事长、总经理		违规披露重要信息罪	（2020）沪03刑初57号	2020年6月	（2020）沪民终294号
		陆维林	上海普天总会计师					
		沈忠华	能源公司总经理					
		高某某	上海普天总会计师、财务部总经理					
		顾乃凤	能源公司商务经理					
		王允强	上海普天总工程师、采购中心负责人					

续表

序号	上市公司	被告	身份	案件来源	罪名	案号	裁判时间	民事案件情况
15	九好集团	郭丛军	法定代表人、董事、实际控制人		违规披露、不披露重要信息罪		2020 年 9 月开庭	（2019）辽民终 1078 号
		宋荣生	董事					
		杜晓芳	股东					
		王鹏	财务副总监					
16	獐子岛	獐子岛及相关人员涉嫌构成违规披露、不披露重要信息罪，被证监会移送公安机关追究刑事责任					2020 年 9 月	（2020）辽民终 1061 号
17	康得新	康得新涉嫌欺诈发行股票、债券罪，钟玉等人作为康得新直接负责的主管人员，分别涉嫌违规披露、不披露重要信息罪，欺诈发行股票、债券罪，背信损害上市公司利益罪、骗购外汇罪，挪用资金罪，被公安部门移送检察院审查起诉					2020 年 9 月	无
18	天翔环境	涉嫌违规披露、不披露重要信息，公安局正在侦查中						无
19	康美药业	涉嫌违规披露、不披露重要信息，公安局正在侦查中						无

（二）内幕交易、泄露内幕信息罪

打击内幕交易违法行为已经成为证监会近年来执法活动的重点。《刑法》第180条第1款规定了“内幕交易罪”和“泄露内幕信息罪”，这两个罪名要求违法行为情节严重。最高人民法院、最高人民检察院在2012年颁布的《内幕交易司法解释》对于上述罪名的核心入罪要件进行了规定。该解释的第6条和第7条根据违法行为的违法程度分别规定了“情节严重”和“情节特别严重”的情形。司法机关主要从交易金额、交易频次、获利金额等方面判断违法情节的严重程度。

《内幕交易司法解释》第8条规定了内幕交易违法所得的计算规则，如果行为人存在2次以上的内幕交易行为或泄露内幕信息行为，且上述违法行为都未经行政或司法机关处理，那么应当合并计算违法数额。此外，从众多案例来看，被判决内幕交易、泄露内幕信息罪的被告一般都是与内幕信息知情人员关系密切或进行联络或接触的人员。在“王某、黄某内幕交易案”［（2019）粤03刑初473号］中，裁判文书载明王某与马某是联系频繁的多年好友，王某属于与内幕信息知情人关系密切的人员。黄某与涂某同样为联系频繁的多年好友，属于与内幕信息知情人员关系密切的人员。

最后，在认定内幕信息时，并不强调实际产生影响。根据新《证券法》第52条的规定，内幕信息应当对证券价格有重大影响，但并未规定是否产生实际的重大影响。最高人民法院颁布的（2011）郑刑一初字第14号刑事参考性案例中提到，如果根据一般人的预判，信息对证券、期货的交易价格或交易量具有重大影响，但实际并未产生影响，不影响内幕信息的认定，这种情形下可能是因为偶然介入的因素导致一般人预判的影响未实现。

具有较大影响力的内幕交易刑事案件为“黄光裕内幕交易案”。2007年下半年，上市公司中关村拟收购鹏润控股，前者的实际控制人黄光裕在相关信息公开前，控制他人账户在2个月内买入中关村股票超过1亿股，交易金额累计近14亿元，获得收益超过3亿元。[①] 北京市高级人民法院终审判决黄光裕及其他违法行为人内幕交易罪成立，数罪并罚判处14年有期徒刑，并处罚金8亿元。在该案中，黄光裕作为上市公司的实际控制人，属于证券法规定的法定内幕信息知情人。作为上市公司实际控制人和内幕信息知情人，黄光裕本应遵循证券市场监管规则，在内幕信息公开前戒绝交易。但他却私下交易相关股票谋取巨额利益，存在主观违法动机且违

① 参见《最高人民法院公布两起内幕交易犯罪典型案例》，载中国法院网，https://www.chinacourt.org/article/detail/2012/05/id/518766.shtml。

法所得数额巨大，属于“情节特别严重”。

（三）操纵证券市场罪

《刑法》第182条规定了“操纵证券、期货市场罪”，本罪的犯罪主体可以是单位也可以是个人，从犯罪行为认定要件来看，主要包括三类模式。然而，由于我国证券市场处于转型之中，新的市场操纵类型不断涌现，最高人民法院、最高人民检察院联合发布了《操纵证券、期货市场刑事案件的解释》，该解释第1条即通过列举的方式，指出了满足“以其他方法操纵证券、期货市场”的几种情形。① 《立案追诉标准（二）》第34条进一步明确了“操纵证券、期货市场罪”的入罪标准。《操纵证券、期货市场刑事案件的解释》第2条则确定了满足“情节严重”的情况。此外，该解释第3条进一步规定，如果行为人违法所得数额在50万元以上，那么满足“情节严重”的标准将进一步降低。该解释第4条指出两类满足“情节特别严重”要件的情形。

《立案追诉标准（二）》采取了“数额+情节”的综合认定体系，明确了“情节严重”的刑事立案追诉标准，同时确定了“情节特别严重”的情形，明确了法定刑升格的认定标准。《操纵证券、期货市场刑事案件的解释》显著降低了“操纵证券、期货市场罪”的刑事立案追诉标准，第4条规定了操纵证券市场罪“情节特别严重”的标准。信息型操纵证券市场罪要求证券交易成交额在5000万元以上，或者违法所得在1000万元以上就属于“情节特别严重”；对于发行人、上市公司及其董监高、控股股东、实际控制人等特殊主体，只要违法所得达到500万元就属于“情节特别严重”，“情节特别严重”的“操纵证券、期货市场罪”行为人应当判处5年以上10年以下有期徒刑。而该解释第6条更是规定了违法所得累计计算的规则，降低了多次违法行为人入罪的难度。

在“唐汉博等操纵证券市场案”中，唐汉博伙同多名犯罪行为人利用实际控制的账户组，不以成交为目的，大额撤回申报买入“华资实业”和“京投银泰”，其撤回量达到数亿元人民币，占当日交易总量的50%以上，违法所得超过2500万元人民币。② 案发后，唐汉博等人分别向公安机关投案自首。③ 法院认为被告人唐汉博等人均已构成操纵证券市场罪。综合全案事实、情节，依法判处被告人唐汉博有期徒刑3年6个月，并处罚金人民

① 参见《操纵证券、期货市场刑事案件的解释》第1条。

② 参见《人民法院依法惩处证券、期货犯罪典型案例》，载人民法院报，https://www.chinacourt.org/article/detail/2020/09/id/5471380.shtml。

③ 参见《人民法院依法惩处证券、期货犯罪典型案例》，载《人民法院报》2020年9月25日版。

币2450万元；判处被告人唐园子有期徒刑1年8个月，并处罚金人民币150万元；判处被告人唐渊琦有期徒刑1年，缓刑1年，并处罚金人民币10万元。①

（四）欺诈行为的行刑责任衔接问题

证券领域行政执法与刑事司法的衔接问题，是指证监会在依法调查和处罚违法行为时，发现违法事实涉嫌构成犯罪需要追究刑事责任时，依法将案件移送公安机关的过程。行政处罚与刑罚处罚属于两种类型的法律制裁方式，前者是行政主体对行政违法行为的制裁，属于具体行政行为；而后者是针对犯罪行为进行制裁，属于刑事司法范畴。两者在启动条件、运行程序、决定主体、社会评价等方面都存在极大差异。近年来，"以罚代刑"问题较为突出。② 在学理层面，行政处罚与刑事处罚并不斥。从现有案例反映的情况来看，有些违法责任人员只是被处以行政处罚，最多再被证监会采取市场禁入措施；而有些则既要承担刑事责任，又要承担行政责任，如2017年作出生效判决的华锐风电案[（2017）京刑终88号]，韩俊良、陶刚即是在被作出警告和罚款的行政处罚之后又被追究刑事责任的。证券领域的违法犯罪活动十分猖獗，大部分符合刑事追诉标准的案件仅被处以行政处罚，实际启动刑事司法程序追究行为人刑事责任的案例少之又少，造成违法成本低廉。

在程序上，相当一部分案件都是由证监会（局）移送司法机关追究刑事责任，涉及证券犯罪的行刑衔接问题，还有一些是由公安机关直接移送检察机关的案件。虽然证券类刑事犯罪案件以证监会移交为主，但这不等于必须先由证监会启动行政调查或者进行处罚后，侦查机关才能刑事立案。证监会的调查意见或者处罚决定书不是鉴定意见，不是证监会行政执法和查办案件过程中客观收集的书证，属于专业性问题的认定意见，不能在刑事诉讼中直接作为证据使用，当然更不能作为刑事犯罪的立案依据。因此，刑事案件的启动方式应当不以民事诉讼判决或者行政处罚为前提，公安机关和监察机关可以自行立案侦查。同时，证监会的认定意见可以作为参考意见，可以以此为参考进行刑事认定。

在证据转化使用上，证监会的行政调查获得的信息和证据是检察院非常重要的线索来源。当然，行政执法获得的证据需要转化为刑事证据才可

① 参见《人民法院依法惩处证券、期货犯罪典型案例》，载《人民法院报》2020年9月25日版。

② 参见叶旺春：《证券领域行政执法与刑事司法的衔接问题研究》，载《证券市场导报》2012年第5期。

能被审判机关采纳。[①] 证监会收集的证据及出具的认定函可以作为刑事诉讼证据。第一,证监会在案件调查中收集到的客观证据,可以作为刑事诉讼证据。《刑事诉讼法》第54条规定,行政机关在行政执法和查办案件过程中收集的物证、书证、视听资料、电子数据等证据材料,在刑事诉讼中可以作为证据使用。在行政处罚程序中,证监会收集的手机通话记录、微信聊天记录、邮件、电脑工作底稿等证据往往是刑事立案的关键证据。第二,由于证券欺诈案件的专业性较强,人民法院在审理时会参考证监会对被告是否满足违法要件的认定函。例如,人民法院在审理内幕交易、泄露内幕信息案时,对于内幕信息、知情人员、价格敏感期等要件的认定,一般都依赖于证监会出具的认定函。但是,最终该行为人的定罪问题,仍然属于法院裁判的范畴。相关实证研究显示,在15起内幕交易、泄露内幕信息罪案例中,人民法院在13起案件中完全采纳了认定函意见,2起未完全采纳。[②]

关于罚款如何折抵罚金问题。在司法实践中,部分法院对此予以回应,但也存在未予说明的情况。如在"华锐风电案"[(2017)京刑终88号]中,北京高院判决对被告人韩俊良并处罚金人民币10万元。此前,在(京〔2015〕66号)行政处罚决定书中,证监会决定对韩俊良给予警告,并处以30万元罚款。北京市高级人民法院并未对罚款是否可折抵罚金问题进行说明。而在"中毅达案"[(2020)沪03刑初4号]中,上海市第三中级人民法院认为:"根据相关法律规定,违法行为构成犯罪,法院判处罚金时,行政机关已经给予行政处罚的,应当折抵相应罚金,被告人任鸿虎、林旭楠在本案前均已缴纳过行政罚款,应折抵罚金。"此前,在(沪〔2018〕28号)行政处罚决定书中,上海监管局决定对任鸿虎给予警告,并处以20万元罚款;在(沪〔2018〕27号)行政处罚决定书中,决定对林旭楠给予警告,并处以20万元罚款。上海市第三中级人民法院最终判决对上述二名被告人的刑事罚金都进行了折抵。

---

① 参见叶旺春:《证券领域行政执法与刑事司法的衔接问题研究》,载《证券市场导报》2012年第5期。

② 参见练育强:《问题与对策:证券行政执法与刑事司法衔接实证分析》,载《上海政法学院学报(法治论丛)》2018年第4期。

第九章　中美证券法公共实施机制的比较分析

我国证券市场用了不到40年的时间，追赶发达资本主义国家400余年的发展历程，并取得了显著的成效。截至2020年年底，我国证券市场规模位居全球第二。参考成熟资本市场的建设经验，减少试错成本，是我国证券市场实现高速发展的重要助力因素之一。现有文献多从证券法规则层面对我国和域外法域进行分析和比较，探讨法律规范移植方面的解决方案。而证券法实施是一个具有本土特色的研究问题，且规范化、体系化程度较弱，传统规范法学研究对该领域的讨论有限。法和经济学依据“谁来实施法律”的标准，将证券法实施机制划分为公共实施与私人实施两个面向。其中，私人实施是指私主体通过法律、法规和监管规则确立的程序，请求违法行为人承担民事责任的机制，主要包括调解程序、仲裁程序和诉讼程序；而公共实施是指法律、法规授权的具有管理公共事务职能的组织（以下统称为公共机构），在法定授权范围内实施处罚的机制，主要包括自律处分程序、行政处罚程序和刑事处罚程序。

应当承认，适用于各个法域的最优实施机制是不存在的。证券法实施机制必须根据本国政治体制、制度禀赋、金融市场的发展阶段和特点、证券市场文化、法律体系等影响因素进行动态调整。中国采取“集中实施模式”，中国证监会主导的公共实施占据主导地位；而美国采取“分散实施模式”，多元主体，包括监管机构、证券交易所、州检察长、投资者等都能够独立实施证券法。这两种实施模式的成本和收益也存在显著的差异。中国模式具备专业性和规模经济性、能够有效降低执法成本的优势，但监管机构主导的实施模式也面临执法激励较弱、执法强度不足和选择性执法等问题。反观美国模式虽然可以强化执法产出，对违法违规行为具有较强的威慑力，但实施主体的多元化也存在缺乏协调、滥诉和扰诉、成本较高等问题。本章在此前数据分析的基础上，结合制度功能分析的方法，对中美两国证券法公共实施的重要制度切面进行比较，为改善我国证券法实施模式的实效提供参考。

第一节　证券法公共实施主体

一、证券监管机构

中央(联邦)证券监督管理机构和地方(州)证券监督管理机构是主要负责实施证券法的监管机构。

根据新《证券法》第7条的规定,我国证监会依法实行集中统一监督管理①,行使排他的剩余立法权和剩余执法权,集证券市场的发展者与监管者角色于一身,对全国证券市场实行集中统一监督管理,并有权力直接作出行政处罚。该条第2款授权证监会根据监管需要设立派出机构,负责地方证券监管事务。证监会采取垂直领导的组织模式,地方设立派出机构接受其直接领导,形成相对独立行使监管权力的管理体系。证监会将对轻微违法行为的处罚权下放给证监局,以便充分利用监管资源和地方证券监管者的信息优势。证监局分别负责各个行政辖区内证券市场的一线监管工作,对辖区内的上市公司,证券、期货经营机构,证券、期货投资咨询机构,以及从事证券业务的律师事务所、会计师事务所、资产评估机构等中介机构的证券、期货业务活动进行监督管理,同时查处监管辖区范围内的违法违规案件,对证券期货违法违规行为实施调查、作出行政处罚。② 派出机构负责区域内的证券监管事务,有利于统筹考虑各地方发展差异造成的监管差异,降低中央直接监管成本,同时确保地方证券监督管理机构能贯彻落实中央证券监管政策,降低地方政府对政策落实效果的不当影响。

除了证监会体系外,地方金融局作为省一级地方政府的部门,负责从属地管理的角度对辖区内的类金融机构进行监管。2017年国务院印发了《关于服务实体经济、防控金融风险、深化金融改革的若干意见》,首次明确了归属于地方金融监管的"7+4"类地方金融组织。其主要负责对"7+4"类机构实施监管,即"小额贷款公司、融资担保公司、区域性股权市场、典当行、融资租赁公司、商业保理公司、地方资产管理公司"7类机构,以及"投资公司、开展信用互助的农民专业合作社、社会众筹机构、地方各类交

---

① 新《证券法》第7条规定:"国务院证券监督管理机构依法对全国证券市场实行集中统一监督管理。国务院证券监督管理机构根据需要可以设立派出机构,按照授权履行监督管理职责。"

② 参见中国证券监督管理委员会官网,http://www.csrc.gov.cn/csrc/c101795/c1444899/content.shtml。

易场所”4 类机构。地方金融局在证券法实施方面主要承担协调职能,①组织、协调或配合打击那些跨行业、跨地域、跨市场的证券违法行为。比如,证券市场中的股权众筹、私募基金等投融资活动往往与非法集资行为相关联,地方金融局代表地方政府牵头协调防范和打击本地区非法集资犯罪的工作。针对区域性股权市场部分挂牌企业涉嫌宣称已经或者即将“上市”、向社会公众发售或转让“原始股”、承诺固定收益等非法证券活动,证监会派出机构与地方金融局联合查处。② 针对金融市场风险的处置,地方金融局可以利用地方政府的行政资源,及时因地制宜地采取相关执法措施对风险和突发事件进行处理,继而阻止风险进一步扩散并演化为系统性金融风险。

与我国证券监管机构相对应,美国 SEC 是根据《1934 年证券交易法》设立的独立证券监管机构,拥有广泛的执法裁量权和监管工具。其执法部通过向联邦法院提起民事诉讼,或向 SEC 内设的 ALJ 提起行政程序,向违法违规行为人施加相应的处罚。与我国证监会处罚不同,SEC 处罚相对人必须经过司法程序的审理,其执法活动还受到司法机关的监督和控制,执法成本更高。SEC 将美国划分为 11 个大区,并在各区建立了派出机构,各派出机构具有监督、调查和处罚违法行为的自由裁量权。这些派出机构被视为美国证券治理体系“联邦—州”之间的层级,可以同时实现集中监管和分散监管的双重功能。③ 一方面,派出机构并不受州政府的领导,仅负责落实联邦证券法和监管规则,保障证券法实施的一致性;另一方面,派出机构还能够调和联邦规则与地方规范、市场特点和交易习惯之间的矛盾。④

美国证券法实施模式存在较高的制度冗余,多元实施主体在资源、信息、代理成本等方面存在比较优势,分散化的实施体系能将不同主体的优势与案件特点进行匹配,最小化了实施体系的真空地带。⑤ SEC 与州证券监管机构之间也存在分工,虽然执法权存在部分重叠,但两类机构之间更

---

① 参见潘玉蓉:《管理体系更加完善、金融秩序明显改善》,载证券日报网,http://www.zqrb.cn/finance/hongguanjingji/2022-10-11/A1665441386958.html。

② 参见《证监会派出机构配合查处区域性股权市场挂牌企业涉嫌非法活动》,载中国证券监督管理委员会官网,http://www.csrc.gov.cn/csrc/c106305/c1715018/content.shtml,最后访问时间:2022 年 10 月 11 日。

③ See Jessica Bulman-Pozen, *Our Regionalism*. University of Pennsylvania Law Review 166: 377-440(2018).

④ See Dave Owen, *Regional Federal Administration*. University of California Law Review 63: 58-61(2016).

⑤ See Zachary Clopton, *Redundant Public-Private Enforcement*. Cornell Law Review 69: 285-290(2016).

多的是相互补充。[1]。SEC 主要关注那些跨州或全国性的违法案件，这类案件受害人数量众多、损失较大，如全国性的证券发行欺诈、公开发行证券主体的报告和信息披露违法、外国腐败行为法案、内部交易、市场操纵等。州证券监管机构行使剩余执法权（residual enforcement rights），主要处理发生在本州之内的证券违法行为，如在州注册的、管理资产规模较小的投资顾问，投资者直接从发行人处购买证券的案件和受害人与违法行为人之间面对面的证券交易。州证券监管机构的执法活动往往是受到案件线索推动的，包括投诉、对证券行业的检查和其他监管机构移交的案件。此外，州证券监管机构已经成为美国证券法实施网络的连结点，将联邦机构、州内机构、地方证券执法机构和检察官以及私人投资者联系起来。[2]州证券监管机构位于打击证券违法行为的前端，往往最先获得有关证券违法行为的信息，可以决定直接采取行动或转交给其他执法机关。

中美两国证券监管的目标造就了两国证券监管机构组织和分工模式的差异。美国证券市场发展远早于证券监管机构的建立，市场发展初期并不存在以公权力为主导的证券监管，直至《1934 年证券交易法》出台后才设立了证券监管机构 SEC。《1933 年证券法案》的功能和目标并不在于为各种证券品种提供合法性的依据，而是将市场上的证券品种纳入证券法的监管框架下。[3] 正因如此，该法采纳了非常宽泛的证券定义，以期尽可能地将商业活动中各种各样的证券都纳入证券法的监管范围。[4]正如 State v. Gopher Tire & Rubber Co. 案所指出，“由州来行使监管权是必要的，也是充分的。考虑到立法的目的在于将所有的证券（豁免证券除外）纳入监管范畴，证券的定义不应采取较窄的解释”[5]。

我国于 20 世纪 90 年代建立证券市场，彼时正处于经济发展从计划管理模式向社会主义市场经济的转型期。发展证券市场的主要目的是拓宽国有企业融资途径，支持国家重点企业、重点项目的建设。证券法的作用在于将原来依靠政府“有形之手”配置的资金资源，转化为通过证券市场机制进行配置。证券的定义首先在于为企业提供明确、合法的融资途径和手段，以免构成非法集资罪等违法犯罪行为。证券法仅授予部分成熟的融

---

① See Andrew K. Jennings, *State Securities Enforcement*. Brigham Young University Law Review 47：67 – 148（2021）.

② See Verity Winship, *Enforcement Networks*. Yale Journal on Regulation 37：274 – 337（2020）.

③ See Securities & Exchange Com. v. Crude Oil Corp., 93 F2d 844 （1937）.

④ See H. R. Rep. No. 85, 73d Cong., 1 st Sess. 11, 1933.

⑤ State v. Gopher Tire & Rubber Co., 146 Minn. 52, 177 N. W. 937 （1920）.

资工具准入资格，为市场主体提供特定的、合法的、明确的、规范的融资渠道，而并未纳入那些复杂的、风险较高的产品，体现了“法无授权即禁止”的监管政策导向。[1]

此外，中美两国经济发展模式的差异，也造就了证券公共实施机制的差异。我国采取社会主义市场经济体制，提倡“有为政府、有效市场”。申言之，虽然证券市场作为资金资源配置的基础，政府也积极介入促进健康、有序的市场发展。我国证券市场呈现出明显的新兴加转轨特征，市场机制不健全、市场主体不成熟、尚未形成健康的市场文化，监管机构在证券市场的发展过程中发挥了积极的推动作用，对证券市场适时适度的干预切合了经济体制的特点和证券市场的发展阶段。

美国采取自由资本主义经济体制，强调依靠市场机制配置资金资源，证券市场长期在缺乏政府干预的情况下运行，积累了符合其经济发展模式的市场制度、基础设施和市场文化。此外，美国属于联邦制国家，一方面，联邦证券监管机构与州证券监管机构之间不存在授权关系，而存在明确的权限范围划分。美国各州的证券监管与联邦机构之间形成竞争和互补关系，以并非完全依靠自上而下的行政推动。[2]另一方面，美国“分散实施模式”使市场主体同时受到多个实施主体的监督，在各类主体之间形成相互制约和相互竞争的微妙关系，以提高法律实施的质量和效率。[3]

二、证券自律监管组织

（一）证券自律监管的模式

证券交易所和证券行业协会是主要的证券自律监管组织。证券交易所作为组织和监督证券交易的主体，既提供交易场所与基础设施、制定统一的交易所管理规则，还以自律纪律处分等措施对场内主体实施自律管理。根据证券交易所的自治程度，即证券交易所相对证券监管机构的独立性，其可以分为交易所主导型、分工合作型和政府控制型三种。[4] 其中，在分工合作型中，政府监管与市场自律监管之间分工协作，证券交易所虽受到政府监管，却仍具备相当大的自治空间；而政府控制型则呈现出明显的行政主导特点，证券交易所往往是证券监管机构的“附庸”，缺乏自主决策的自治空间。

---

① 参见曹乃婷：《从证券监管的角度重提“果园开发热”之往事》，载《金融法苑》2003 年第 6 期。

② See Nicolas C. Howson, “*Quack Corporate Governance*” *as Traditional Chinese Medicine.* Seattle University Law Review 34：667－716(2014).

③ 参见任洁：《金融监管体制改革的国际视角与本土选择》，载《学术交流》2014 年第 5 期。

④ 参见鲁篱：《证券交易所自治地位的比较研究》，载《社会科学研究》2004 年第 5 期。

我国证券交易所主要负责对证券市场的一线监管，依据交易所章程、协议以及业务规则对市场内主体实施自律管理，属于《证券法》规范下实行自律管理的法人。①证监会作为主管机关，依法对证券交易所进行监督管理。虽然证券交易所并不享有施加行政处罚的权力，但是可以对违法违规行为人施加自律监管措施和纪律处分，如口头或书面警示、通报批评或公开谴责等。此外，依据新《证券法》第55条和第56条的规定，证券交易所还可以暂停和终止发行人的股票上市交易。总体来看，非行政处罚主要给上市公司带来声誉成本，在一定时间内限制上市公司的再融资机会，并且使其丧失参与业务试点创新的资格。

我国证券交易所在证券法实施层面更像是证监会执法网络的延伸，负责面对证券市场的一线监管工作，证监会成为控制证券交易所的"监管监管者的超级机构"。在组织人事上，根据《证券交易所管理办法》的规定，证券交易所的总经理由证监会任命，副总经理则按证监会相关规定产生②，董事长、副董事长由证监会提名③，委派专职监事和提名监事长④。证监会可以直接影响证券交易所的权力机关、监督机关、决策机关等核心内部治理机关。同时，证监会的干预也深入证券交易所业务层面，其监管权限延伸至各种业务规则的批准，如新证券交易品种的上市与调整、涉及证券交易方式的重大创新或者对现有证券交易方式作出较大调整等，还以"兜底条款"（中国证监会认为需要批准的其他业务规则）确保了其对证券交易所业务的影响力。有学者指出我国证券交易所已然是监管部门的附属机构，中国证监会对于交易所享有绝对的控制权，证券交易所缺乏足够的独立性。⑤ 我国的证券交易所属于典型的政府控制型，行政力量"挤占"了市场自律的空间，后者很大程度上取决于监管命令，缺乏独立决策的能力和空间，实施证券法的激励更多来自行政推动而非市场博弈。

新《证券法》第十二章就"证券业协会"相关事项进行规定。中国证券业协会是负责证券从业人员和机构的主要自律监管组织⑥，其章程规定属于具有社团法人资格的全国证券业行业自律性管理组织⑦。证券业协会与证监会存在监管分工，同时还受到其指导和监督。也有研究指出我国证券业协会

---

① 参见新《证券法》第96条、《证券交易所管理办法（2021年修订）》第11条和第12条。

② 参见《证券交易所管理办法（2021年修订）》第27条。

③ 参见《证券交易所管理办法（2021年修订）》第25条。

④ 参见《证券交易所管理办法（2021年修订）》第30条和第31条。

⑤ 参见谢增毅：《政府对证券交易所的监管论》，载《法学杂志》2006年第3期。

⑥ 参见新《证券法》第167条。

⑦ 参见《中国证券业协会章程》第1条。

属于准政府机构，对《证券业协会章程》的分析发现其最基本的监管权力，受到证监会《关于赋予证券业协会部分职责的决定》的限制，同时考虑到其负责人由证监会任命，在职责和人事方面都缺乏独立性。①而在监管实践层面，中国证券业协会的独立性较低，并未发挥出行业自律监管的特点，其自律监管对象在场内市场范围内与证券交易所存在重大重叠，因而被大幅压缩，这主要针对场外市场。②学界存在"场外交易市场该以自律监管为主"的主张，《非上市公众公司监督管理办法》认为行政管理不适应场外交易的市场特点，应构建以市场运营机构为主导的自律监管体系。③

《1934 年证券交易法》规范 SEC 与自律监管机构之间的分工与合作关系，"SEC 通过规则或命令，在其认为对公共利益和保护投资者有必要或适当的情况下，促进自律组织之间的合作和协调，或消除对全国市场体系和全国证券交易清算和结算体系的障碍并促进其发展"④。美国证券自律监管模式在 21 世纪初出现了重要的改变，两大主要的证券交易所 NYSE 和 NASDAQ 的组织模式，完成从会员制向公司制的转变。在 2007 年，全国证券交易商协会和纽约证券交易所的会员监管、执法和仲裁部门合并组成 FINRA。FINRA 作为全美国最大的独立的证券自律监管机构，具有规则制定权、执法权和审判权为一体，且更像"半政府监管机构"的独立的自律监管组织。⑤ 其通过与证券交易所签订监管服务协议（regulatory services agreements），替代后者履行自律处罚职能。该组织形式的变化推动了美国自律监管体系，从以证券交易所和证券行业协会为主的多元化自律监管模式，向以 FINRA 为主的一元化自律监管模式转变。证券交易所承担自律监管与执法职能的传统模式，渐渐让位于以金融科技和大数据为主要手段的第三方执法模式。

FINRA 与 SEC 存在分工协作关系，并受后者监督。根据美国国会的立法授权，《1938 年玛隆尼法案》规定自律组织协助 SEC 从事金融监管，如 FINRA 的前身 NASD 即作为市场自律组织，负责监督在 SEC 注册的证

---

① 参见康耀坤：《证监会与证券业协会监管权配置研究》，载《甘肃社会科学》2010 年第 6 期。

② 参见刘沛佩：《非上市股份公司股份转让市场监管模式探讨》，载《证券市场导报》2014 年第 10 期。

③ 参见周友苏、庄斌：《我国场外交易顶层设计的思考》，载《经济体制改革》2012 年第 6 期。

④ Securities Exchange Act of 1934. S17(d)(1).

⑤ See William Birdthistle & Todd Henderson, *Becoming a Fifth Branch*. Cornell Law Review 99: 1－69(2013).

券经纪人和交易商。[①] FINRA 仍然受到 SEC 的监管,必须向 SEC 提交报告、接受例行检查[②],并且自律规则的制定和修改须经由 SEC 批准生效[③]。SEC 还可以废除、增加或删除 FINRA 制定的规则[④],并有权审查其最终的惩戒性措施[⑤],还可以确认、撤回及修改其发布的自律处罚等[⑥]。

尽管在规范层面 FINRA 受到 SEC 的约束,其在实践层面基本上保持了较高的独立性,可以自主制定规则和预算,而 FINRA 的纪律处分也仅有很少部分受到 SEC 的审查,SEC 影响 FINRA 的能力非常有限。[⑦] 虽然 SEC 根据《1934 年证券交易法》享有撤销 FINRA 作为自律管理组织注册的最终权力,但因该权力的极端性使其难以实际行使。[⑧] 此外,美国的司法系统对介入自律组织的自律监管活动也持有较为谨慎的态度,使自律处罚很大程度上免于司法审查。

一方面,对于针对 FINRA 的起诉,法院主张自律监管机构和 SEC 的内部救济机制优先,要求穷尽监管体系内的救济途径后方可受理案件。在 1975 年,《1934 年证券交易法》修正案建立了 SEC 对自律监管行为的审查机制,以及上诉法院对 SEC"最终命令"的审查机制。[⑨] 在 2012 年的 O'Callaghan v. New York Stock Exch. 案中[⑩],原告不服纽约证券交易所的纪律处分决定提起诉讼,审理法院肯定了 SEC 对证券交易所纪律处分相关争议所建立的审查机制,承认了其在纪律处分审查上的优先性。

另一方面,自律组织享有联邦政府机关特有的豁免权,免于承担履职活动造成的民事责任,这增加了其履行自律监管职责的独立性。在长期的司法实践中,美国法院逐渐形成了将履行公共职责的自律机构视为"准政

① See Grant P S, *The National Association of Securities Dealers: Its Origin and Operation.* Wis. L. Rev 1942: 597 – 609(1942).

② See 17 C. F. R. § 240. 15Aj – 1.

③ See 15 U. S. C. § § 78s(b)(1) and (b)(2).

④ See 15 U. S. C. 78s(c).

⑤ See FINRA, *Adjudication*, available at http://www. finra. org/Industry/Enforcement/Adjudication. ,最后访问时间:2022 年 9 月 8 日。

⑥ See 15 U. S. C. § 78s(e).

⑦ See Hester Peirce, *The Financial Industry Regulatory Authority: Not Self – Regulation after All.* Available at SSRN 2554519(2015).

⑧ See Marianne K. Smythe, *Government Supervised Self – Regulation in the Securities Industry and the Antitrust Laws: Suggestions for an Accommodation.* North Carolina Law Review 62: 475 – 516 (1984).

⑨ 参见谢贵春:《金融危机以来美国证券自律监管的司法审查研究》,载《证券市场导报》2017 年第 12 期。

⑩ See 2012 U. S. Dist. LEXIS 110655.

府机构”的惯例，并适用联邦政府机构的“民事责任豁免原则”。① 在1985年，Austin Municipal Securities Inc. V. NASD案，美国法院首次授予自律组织NASD及其工作人员履行职能时的豁免权，使其免于受到民事诉讼的指控。2001年，该原则在D'Alessio v. NYSE案中获得进一步扩张，豁免范围扩大至纪律处罚程序以外。②

在这种分工合作关系下，自律机构在投入大量资源支持监管机构工作的同时，也致力于其自身独立的监管活动。③ FINRA通过制定相关标准、发现和调查违法案件、仲裁和调解投资者与证券经纪人或交易商间的争端，形成了独立的自律监管模式。FINRA不仅可以通过其自主调查程序和审理程序来决定给予违法行为人惩戒性处罚，还可通过其内部救济程序进行案件复核。FINRA的财务独立性也得到很好保障，其所收取的合同服务费用、用户费用和监管费用形成了FINRA的主要资金来源。2020年和2021年的运营收益分别达到11.06亿美元和13.02亿美元。④ 某种意义上说，FINRA比名义上的“独立”监管机构享有更高的自由裁量权，并不会直接受到国会对其预算的审查。⑤

（二）自律监管模式差异的产生原因

中美证券自律监管与执法存在两方面的显著差异：一方面是自律监管的功能定位存在差异。我国证券市场的创建始于政府的推动，而非市场自发形成并演化逐步完善。证券交易所根据法律法规、上市协议、交易所章程和相关业务规则的规定，具备对市场内的参与者进行自律监管的职能。而美国证券市场拥有两百余年的发展历史，在早期发展阶段一直依靠市场自律监管运行，自律监管机构保持较高的独立性，以便有效隔绝被监管主体的不当影响。该理念体现在SEC对证券交易所改革的思路中，将监管功能与市场运营、其他商业利益分开，实现功能性、组织性分离。FINRA最终获得了NASDAQ与NYSE的部分监管职能，通过监管服务协议承接监管职能，并促成更加面向市场的公司制证券交易所。通过具备现代化、

---

① 参见王超：《评议美国证券交易所民事责任的承担——以绝对豁免原则的修正为视角》，载《证券市场导报》2019年第1期。

② 参见于向花、李志军：《证券自律组织民事责任绝对豁免研究——基于美国Weissman案引发的思考》，载《甘肃社会科学》2012年第1期。

③ 参见柯湘：《中国证券市场监管权配置——基于不同监管模式的比较》，载《中南财经政法大学学报》2014年第4期。

④ See *FINRA*: 2021 *FINRA Annual Financial Report*, available at https://www.finra.org/sites/default/files/2022-06/2021-FINRA-Financial-Annual-Report.pdf.

⑤ See Urska Velikonja, *Politics in Securities Enforcement*. Georgia Law Review 50: 17-41 (2014).

效率化、专业化执法能力的证券自律监管机构,代替证券交易所的自律监管,实现统一自律组织机构对市场参与者的自律监管标准。

另一方面,中美证券自律监管主体的独立性和自治性也不同。在我国以监管机构为主导的体制下,证券交易所属于政府控制型,受到证监会较强的控制。① 证券交易所的监管和执法活动,基本受制于监管部门的政策,市场自律机构的自主性相对有限。而美国 FINRA 独立行使自律监管权,在证券法层面固化了行政监管和自律监管的分工与边界。FINRA 与 SEC 相互分工配合,在证券法自律实施方面的自由裁量权很大,甚至有权对违法行为人处以货币性处罚。

证券市场发展的路径依赖效应影响着证券交易所的独立性。我国的证券交易所自成立之初就有着极强的国家背景,最早设立的上海证券交易所,即是由政府主导筹划且登记为国有企业(后登记为事业单位)。政府主导了证券市场的建设过程,并且通过移植域外成熟的制度,将原本由行政机关垄断的权力,逐渐放权于市场主体。这种市场发展和制度变迁的模式并非依靠市场力量自主演化形成,而是通过外部因素诱导实现,因此难以完全独立于行政力量。② 此外,我国《证券法》对证券交易所自律监管权限的规定较为抽象化和原则化,监管机关的纵向行政监管与证券交易所横向自律监管的界限模糊。证券监管机构掌握了对证券交易所主要负责人的提名和任命权,也因此掌握了对自律监管活动的控制权。

美国证券交易所的产生和发展主要依靠市场力量推动的制度演进,市场自律机制较为成熟。伴随证券交易的发展,市场自发形成以证券经纪人和交易商为主的自律机制,声誉资本和利益因素激励市场主体遵守自律措施,以营造良好的市场秩序。SEC 受到自由经济发展模式的影响,不存在过度干预市场自律力量的传统,政府承担着打击违法违规行为、保护投资者的角色。次贷危机爆发后,自律监管体制备受诟病,被指责无法对市场主体形成有效约束,FINRA 在金融危机后受到的监管约束也在加强,但其仍然保持着相对的独立性。市场自律力量在维护市场秩序、促进市场发展和保护投资者方面发挥着重要作用。

---

① 参见谢增毅:《我国证券交易所的组织结构与公司治理:现状与未来》,载《财贸经济》2006 年第 6 期。

② 参见郑彧:《我国证券交易所法律性质之重塑——兼论证券交易所互助化与非互助化的取舍》,载《法商研究》2008 年第 6 期。

第二节 证券监管机关的处罚措施

表9－1对比了中美两国证券监管机构可以施加的处罚措施类型。我国证券法公共实施的目标主要在于威慑和制裁违法违规行为。新《证券法》第168条授权证监会依法监管证券市场①,第170条授权证监会采取的调查措施,包括现场检查,调查取证,询问相关单位和个人或要求其报送文件和资料,查阅复制财产登记、通讯录等资料,查询相关证券账户信息、封存或扣押文件和资料,查询,冻结或查封金融账户,限制当事人买卖证券,禁止出境等。证监会的处罚措施可以分为两大类:一类是行政处罚,包括罚款、警告、没收违法所得、责令改正、吊销资格和责令关闭;另一类是非行政处罚,也就是监督管理措施。《证券期货市场监督管理措施实施办法(征求意见稿)》第2条以列举的方式规定了16种非行政处罚措施。

表9－1 中美证券公共执法主要措施对比

中国证券公共处罚措施		美国证券公共处罚措施	
行政处罚、非行政处罚	1.行政处罚:罚款、警告、没收违法所得、责令改正、吊销资格和责令关闭、竞业禁止 2.非行政处罚:责令改正、整改、要求追偿损失、公开谴责、记入诚信档案、通报批评、监管关注、监管谈话、警示函、监管函、处分有关人员、公开说明、公开致歉、更换董事监事和高级管理人员或限制其权利、聘请保荐机构、证券服务机构进行核查并发表意见、暂停或者终止并购重组活动、增加合规检查、限制证券期货基金经营机构业务活动、限制分配红利或限制向董事、监事和高级管理人员支付报酬、提供福利、不适当人选、停止核准新业务、暂不受理与行政许可有关的文件、暂停信息披露直通车业务	行政执法措施	1.禁止令程序。通过禁止任何自然人或法人正在实施的违反证券法规定的行为,保护受害人的权利 2.阻止令程序,SEC阻止违法行为的措施,如阻止虚假有价证券上市 3.民事罚款,SEC通过向联邦法院或ALJ起诉,请求违法行为人承担罚款 4.返还违法所得,SEC通过向联邦法院或ALJ起诉,请求违法行为人返还违法所得及其利息 5.从业人员制裁(administrative professional discipline),对从业人员、会计师、律师等中介机构和发行人内部管理人员、实际控制人和内部法律顾问采取市场禁入措施

① 新《证券法》第168条规定,"国务院证券监督管理机构依法对证券市场实行监督管理,维护证券市场公开、公平、公正,防范系统性风险,维护投资者合法权益,促进证券市场健康发展"。

续表

中国证券公共处罚措施		美国证券公共处罚措施	
当事人承诺程序	证券期货行政执法当事人承诺制度	和解程序	认可令(consent decree),即和解程序,SEC在民事程序以及行政执法程序中,均会与被调查人进行协商,协商事项包括违法内容、处罚结果、衡平法救济的具体内容等。若双方达成一致意见,SEC执法部便出具一份和解协议提交SEC审核,审核通过后向违法行为人颁布认可令,SEC便再以该事实追究违法行为人的行政责任

资料来源:1. 龙超:《证券市场监管经济学分析》,经济科学出版社2003年版,第174-175页。

2. [美]克里斯·布鲁默:《后美国时代的证券监管》,刘斌、吕鹏飞译,载《南开法律评论》2016年第11期。

SEC作为独立监管机构,拥有"半立法、半行政、半司法权力",除了受到司法审查之外,在事前属于"无上级的第四部门",因此享受较高的独立性。[①] SEC通过司法程序请求违法行为人承担的主要责任类型包括两大类:禁令救济和衡平救济。美国《1933年证券法》和《1934年证券交易法》均明确授予SEC在联邦法院申请司法禁令的权力。《1933年证券法》规定:"无论何时当委员会认为有人参与或将参与构成或将构成违反本篇条款或所属当局提出的条例或规则的行为或活动的任何人,则委员会可以以其决定权在美国任何一个地区法院、任何一准州法院,或哥伦比亚特区美国地区法院提起诉讼以禁止这种行为或活动。"[②]《1934年证券交易法》则规定:"若委员会发现某人从事或可能从事违反本法规定的行为,则有权在具有管辖权的联邦法院提起诉讼,申请永久或临时的禁令或限制令,并无需提供担保。"[③]《1990年证券法执法救济和低价股改革法》还授予SEC另一项行政执法措施——中止令(cease and desist order)。SEC可以在民事程序中请求联邦法院判决从业禁令,审理法院在裁判中主要考虑被告再次从事违法行为的可能性。司法禁令程序自SEC成立起便一直是其主要的执法手段,既引入了司法强制力阻止证券违法行为,又通过其中的附带衡平救济措施增加了违法成本,更好地保护了投资者的合法权益。[④]

---

① 参见席涛:《法律、监管与市场》,载《政法论坛》2011年第3期。

② Security Act of 1933, S20(b).

③ the Security Exchange Act of 1934, S21(d).

④ 参见马江河、马志刚:《美国SEC行政执法机制研究》,载《证券市场导报》2005年第10期。

SEC还可通过民事诉讼请求联邦法院判决违法行为人承担返还违法所得、民事罚款、市场禁入等衡平性的救济措施。返还违法所得是指将证券违法行为人的违法收益收回,从而方便对受损害的投资者进行赔偿。为获得联邦法院的同意,SEC需要证明被告实际存在违法行为和从违法行为中获取了非法收益。SEC还可根据违法行为的程度,请求联邦法院判令其支付民事罚款。在《萨班斯法案》颁布之前,民事罚款必须上缴国库。不过该法案第308(a)章修改了上述规则,对于SEC通过诉讼或和解程序,成功请求被告同时承担返还违法所得和民事罚款时,民事罚款可以与返还违法所得一起用于赔偿投资者。此外,SEC还可请求美国联邦法院判决对特定人员采取市场禁入的措施,禁止被告担任公众公司的高级管理人员或董事。

SEC的处罚权经过了两次重要的扩张。在20世纪80年代之前,SEC能够施加的处罚措施类型有限,主要以向法院申请禁止令处罚,并且无法请求违法行为人承担行政罚款。受到处罚措施类型的限制,SEC执法效果不彰也导致美国资本市场内幕交易、欺诈行为猖獗。《1990年证券法执法救济和低价股改革法》是第一次对SEC处罚权的重要扩张。该法案在三方面扩大了对SEC的授权:第一,其可以通过民事程序向违法行为人施加多种民事处罚;第二,其可以通过行政程序向受其监管的主体施加民事处罚;[①]第三,其可以签发中止令。

随后,在21世纪初安然、世通财务造假事件爆发,SEC的处罚权获得了第二次小幅扩张。《萨班斯法案》授权SEC可以直接对公司高管和会计师作出禁业处罚,并允许其向法院申请资产冻结令(Court - Ordered Asset Freezes)。次贷危机爆发后,美国民众对打击证券违法违规行为的呼声高企,《多德—弗兰克法案》作为美国国会推出的应对证券监管失灵的"药方",第三次大幅强化了SEC的执法权,降低其处罚违法行为人的难度。法案授权SEC通过行政程序,也即通过向其内设的ALJ起诉,对任何违法行为施加民事处罚。

SEC作为联邦层面的独立监管机构可以行使"半立法权、半行政权和半司法权",执法裁量权灵活度较高,还有着丰富的执法措施和手段。美国规范证券市场的法律较为细致,赋予SEC一定的执法权(处罚权)以维护法律的实施效果。SEC对违法行为有权签发调查令,并授权相关调查人员进行调查取证的权力;有权要求证人发誓作证,如果证人和被调查人员拒

① See Pub. L. No. 101 - 429, 104 Stat. 931, 15 U.S.C. § 78a (1990).

绝配合，SEC 可以向法院申请通过有关程序强迫证人提供证据。法院可以对 SEC 的申请作出裁定，作出支持或不支持的决定。当然，SEC 行政执法活动在事前受到司法机关的监督，其必须通过提起诉讼程序请求违法行为人承担法律责任。SEC 可以选择向联邦法院或其内部设立的 ALJ 起诉，司法机关起到监督 SEC 处罚行为的责任。由于司法机关的介入，SEC 在执法过程中必须平衡诉讼程序的成本与收益。

在我国，根据《行政处罚法》的规定，对于违反证券管理秩序法益的行为，部门规章只能在法律、行政法规规定的行政处罚的种类和幅度的范围内作出具体规定，尚未制定法律、行政法规的，部门规章只能设定警告、通报批评或者一定数额的罚款。①证监会根据《公司法》《证券法》《证券投资基金法》《期货和衍生品法》等制定规章，但这些部门法法律责任部分规定较为宏观，且货币处罚的数额有限，在调查权和禁止权等方面的授权不足。

相较于 SEC，证监会在执法方面具有显著的优势，即仅需履行内部的申诉和复议程序，即可以对违法行为施加行政处罚。当然，在处罚决定作出后，受到处罚的主体还能提起行政诉讼。我国制度安排主要考虑两方面因素：第一，我国行政体系位于法律实施体系的核心地位，司法机关对行政执法的监督往往是事后行政诉讼介入。第二，我国司法机关缺乏处理证券类案件的专业知识和经验，难以有效解决证券违法纠纷的问题。随着金融市场的发展，我国金融专门法院和法庭的建设也越来越获得重视，金融法院的设立健全了金融审判体系，提升了审判能力和现代化专业水平。

第三节　证券监管机关的调查与处罚程序

程序性规则是规范执法活动、保障行政相对人利益的重要制度。中美两国证券监管机构的法律实施活动都受到严格的程序性约束，注重通过程序的正当性保障行政处罚公正、公平、公开。证券监管机关的执法程序大致可以分为调查程序和审理程序，并且两项程序的主导部门存在一定的分离，以保障行政相对人的合法权益。

① 参见《行政处罚法(2021 修订)》第 13 条规定：国务院部门规章可以在法律、行政法规规定的给予行政处罚的行为、种类和幅度的范围内作出具体规定。尚未制定法律、行政法规的，国务院部门规章对违反行政管理秩序的行为，可以设定警告、通报批评或者一定数额罚款的行政处罚。罚款的限额由国务院规定。

一、行政调查程序

在案件调查阶段，中美两国证券监管机构均采取非正式调查和正式调查相结合的方式来收集违法案件的线索和证据。

(一)非正式调查程序

我国证监会在1999年就颁布了《调查处理证券期货违法违规案件基本准则》和《调查处理证券期货违法违规案件证据准则》，将执法程序分为非正式调查、报批和立案、正式调查、调查终结和案件审理等环节。2005年，证监会稽查局开始非正式调查制度的试点工作，随后将其转入常规制度并全面推行。非正式调查制度曾被认为是一种"以有限的监管资源获得最大监管收益"的方式，作为稽查工作的一个重要的、必经环节，其推动了中国证监会把监管关口向前推移、将"提前介入"程序常规化。①

在非正式调查环节，证券执法部门获得相关违法违规行为信息后，需要决定是否启动正式的调查程序。违法违规信息主要来自证监会业务部门和派出机构、自律监管组织等日常监管活动，或公众举报、媒体报道等。如果证券执法部门进行评估，认为确实存在违法违规行为，应当向证监会主管领导报批立案。2013年《中国证券监督管理委员会关于进一步加强稽查执法工作的意见》第5条建立了案件分类管理制度，确定了"大案要案类(A类)""常规案件类(B类)""简单案件类(C类)"三类案件的分类标准。根据该规定，一旦证监会决定立案，即应当以"立案通知书"的形式告知被调查方。

根据《1934年证券交易法》的规定，SEC有权对任何已违反、正违反或将违反该法以及根据该法颁布的规章、规则条文的行为开展其认为必要的调查。② SEC的调查活动也分为非正式程序和正式程序两类，上述程序皆受到《SEC行为规范》的约束。SEC的执法部负责调查违法行为，发起证券执法活动，参与诉讼程序，以及与受调查对象协商和解。根据SEC于2008年发布的《SEC执法手册》(SEC Enforcement Manual)的规定，执法程序以SEC雇员提交Matter Under Inquiry (MUI)开始，该文件可以是基于市场监管发现的问题、投资者举报、媒体报道或其他机构移交等。③如果执

---

① 参见于海涛:《监管关口前移　证券稽查全面推行非正式调查》，载《21世纪经济报道》2007年12月31日，第46版。

② See The Security Exchange Act of 1934, S21(b).

③ See U.S. SEC. &EXCH. COMM'N, Division of Enforcement, *Enforcement Manual* § 2.3.1.

法部收集了充分的信息,它可以将 MUI 转换为全面的正式调查。①

(二)正式调查程序

根据中国新《证券法》第 170 条的规定,在正式调查阶段,证监会执法部门享有广泛的调查取证权,可以查封当事人账户、限制其出境和限制证券交易等。而在调查终结阶段,案件负责人需要完成撰写报告和归档工作,如果存在违反刑法的情况,还应当移交司法机关。

类似地,SEC 的正式调查程序是保密的,在此过程中执法部的雇员收集信息和证据,并且可以通过传票(subpoenas)强制证人作证或者提供笔录证据。②在调查程序结束前,执法部一般会告知被调查主体其是否会向 SEC 建议进入处罚程序,以及其所涉及的违法行为,并且邀请被调查主体向 SEC 和执法部提交相关申诉证据。该程序也被称为"威尔斯程序"("Wells process"),其向被调查主体提供了申辩的机会。在考虑是否进入下一个程序时,执法部会考虑违法行为的严重程度,是否为向市场发出有效威慑的机会,受害人的情况。③ 美国 SEC 的调查权也获得司法的保障,例如在 Morton 案和 O'Brien 案中,美国最高法院明确认定了行政机构的调查权等同于大陪审团的调查权,启动调查无须实质性证据,行政机构只要怀疑有违法行为即可开展调查。④

二、行政审理程序

中美两国皆在执法程序上将案件调查权和处罚权进行分离,但分别选择了行政处罚委员会和司法机关审理行政处罚案件的不同路径。SEC 对证券违法案件的调查和起诉是由执法部统一负责。在完成调查程序后,调查人员可以决定是否向 SEC 提交授权申请启动处罚程序。该申请一般包括案件的事实和法律层面的理据。⑤ SEC 的委员投票决定是否授权进入处罚程序。然而,大多案件在 SEC 起诉之前双方即已经达成和解,超过半数案件甚至在 SEC 雇员提交申请授权启动处罚程序前就达成和解了,也即

① See U.S. SEC. & EXCH. COMM'N, Division of Enforcement, *Enforcement Manual* § 2.3.2.

② See U.S. SEC. & EXCH. COMM'N, *How Investigations Work*, 17 C.F.R. § 202.5(c) (2019).

③ See U.S. SEC. & EXCH. COMM'N, Division of Enforcement, *Enforcement Manual* § 2.1.1. – § 2.3.1.

④ 参见马江河、马志刚:《美国 SEC 行政执法机制研究》,载《证券市场导报》2005 年第 10 期。

⑤ See U.S. SEC. & EXCH. COMM'N, Division of Enforcement, *Enforcement Manual* § 2.5.1.

在调查程序或“威尔斯程序”便达成和解。①

中美证券执法程序中，有关程序的安排具有差异性。中国证券监管机关通过行政处罚程序对违法行为人进行处罚，而美国证券监管机关通过民事诉讼程序或其内部的行政审理程序请求违法行为人承担相应责任。SEC 执法部在完成案件调查后，必须经过司法审理程序才能向接受调查的违法行为人施加处罚。执法部可以选择两类程序施加处罚：第一，向 SEC 内部设立的 AJL 起诉，适用行政审理程序（administrative proceeding）；第二，向美国联邦地方法院起诉，适用民事诉讼程序。②两项审理程序的区别在于如果执法部向 ALJ 提起诉讼，SEC 和违法行为人的和解协议可以立即生效；而向联邦法院起诉，则和解协议还需经过审理法官批准。

针对 ALJ 作出的初步裁决，APA 明确规定“行政机关就作出最初裁决具有完全的权力”，其立法原意要保留行政机关对行政法法官裁决的审查，是为了进行“政策控制”（policy control），确保裁决符合其政策的执行和需要。③ 因此，SEC 内部审核部门可以依当事人上诉或依职权主动对其进行审核。SEC 的机构负责人可以在事实、法律和自由裁量权问题上用他们的判断代替 ALJ 的裁定，法院最终也会审查机构负责人的决定，而不是 ALJ 的决定。④将事实发现和审核权交给 ALJ，行政处罚最终决定权保留在 SEC 手中，既实现了司法审理中 ALJ 对事实的发现不受 SEC 左右，也保障了 SEC 对监管政策的执行权。

由 ALJ 主持的行政审理程序受到其内部操作规则（rules of practice）的规范。⑤行政审理程序始于程序设立决定（order instituting proceedings），与民事程序中的起诉程序承担相同的功能，该程序明确了被告人和 SEC 诉请的证据基础。⑥虽然 SEC 的执法部是起诉方，但程序设立决定仍然由 SEC 主席签发。⑦然而，在程序设立决定签发之前，执法部与被处罚对象之间已经进行了大量的接触。执法部通常会提前告知被处罚对象有关案件

---

① See Urška Velikonja, *Securities Settlements in the Shadows.* Yale Law Journal 126：124 – 138 (2013).

② See US Securities and Exchange Commission, *What We Do*, available at https://www.sec.gov/Article/whatwedo.html [https://perma.cc/G8FQ – W9JJ].

③ 参见王静：《美国行政法法官制度研究》，中国政法大学 2007 年博士学位论文，第 79 页。

④ See Michael Asimow, *The Administrative Judiciary: ALJ's in Historical Perspective.* Journal of the National Association of Administrative Law Judiciary 20：157 – 166 (2000).

⑤ See 17 C. F. R. § 201.100 – 1106 (2020).

⑥ See 17 C. F. R. § 201.200 (2020).

⑦ See 17 C. F. R. § 201.101(a)(7).

和起诉的信息,并允许其提交书面的申诉书。①如果被处罚对象提交了书面申诉书,那么会与执法部的报告一起提交给 SEC 主席,供其决定是否签发程序设立决定。SEC 与被处罚对象往往在程序设立决定签发前就已经达成和解。②

而我国证监会自 2002 年起即开始实行查审分离的工作模式,新设立行政处罚委员会并将行政处罚案件的审理工作交给其负责。③行政处罚委员会的设立,改革了既往由证监会稽查部门垄断行政处罚案件的调查权与审理权的模式。《行政处罚法》第 57 条明确规定,对情节复杂或者重大违法行为给予较重的行政处罚,行政机关负责人应当集体讨论决定。行政处罚委员会负责审理重大、复杂案件,并通过组织审理会和听证会的方式,对案件进行集体审理和研究。审理活动完成后,行政处罚委员会应当提出审理意见,报会分管领导批准。在正式作出行政处罚决定之前,法律部还负责告知当事人作出行政处罚决定的事实、理由及依据,并告知当事人依法享有的陈述、申辩和要求听证等权利。对于已经依法履行听证程序的行政处罚案件,由法律部制作正式行政处罚决定书并附行政处罚建议报告及有关证据材料,报会分管领导签发行政处罚决定书。

我国证监会为实现"查审分离",将案件调查与处罚决定分开,建立调查权与处罚权相互配合、相互制约的机制,也逐步形成了与 ALJ 类似的机制,即证券期货市场"查审分离"执法体制,其核心机构为行政处罚委员会。2002 年 4 月,中国证监会发布《中国证券监督管理委员会关于进一步完善中国证券监督管理委员会行政处罚体制的通知》,明确设立行政处罚委员会,由其通过举行审理会和听证会,对重大、复杂案件进行集体讨论、研究,履行证监会行政处罚工作中的审理、听证职责。④行政处罚委员会作为证监会的内部职能部门,其主要工作职责是对证监会行政处罚案件进行依法审理并提出专业审理意见,以及对行政处罚决定进行法制审核。

在这种"查审分离"体制下,案件的"立案调查"工作由证券监管机构

① See U. S. SEC. & EXCH. COMM'N, Division of Enforcement, *Enforcement Manual* § 2. 4 (2017).

② See Alexander I. Platt, *Is Administrative Summary Judgment Unlawful*? Harvard Journal of Law & Public Policy 44: 239 – 332(2021).

③ 参见《中国证券监督管理委员会关于进一步完善中国证券监督管理委员会行政处罚体制的通知》第 2 条第 1 项。

④ 参见《中国证券监督管理委员会关于进一步完善中国证券监督管理委员会行政处罚体制的通知》第 1 条和第 2 条。

内部的稽查局、稽查总队和派出机构稽查力量负责，并组织一批具备法律专业知识背景和市场监管实践经验的行政处罚委员会委员，委员会采用“准司法化”的程序承担起“案件审理”的职能。这种“准司法化”程序安排，借鉴吸收了法院合议庭集体讨论、合议决定的案件审理方式，推动证监会实现了行政处罚审理的准司法化。①

我国证监会行政处罚委员会的审理程序同美国 ALJ 制度具有功能上的相似性，我国理论界对此从多个面向进行讨论。这种模式将司法的权能、特征、规则与价值目标等，逐渐借鉴到行政执法场域，出现一系列动态的、耦合的、涵摄面广的法治景象，这种现象不仅有助于形塑行政主体良好的法治品性，克服其公正性危机，还有助于重塑失范的行政权，提升行政过程及其结果的社会可接受性。②

三、行政法官与行政处罚委员会的职责范围

表 9－2 对比了中国证监会行政处罚委员会与 SEC 的 ALJ 职责范围。在程序设立决定签发后，SEC 即派 1 名 ALJ 审理案件。SEC 的 ALJ 在审理案件时受到 APA 规范的约束，需要遵守正式程序的约束。ALJ 的职权范畴包括：对初步动议作出裁决、主持听证前会议、发出传票、进行听证（可能包括书面和/或口头证词和交叉询问）、审查案件事实，以及准备和发布决定、与事实相关的书面调查结果和法律结论。总体来看，ALJ 的权限主要包括听证权和裁决权：一方面，SEC 发布的行为规范授权 ALJ 主持听证，ALJ 实际掌握整个听证程序（具体权限见表 9－2）；另一方面，ALJ 的裁决权力可分为作出初步裁定和作出建议性裁定的权力，两种裁定权的区别在于其咨询性质和对当事人的效力。③

① 参见新华社：《证监会多举措保障“三公原则”提升依法行政能力》，载中国政府网，http://www.gov.cn/jrzg/2010－10/08/content_1717457.htm。

② 参见耿玉基：《超越权力分工：行政司法化的证成与规制》，载《法制与社会发展》2015 年第 3 期。

③ 参见郭雳：《美国证券执法中的行政法官制度》，载《行政法学研究》2008 年第 4 期。

表 9-2 中国证监会行政处罚委员会与美国 ALJ 的职责对比

	中国证监会的行政处罚委员会	美国 SEC 的 ALJ
委员会职能	1. 依法审理案件,就案件的事实、证据、处理提出审理意见 2. 主持和参加案件合议、听证、复核 3. 参与案件审理规则、标准等的制定 4. 行政处罚委员会安排的其他工作	1. 听证权力:(1)主持宣誓和宣誓;(2)根据法律的授权签发传票或者取消、废除及更改该传票;(3)决定是否接受证据以及要求提交证据;(4)记录证言或者授权记录的证言;(5)规范听证的过程以及当事人及其代理律师的行为;(6)举行听证前的会议以及其他会议;(7)决定程序上的请求和其他类似问题 2. 裁决权力:(1)在听证程序中作出初步裁定(可自行决定在作出初步裁定前的任何时间对口头辩论进行听审);(2)根据《SEC 行为规范》第 531 条签发暂停、限制或终止任何临时制裁的单独命令;(3)作出建议性裁定
主任委员/首席行政法官	1. 指定行政处罚案件的审理委员 2. 决定委员的回避事项 3. 召集会议,会同证监会首席律师研究重大、疑难、复杂案件 4. 负责行政处罚委员会的其他重大事项	1. 决定行政处理程序听证的时间和地点 2. 指定 ALJ 3. 推迟或中止听证,或调整听证的开始时间 4. 批准同意延长提交书面文件的时间限制 5. 同意提交的简短文件 6. 在被指定主持听证的 ALJ 无法履行职务时,签发相关传票 7. 其他

ALJ 通常既可在其主持的听证程序中作出初步裁定,也可在听证结束后作出建议性裁定。根据 APA 的规定,当事人未向行政机关上诉且未经行政机关否决的 ALJ 裁决,即为最终裁决。因此,初步裁定的效力来自国会立法授权,是由 ALJ 依据其职权依法所享有的权限,仅在当事人不服并提出要求,或者行政机关主动复审并另作其他决定时才失去效力。而建议性裁定则不具备拘束力,是否有效还须经 SEC 专门认可。在实践中,往往 ALJ 的初步裁决会成为终局结果,继续上诉到行政机关内部复审机构或行政机关首长、委员会的只是很小一部分。①

而根据中国证监会的相关规定,证监会行政处罚委员会主要负责对按规定接收的案件提出专业审理意见,以及对行政处罚决定进行法制审核,最终由证监会作出行政处罚决定。②行政处罚委员会委员的职责也较为单一,主要是审理案件与提出意见,以及参与案件相关规则和标准的制定,主

① 参见王静:《美国行政法法官制度研究》,中国政法大学 2007 年博士学位论文,第 80 页。

② 参见《行政处罚委员会组织规则(2021 修改)》第 2 条。

任委员则负责指定审理委员、决定回避、召集会议等工作(详见表9-2)。①证监会行政处罚委员会委员的权限,是对审理程序的参与权、组织权和对案件事实和最终处罚决定提出意见的权力,其所拥有的权力相当有限。申言之,行政处罚委员会委员的核心权力是其提出审理意见的权力,包括组织和参加听证权力在内的其他程序性权力均服务于此最终目的。

总体来看,中美两国对于各自行政处罚审理机构的定位不同,所以中国证监会行政处罚委员会与美国ALJ的职责有区别。美国ALJ的职能强调案件事实发现(fact finding),正式裁决的过程即是通过较为复杂的、抗辩式和审判式的程序来最大限度还原案件事实。②为防止行政机关在事实发现方面侵害投资者利益,相对独立的ALJ介入以进行必要监督。我国证监会将行政处罚委员会定位为内设机构,其职责在于提出专业审理意见、进行法制审核,以供证监会层面进行决策,③仅对案件的裁决作出建议。

第四节 证券监管机关的“择地起诉”现象

与我国证监会相比,SEC的执法程序存在一定的自由裁量权,可以选择向联邦法院或其内部的ALJ起诉,请求违法行为人承担相应的责任。而SEC执法活动出现的“择地起诉”现象也为我国证券法公共实施制度的设计提供参照。依据美国《1990年证券法执法救济和低价股改革法》的规定,ALJ仅有权管辖被告是在SEC注册的个人和企业的案件,即证券经纪商—交易商、投资顾问和在SEC处注册发行证券的企业。对于未在SEC处获得执照或者注册执业的违法行为人,联邦法院享有专属的管辖权。此外,如果SEC想向相对人施加民事处罚,也必须在联邦法院提起诉讼。

次贷危机爆发后,美国国会认为应当提高投资者保护水平,因此通过《多德—弗兰克法案》授权扩大SEC行政诉讼程序的适用范围,ALJ的重要性获得了显著的提升。SEC现在可以在ALJ主导的诉讼程序中,请求向违反联邦证券法或其他相关监管规则的违法行为人承担民事处罚。此外,《多德—弗兰克法案》颁布后,SEC获得授权请求ALJ裁定被告支付罚款,该项授权增加了SEC能在行政审判程序中施加的货币处罚范围。

尽管SEC可通过向联邦法院提起诉讼的方式进行执法,但由ALJ主

① 参见《行政处罚委员会组织规则(2021修改)》第12条。
② 参见王静:《美国行政法法官制度研究》,中国政法大学2007年博士学位论文,第78-79页。
③ 参见《〈行政处罚委员会组成办法〉修订说明》。

持的行政审理往往程序更快、执法成本更低。①因此，《多德—弗兰克法案》颁布后，美国证券法公共实施出现了"择地而诉"的现象，SEC 的执法活动呈现向行政程序偏移的趋势。SEC 历史上仅将约 60% 的案件诉至 ALJ 主持的行政程序，而 2015 年后则有超过 80% 的案件被诉至该程序。②特别是针对上市公司的执法活动，SEC 在 2010 年仅将约 20% 的案件诉至 ALJ，而在 2016 年已经将近 90% 的案件诉至 ALJ。③

美国国会的推动、SEC 的主动选择以及司法系统的影响共同促成了这种转变。美国国会和 SEC 均希望通过扩张行政审理程序管辖的案件范围以提升证券执法的效率。④自 APA 在 1946 年创设 ALJ 职位⑤，到 2010 年《多德—弗兰克法案》颁布前，SEC 的 ALJ 审理案件范围相当受限，主要集中于行政处罚。而《多德—弗兰克法案》授权了 SEC 可在 ALJ 主持的行政审理程序中，请求违法行为人承担民事罚款。⑥在此之前，SEC 在行政审理程序中请求施加民事罚款的权力受限，案件范围仅限于被告为在 SEC 注册的主体及与其存在关系（associated with）的个人和组织，主要包括经纪商、自营商和投资顾问。而对于其他类型的违法行为人来说，SEC 必须通过在联邦法院起诉的方式施加处罚。

此外，由于在两种程序中 SEC 与违法行为人达成和解的自由度不同，SEC 更偏好通过 ALJ 主持的行政程序寻求对违法行为人的处罚。在民事程序中，SEC 与被处罚方的和解协议需要经过主审法官的批准，纵使 SEC 与被处罚方已经达成和解，民事程序的主审法官仍然可能对和解协议进行实质审查，并拒绝批准和解协议。一个典型的案例是在次贷危机爆发后，美国纽约南区法院在 SEC & Exch. Comm'n v. Bank of Amer. Corp 一案⑦

---

① See Chris Cox, *The Growing Use of SEC Administrative Proceedings: An Historical Perspective from Congress and the Agency*, Speech Presented at Securities Enforcement Forum West, available at http://www.securitiesdocket.com/wp-content/uploads/2015/05/2015-05-13-Speech-to-Securities-Enforcement-Forum-West-San-Francisco.pdf.

② See Cornerstone Research, *SEC Enforcement Activity Dips In* 2016, available at https://www.cornerstone.com/Publications/Research/SEGEnforcement-ActivityD-ips-in-2016.

③ See Stephen Choi, Sara E. Gilley & David F. Marcus, *SEC Enforcement Activity Against Public Company Defendants: Fiscal Years* 2010-2015, New York University Pollack CTR. For Law & Business & Cornerstone Research.

④ See Judge Jed S. Rakoff, *PIU Securities Regulation Institute Keynote Address*, *Is the S. E. C. Becoming a Law Unto Itself*?, available at https://securitiesdiary.files.wordpress.com/2014/Il/rakoff-pli-speech.pdf.

⑤ See Pub. L. 79-404, 60 Stat. 237 (1946).

⑥ See Dodd-Frank § 929P(a).

⑦ See Sec. & Exch. Comm'n v. Bank of Amer. Corp., 653 F. Supp. 2d 507 (S. D. N. Y. 2009).

中拒绝批准 SEC 和被告达成的和解协议。主审法官认为 SEC 对美国银行处罚过轻,最终 SEC 不得不和美国银行达成和解金更高的协议。①

美国联邦法院对于违法行为认定标准的升高,也是促使 SEC 转向 ALJ 行政程序的关键。2014 年,美国第二巡回法院大幅度提高了 SEC 在联邦民事程序中证明存在违法行为的标准,进一步促使 SEC 转向更为"友好"的内部行政审理程序。在 Newman v. United States 内幕交易案件中②,联邦法院对于判定是否存在违法行为采纳了"超过合理怀疑"证明标准(beyond a reasonable doubt),执法部必须证明信息受领人(tipee)知道内部人泄露内幕信息且其目的是交换私人利益,并且其提供的证据应当在"超过合理怀疑"的水平上证明存在内幕交易。

SEC 将执法活动转向内部行政程序也暴露出一些问题。首先,ALJ 是 SEC 的雇员,受聘于其内部部门"行政法官办公室"(SEC's Office of Administrative Law Judges),而同时"人力资源部"(Office of Personnel Management)等部门也参与 ALJ 的管理。虽然 ALJ 的职位受到一定的保护,仅在存在正当原因(for - cause)的情况下才可能被解雇,但也难免受到行政部门文化和执法偏好的影响。对于被告来说,行政审理程序所提供的程序性保护远低于民事程序,例如,证据开示环节受限制,被告很难获取 SEC 掌握的内部信息;联邦程序法和联邦证据规则都不适用;被告无法提出反诉;审理时限较短等。此外,如果被处罚人希望提起上诉,那么行政程序中上诉审理机关是 SEC 的主席团,而这些成员正是决定授权执法部起诉的主体。因此,被处罚对象上诉失败的概率很高。2010 年至 2015 年,在超过 95% 的上诉案件中 SEC 执法部的主张获得支持。③而 SEC"择地而诉"带来了更高的执法成功率。2010 年至 2015 年,SEC 在 ALJ 主持的行政程序中获得了约 86% 的胜率,而在联邦民事诉讼程序中仅获得约 70% 的胜率。④

由于担心 SEC 的"主场"优势会剥夺被告受到正当程序保护的权利,SEC"择地而诉"的行为也遭到不少学者的批评。行为经济学的分析指出,SEC 作为监管机构在决策时存在滥用启发式(misapply heuristics)的问题,

---

① See Sec. & Exch. Comm'n v. Bank of Am. Corp., Nos. 09 Civ. 6829 (JSR), 10 Civ. 0215 (JSR), 2010 WL 624581(S. D. N. Y. Feb. 22, 2010).

② See 773 F. 3d 438 (2d Cir. 2014).

③ See Jean Eaglesham, *SEC Wins with In - House Judges*, Wall Street Journal, available at http://www.wsj.com/articles/sec - wins - with - in - house - judges - 1430965803.

④ See Gideon Mark, *SEC and CFTC Administrative Proceedings*. University of Pennsylvania Journal of Constitutional Law 19: 45 - 140(2016).

其纠正市场主体行为偏差的适当性和社会价值受到质疑,SEC 本身可能比证券市场参与者遭受更大的行为偏差。[①] SEC 的执法失灵源于以下三个因素:第一,在美国国会和公众的监督下,SEC 更关注那些引人注目的"可视的成功指标"(measurable indicia of success),而往往忽视了更重要但不容易受到关注的目标。第二,SEC 成为一个完全由律师主导的机构,既存在突出的"旋转门"问题,也存在律师关注点的局限性问题。第三,为获取更多资源投入,SEC 有强烈的动机解决掉那些能够替代其功能的市场机制。[②]

对 SEC 执法活动的法政治学分析指出,其会利用执法权力进一步实现政治目标,采取执法行活动以提高其政治地位,国会对 SEC 的控制也扭曲了其执法程序,将政治诉求渗透到 SEC 的执法选择中。[③]此外,SEC 的行政审理采取"简易处理"(summary disposition)程序,并未召开任何线下听证会。这种处理方式促进了该机构的执法优先事项,向易于起诉的违法行为转变,使该机构能够持续向国会汇报"创纪录的处罚数字",而这些活动仅有政治价值对市场发展无益。[④]

对我国证监会的执法活动进行的司法监督,被置于行政处罚作出之后。这种制度安排是因为全国人大及其常务委员会通过《证券法》和相关法律授予证监会对证券市场全方位的监管权力,以提高监管机构的执法效率。证监会在其执法活动中,仍需要法院通过非诉执行程序来协助。根据我国《行政强制法》的规定,证监会原则上不属于具有强制执行权的行政机关,仅有根据该法第 46 条规定的"在实施行政管理过程中已经采取查封、扣押措施的行政机关,可以将查封、扣押的财物依法拍卖抵缴罚款"相关权限。而在此之外,则需要申请法院强制执行。

中美两国在证券行政执法机制的立法差异,源于制度构建的历史背景。美国行政法官制度的形成源于其独特的历史背景。一方面,美国独立监管机构是其专业性监管领域具有特色的制度设计。而独立监管机构以裁决为主的决策形成机制影响政策决定的公正性,需要制度设计以控制行政裁决中的偏见及权力滥用问题,保障事实发现权不受执法机关的影响而

---

① See Stephen J. Choi & A. C. Pritchard, *Behavioral Economics and the SEC.* Stanford Law Review 56: 1 – 73(2003).

② See Jonathan R. Macey, *The Distorting Incentives Facing the U. S. Securities and Exchange Commission.* Harvard Journal of Law & Public Policy 33: 639 – 641(2010).

③ See Urska Velikonja, *Politics in Securities Enforcement.* Georgia Law Review 50: 17 – 41(2014).

④ See Alexander I. Platt, *Unstacking The Deck: Administrative Summary Judgment and Political Control.* Yale Journal on Regulation 34: 439 – 441(2017).

存在明显的偏见。[①] APA 的立法目标之一即是为了克服彼时行政机关普遍通过裁决程序的弊端，保证事实认定的公正性不受行政机关政策形成机制的影响。[②]另一方面，美国行政程序的设计力图在不同利益诉求之间进行平衡：一是简化机构程序、增强经济监管效率，却可能忽略正当程序、职能分离或司法监督；二是精细的行政法、司法监督和限制监管机构，却可能显著提高行政执法成本。[③] APA 在各方力量的博弈中，吸纳了主要的核心主张，包括听证审查员仍然是其所裁决案件的机构的雇员，行政机构的负责人保留了作出最终决定的权力，但行政机构失去了对听证审查官的雇用、评估、支付薪酬和解雇等事项的控制权。

第五节　证券监管机构的执法投入和产出

执法投入决定了公共执法的强度，衡量执法要素投入的两个主要指标是监管部门的预算和雇员的数量。[④] 监管机构的雇员数量和专业程度是其人力资本的重要体现。特别是对于证券监管机构，其监管活动的专业性较强，需要大量受过系统训练的雇员从事调查、取证和执法等工作。而预算规模则决定了证券执法机构所能进行的执法活动的频次，以及提供给执法人员的货币激励。

我国证监会与美国 SEC 在雇员规模方面的差异并不明显。证监会的雇员数量总体呈现逐年增长的趋势，年均增长率约为 3.75%。在 2014 年至 2016 年出现了小幅回落，基本稳定在 3100 人左右。其中 38 家派出机构的雇员约占总数的 75%，监管资源向基层集中。[⑤]考虑到市场规模的区别，利用我国国内上市公司数量对证监会的雇员规模进行标准化处理后，平均每家上市公司对应 1.06 名监管人员。但是标准化雇员数量持续下降，9 年间年均减少 3.89%。上述现象说明，在注册制改革的大背景下，企业上市的节奏加快，上市公司数量的增长明显快于监管机构雇员规模的增长。

美国 SEC 近年来雇员数量维持在 4500 名左右。21 世纪后美国爆发

---

① 参见高秦伟：《行政救济中的机构独立与专业判断》，载《法学论坛》2014 年第 2 期。

② 参见王静：《美国行政法法官制度研究》，中国政法大学 2007 年博士学位论文，第 15 页。

③ See Michael Asimow, *The Administrative Judiciary: ALJ's in Historical Perspective*. Journal of the National Association of Administrative Law Judiciary 20:157 – 166(2000).

④ See Howell Jackson & Mark Roe, *Public and Private Enforcement of Securities Laws: Resource – Based Evidence*. Journal of Financial Economics 93: 207 – 238(2009).

⑤ 参见《中国证券监督管理委员会 2015 年年报》第 11 页。

的两次危机,即2002年安然财务丑闻和2008年次贷危机,让监管机构意识到证券市场的风险,促使美国国会大幅增加了SEC的雇员规模。2011年,SEC雇用了3844名全职雇员,此后逐年增长,到2017年达到最高峰4794人,6年间增长了约25%。如果使用美国国内上市公司数量对SEC的雇员规模进行标准化处理,平均每家上市公司对应0.99名监管人员。标准化雇员数呈现持续上升的趋势,年均增长约2.02%,监管机构雇员规模的增长与上市公司数量的增长相匹配。SEC的工作人员主要从事法律执行、违法行为调查和信息披露审查等工作。

根据美国政府问责署于2008年发布的报告显示,受雇于SEC执法部的工作人员约占其雇员总数的1/3,其中50%为调查律师。① SEC每年大约流失7%的员工,一方面,有经验的员工大规模流向证券行业,当SEC的雇员预期将离职进入证券行业时,他们在监管机构工作期间,即有可能优待被监管对象,以期保持良好的关系,引起对监管机构"旋转门"的担忧。另一方面,有经验的员工离职减少了SEC的人力资本存量,为了减少有经验员工的流失,SEC在2009年实施了更具有竞争力的薪酬制度来吸引顶尖人才。

在预算规模方面,我国2011年证监会的年度预算约为7.72亿元人民币,此后逐年快速增长,至2014年预算增速放缓,近年来又出现快速上升的趋势,至2019年达到13.40亿元人民币。9年间证监会的平均年度预算约为10.07亿元人民币,年均增长率为6.6%。如果使用国内上市公司总市值对证监会的年度预算进行标准化处理,我国股票市场每百万人民币的市值中约有2.8元用于支付监管成本。从预算用途角度看,监管活动的支出约占总预算规模的两成。

美国SEC的年度预算近年来维持在23亿美元左右。2011年SEC的年度预算超过17亿美元,但在次年缩减了近30%至约12.4亿美元。此后逐年增长,至2015年重回前期最高值约17.1亿美元,并在2018年达到23.6亿美元,年均增长率约为6.22%。证券市场的丑闻促使美国国会增加SEC的预算,为执行《多德—弗兰克法案》,2010年SEC的年度预算增长了超过六成。如果使用美国上市公司总市值对SEC的年度预算进行标准化处理,美国股票市场每百万美元的市值中约有70美元用于支付监管成本。标准化的年度预算呈现逐年递减的原因在于,美国股票市场迅速从

① See United States Government Accountability Office, *Greater Attention Needed to Enhance Communication and Utilization of Resources in the Division of Enforcement*, available at https://www.gao.gov/products/gao-09-358.

次贷危机中恢复,总市值快速增长。SEC 的预算支出主要用于支付雇员的工资和福利,人力成本的支出占全年预算超过七成。①此外,从功能目的角度看,超过五成的预算是用于执法和检查两类项目。

从产出方面来看,我国证监会近年来执法产出增长迅速。其中,证监会层面的执法产出增长较快。2010 年至 2012 年,证监会每年约作出不到 40 项处罚决定,而在 2017 年证监会每年的处罚决定数量已经接近 100 项。同时,证监局作出的处罚决定数量也呈现出高速增长的趋势,2010 年证监局处罚的总数还较低,仅 17 项。此后,证监局施加的处罚数量出现了较快的增长,在 2012 年达到 152 项,与 2010 年相比增了近 10 倍。2013 年至 2016 年,该数量保持了较为平稳的态势。2017 年后,证监局的执法产出又出现大幅度上升,2019 年更是作出了 276 项处罚决定。从处罚事由来看,信息披露类违法行为仍然是公共执法打击的主要对象。证监会近年来加大了货币处罚力度,在 2018 年从违法行为人处收缴了超过 100 亿元人民币的罚没款。而更为重要的是执法活动产生的衍生成本,即股票价格下跌所带来的损失。根据事件研究法的估计,行政处罚给上市公司市值造成的损失超过 10 亿元人民币。

而美国 SEC 的公共执法产出较为稳定,年处罚数量保持在 800 余件。SEC 执法部可以针对一系列的违法行为进行处罚,包括证券发行和公众公司报告和信息披露、经纪商—自营商的监管、共同基金、对冲基金、市政证券发行人和上市公司在海外发生的腐败行为。② SEC 在执法过程中面临着可投入资源的有限性与潜在违法行为数量庞大的冲突,因此其需要对不同案件进行权衡取舍。根据 SEED (Securities Enforcement Empirical Database)数据库收集的信息,SEC 近年来针对上市公司的处罚呈现一定的上升趋势。在 2010 财年至 2018 财年,共有 529 项针对上市公司及其分支机构的执法活动。在 2010 财年至 2014 财年,SEC 每年约处罚 44.8 家上市公司;而 2015 财年至 2018 财年,SEC 每年约处罚 76.8 家上市公司。③ SEC 处罚的违法行为主要是信息披露类和经纪商—自营商及投资顾问类,主要处罚对象为证券经纪商(占比 15.4%)、投资公司和投资顾问(占比

---

① See Boston Consulting Group, *U. S. Securities and Exchange Commission*: *Organizational Study and Reform*, available at https://www. sec. gov/files/967study. pdf.

② See SEC, *SEC Annual Report 2018*, available at https://www. sec. gov/reports - and - publications/annual - reports/sec - 2018 - agency - financial - report.

③ See David Rosenfeld, *Civil Penalties Against Public Companies in SEC Enforcement Actions*: *An Empirical Analysis.* University of Pennsylvania Journal of Business Law 22: 135 - 208(2019).

15.6%)。

SEC根据2006年的"处罚指引"(penalty Statement)决定是否处罚和处罚措施的严重程度。①"处罚指引"列举了是否进行处罚决策时应当考虑的因素:第一,违法行为是否给上市公司带来了直接的收益;第二,处罚在多大程度上会赔偿投资者或者进一步伤害投资者利益。在"处罚指引"还具体列出了其他需要考虑的因素:第一,威慑特定违法行为的需求强度;第二,无辜主体所受的侵害;第三,企业内部人员共同参与违法行为的广泛程度;第四,违法行为人的主观故意程度;第五,发现违法行为的难易程度;第六,上市公司寻求救济的渠道;第七,上市公司与SEC和其他执法机构之间的配合程度。

当决定给予包括上市公司在内的违法行为人以行政处罚时,SEC对于处罚措施的严重程度也应当遵守"处罚指引"。第一类为最低处罚措施,适用于所有违法行为;第二类为中度处罚措施,适用于涉及欺诈、操纵或者故意或疏忽大意引起的违法行为;第三类为严厉处罚措施,适用于第二类违法行为中对投资者造成重大损失或对违法行为人带来重大收益的违法行为。除了违反《1934年证券交易法》的违法行为,自然人每项违法行为所受货币处罚在0.5万美元至10万美元,而组织每项违法行为所受货币处罚则在5万美元至50万美元。违反《1934年证券交易法》的行为,自然人的每项违法行为所受货币处罚在0.75万美元至15万美元,而组织每项违法行为所受货币处罚则在7.5万美元至72.5万美元。上述货币处罚每年还会根据通货膨胀进行调整。

然而,SEC对上市公司的罚款也被诟病缺乏明确的标准。② 由于处罚标准是针对每项违法行为的,SEC在计算处罚数额时可以通过操纵违法行为的项数来达到增加处罚总额的目的。③ 对SEC向上市公司施加的民事处罚,也同样存在诸多顾虑,主要集中在处罚成本最终仍然是由股东承担这一点。无论是民事赔偿、行政罚款,还是股票价格的下跌,无辜的股东承

① See SEC Press Release, *Statement of the Securities and Exchange Commission Concerning Financial Penalties*, available at https://www.sec.gov/news/press/2006-4.htm [https://perma.cc/5UP2-SZD6].

② See William R. McLucas, Stephen M. DeTore & Arian Colachis, *SEC Enforcement: A Look at the Current Program and Some Thoughts about the 1990s*. Journal of Business Law 46: 797-836 (1990).

③ See Jonathan N. Eisenberg, *Calculating SEC Civil Money Penalties*, available at https://corpgov.law.barvard.edu/2016/01/24/calculating-sec-civil-money-penalties/[https://perma.cc/BH5U-PFLY].

担了主要的成本。而股东并不是主导违法行为的主体,反而"首恶"们由于受到公司法有限责任和法人人格的保护而规避了处罚。

除了制裁和威慑违法行为外,行政执法活动越来越多地承担起投资者赔偿的功能。表 9–3 对比了中美两国行政机关主导的投资者赔偿制度。SEC 向违法行为人施加的货币处罚主要包括收缴违法所得并施加罚款,每年罚款和追缴违法收益的规模已经超过 40 亿美元。货币处罚不仅承担着威慑违法行为的功能,还起到赔偿投资者损失的目的。SEC 会优先将罚没收入设立公平基金,用于清偿受害投资者的损失,避免违法行为人在缴纳完罚没款后缺乏资产赔偿投资者。与我国行政执法的结案方式存在显著差异,SEC 主要通过与违法行为人达成和解结案。约 93.7% 的执法案件,都以 SEC 提交和解动议而告终,约 6.2% 的案件以争议案件(contested actions)提起,但也会迅速达成和解。这主要是因为 SEC 必须通过诉讼程序向违法行为人施加处罚,而诉讼结果存在高度不确定性,其避免将过多资源投入某个案件,或因为败诉而让违法行为人逃避执法处罚。对于资源高度受限的 SEC 来说,和解可以使 SEC 避免被冗长的审判程序牵制,无须承担败诉风险,可以将节省的执法资源用于收益更高的执法活动。①

表 9–3　中美公共执法程序中投资者赔偿制度的对比

	中国的罚没款退付制度	美国的公平基金制度
适用情形	因同一违法行为已缴纳罚没款对受害投资者的退付	有明确的适格投资者,并且预期可追缴非法所得和民事罚金用于赔偿适格投资者
资金来源	罚没款	违法所得、民事罚金、行政和解金以及捐款遗赠
利息支出	上缴国库	支付基金管理费用
赔偿流程	我国证监会每半年度向财政部提出退库申请,财政部收到申请材料后,对于材料不齐全、不符合形式要求的,应当在 10 个工作日内通知证监会补正,材料齐全、符合形式要求的,1 个月内完成审核工作,并将相关罚没款退还至证监会账户	SEC 执法部收到行政相对人上缴罚没款后 60 日内提交分配计划建议,规定受偿投资者范围、公告、申请等事项,SEC 在其网站公开征求意见 30 日后,发布命令批准、修改或否决该计划

① See David Rosenfeld, *Admissions in SEC Enforcement Cases: The Revolution That Wasn't.* Iowa Law Review 103:113–116(2017).

我国新《证券法》第220条规定："违反本法规定，应当承担民事赔偿责任和缴纳罚款、罚金、违法所得，违法行为人的财产不足以支付的，优先用于承担民事赔偿责任。"然而，民事赔偿诉讼相较于行政执法程序具有滞后性，加上没有明确的罚没款退付操作规则，民事赔偿责任优先原则较难落实。为了推动民事赔偿责任优先原则落地，证监会、财政部联合公布了《关于证券违法行为人财产优先用于承担民事赔偿责任有关事项的规定》（以下简称《民事赔偿责任优先规定》），明确了违法行为人所缴纳的行政罚没款用于承担民事赔偿责任的具体工作机制，率先将民事赔偿责任优先原则在证券领域落地。《民事赔偿责任优先规定》共14条，从适用情形、申请主体、申请期限、退付金额、退付流程以及退付完成后继续收缴等六大方面确立了罚没款退付机制。在适用情形方面，我国的罚没款退付制度的适用情形限于因同一违法行为已缴纳罚没款对受害投资者的退付①，即适用于违法行为人因同一违法行为需同时承担民事赔偿责任和缴纳罚没款行政责任，但其在缴纳罚没款后，剩余财产不足以承担之后生效的民事赔偿责任的情形。

美国公平基金并非适用于所有案件，可以决定成立公平基金的主体是SEC或联邦法院。②一般而言，在SEC与违法行为人达成和解协议或提起诉讼前，SEC的执法部将对是否设立公平基金提出建议，SEC在是否成立公平基金时主要考虑两方面因素，一是可确定的适格投资者数量，二是将来可以收集的基金总数。如果可以明确适格投资者数量，并且预期可追缴的非法所得和民事罚金足以弥补所有适格投资者，则设立公平基金。如果适格投资者数量难以明确，或者预期可追缴的非法所得和民事罚金数额较低，则不会设立公平基金。

在资金来源方面，我国民事赔偿的资金来源主要是行政处罚的罚没款，根据《民事赔偿责任优先规定》第1条的规定，合法权益受到侵害的投资者可以请求违法行为人因同一违法行为已缴纳的罚没款用于承担民事赔偿责任。而美国公平基金的资金来源包括违法所得、民事罚金及行政和解金，其中的违法所得和民事罚金类似于我国的行政罚没款。③同时，美国公平基金可以接受捐款、捐赠、遗赠等作为资金来源。④在利息支出方面，我

① 参见《民事赔偿责任优先规定》第1条第1款。

② 参见《SEC公平基金和退股计划规则》第1100条规定。

③ 参见郭雳：《证券执法中的公共补偿——美国公平基金制度的探析与借鉴》，载《清华法学》2018年第6期。

④ See 15 US Code § 7246 (b).

国证监会对退库资金实行专账核算，并将退库资金存放期间产生的利息全部上缴国库①，而美国公平基金产生的利息用于支付基金管理计划等费用②。在赔偿流程方面，我国证监会每半年度向财政部提出退库申请，财政部收到申请材料后，对于材料不齐全、不符合形式要求的，应当在10个工作日内通知证监会补正；材料齐全、符合形式要求的，1个月内完成审核工作，并将相关罚没款退还至证监会账户。③根据《SEC公平基金和退股计划规则》（SEC Rules on Fair Fund and Disgorgement Plans）第1103条的规定，美国公平基金赔偿的流程是SEC执法部收到行政相对人上缴罚没款后60日内提交分配计划建议，规定受偿投资者范围、公告、申请等事项。根据《SEC公平基金和退股计划规则》第1106条的规定，利害关系人在30日内可以对分配方案提出异议，若异议成立，SEC可以依据利害关系人的意见对分配方案进行修改，并且将修改过的分配方案再次公开，听取利害关系人的意见。④

美国的公平基金制度经过数十年的发展，在实践中对大量投资者进行了赔偿，罚没收入用于赔偿投资者的数额与证券集团诉讼投资者获得的民事赔偿规模相近，是证券市场投资者保护的重要制度。我国公共执法领域的投资者赔偿机制目前处于试点和初创阶段，在具体操作过程中，可以委托中介机构担任退赔基金的管理人，引入专业机构执行赔偿基金的日常运作和资金分配的工作，证券监管机构主要负责对实施过程进行监督。

第六节　自律监管机构实施证券法

国际证监会组织（IOSCO）在其《证券监管目标与原则》（The IOSCO Objectives and Principles of Securities Regulation）中明确指出，“自律组织是监管机构实现证券法目标的有益补充”。市场参与主体的利润与市场的规模和流动性紧密相连，欺诈行为会对市场流动性产生显著的负面影响，自律监管有激励促进行业的诚信，以维护投资者信心。自律监管具有信息、专业知识和激励相容的优势，可以显著提高执法的效率。

---

① 参见《民事赔偿责任优先规定》第11条。

② 参见《SEC公平基金和退股计划规则》第1105(e)条。

③ 参见《民事赔偿责任优先规定》第9条和第10条。

④ 参见刘裕辉、沈梁军：《境内外证券市场投资者赔偿补偿机制比较研究》，载《证券市场导报》2017年第8期。

一、自律处罚功能定位

证券交易所和证券行业协会构成了证券业自律监管体系。然而,我国经济体制改革路径依赖和证券市场的发展历史缺乏自律监管介入的传统。证券自律监管本是市场主体为协调市场竞争中的利益、矛盾自发形成的契约性组织。我国证券市场参与主体以国有单位为主,公权力来源属性较强,证券自治组织倾向于履行政府的政策,而不是独立的约束市场的主体。总体来看,证券自律监管与行政监管的相似度较高,难以形成各具特点、各有所长的监管体系。①

在证券交易所层面,上海证券交易所和深圳证券交易所是我国证券市场主要的自律监管机构,可以依据上市规则审查拟上市公司的信息披露,依据交易所章程和会员规则监管会员企业,还可以依据交易规则实时监控证券交易活动。从组织性质来看,我国证券交易所更多地体现为国家有关部门法规与行政命令的执行机构,证券交易所既不是一个机关法人,也很难被认定为企业法人或事业单位法人,更不是一个纯粹的社会团体法人。②证券交易所虽然不享有施加行政处罚的权力,但是可以施加自律处分,如自律监管措施和纪律处分措施。我国证券交易所的自律监管措施主要包括要求作出解释和说明、书面警示、约见谈话、要求参加培训或考试、撤销任职资格证书等;纪律处分措施包括通报批评、公开谴责、建议法院更换破产管理人或管理人成员、限制或取消交易权限、取消会员资格等。每年两个交易所对上市公司的处罚决定在200项左右,主要处罚的违法行为类型为信息披露类。也有研究指出,证券交易所的自律处罚具有泛行政处罚的趋势,“自律管理职能具有民事法律性质,应当深化对自律管理法定化趋势的认识,避免对证券交易所监管职能的泛行政化理解”③。

在证券行业协会层面,协会主要承担向证券监管机构反映会员的建议和要求,调解会员之间、会员与客户之间的纠纷,为会员提供培训和交流平台等“桥梁与纽带”的服务。当然,中国证券业协会对于其会员单位也拥有自律处分权,包括对注册会员可以采取谈话提醒、警示、责令参加强制培

---

① 参见陈野华、伍军:《再论中国证券业的行业自律管理》,载《西南金融》2004年第9期。

② 参见郑彧:《我国证券交易所法律性质之重塑——兼论证券交易所互助化与非互助化的取舍》,载《法商研究》2008年第6期。

③ 艾博:《新〈证券法〉下证券交易所自律管理职能的厘定与转变——以司法介入的诉讼方式为视角》,载《金融法苑》2021年第1期。

训、责令整改等自律管理措施。[①]近年来，证券业协会每年对其会员作出1000余项自律处罚，主要针对首次公开发行股票配售对象违法、非法仿冒证券公司和非法仿冒证券投资咨询公司等违法行为。此外，新《证券法》第166条还规定了协会纠纷调解的职责，随着近年来多元纠纷解决机制改革的深入推进，证券行业调解已经成为多元纠纷解决机制的重要组成部分。中国证券业协会于2012年建立的证券纠纷调解中心，已经在减轻监管机构信访压力、节约监管资源、化解证券纠纷方面起到重要作用，但协会调解中依然存在调解机构权威性不足、调解协议效力不足，以及调解衔接机制不顺畅等问题。[②]

FINRA是美国证券市场的主要自律监管机构，通过法律和监管服务协议的授权享有对上市公司、证券机构和从业人员的自律监管权限，其类似于我国的证券业协会。对于FINRA是否属于政府机构这一问题，仍存在较大争议，特别是其对注册会员享有广泛的自律处罚权。FINRA内设的会员监管部、市场监管部和执法部负责具体执法活动。作为独立的自律监管机构，FINRA依靠其自身的经营和投资活动筹集运营经费，全年总收支大约为10亿美元，收入主要来源于受其监管的证券经纪行业缴纳的会费。另外，FINRA收缴的罚款全部归入其年度收入，每年罚款数量超过1亿美元。这种制度安排虽然有助于增加执法产出，但由于FINRA的执法程序缺乏法定程序的约束，容易导致处罚过度的情况。

FINRA维持了相当规模的雇员数量，并呈现持续增长的趋势。近年来，其雇员规模已经超过3600人。其监管活动也采用了最新的监管科技，市场监督系统每天平均处理500亿笔股权、期权和固定收益市场的交易，最高峰达到近800亿笔。由于市场交易量庞大，它采用了一个以数据为导向、基于风险大小的监管模式，显著提高了执法效率。FINRA每年施加的惩戒性措施的数量维持在1400项至1600项，主要的违法行为类型是经纪商违反对客户的信义义务、未能满足监管规则设定的要求和未及时配合调查活动。根据美国国家审判委员会发布的《制裁准则》（Sanction Guidelines），FINRA可采取罚款、停职、从业禁止等制裁措施。[③]

不同于中国证券交易所采取的集监管执法与组织交易为一体的职能配置模式，美国实现监管与执法职能渐渐从证券交易所剥离，证券交易所

---

① 参见《中国证券业协会自律管理措施和纪律处分实施办法》第9条和第10条。

② 参见陈明克：《我国证券纠纷调解机制研究》，载《武汉金融》2018年第4期。

③ See FINRA, *Sanction Guidelines*, available at https://www.finra.org/rules-guidance/oversight-enforcement/sanction-guidelines.

主要负责市场发展建设，仅保留制定交易规则的权限和少量的处罚权，从而实现自律管理与经营职能的分离。美国证券业的自律管理由“证券交易所+证券业协会”的自律监管模式逐渐转变为单一自律组织模式，FINRA作为自律机构发挥的作用越来越大，如今其已成为全美国最大的独立证券自律监管机构。

促成美国证券自律监管集中化的原因在于证券交易所面临的市场竞争不断加剧，传统非营利性交易所的组织形式也由会员制向公司制转变。[①]自20世纪90年代以来，全球证券交易所兴起非互助化改革的潮流，瑞典斯德哥尔摩证券交易所、澳大利亚证券交易所、新加坡证券交易所、伦敦证券交易所等相继开始转向公司制。变革的根源在于，技术进步削弱了会员制交易所的垄断基础，激烈的竞争迫使传统的交易所必须采取最具竞争优势的治理模式。会员制证券交易所在决策效率、融资方式、利益冲突方面均难以媲美公司制证券交易所。[②]全球资本市场的发展也使得美国的证券交易所不仅面临来自其国内其他证券交易所的竞争，还面临来自欧洲、日本、中国等境外大型证券交易所的竞争。在此背景之下，2000年纳斯达克交易所改制为公司制并上市，纽约证券交易所也于2006年宣布实施非互助化，将交易所改为公众持股的股份公司并上市，随后美国绝大多数证券交易所也逐渐开始进行公司化改革。

然而，证券交易所的公司化改革可能使交易所固有的商业角色和监管角色之间的利益冲突加剧，在追求利润最大化的营利目标之下，证券交易所存在减少监管投入、放松监管、滥用监管权力、交叉补贴等利益冲突。1996年，基于对投资者和会员间利益冲突问题的担忧，SEC将同时履行经营NASDAQ市场和监管市场职能的全美证券业协会分拆为全美证券业协会监管公司（NASD Regulation Inc.）和全美证券业协会自动报价系统（NASDAQ），两者分别负责履行自律管理职能和运营纳斯达克市场。证券交易所的自律管理职能在改制上市的过程中，已经部分或者全部移交给证券自律监管机构。

另外，美国更加注重发挥证券业协会的功能，行使证券自律监管权的FINRA（及其前身NASD）被认为是履行着公共管理职责的“准政府机构”

---

① 参见黄湘平：《中国证券行业自律组织的发展历程与趋势》，载《中国金融》2010年第11期。

② 参见冯果、田春雷：《临渊羡鱼 莫如退而结网——关于我国证券交易所组织形式改革的一点反思》，载《法学评论》2007年第5期。

(quasi - government)①,并享有较高的独立性。FINRA 不仅可以对市场违法主体处以罚款、谴责、暂停或禁止执业等制裁,还运营着美国最大的证券争议解决平台,可以通过内设仲裁机构独立审理并解决投资者与证券经纪人的争端。同时,民事诉讼豁免权也使其免受来自市场主体的诉讼侵扰,司法权在“穷尽内部救济规则”下,也仅会在经其内部对纪律处分决定进行审查后介入。然而,FINRA 的独立性也引发学者担忧,作为自律监管机构的 FINRA 并不像行政监管机构那样对行业、公众、国会、总统或法院负责,其组织结构和垄断地位使其免受外部严密的监督。②

FINRA 利用大数据技术监督全美 3400 多家券商超过 62.4 万个证券经纪人,每天处理高达 6000 亿笔交易以检测潜在的违法行为,并分析数十亿次市场事件,以发现公司或个人可能用于在股票和债券市场获得不公平优势的市场操纵、内幕交易和其他违法行为。这得益于人工智能、机器学习、云计算和大数据分析等前沿监管科技的广泛应用,将金融科技与市场自律监管高度融合。

二、自律处罚措施

中美两国证券自律监管措施的差异主要集中在货币性处罚上。FINRA 有权对违法行为人施加罚款(fine)和惩罚性违约金;而我国证券自律组织无权对违法行为人处以货币性处罚。罚款是 FINRA 最具威慑力的制裁手段,也是其最常适用的措施,在 2021 年就对市场中的不当行为开出过 9010 万美元的罚款。

FINRA 施加罚款的金额是依据 NAC 预先制定并公开的《处罚指南》(Penalty Guidelines)以及个案的事实情况计算而来的。《处罚指南》为 FINRA 针对违法违规行为的纪律处分提供了参考基准,也影响当事人预期和决策。FINRA 收到罚款后,对于如何使用该款项具有一定的灵活性,罚款并不包含在 FINRA 的运营预算中,在确定员工薪酬和福利时也不考虑罚款,对罚款的使用仅受到 FINRA 财务指导原则(financial guiding principles)的约束。FINRA 对收到的罚款也采取单独核算的方式,与其他支出分开,并且罚款的使用方式均由董事会或其财务、运营和技术委员会

---

① See Roberta S. Karmel, *Is the Financial Industry Regulatory Authority a Government Agency?*. Brooklyn Law School, Legal Studies Paper, available at https://papers.ssrn.com/sol3/papers.cfm?abstract_id=1018396.

② See Hester Peirce, *The Financial Industry Regulatory Authority: Not Self-Regulation after All*, available at SSRN: https://ssrn.com/abstract=2554519.

批准。当然，董事会或财务委员会授权使用罚款的目的仅限于促进 FINRA 更高效的监管、教育投资者的活动、补充储备金等。①

我国证券自律监管机构的货币性处分措施有限，并且仅有证券交易所享有有限的货币性制裁措施，中国证券业协会等的纪律处分并不包括货币性制裁措施。我国证券交易所可以按照上市协议和交易所相关规则对违规的发行人、上市公司及相关市场主体、会员等收取一定金额的惩罚性违约金。②比如，深圳证券交易所规定，上市公司违反上市协议、业务规则或者向交易所作出的承诺，存在 1 年内被交易所处以 2 次公开谴责，以及涉及财务造假、资金占用、国家安全、公共安全等领域的违法违规行为，且情形严重、情节恶劣，严重损害投资者合法权益、国家利益、社会公共利益的，深圳证券交易所将收取 30 万元以上 500 万元以下的惩罚性违约金。③

此外，我国证券交易所此前在其章程中规定了"罚款"的纪律处分。如上海证券交易所的章程中曾规定："本所根据业务规则的规定，对违规的证券发行人及相关市场参与主体实施口头警示、书面警示……收取违约金或者罚款等自律监管措施或者纪律处分。"④深圳证券交易所的章程也曾明确规定，对不履行义务的会员，根据情节轻重给予罚款的处罚。⑤但在 2017 年《证券交易所管理办法》修改后，各证券交易所章程和相关规则均采取"惩罚性违约金"的表述。总体来看，我国证券交易所收取惩罚性违约金的权力有限，相关规定也仅限于部门规章和规范性文件层面。

FINRA 的罚款权源于美国国会立法，而我国证券交易所惩罚性违约金的依据主要是上市协议、交易所章程和业务规则。美国《1934 年证券交易法》规定，证券交易所或全国性注册证券业协会的会员以及同会员有联系的主体，若违反该法及相关规则的规定，应受到包括罚款在内适当的纪律处罚。⑥而根据中国证监会发布的《证券交易所管理办法》第 68 条的规定，证券交易所可以按照章程、协议以及业务规则的规定，对出现违法违规行为的发行人、证券上市交易公司及相关信息披露义务人收取惩罚性违约

① See FINRA, *Report on Use of* 2021 *Fine Monies*, available at https://www.finra.org/about/annual-reports/report-use-2021-fine-monies.

② 参见《深圳证券交易所自律监管措施和纪律处分实施办法（2022 年修订）》第 46 条第 8 项、《上海证券交易所纪律处分和监管措施实施办法（2022 年修订）》第 8 条第 14 项、《北京证券交易所自律监管措施和纪律处分实施细则》第 39 条第 7 项。

③ 参见《深圳证券交易所上市公司自律监管指引第 12 号——纪律处分实施标准》第 13 条。

④ 参见《上海证券交易所章程（2016 年修改）》第 14 条。

⑤ 参见《深圳证券交易所章程（修正稿）》第 10 条。

⑥ See Securities Act of 1934, S6(b)(6)、S17A(b)(7).

金。此外,证券交易所应当在与申请上市公司签订的上市协议中明确惩罚性违约金的内容①,还应当在其制定的会员管理规则中明确“对会员采取的收取惩罚性违约金”的规定②。我国证券交易所的惩罚性违约金是基于交易所与会员、上市公司(含其董监高)之间的协议关系,交易所对后者违约时享有违约金请求权。

中美证券业自律处分措施中货币性制裁措施的差异受到路径依赖的影响。美国的判例法显示,证券交易所章程早已规定了违规会员的罚款规则,甚至早于20世纪30年代联邦证券法的颁布,后续成文法也将罚款纳入自律监管机构的“执法工具箱”中。1885年Swift v. San Francisco Stock & Exchange Board案③,争议焦点即围绕证券交易所是否有权制定规则、对会员进行罚款处罚的问题。而在1986年Jackson v. South Omaha Live - Stock Exchange案,联邦法院肯定了证券交易所可以对违规会员强制执行罚款。④“自律罚款”这一概念深植于美国证券市场和证券自律组织,《1934年证券交易法》将证券交易所的罚款权力正式纳入联邦证券法的范围。此外,自律组织也获得证券监管机构的广泛授权,促使货币性处罚措施的应用。在美国证券监管体系中,SEC享有国会立法授予的行政罚款权,FINRA所享有的罚款权限与SEC的行政罚款权互不冲突、错位分工。尽管SEC根据《1934年证券交易法》规定可审查FINRA作出的最终纪律处分决定,但由于FINRA所审理的案件多以和解结案,事实上由SEC最终审查的案件仅占据很小比例。

我国证监会在《证券交易所管理办法》中明确规定了证券交易所收取惩罚性违约金的内容。此前,尽管证券交易所和证券行业协会等自律监管机构曾明确规定罚款或违约金作为其纪律处分措施,但在实践中自律监管机构几乎未使用过此类措施。⑤我国证券市场的历史和制度基础决定了其对“自律罚款”等货币性制裁方式缺乏内部认同。此外,“自律罚款”惩戒机制需要配套制度支持,从处罚标准、处罚程序、救济措施、和解机制,再到相关信息的披露、罚款的利用、强制性执行等,规则不齐备可能对证券市场产生负面影响。正因如此,中国证监会对于将“自律罚款”放至证券交易

---

① 参见《证券交易所管理办法(2021修订)》第62条第4项。

② 参见《证券交易所管理办法(2021修订)》第49条第7项。

③ See 67 Cal. 567 (1885).

④ 参见谢贵春:《证券交易所自律监管罚款制度比较研究》,载《南方金融》2017年第11期。

⑤ 参见谭婧、邹思思:《证券交易所收取惩罚性违约金的法律问题探析》,载《证券法苑》2017年第5期。

所的"纪律处分工具箱"中持谨慎态度。

"自律罚款"的概念在我国面临"水土不服"的问题。美国证券市场自律监管机构基于自律管理关系作出的"罚款",很容易同我国行政法上的"行政罚款"相混淆。根据我国《行政处罚法》的规定,"罚款"属于行政处罚范畴。①我国证券交易所承担自律管理职责,不享有罚款的行政处罚权。自1996年《行政处罚法》立法以来,"罚款"在观念上已与"行政罚款"密切联系,不仅与刑事司法上的"罚金"相区别,同私法意义上的"违约金"更是存在明显差异。在此背景下,采取"惩罚性违约金"的路径,一方面填补了我国证券市场自律机构"执法工具箱"的不足,使证券交易所除"声誉罚"以外进一步增添了"财产罚"惩戒措施,增加了证券交易所纪律处分的威慑力;另一方面,还弥补了制度移植产生的风险,通过合同法"意思自治"的契约关系,在执法功能层面完善我国证券自律处罚措施。

三、司法机关介入自律监管活动

美国司法机关对于介入审查自律监管机构的处罚采取较为谨慎的态度,将法院的审查监督置于行政救济途径之后。此外,"民事诉讼豁免权"也在某种程度上最小化自律组织自律处分的民事诉讼风险。美国《1934年证券交易法》在1975年的修改标志着司法机关开始限制对自律监管的审查。此前,针对证券交易所的诉讼络绎不绝,美国法院允许受处罚对象针对证券交易所的处罚决定向法院提起诉讼。在1944年的Baind v. Franklin案中,法院审查了证券交易所不履行监管其会员法定义务的诉讼;在1971年的Weinberger v. NYSE案中,投资者以合同利益第三方的身份起诉交易所;在1972年Robert W. Stark, Jr., Inc, Robert W. Stark, Jr., and Kansas City Securities Crop v. NYSE案中,法院禁止交易所对未经批准发行证券的Stark公司取消会员资格,禁止执行对Stark市场禁入的决定。②

而在1975年,"NMS修正案"新增"穷尽内部救济"规则,即限制司法机关对包括证券交易所在内的自律组织的市场监管行为直接进行司法审查。法院必须在SEC对自律组织的决定进行审查并裁定后方可介入。"NMS修正案"实际上构建并维持了三个层次的市场监管体系,分别是国会授权下SEC对证券市场的监管、SEC管辖下的自律监管模式及市场主

---

① 参见《行政处罚法(2021年修订)》第9条和第13条。

② 参见徐明、卢文道:《从市场竞争到法制基础:证券交易所自律监管研究》,载《华东政法学院学报》2005年第5期。

体通过司法救济推动监管。[①]“穷尽内部救济”原则体现了美国法院对于证券行业自律监管的尊重和美国证券监管体系的信心。在1976年的Cawanagh Communities Corporation v. NYSE案中，上诉法院认为股东在未向SEC寻求救济前无权针对NYSE的摘牌行为起诉；在1997年Clark E. Niss v. NASD案中，法院认为自律组织不履行对其会员的监管义务不构成诉因。[②]

我国法院对于证券交易所履行监管职能而引起的纠纷，在整体上持有限介入的态度。根据最高人民法院发布的相关司法解释，我国法院可以受理以证券交易所为被告的民事和行政案件，但要受到两方面限制：第一，管辖法院限制。最高人民法院通过指定管辖的方式，指定上海证券交易所和深圳证券交易所所在地的中级人民法院，分别管辖以两个交易所为被告或第三人的、与证券交易所监管职能相关的第一审民事和行政案件。[③]第二，案件范围限制。一方面必须与证券交易所监管职能相关，如依照相关法律法规、证监会授权，以及根据交易所章程、业务规则、业务合同作出处理决定引发的诉讼等。另一方面，投资者提起的诉讼必须直接涉及投资者利益。[④]不同于美国法院“穷尽内部救济”规则的要求，只要满足司法解释的规定，即可以提起针对证券交易所的民事或行政诉讼。

第七节　刑事司法程序

对于那些严重破坏证券市场秩序法益和(或)侵害投资者合法权益的违法行为，行为人还应当承担相应的刑事责任。表9－4对比了中美证券刑事执法程序的特点。我国《刑法》主要规定了19种证券犯罪罪名，又可以归为涉虚假陈述犯罪、涉操纵市场犯罪和涉内幕交易犯罪三大类。绝大部分的刑事案件都是由证监会(局)移送公安机关追究违法行为人的刑事责任，还有部分是由公安机关移送检察机关。虽然行政调查与刑事起诉之间存在时间上的先后顺序，但并不等于必须先由证监会进行行政处罚后，

---

① 参见许永华、喻华丽、戴文华：《NMS法案的演进及其对美国证券市场的影响》，载《证券市场导报》2008年第11期。

② 参见徐明、卢文道：《从市场竞争到法制基础：证券交易所自律监管研究》，载《华东政法学院学报》2005年第5期。

③ 参见最高人民法院《关于对与证券交易所监管职能相关的诉讼案件管辖与受理问题的规定》第1条。

④ 参见最高人民法院《关于对与证券交易所监管职能相关的诉讼案件管辖与受理问题的规定》第2条和第3条。

侦查机关才能介入刑事立案。刑事案件的启动方式不应当以民事诉讼、行政认定或者处罚为前提，公安机关和监察机关可以自行立案侦查。从现有案例看，违法行为人存在同时承担刑事责任和行政责任的情况。①

表9－4 中美证券刑事执法程序对比

对比项目	中国	美国司法部层面/州层面
法律依据	1. 欺诈发行证券罪(《刑法》第160条)、违规披露和不披露重要信息罪(《刑法》第161条) 2. 内幕交易罪(《刑法》第180条)、泄露内幕信息罪(《刑法》第180条) 3. 操纵证券、期货市场罪(《刑法》第182条)	1.《1933年证券法》第24章 2.《1934年证券交易法》第32(a)章 3.《1983年内幕交易处罚法》 4.《1988年内幕交易和证券欺诈执法法》 5.《1996年全国证券市场促进法案》等
证券欺诈刑事责任	1. 罚金上限:非法募集资金金额的1倍罚金 2. 监禁上限:25年	1. 自然人罚金上限:500万美元 2. 非自然人组织罚金上限:2500万美元罚金 3. 自然人监禁上限:20年
内幕交易刑事责任	1. 罚金上限:违法所得的5倍罚金 2. 监禁上限:10年	1. 自然人罚款上限:100万美元 2. 法人罚款上限:250万美元 3. 监禁上限:10年
衔接程序	1. 证监会(局)移送 2. 公安机关移送	1. DOJ犯罪处提起控告 2. SEC转交 3. 州政府提起诉讼
合规不起诉	适用	适用
雇员在职责范围内从事欺诈行为	企业无须承担刑事责任	企业承担刑事责任

美国证券刑事司法程序可以由司法部或州检察官两个主体推动。证券欺诈行为的刑事责任强调违法行为人故意违反相关法律法规的主观要件，这是与民事和行政责任的主要区别。美国法上认为当证券违法行为具备宽泛意义的“盗窃”(theft)特质时，其即进入刑事责任的界限内，包括公开虚假发行、在其他合法的投资中滥用或挪用资金、存在利益冲突的经纪

① 如2017年华锐风电案[(2017)京刑终88号]，违法行为人韩俊良和陶刚即是在受到行政处罚警告和罚款后又被追究刑事责任。

商或投资顾问进行不适当的推荐、严重的错误陈述或遗漏等。在美国的证券执法程序中，大多数案件首先被视为行政或民事案件，直到被发现存在欺诈（fraud）、盗窃、虚假证券（phony securities）、庞氏骗局或金字塔骗局（ponzi or pyramid schemes）、预付费贷款计划（advanced - fee loan schemes）等典型犯罪事实，即会转移给刑事案件的主责机关。易言之，若案件属于"盗窃行为"，则违法行为人很可能进入刑事处罚程序；但如果是一种合规类型的违规，如涉及账簿、记录或在中央登记托管机构的信息披露，则更有可能进入行政处罚程序。在北美证券监管者协会（NASAA）2020 年年会上，美国证券交易委员会执法部副主任 Marc Berger 也强调，是否存在"盗窃"行为是 SEC 将案件移交给刑事检察官的重要参考因素，盗窃的货币价值或受害者人数不属于是否应当向刑事检察机关移交的考量因素。①但这并不意味着涉及"盗窃"的行为最终都会走向刑事诉讼，部分州存在将刑事执法作为一项政策的倾向，州监管机关不会将所有具备"盗窃"特点的案件进行刑事起诉。

在美国司法部层面，虽然其拥有提起刑事控告的权力，但案件主要来源于 SEC 的转交。证券欺诈行为的刑事责任和民事责任并不互斥，被告在承担了罚款和返还违法所得等民事责任后，还可能需要支付刑事罚款。对于违反《1934 年证券交易法》的行为，个人或企业分别最高面临 500 万美元或 2500 万美元的刑事罚金和最高 20 年的监禁。② 而依据《1988 年内幕交易和证券欺诈执法法》的规定，内幕交易行为最高面临 100 万美元（个人）或 250 万美元（组织）的刑事罚金和最高 10 年的监禁。③ 司法部大约有 50 名检察官专门负责起诉证券欺诈案件，每年追缴的刑事罚款高达数亿美元。

美国刑事司法程序的显著特色是不起诉协议或暂缓起诉协议，即司法部与被告企业达成协议，被告按照协议的规定支付罚款、配合调查以及提高企业透明度和建立内控机制等，司法部暂缓（放弃）针对其控告。不起诉（暂缓起诉）协议出现的背景是，检察官在刑事司法程序中需要提供证明被告存在故意违反法律法规主观意图的证据，举证难度较大。不起诉（暂缓起诉）协议可以有效节约执法成本，并实现提升受到处罚的对象合规水平的目标。

---

① See Marc P. Berger, *Virtual Annual Meeting*, *Developments and Trends in Enforcement*, available at https://learn. nasaa. org/nasaa - virtual - annual - meeting - 2020.

② See 15 U. S. C. § 78ff(a).

③ See 15 U. S. C. § § 78u - 1.

中美两国在行刑衔接程序方面各有特点。我国既可以由证监会移送公安机关追究违法行为人的刑事责任,也可以直接由公安机关移送检察机关。美国可以由 DOJ 犯罪处提起控告,也可以由 SEC 转交,还也可以由州政府提起诉讼。根据相关统计数据显示,DOJ 在 2013 年至 2017 年每年平均提起 234 项针对个人的证券犯罪指控(如内幕交易或发行欺诈),而州证券监管机构每年平均发起 1826 项行政执法程序和 256 项刑事执法程序。[①]

第八节 完善中国证券法公共实施机制

虽然中国与美国在证券市场的发展阶段、制度禀赋、历史文化等方面并不相同,但两国证券法公共实施机制在功能层面具有相似性。笔者认为,在对美国"分散实施模式"和我国"集中实施模式"比较分析的基础上,我国证券法公共实施机制的实效完善可以从以下五个方面入手:

第一,从功能分析的视角看,我国证券法公共实施机制不应当局限于制裁和威慑违法违规行为,还应当充分地承担投资者赔偿功能。在证券投资者赔偿领域,我国证监会因为制度禀赋而在赔偿大规模投资者时,享有规模优势、信息优势和专业优势。首先,我国证券交易实行实名制,因此证券监管机构可以从清算机构处获取受害投资者的身份信息和交易信息,有利于准确计算和分配损害赔偿。其次,我国民事审判程序将行政处罚作为重要的证据,受到行政处罚的主要违法行为人,基本也是承担民事损害赔偿的主体。证监会可以将罚金、追缴违法所得与和解金等货币性处罚,作为赔偿投资者的资金来源,在司法机关的监督下,直接分配给投资者以赔偿其损失,降低投资者再次通过民事程序起诉所带来的司法成本。

第二,证券法公共实施是证券市场主要的事后治理机制,无论在中国还是美国都是威慑和制裁证券欺诈行为的主要力量。预算投入、人力资源和监管科技是公共执法能有效运行的基础保障。我国推动证券市场注册制改革后,证券监管的重心转向事中检查、事后执法,有限的监管投入应当优先保障上述职能的实现,形成向执法活动倾斜的预算分配方案,提升事中、事后执法活动的预算比例。在人力资本积累方面,从美国证券监管的实践来看,监管机构与证券市场之间存在"旋转门",我国证监会同样面临资深专家向市场机构流失的问题,这可能导致"监管俘获"与监管质量下

① See Andrew K. Jennings, *State Securities Enforcement*. Brigham Young University Law Review 47: 67 – 148(2021).

降的问题。证券执法改革应当推动以实效为导向的绩效改革，进一步加强对证券监管专家的货币性激励。

第三，厘清自律处罚、行政责任和刑事责任之间的衔接关系。从功能分析的角度看，上述责任实现投资者保护、威慑和制裁违法行为人的目的。证券法律责任类型的多样性是为了功能分工和最优边际威慑。首先，自律监管的功能偏向于督促合规和轻度制裁违法行为，行政责任则主要为制裁违法行为并适当兼顾投资者赔偿，而刑事责任主要为制裁违法行为。因此，不同责任类型应当与执法目标相匹配。其次，自律监管、行政责任和刑事责任的制裁属性依次递增，保持对违法行为的边际威慑力递增。申言之，随着证券欺诈违法情节严重程度的上升，行为人所需要承担的法律责任也会提高，其在决策是否从事违法情节更严重的欺诈行为时，会受到更严格的法律责任的威慑。因此，监管机构和司法机关在上述责任的衔接问题上，应当保持对违法行为的最优威慑力，避免市场主体因为同一违法行为反复承担责任。

第四，证券公共实施机制应当注重与私人实施机制的协调。在民事诉讼程序中，审理法院将行政处罚和非行政处罚作为认定是否存在违法行为的重要证据。最高人民法院发布的《代表人诉讼若干规定》第 5 条除了将行政处罚视为存在违法行为的有力证据，还将纪律处分、自律管理措施等视为存在违法行为的初步证据，投资者可以据此提出普通代表人诉讼。考虑到“零容忍”政策下，上市公司等市场主体受到的行政处罚、非行政处罚和纪律处分数量大幅度攀升，满足初步证据条件的潜在证券民事诉讼数量大增，上市公司面临的诉讼风险较高。此外，“五洋案”和“康美案”判决显示违法行为人的民事责任大幅度增加，叠加诉讼风险增长，上市公司面临的诉讼成本会大幅度升高。监管机构在处罚相对人时，应当考虑私人实施的成本，明确违法情节的恶劣程度、行为人的主观过错程度等要件，避免滥诉、扰诉风险增加上市公司的经营成本。

第五，构建“威慑—合作”的动态执法模型。根据回应性执法理论，证券执法应当通过制裁性处罚所带来的威慑力，激励被监管对象与监管机构合作。虽然我国证券执法已经具备一定“合作执法”的特征，但是仍然以“制裁”为主，未能形成“威慑—合作”的动态执法模型。完善证券合作执法模型可以从两方面入手：一方面，落实合规不处罚的基本原则，即如果证券市场主体已经履行了法律法规设定的合规要求，并且能够提供充分的证据证明其已经履行合规义务，那么在行政执法程序中，监管机构不应当对其施以制裁性处罚；另一方面，优化证券行政执法当事人承诺制度，为行政相对人提供和解激励。当缺乏有效的证券执法和解制度时，证券监管机构与违法行为人处于对立状态。考虑到大部分证券违法行为主要侵犯的是金钱法益，行政和解制度可以激励行政相对人纠正违法行为、充分履行赔偿义务，通过柔性的合作安排以较低成本实现执法目的，显著提高证券执法效能。

第十章　中美证券法私人实施机制的比较分析

中美两国在证券法私人实施机制方面存在一定的差异。证券民事纠纷具有“小额、量大”的特点，即大量投资者每人受到的损害较小，但损失总量较高。此类纠纷导致投资者个体层面的维权行为，往往面临成本大于收益的问题。在我国“集中实施模式”下，以证券民事诉讼为代表的私人实施机制长期处于受到抑制的状态，特别是缺乏解决群体纠纷的特殊机制，投资者受限于集体行动困境。新《证券法》施行后，普通代表人诉讼和特别代表人诉讼等制度创新，大幅度降低了投资者通过诉讼程序寻求救济的成本，投资者在一些具有代表性的案件中获得了较为充分的赔偿。美国“分散实施模式”对证券集团诉讼的依赖较强，将其视为“私人检察官”。由于集团诉讼能够有效解决投资者集体行动困境，证券律师成为推动美国证券诉讼的主要力量，上市公司每年赔付给投资者的损害赔偿高达数十亿美元。本章在此前讨论的基础上，对比分析了中美证券民事诉讼的重要制度切面，特别是美国证券市场滥诉、扰诉风险和我国证券市场诉讼不足问题的制度性根源，为完善我国证券法私人实施模式的实效提供参考。

第一节　私人实施的理论困境

由于证券市场发展阶段与制度禀赋的差异，中美两国证券法私人实施机制所要解决的理论困境存在差异。

一、集体行动困境

我国证券私人实施机制主要受到集体行动困境的约束。[①]因证券市场欺诈行为引起的侵权案件具有典型的群体纠纷特点，单个投资者损失较低，而受损投资者的数量较大，违法行为导致的侵权总损失较高。对于主动起诉的投资者个人来说，诉讼的成本包括时间成本、律师成本和差旅成

① 参见徐文鸣：《证券民事诉讼与投资者赔偿——基于虚假陈述案件的实证分析》，载《山东大学学报（哲学社会科学版）》2017 年第 3 期。

本等,而获得的收益主要是民事损害赔偿。理性的投资者对民事诉讼救济进行成本和收益衡量后,往往因为个人维权成本过高而选择放弃起诉。在缺乏其他制度性支持的情况下,投资者起诉的频率远低于社会最优水平。

我国早期证券法忽视了投资者在维权时面临的集体行动困境问题。《2003 年虚假陈述若干规定》规定投资者仅能提起单独诉讼或共同诉讼,并且需要满足行政前置程序。该规定并未对投资者维权的堵点进行针对性制度设计,缺乏有效的群体诉讼机制解决集体行动困境。[①]在诉讼方式的限制下,投资者必须"选择加入"诉讼程序,需要承担主动起诉的成本,因而大量受侵害投资者选择"用脚投票",而不是寻求司法救济。

新《证券法》正视私人实施受到的制度束缚,完善了制度供给降低诉讼成本。该法第 95 条规定了代表人诉讼制度,在传统单独诉讼的基础上,增加了人数确定和不确定的"加入制"普通代表人诉讼以及"退出制"特别代表人诉讼,完善多层次证券民事诉讼体系。特别是该条第 3 款设计的由投资者保护机构主导的特别代表人诉讼,也被称为"中国版集团诉讼"。特别代表人诉讼的制度设计主要以精确赔偿投资者损失为目标,兼顾对违法行为人的制裁和威慑。

此后,《代表人诉讼若干规定》进一步放宽了适用普通代表人诉讼的前置条件,该规定第 5 条第 3 款仅要求原告提供证明违法行为的初步证据。该规定还设计了"默示加入、明示退出"的特殊程序规则,即投资者保护机构在受 50 名以上权利人的特别授权并作为代表人参加诉讼,未在公告期内明确表示不愿意参加诉讼的,则视为同意参加该代表人诉讼。"默示加入"规则避免投资者承担主动起诉的成本,解决了投资者集体行动困境的问题,显著提高了投资者损害赔偿的范围。最后,在特殊代表人诉讼启动后,投资者保护机构可以向证券登记结算机构调取的权利人名单,并在人民法院登记列入原告名单。通过不同公共机构的合作,提升了赔偿投资者的效率,保证在被告支付损害赔偿后能够精确分配给受到侵害的原告投资者。

美国通过集团诉讼的制度设计,解决了该国证券私人实施面临的集体行动困境问题。20 世纪 60 年代,《美国联邦民事程序规则》中的"规则 23"(Rule 23)详细规定了集团诉讼的要件,即"集团定义""人数众多""共同性""代表性"等。"规则 23(c)(2)"在规范集团组成时采纳了"默示加入"原则,即如果投资者不主动声明退出,则视为自愿加入集团诉讼。美国

① 参见肖建华:《群体诉讼与我国代表人诉讼的比较研究》,载《比较法研究》1999 年第 2 期。

证券集团诉讼主要由专业的证券律师推动,他们积极搜寻证券市场的潜在诉讼机会。当上市公司出现股票价格大跌的情况,律师即会梳理相关信息披露文件,找出涉及信息披露违规的可能事件。他们如果判断起诉存在预期收益,将主动联系适格原告并获得代理权。法院在收到起诉状后,将审查原告是否构成集团,一旦集团认证成立,法院即会向受侵害的投资者发出公告,以便他们主动退出。"默示加入"原则实现了集团诉讼的规模经济,减少了投资者的平均维权成本。

二、代理成本与滥诉风险

美国证券法私人实施机制面临的主要问题是代理问题导致的滥诉风险。证券民事诉讼的原告与代理律师之间存在大规模的代理成本,大部分受侵害投资者缺乏相关的专业知识,与代理律师和首席原告之间存在严重的信息不对称,他们在诉讼中会采取被动的策略。代理律师和首席原告成为推动和管理诉讼的主体。然而,美国集团诉讼风险代理的收费模式,激励代理律师追求最大化代理案件的数量、降低败诉的概率。证券律师倾向于滥用诉讼程序,以威胁上市公司寻求和解获得赔偿,不会考虑投资者和社会总体福利情况。证券集团诉讼案件似乎只有代理律师获得高昂的律师费,是绝对的获益者。投资者表面上看似赢得诉讼获得了赔偿,而实际上赔偿成本仍然由发行人承担,即最终成本仍然会落在股东身上,导致一部分股东赔偿另一部分股东的循环赔偿问题。而上市公司却疲于应对滥诉、扰诉的风险,融资成本显著增加,证券市场的竞争力和资本形成的能力随之降低。

美国证券民事诉讼领域的改革也主要围绕降低代理成本展开。1995年出台的 PSLRA 进行了以下改革:第一,限制首席原告资格。PSLRA 规定在诉讼中持有最大利益的原告作为"最适合的"首席原告,改变了此前"最先起诉原则",意图推动机构投资者成为首席原告,承担监督职责。第二,推迟证据开示环节。PSLRA 将证据开示程序推迟至审查驳回原告起诉环节之后,节约了被告应诉所需要承担的成本。第三,预测性信息安全港。为了鼓励发行人进行有益的披露,PSLRA 禁止针对预测性信息提起诉讼。上述措施限制了投资者提起证券集团诉讼的能力,降低了上市公司面临的滥诉、扰诉的风险。

与美国证券集团诉讼相比,我国证券扰诉、滥诉引起的代理成本较低。在新《证券法》实施以前,《2003 年虚假陈述若干规定》设置了行政前置程序,实际授权证监会"筛选"能进入司法程序的证券民事案件,最大限度地降低了滥诉、扰诉的风险。投资者只能提起单独诉讼或者公共诉讼，即投资者必须主动参与诉讼程序，因而也存在激励监督诉讼活动。而新《证券法》的修订虽然引入了特殊代表人诉讼制度，但投服中心却是由普通代表人诉讼转向特殊代表人诉讼的主要推动者。同时，投服中心作为特殊代表人诉讼的诉讼代表人，也可以有效控制滥诉、扰诉的风险。

第二节 证券民事诉讼的构成要件

一、证券欺诈行为

在美国证券民事诉讼中，原告和被告首先存在争议的问题为是否存在证券欺诈行为。在证券欺诈行为的判断问题上，“规则 10b－5”是原告援引率最高的规则。该规则对证券欺诈采取了较为宽泛的定义，将证券违法行为的认定要件进行了类型化规定，包括：(1)采用任何手段、图谋或伎俩进行欺诈；(2)对某重大事实作任何虚假的陈述，或不就某重大事实作出能使其所作陈述在当时情况下不具有误导性的必要说明；(3)参与任何与证券买卖相关、会或将会欺诈或欺骗他人的行动、操作或举措。[①]

我国证券法采取概括式和列举式相结合的方式规定了证券欺诈的主要类型，包括虚假陈述、内幕交易和市场操纵。其中，虚假陈述是指证券市场参与人违反证券法律义务性和禁止性的规定，在证券发行和交易过程中，作出背离事实真相的陈述和记载；或者在披露信息时发生重大遗漏、不正当披露信息的行为。[②]而内幕交易主要是指内幕人员或其他非法获取内幕信息的人员，以获取利益或减少损失为目的，自己或建议他人或者泄露内幕信息使他人利用该信息进行证券发行、交易的活动。[③]最后，市场操纵则是指行为人以不正当的方式操纵证券市场，影响或者意图影响证券交易价格或者证券交易量。

中美两国在认定证券欺诈行为方面存在显著差异。在我国证券民事诉讼中，审理法院对是否存在违法行为问题的判断，往往借助于证券监管机构的力量。虽然在立案登记制改革的大背景下，人民法院在受理投资者起诉阶段已经不再要求原告满足行政前置程序，但路径依赖效应导致行政机关的处罚决定仍然在民事诉讼中起到较大的作用。首先，证监会和证监

---

① See 15 U. S. C. A. § § 77－78.

② 参见叶林编著：《中国证券法》，中国审计出版社 1999 年版，第 386 页。

③ 参见杨亮：《内幕交易论》，北京大学出版社 2001 年版，第 128 页。

局作出的行政处罚决定书,会清晰地记录违法行为人以及违法行为的情节,包括具体行为类型、发生和持续时间、涉案金额和违法所得等内容。因此,如果原告在起诉阶段提交行政处罚决定书,该决定书即会作为被告存在违法行为的有力证据。其次,《代表人诉讼若干规定》规定,在适用代表人诉讼程序的案件中,原告需要提交被告存在违法行为的初步证据。初步证据在行政前置程序的基础上,扩大了人民法院认可的、可以证明存在违法行为的处罚类型,认可了非行政处罚、纪律处分或者自律管理措施的证明力。考虑到监管机关处罚决定的规范程度不断提高,上述处罚决定书都会明确记载违法行为相关的重要信息,因此也为民事审判程序提供了重要的裁判依据。

而反观美国证券集团诉讼,其一直与行政执法保持并行不悖的关系,司法机关并未将监管机构的处罚决定视为处理民事纠纷的先决条件。"企业家式的律师"在发现上市公司股价出现大幅度下跌时,即会寻求代理适格原告投资者向法院提起诉讼,并不会等待行政机关先行介入。当然,民事司法程序和行政执法程序并非完全隔绝,二者也存在"搭便车"效应。一方面,证券集团诉讼为 SEC 提供了案件信息,后者可能发起针对被告违法行为的行政执法程序;另一方面,当"企业家式的律师"注意到 SEC 的执法活动时,也会寻求提起集团诉讼。考虑到审理法院在处理民事纠纷时缺乏监管机构作出的处罚决定这一证据,美国"分散实施模式"使得审理法院必须对是否存在违法行为进行判断。然而,由于美国证券集团诉讼绝大部分都以和解的方式结案,审理法院在大多数情况下并不需要对是否存在违法行为进行裁决。①

二、主观要件

主观故意(scienter)也是认定构成证券欺诈的要件,是美国证券集团诉讼案件争议的焦点。20 世纪 50 年代,第二巡回法院在 Fischman 案中首先指出,原告必须证明欺诈行为是行为人在"知情的"状况下做出的。②但该观点遭受第九巡回法院的否认,其在 1961 年 Ellis 案中法院认为,"第 10(b)章"只规定使用"任何操纵方法或手段"违反证监会制定的规则即构成证券欺诈,无须满足故意要件。联邦最高法院在 Hochfelder 案中正式确立

① See Hillary A. Sale, *Judges Who Settle*. Washington University Law Review 89: 377 – 416 (2011).

② See Fischman v. Raytheon Manufacturing Co., 188 F. 2d 783 (2nd Cir. 1951).

了"主观故意"要件[①],该案判决书"著名的注释12"(famous note 12)写道[②]。尽管所使用的标准不完全相同,有许多上诉实质上均认为只要存在过失行为人即满足"第10(b)章"及"规则10b-5"规定的主观要件。但极少有判决裁定仅凭过失即认定构成证券欺诈之民事责任。联邦最高法院利用法律解释技术,从"第10(b)章"中解读出主观故意作为证券欺诈的基本要件。

联邦最高法院认为对"第10(b)章"的文义解释显示,该条将"操纵或欺骗"与"方法或手段"连用,表示是有意禁止"知情或故意的不法行为"(knowing or intentional misconduct)。此外,韦氏词典将"方法"这一语词定义为(有意的策划)devise或(构思)form、(一种手段)contrivance、(谎言)invention、(方案)project、(计划)scheme;通常是欺骗计划、(诡计)stratagem、(技巧)artifice。而"手段"则是指一个图谋的行为或用以达到图谋目的之行为,一种计划、策略或技巧。因此,联邦最高法院从文义解释的角度即认定违法行为人应当"故意"从事不法行为。

而从记载立法过程的史料来看,"第10(b)章"最初的起草版本使用了"方法或手段",而在最终版本被修改为"操纵的方法或手段"。[③]立法机关加入"操纵"一次明显是具有引入行为人主观故意的意思。

联邦最高法院从体系解释的角度,同样发现在以明文规定方式创造民事责任的条文中,都明确规定了违法行为人的主观要件。申言之,相关条文会说明违法行为人的主观状态应当是知情或有意,或过失,或全然无知的错误(innocent mistakes)。[④]第11章明文规定了以过失为基础的诉因,与"第10(b)章"中的文字表述有着鲜明的对比,故"第10(b)章"不应被扩张至过失行为,这样才能与立法目的相呼应。当然,即使联邦最高法院认为证券欺诈的主观要件必须达到"故意"的程度,但也有下级法院认为过失同样构成证券欺诈。例如,根据第七巡回法院的观点,若被告的主观意图构成严重过失时,同样也满足存在"主观故意"的要求。

尽管"规则10-b"将被告存在"主观故意"列为原告起诉的必要条件,但是原告无须在起诉阶段证明达到"极明确"(great specificity)的程度。

---

① See Ernst & Ernst v. Hochfelder, 425 U.S. 185 (1976).

② See Louis Loss, *Fundamentals of Securities Regulation* (2nd ed.). Boston: Little Brown & Co., p.780.

③ See Steve Thel, *The Original Conception of Section* 10(*b*) *of the Securities Exchange Act*. Stanford Law Review 42: 385-464(1990).

④ See 15 U.S.C. § § 77k, 77o, 77o; 15 U.S.C. § § 78; 78r, 78t.

原告所主张的事实只要是能够“强有力推论”（strong inference）得出欺诈意图即可。美国判例法采取了“双重证明测试法”（two－prong test）来判断严重过失行为是否满足“主观故意”要件：第一，证明被告有欺诈的“动机”（motive）及“机会”（opportunity）；第二，以“情节证据”证明严重过失或有意识的行为（conscious behavior）之存在。①

与美国相比，我国证券民事诉讼中主观要件的争议并不显著。以发生频率最高的信息披露违法行为导致的侵权纠纷为例。违法行为人面临的归责原则更为严格，主要存在无过错责任原则与过错推定原则两种归责原则。如新《证券法》第85条即对信息披露义务人科以严格责任。信息披露义务人未按照规定披露信息，或者公告的证券发行文件、定期报告、临时报告及其他信息披露资料存在虚假记载、误导性陈述或者重大遗漏，致使投资者在证券交易中遭受损失的，信息披露义务人应当承担赔偿责任。此外，该条还对在发行人和保荐人、承销证券公司处任职的直接责任人员科以过错推定责任。发行人的控股股东、实际控制人、董事、监事、高级管理人员和其他直接责任人员以及保荐人、承销的证券公司及其直接责任人员，应当与发行人承担连带赔偿责任，但是能够证明自己没有过错的除外。《2022年虚假陈述若干规定》对证券法所称“过错”作出了具体解释，包括：第一，行为人故意制作、出具存在虚假陈述的信息披露文件，或者明知信息披露文件存在虚假陈述而不予指明、予以发布；第二，行为人严重违反注意义务，对信息披露文件中虚假陈述的形成或者发布存在过失。总体来看，我国司法机关认为过错推定责任中的过错应当仅包括故意和重大过失的情形。

我国证券法对违法行为人的主观要件采取较为严苛的态度，也是基于证券市场的特点。随着证券市场的发展，欺诈行为日趋复杂、隐蔽，投资者在许多案件中存在严重的信息劣势，并且收集证据的能力和渠道也有限，由原告对被告的主观要件进行举证变得十分困难。在证券欺诈案件中采纳严格责任或过错推定原则，可以平衡当事人的举证能力，将举证责任与败诉风险分配给信息披露义务人或其他信息知悉人，实现保护弱势投资者利益的目的。这种对违法行为人主观要件的规定，符合虚假陈述民事责任的公平原则，合理地分配信息披露义务人与中小投资者的责任承担。

---

① See Beck v. Manufacturers Hanover Trust Company, 820 F. 2d at 50.

三、因果关系要件

通说认为源于英美法的因果关系二分法，包括事实因果关系和法律因果关系。[①]普通法上的事实因果关系也称"若无，则不"测试(but - for test)，即判断这样一个问题：如果没有被告的侵权行为，原告的损害是否会发生？普通法上的法律因果关系也称"近因关系"(proximate causation)，其用于判断损害赔偿的范围，被告应对其行为所导致的哪些结果负法律责任。[②]而在大陆法系中，责任成立因果关系对应事实因果关系，责任范围因果关系对应法律因果关系。在证券欺诈民事案件中，事实因果关系也被称为交易因果关系(transaction causation)，而法律因果关系也被称为损失因果关系(loss causation)。前者需证明投资者的投资决定是因为"信赖"欺诈行为而作出的，而后者则需证明原告的损失与被告违法行为与不当交易之间存在逻辑的必然性。

信赖是作为连接欺诈行为和损失的桥梁，是证明因果关系的重要要件。[③]在微观层面，原告需要承担举证信赖欺诈行为的责任。申言之，被告做出欺诈行为，原告遭受损害，并不足以让被告承担原告的损失。原告还应当证明自己的投资决策是信赖该欺诈行为而作出的。[④]如在 Pegram 案中，由于被告对原告的雇主作出有关原告的虚假陈述，导致原告被解雇；法院认为原告不能对被告提出欺诈诉讼的请求，因为原告并未受到被告的欺骗。[⑤]类似地，信赖要件将证明被告的欺诈行为与原告的损害之间具有因果联系。[⑥]信赖要件亦即要求原告必须小心地进行投资。[⑦]如果不必具备信赖要件，原告的损失将完全来源于投资风险。[⑧]

依据美国法，原告须证明其信赖具有正当性与合理性，前者可称为正当信赖(justifiable reliance)，后者可称为合理信赖(reasonable reliance)。

---

① 参见赵克祥：《论法律政策在侵权法因果关系判断中的作用——以英美侵权法之最近原因的分析为中心》，载《法律科学》2007 年第 4 期。

② See Richard W. Wright, *Causation in Tort Law*. California Law Review 73: 1737 - 1828(1985).

③ See Nicholas L. Georgakopoulos, *Frauds, Markets, and Fraud - on - the - Market: The Tortured Transition of Justifiable Reliance from Deceit to Securities Fraud*. University of Miami Law Review 49: 671 - 712(1995).

④ See John Goldberg, Anthony J. Sebok & Benjamin C. Zipursky, *The Place of Reliance in Fraud*. Arizona Law Review 48: 1001 - 1026(2006).

⑤ See Pegram v. Hebding, 667 So. 2d 696 (Ala. 1995).

⑥ See Freeman v. Laventhol & Horwath, 915 F. 2d 193, 197 (6th Cir. 1990).

⑦ See Dupuy v. Dupuy, 551 F. 2d 1005, 1014 (5th Cir. 1977).

⑧ See Ockerman v. May Zima & Co., 27 F. 3d 1151, 1162 (6th Cir. 1994)

正当信赖是指原告必须证明理性的人会相信陈述为真。如果经过最低程度的调查就可以发现真相,投资人就不能主张对证券欺诈行为存在正当信赖。[①] 法院认为正当信赖是必要的,因为正当信赖的要件要求原告必须谨慎投资、自担风险,使证券欺诈更容易被发觉,可以促进证券法反欺诈的政策目标。[②]当投资人的行为存在严重过失(recklessness)时,其信赖主张即不应当被视为正当。当原告有意地拒绝去调查、刻意地忽略其已知或显然应知的风险时,就构成严重过失。易言之,如果原告取得的信息已足以发现有欺诈行为存在,但却"对已知的风险闭上双眼"(closes his eyes to a known risk),即是存在严重过失的表现。[③]

认定投资人是否有严重过失致不构成正当信赖,应综合考量各种因素。法院在 Brown 案中总结了主要的判断因素:"第一,原告对金融及证券知识及专业程度;第二,有无经常的业务或个人关系;第三,有无取得相关的资讯;第四,有无受托人关系;第五,有无隐瞒欺诈行为;第六,有无机会发现欺诈;第七,是否存在由原告促成股票交易或试图加速交易的行为;第八,欺诈行为的特殊性。"[④]这八项因素已广为美国各巡回法院所援引。一般认为,审理法院需要系统考察此八项因素,权衡所有因素来判断原告的信赖是否正当。[⑤]此外,为了节约交易成本、降低不确定性,很多交易双方采取约定的方式,对未记载于最终书面协议中的陈述主张满足信赖要件作出限制。[⑥]

此外,合理信赖要求原告必须尽到一个理性的人,为保护自身利益将会采取的谨慎义务。大多数法院都认为合理信赖的要件是必须具备的,如第三巡回法院指出,欠缺合理信赖本质上属于积极抗辩(affirmative defense),被告应当举证证明原告的信赖不具合理性。[⑦]当然,也有学者反对法院允许被告提起"无合理信赖"(no reasonable reliance)抗辩。[⑧]法院对合理信赖的审查标准分为客观说和主观说两类。前者不考虑相关的因素,

① See Brown v. E. F. Hutton Group, Inc., 991 F. 2d 1020, 1032 (2nd Cir. 1993).

② See Banca Cremi, S. A. v. Alex. Brown & Sons, Inc., 132 F. 3d 1017, 1028 (4th Cir. 1997).

③ See Kennedy v. Josephthal & Co., Inc., 814 F. 2d at 805.

④ Brown v. E. F. Hutton Group, Inc., 991 F. 2d at 1032.

⑤ See David K. Lutz, *The Law and Economics of Securities Fraud: Section 29(A) and the Non-Reliance Clause*. Chicago-Kent Law Review 79: 803-809(2004).

⑥ See David K. Lutz, *The Law and Economics of Securities Fraud: Section 29(A) and the Non-Reliance Clause*. Chicago-Kent Law Review 79: 810(2004).

⑦ See Straub v. Vaisman & Co., 540 F. 2d 591, 598 (3d Cir. 1976).

⑧ See Robert Prentice, *Contract-Based Defenses in Securities Fraud Litigation: A Behavioral Analysis*. University of Illinois Law Review 52: 337-347(2003).

只检验被告的行为是否具备重大性，足以令理性的人对之产生信赖，一旦具备重大性则成立合理信赖。而后者认为原告必须尽合理的调查义务，才能主张其信赖为合理。[①]美国第八巡回法院是第一家主张原告必须首先尽到合理调查义务的法院。在具体裁判中，法院会考虑原告所具备的专业知识，若原告专业知识较不足，其应负的调查义务就较低。此外，若原告是交易的主动发起方，则必须尽较高的调查义务，才能主张合理的信赖。如果原告对公司状况十分了解或能通过其他渠道获得决策相关的信息，则信赖合理性不成立。

证券欺诈纠纷中每一位投资者单独证明信赖要件的难度较大、成本较高，显著增加了投资者的救济成本。美国最高法院逐渐在判例法中发展出"欺诈市场理论"，该理论强调欺诈行为对证券价格的影响，为投资者提供了从宏观层面间接地证明信赖要件的路径。1988 年，Basic, Inc. v. Levinson. 案[②]建立了一个可以被证伪的信赖推定（a rebuttable presumption of reliance），当原告主张证券的市场价格被欺诈行为扭曲，并且证券在有效市场交易时，所有信赖股价而进行决策的投资者，也间接信赖发行人的虚假陈述行为。[③]申言之，虚假陈述通过影响证券市场的价格形成机制间接影响了投资者决策。原告因此只需要能够证明他信赖自己买进或卖出证券的市场价格的真实性，就满足了证明自己是信赖欺诈行为而实施了交易。他因该交易所受损害与被告虚假信息披露之间即存在法律上因果关系。[④]该理论从考察单个投资者是否信赖虚假陈述行为，转换为考察虚假陈述是否影响市场机制，大幅度降低了举证责任，为证券集团诉讼的蓬勃发展奠定了基础。[⑤]

我国《2003 年虚假陈述若干规定》对因果关系进行了规定，但该要件的定义仍然存在不完善之处，包括：第一，没有区分交易因果关系和损失因果关系；第二，只规定了诱多型虚假陈述的因果关系可以被推定，没有规定诱空型虚假陈述的因果关系的推定[⑥]；第三，将揭露日或者更正日之前卖出

---

① See Comment, *Reliance under Rule 10b-5: Is the "Reasonable Investor" Reasonable?*. Columbia Law Review 72: 562-579(1972).

② See Basic, Inc. v. Levinson, 485 U. S. 224 (1988).

③ 参见于莹、潘林：《证券虚假陈述侵权责任中信赖推定之证成——欺诈市场理论局限性的克服》，载《法制与社会发展》2011 年第 2 期。

④ 参见焦津洪：《"欺诈市场理论"研究》，载《中国法学》2003 年第 2 期。

⑤ See Barbara Black, *Fraud on the Market: A Criticism of Dispensing with Reliance Requirements in Certain Open Market Transactions*. North Carolina Law Review 62: 435-473(1984).

⑥ 参见彭冰：《证券虚假陈述民事赔偿中的因果关系——司法解释的新发展评析》，载《法学论坛》2022 年第 5 期。

证券的投资者排除因果关系的推定过于严苛[①]。《2022年虚假陈述若干规定》回应了理论和实务界的批评，区分了交易因果关系和损失因果关系，并对诱空型虚假陈述因果关系的推定也作出了安排，同时规范了揭露日之前反向交易投资者的损失认定问题。

相比此前规定，《2022年虚假陈述若干规定》将因果关系要件类型化为两部分，第三节规定了"重大性及交易因果关系"，在第六节则规定了"损失认定"。第三节先行规定了重大性的认定条件（第10条），并在第11条规定当原告能够证明以下情况时，交易因果关系应当被认定成立：（1）信息披露义务人实施了虚假陈述；（2）原告交易的是与虚假陈述直接关联的证券；（3）原告在虚假陈述实施日之后、揭露日之前实施相应的交易行为，法院就可以推定原告的投资决定与虚假陈述直接的交易因果关系成立。当然，第12条进一步规定，被告可以从五个方面进行抗辩，包括：（1）原告的交易行为发生在虚假陈述实施前，或者在揭露之后；（2）原告在交易时知道或者应当知道存在虚假陈述，或者虚假陈述已经被证券市场广泛知悉；（3）原告的交易行为是受到虚假陈述实施后发生的上市公司收购、重大资产重组等其他重大事件的影响；（4）原告的交易行为构成内幕交易、操纵市场等证券违法行为；（5）原告的交易行为与虚假陈述不具有交易因果关系的其他情形。

第六节"损失认定"区分了在诱多型虚假陈述（诱导投资者买入）和诱空型虚假陈述（诱导投资者卖出）两种不同情况下，如何确定损失因果关系的损失计算方法。根据第27条有关诱多型虚假陈述中投资差额损失的计算方法，原告在实施日之后、揭露日之前买入，在揭露日之后、基准日之前卖出的，按照买入股票的平均价格与卖出股票的平均价格之间的差额，乘以已卖出的股票数量；在基准日之前没有卖出的，按买入股票的平均价格与基准价格之间的差额，乘以未卖出的股票数量。对于诱空型虚假陈述，第28条规定原告的投资差额损失的计算方法为原告在实施日之后、揭露日之前卖出，在揭露日之后、基准日之前买回的股票，按买回股票的平均价格与卖出股票的平均价格之间的差额，乘以买回的股票数量；原告卖出但未在基准日之前买回的股票，按基准价格与卖出股票的平均价格之间的差额，乘以未买回的股票数量。同时，《2022年虚假陈述若干规定》要求法院查明虚假陈述与原告损失之间的因果关系，以及导致原告损失的其他原

① 参见黄家镇：《论证券交易欺诈因果关系之认定——对法释〔2003〕2号规定的反思性解读》，载《企业经济》2008年第11期。

因等案件基本事实,以更为精确地确定赔偿责任范围。

易言之,上述模型计算出来的投资差额只是原告的损失,但被告并非一定要赔偿所有损失,其赔偿范围仅限于原告因被告欺诈行为而导致那部分损失。被告的抗辩理由包括,原告的损失部分或者全部是由他人操纵市场、证券市场的风险、证券市场对特定事件的过度反应、上市公司内外部经营环境等其他因素所导致的。对于在揭露日之前,原告即卖掉股票(在诱空型虚假陈述中)或者买入股票(在诱多型虚假陈述中)并受有损失的,需要结合具体案情进行分析判断,不能一概而论拒绝其赔偿请求。此外,《2022 年虚假陈述若干规定》第 30 条还对证券公司、基金管理公司等机构投资者的损失计算方式作出规定,隐含承认了机构投资者也适用推定因果关系,符合欺诈市场理论的基本原理。①

四、重大性要件

"重大性"要件被视为证券欺诈案件的准入标准。1976 年,美国最高法院在 TSC Industries, Inc. v. Northway, Inc. 案件中,首次界定了《1934 年证券交易法》"第 14(a)条"和"规则 14(a)-9"规定的"重大性"要件。②上述条文涉及义务人在委托投票书(proxy)中应当对重大事实作出说明。美国最高法院认为界定"重大性"要件需要平衡两方面政策目标,既使投资者得到决策所需的全部信息,以保障其理性的决策;又必须防止过分加重义务人的披露成本。法院必须谨慎行事以防过低设置"重大性"门槛,否则大量琐碎无意义的信息涌入市场,将导致市场信息过剩,不利于投资者有效处理投资信息。因此,"重大性"要件的判断标准被概括为,"存在一种实质可能性,一个理性的投资者会认为被遗漏信息的披露将显著改变现有信息的全局"③。由此可见,美国最高法院拒绝就"重大性"要件判断标准进行"黑白分明"(bright-line test)的规定,而倾向于在个案事实调查分析的基础上,具体判断特定事实是否满足"重大性"标准。

在 1988 年,美国最高法院通过 Basic Inc. v. Levinson 案,将 TSC Industries, Inc. v. Northway, Inc. 案件中的"重大性"标准,推广至涉及"第

① 参见彭冰:《证券虚假陈述民事赔偿中的因果关系——司法解释的新发展评析》,载《法学论坛》2022 年第 5 期。

② See Basic Inc. v. Levinson, 485 U. S. 244 (1988).

③ 陈剑玲:《美国证券欺诈起诉标准的新发展——以 Matrixx v. Siracusano 案为中心》,载《证券市场导报》2012 年第 6 期。

10(b)章”和“规则 10b－5”的案件中。[①] Basic 案所涉及的争议为关于合并协议的初步讨论是否属于“规则 10b－5”规定的“重大性”事件范围。被收购的目标公司 Basic 在参与合并谈判的同时,还三次发布新闻声称其对任何与公司并购有关的事件并不知情。在 Basic 发布该新闻之后出售股票的股东随后提起诉讼,主张 Basic 的声明违反了“规则 10b－5”,属于虚假陈述行为。美国最高法院在该案中再次强调“重大性”要件应结合个案具体情境和事实决定,认为采纳预先设置的标准必然会造成适用范围的过宽或过窄(over or under inclusive)。尽管 Basic 案判决是针对合并交易而作出的,但是其随即被下级法院在证券欺诈案件中广泛引用,成为界定“第 10(b)章”和“规则 10b－5”中“重大性”标准的重要依据。

巡回法院曾进一步结合不同行业的特点,发展出更为具体的标准来判断特定信息是否满足“重大性”标准。例如,医药公司往往会收到一些有关药品副作用的报告,其面临的问题是无论该报告是否足以证明药品和负面作用之间的联系,在收到类似的报告时是否都必须披露。第二巡回法院在 Carter－Wallace 相关案件中首创了“统计意义”标准。[②]该案起因于药物使用的副作用,被告公司在意识到一些用户使用其药品后出现贫血症状后,仍在药物杂志上刊登关于药物安全的广告,原告因此起诉被告公司存在违反“规则 10b－5”的欺诈行为。第二巡回法院在判断药品副作用的报告是否满足“重大性”要件时,将报告是否具有“统计意义”引入司法裁判。所谓“统计意义”,是指两个或多个事件同时出现是基于偶然还是非偶然关系。如果事实证明没有统计意义,则说明两个事件之间不太可能存在关联。同时,不具有统计意义的信息对于投资者的决策一般不具有实质影响。因此,如果关于负面影响的报告数量较少或者不足以证明药品和负面作用之间的联系,该报告就不具有统计意义,在药物使用和负面影响之间就不具有关联性。第二巡回法院考虑到医药行业的特殊性,药品副作用可能会随机发生,但不能仅因为“少数随机发生的负面事件而影响到药品潜在的真正价值”。该法院认为关于副作用的报告不满足“重大性”要件,除非该报告达到一定数量并能够证明药品与副作用之间存在“统计意义”的相关关系。[③]

我国《2022 年虚假陈述若干规定》将价格或交易量的影响作为判断

---

① See In re Carter－Wallace, Inc. Sec. Litig., 150 F.3d 153 (2nd Cir. 1998).

② See In re Carter－Wallace, Inc. Sec. Litig., 220 F.3d 36 (2nd Cir. 2000).

③ 参见陈剑玲:《美国证券欺诈起诉标准的新发展——以 Matrixx v. Siracusano 案为中心》,载《证券市场导报》2012 年第 6 期。

“重大性”要件的关键标准。尽管第10条第1款和第2款将法律法规规定的重大事件视为当然满足“重大性”标准，该条还进一步规定，“虚假陈述的实施、揭露或者更正导致相关证券的交易价格或者交易量产生明显的变化”。当然，第10条第1款和第2款规定的当然满足“重大性”标准的事件，也可以被反驳性证据推翻，即被告“有证据表明虚假陈述并未导致相关证券交易的价格或数量明显变化”。申言之，《2022年虚假陈述若干规定》将证券价格和(或)交易量的显著变化视为判断“重大性”标准的核心标准。总体来说，在对重大性的认定上，《2022年虚假陈述若干规定》明确了交易价格和交易量的核心判断地位。

第三节 证券民事诉讼程序

一、路径依赖与证券民事诉讼程序

(一)证券民事诉讼程序的制度起点

中美两国证券民事诉讼程序受到路径依赖效应的影响。从制度历史沿革来看，两国证券民事诉讼制度的发展起点存在显著的差异。美国证券市场遵循自由放任的发展思路，在20世纪初期证券业呈现无序竞争的局面，证券欺诈和投机现象十分严重，并最终引发了1929年的大萧条危机。美国国会随后出台《1933年证券法》和《1934年证券交易法》作为规范证券发行和交易欺诈的基本规则。虽然美国证券法属于联邦立法，早期证券法的私人实施仍然分散于各州层面。《1933年证券法》在早期允许原告自由选择向州法院或联邦法院起诉，并禁止将在州法院提起的案件移送到联邦法院。[①]而《1934年证券交易法》则规定只有联邦法院有权受理关于证券交易欺诈的诉请。当然，有关联邦法院管辖权的差异化规定，也使证券集团诉讼的程序设计复杂化。[②]

考虑到证券案件具有“小额、多数”的特点，单个投资者起诉的赔偿金收益可能远低于其所付出的高昂的诉讼成本[③]，美国最高法院于1966年修改了FRCP，第23条确定了退出制(opt – out)的集团诉讼规则。但彼时，集团诉讼还没有被广泛应用于证券欺诈民事案件，当时法律规定每位参诉股东都必须证实股票买卖与被告欺诈行为之间的因果关系，增加了证券集

① See Securities Act of 1933, S22.

② See William B. Snyder, Jr, *The Securities Act of* 1933 *after SLUSA*: *Federal Class Actions Belong in Federal Court*. North Carolina Law Review 85: 669 – 673(2007).

③ See In re VMS See. Litig., 136 F. R. D. 466 (N. D. Ⅲ. 1991).

团诉讼的障碍。20 世纪 70 年代，随着判例法确立了市场欺诈理论，法院无须在微观上单独审查原告股东的“信赖”问题，而是从宏观上认定欺诈行为引起证券价格扭曲进而欺诈投资者。该理论建立了欺诈与交易的因果关系，为证券集团诉讼扫清了障碍。①

我国建立证券市场的时代背景正处于从计划经济向社会主义市场经济转型时期，证券市场建立的初衷在于帮助国有企业获取外部融资。在国有上市公司占据主导的证券市场，证券民事诉讼往往意味着国有企业向投资者进行赔付，因此，程序设计并未考虑到证券欺诈纠纷的特点和投资者寻求救济的成本。最高人民法院考虑到法院系统缺乏处理该类案件的经验，曾要求下级法院暂停受理因证券欺诈引发的民事纠纷。随后，最高人民法院在《2002 年通知》第 4 条规定：“对于虚假陈述民事赔偿案件，人民法院应当采取单独或者共同诉讼的形式予以受理，不宜以集团诉讼的形式受理。”《2003 年虚假陈述若干规定》第 12 条则进一步指明：“本规定所涉证券民事赔偿案件的原告可以选择单独诉讼或者共同诉讼方式提起诉讼。”最高人民法院在初始的诉讼程序设计上，并未采取对群体诉讼较为友好的规则。

《2003 年虚假陈述若干规定》第 13 条规定了立案后的程序，即“多个原告因同一虚假陈述事实对相同被告提起的诉讼，既有单独诉讼也有共同诉讼的，人民法院可以通知提起单独诉讼的原告参加共同诉讼。多个原告因同一虚假陈述事实对相同被告同时提起两个以上共同诉讼的，人民法院可以将其合并为一个共同诉讼”。上述规定在功能上与人数确定的代表人诉讼并无显著差异。无论是单个原告参加共同诉讼还是多个共同诉讼合并成一个诉讼，目的都是把同类型的单个案件合并起来，最终形成一个原告人数众多的“共同诉讼”。②所谓的“共同诉讼”实质上就是当时的《民事诉讼法》第 54 条规定的人数确定的代表人诉讼。③当然，《2003 年虚假陈述若干规定》并未承认当时的《民事诉讼法》第 55 条规定的人数不确定的代表人诉，因为其要求“原告人数应当在开庭审理前确定”。

（二）程序滥用与保护不足问题

美国证券集团诉讼机制对投资者较为友好，降低了救济成本，但也增

① See James D. Cox, *Making Securities Fraud Class Actions Virtuous*. Arizona Law Review 39: 497 - 524(1997).

② 参见陈巍、唐晓春、高治国：《证券虚假陈述赔偿诉讼的创新与评价——最高人民法院〈若干规定〉有关证券侵权赔偿规定评析》，载《现代财经 - 天津财经大学学报》2009 年第 2 期。

③ 参见章武生：《论群体诉讼的表现形式》，载《中外法学》2007 年第 4 期。

加了程序被滥用的风险。20世纪80年代末,“一些专门代理原告提起证券欺诈集团诉讼的律师事务所被指责从事一系列有争议的执业行为,包括利用职业原告,提交一模一样的复印件起诉状,以及在公司新闻发布会宣布出现意想不到的利润下滑后立即奔跑到法院争取首先起诉”①。除此之外,根据FRE,即使原告在起诉时证据不足,其也有权依据证据开示的相关规则要求被告提供与案件有关的全部资料,从而获得对己有利的证据。考虑到巨额的证据开示成本和漫长诉讼给公司经营带来的成本,被告公司往往被迫选择和解结案。然而,和解结案最终会损害原告集团的利益。从统计数据来看,此类案件中原告集团成员的回报通常很低,不到其主张赔偿额的两成,但代理律师的律师费往往占据了和解金的三成。此外,创新型高科技公司成为证券集团诉讼攻击的主要对象,这类公司的股价波动率较高,有关其盈利前景的预测性信息不确定性较大,面临的滥诉风险更高。

投机性集团诉讼泛滥给美国上市公司造成沉重的打击,降低了证券市场的吸引力和资本形成能力,最终影响了美国整体经济的发展。为了遏制被滥用的证券集团诉讼程序、恢复公众对资本市场的信心,美国国会在1995年通过了PSLRA②。该法对《1933年证券法》和《1934年证券交易法》的相关规则进行了实质性的修改,通过提高程序性要求来遏制对社会无益的证券集团诉讼。PSLRA推动的改革主要集中在三个方面:第一,提高了证券欺诈的证明标准,改变了起诉、证据开示、故意、因果关系和赔偿金等方面的规则;第二,鼓励机构投资者取代个人投资人担任集团诉讼的原告,以有效约束律师在证券集团诉讼中的机会主义行为;第三,增强法院对律师的监督,要求法官审查律师与其客户之间可能存在的不当行为以及律师费。

但PSLRA也存在漏洞,即仅适用于在联邦法院提起的证券集团诉讼,因此原告律师很快发现可以通过在州法院起诉而规避相关规定。州证券法和普通法可以提供类似于《1934年证券交易法》的救济途径。因此,集团诉讼原告争相转向州法院提起诉讼。原告这种“择地而诉”的行为显著地削弱了PSLRA抑制程序滥用的政策目标。斯坦福法学院证券集团诉讼

---

① Richard M. Phillips & Gilbert G. Miller, *The Private Securities Litigation Reform Act of* 1995: *Rebalancing Litigation Risks and Rewards for Class Action Plaintiffs, Defendants and Lawyers.* Business Lawyer 51: 1009－1070(1996).

② See James A. Kassis, *The Private Securities Litigation Reform Act of* 1995: *A Review of Its Key Provisions and An Assessment of Its Effects at the Close of 2001.* Seton Hall Legislative Journal 26: 119－150(2001).

清算中心（Stanford Law School Securities Class Action Clearinghouse）1997年发布的报告显示，“在联邦法院提起的证券欺诈集团诉讼减少了约三分之一，但是在州法院一级有几乎相同数量的增长”①。美国会认为针对那些涉及跨州的证券交易提起的证券欺诈集团诉讼，必须制定全国统一适用的标准，并于1998年制定了SLUSA，有效抑制了通过“择地而诉”滥用证券集团诉讼的行为。

而我国证券民事诉讼程序改革方向是逐步降低投资者维权成本，提供多元化的救济途径。如2016年5月25日，最高人民法院和中国证监会联合出台了《关于在全国部分地区开展证券期货纠纷多元化解机制试点工作的通知》，鼓励各地方人民法院建立证券期货类民事纠纷的示范判决机制，强调了证券业协会等试点调解组织以及示范判决机制在证券期货类民事纠纷中应发挥的作用。投服中心作为证监会直接管理的证券金融类公益机构，其以保护中小投资者的利益为基本职责。2016年7月，投服中心接受了14名中小证券投资者的委托，在上海市第一中级人民法院向匹凸匹金融信息服务（上海）股份有限公司及相关责任人提起了全国首例证券支持诉讼，投资者总计获得233余万元的损害赔偿。②此外，投服中心参与的示范判决也为解决大规模投资者损害赔偿问题提供了创新性解决方案。2019年11月8日，最高人民法院发布《九民纪要》，提出一些人民法院已经对部分案件进行了合并审理、在示范判决的基础上进行调解等改革。有条件的地方人民法院在总结审判经验的基础上，可以选择个案开展人数不确定的代表人诉讼。

新《证券法》大幅放松了投资者在证券民事诉讼中面临的程序性束缚。首先，第95条创设了多层次的证券民事诉讼体系，包括第1款规定了人数确定的代表人诉讼，第2款规定了人数不确定的代表人诉讼，而第3款则规定了“默示加入、明示退出”的特别代表人诉讼制度，也被称为“中国版集团诉讼”。随后，最高人民法院颁布了《代表人诉讼若干规定》，确认了普通代表人诉讼的依据是当时的《民事诉讼法》第53条和第54条规定，特别代表人诉讼的依据是《证券法》第95条第3款规定，进一步明确了民事诉讼法层面的规则。差异化的证券民事诉讼程序考虑到了违法行为危害性和受侵害投资者范围的不同，进一步完善了证券集体诉讼制度，为

---

① Joseph A. Grundfest & Michael A. Perino, *Securities Litigation Reform: The First Years' Experience*. Securities Class Action Clearinghouse（1997）.

② 参见《投服中心全国首例证券支持诉讼一审胜诉14名投资者全部获赔》，载搜狐网，https://m.sohu.com/a/141841026_114731，最后访问时间：2022年9月15日。

投资者提起和参加诉讼提供了便利，同时也平衡了司法诉讼成本。该司法解释制定了普通代表人诉讼和特别代表人的诉讼程序，并进行细化规定，包含先行审查、代表人的推选、审理与判决、执行与分配等方面。其次，回应了代表人诉讼中的难题，比如代表人诉讼的启动条件、代表人的推选方式和权限范围、调解协议草案和重大诉讼事项的审查、代表人放弃上诉的处理、一般代表人与特别代表人诉讼的转换机制等。最后，该规定充分发挥投保机构和证券登记结算机构的作用，通过信息化技术手段开展工作，提高审判的公正性、高效性和透明度。

在鼓励投保机构介入证券民事诉讼维护投资者权益方面，中国证监会出台了《关于做好投资者保护机构参加证券纠纷特别代表人诉讼相关工作的通知》，明确"投保机构"是指投服中心和中国证券投资者保护基金有限责任公司。同时，该通知也规定了投保机构介入案件的基本标准，即在具有一定偿付能力的被告或者有前置程序的案件上进行试点诉讼。投服中心随后发布了《中证中小投资者服务中心特别代表人诉讼业务规则（试行）》，明确了投服中心参加特别代表人诉讼的程序，主要包括内部决策和具体实施两个阶段。就内部决策流程来看，投服中心将遵循案件的研判、评估、决策，并按规定向证监会报告程序。在具体实施中，投服中心将充分与证券登记结算机构、法院等各方进行沟通，及时通报监管机构。

二、中美证券民事诉讼的准入条件

中美两国都对证券民事诉讼案件的受案范围进行了相关规定，主要包括适格当事人、违法行为类型、集团成立条件等方面。"集团确认"是美国法院将案件作为证券集团诉讼进行审理的前提。按照 FRCP 规定，集团诉讼必须符合第 23 条（a）款的所有"先决条件"，并且满足第 23 条（b）款的任意一个"维持条件"，才会被法院接受作为集团诉讼处理。考察诉讼请求是否满足这两方面的条件，是判断集团诉讼能否成立的法定标准。FRCP 第 23 条（a）款以列举方式规定了集团诉讼必须具备以下"先决条件"，第一，"众多性"即指集团成员人数众多。立法并没有明确规定多少才足以成为众多，而是由法官结合个案情况具体决定，无须集合所有成员。一些案件中，法院认为 300 名原告尚不符合该条件，而在另一些案件中则认定 25 名原告即足以组成集团。第二，"共同性"，指集团成员面临共同的法律或事实问题。倘若集团诉讼的各个成员，对于案件的法律或事实问题难以达成共识，就不应适用集团诉讼。第三，"典型性"，即诉讼代表人的诉讼请求或抗辩在整个当事人集团中具有代表性。若该诉讼代表人在集团诉讼中拥有的权益不具有典型性，该代表人就缺乏成为代表人的资格，不能成为诉讼代表人。第四，"代表的充分性"即指诉讼代表人能够公正且充分地维护整个集团的利益。判断诉讼代表人是否具有充分性，主要从以下两个方面考虑，一是诉讼代表人必须与其他集团成员有着共同的利益，二是诉讼代表人必须通过合适的律师有力地维护集团利益。①

"维持条件"是指证券集团诉讼被法院受理后，其仍要进一步审查案件事实，才能决定是否以集团诉讼的方式审理案件。根据美国 FRCP 第 23 条的规定，必须满足"维持条件"才可以适用集团诉讼程序，若集团成员单独提起诉讼或应诉可能导致以下风险：第一，对集团个别成员所作的不一致甚至相反的判决，将导致集团对方当事人的行为标准相互矛盾；第二，对个别集团成员的判决会处分其他非判决成员的利益，或损害他们保护自己利益的能力。集团诉讼的方式将更利于法院对争议进行公正、有效的判决。虽然 FRCP 第 23 条的精神实质在于促进集团诉讼，但是其中的维持条件规定得过于严格，也对证券集团诉讼产生制约。

回顾我国证券民事诉讼的历史，准入条件经历了"驳回起诉"、"暂不受理"、"有条件受理"和"全面放开"四个阶段。②在"有条件受理"阶段，最高人民法院在《2003 年虚假陈述若干规定》中设置了两项准入条件：第一，起诉的案件必须是因虚假陈述引发的民事侵权纠纷案件；第二，投资者需满足行政前置程序。此外，人民法院只能采取单独诉讼或共同诉讼的形式进行受理，不宜受理以集体诉讼的形式提起的诉讼。上述程序性规定有两方面的目的：第一，设置了筛选机制，防止大量案件的涌入，从而影响审判质量；第二，降低了原告在起诉阶段举证难的问题。

而在"全面放开"阶段，立案登记制改革和新《证券法》第 95 条确立了多层次的证券民事诉讼体系，包括单独诉讼、普通代表人诉讼和特别代表人诉讼。首先，违法行为类型扩展至所有证券违法行为。投资者不仅可以就虚假陈述违法行为提起民事诉讼，还可以就内幕交易、市场操纵以及其他证券违法行为提起民事诉讼。其次，投资者的诉权不再受到任何限制，可以对信息披露义务主体的违法行为提起单独诉讼，当然，法院仍然会实施审查起诉。最后，投资者启动代表人诉讼的门槛显著降低。根据《代表人诉讼若干规定》的规定，投资者仅需掌握违法行为的初步证据，即可以提起普通代表人诉讼。而当违法情节较为严重、损害范围较广时，也即信息

① 参见[美]史蒂文·苏本等：《美国民事诉讼的真谛》，蔡彦敏、徐卉译，法律出版社 2002 年版，第 398 页。

② 参见傅长禄主编：《证券民事赔偿诉讼》，法律出版社 2003 年版，第 20 页。

披露义务主体受到行政处罚的情况下，投服中心可以介入启动特别代表人诉讼。上述代表人诉讼程序可以显著降低投资者的维权成本。

中美两国在设置证券民事诉讼准入条件时，都需要平衡投资者保护和滥诉风险。美国 FRCP 规定的“维持条件”比较严格，但美国法院对证券集团诉讼的准入条件更为宽泛。我国自新《证券法》施行后，代表人诉讼制度在实际运行中已经大幅度缓解了此前的制度束缚，证券民事诉讼的数量和强度都大幅度上升。

三、管辖规则

美国证券集团诉讼的管辖规则改革主要围绕联邦法院和州法院的管辖权展开。美国联邦层面和各州层面都存在证券法，联邦与州之间、不同州之间在法律规则与裁判标准方面存在较大差异，给上市公司带来了极高的诉讼成本。PSLRA 的改革措施主要是针对在联邦法院提起的证券集团诉讼，原告及其律师为了规避适用更为严格的审查规则，而转向到州法院起诉。在此背景下，美国国会在 1998 年通过了 SLUSA，该法进一步明确了联邦法院的管辖范围。SLUSA 规定，只要原告主张的核心欺诈行为属于“第 10(b)章”的范围，联邦法院就享有独占性的管辖权，此类案件将一律移送到联邦法院进行审理。但是，SLUSA 对管辖权的限制性规定，仅适用于那些针对全国发行交易证券的集团诉讼。SLUSA 还规定若一个发行人有任何证券在全国上市交易，则它所有的证券都免于在州法院被提起反欺诈集团诉讼。但如果发行人的证券未在全国证券市场上市交易，也即发行规模较小的股票，那么其仍受州法院诉讼管辖。①

此后，美国国会为了进一步规范集团诉讼，出台了《2005 年集团诉讼公平法》(The Class Action Fairness Act of 2005, CAFA)。该法首次确立了联邦法院对集团诉讼的初始管辖和移送管辖。适用初始管辖，必须满足以下两个条件：第一，案件累积争议金额超过 500 万美元；第二，有一名原告与任一被告来自不同的国家或州。而移送管辖是规范集团诉讼在州和联邦法院之间转移的规则。对于那些在州法院提起的合格的州际集团诉讼，当被告提出移送请求时，都必须将其移送到联邦法院审理。该法案创设了新的移送规则，主要内容包括以下三点：第一，申请主体。任何一名被告都可以申请，其有权不经其他被告的同意，且不受“具有最初起诉地法院所在州籍则不得移送”的限制。第二，申请期限。移送申请不受“起诉后一年

① 参见任自力等：《证券集团诉讼国际经验 & 中国道路》，法律出版社 2008 年版，第 100 页。

内提起申请的期限”限制。第三，上诉问题。对于联邦地区法院作出接收或拒绝接收移送的裁决，申请人可以上诉，联邦上诉法院可以受理此类上诉。SLUSA 和 CAFA 都在维护联邦法院对州际集团诉讼的管辖权，这有利于一致地适用证券法、减少被告的诉讼成本。

我国的证券民事诉讼的管辖问题主要涉及地域管辖和专业法院管辖。我国最高人民法院和地方法院在裁判时适用统一的证券法规则和裁判标准。因此，最高人民法院和地方法院之间不存在管辖权的竞争。《2003 年虚假陈述若干规定》第 3 条规定，证券虚假陈述侵权民事赔偿案件，由发行人住所地的省、自治区、直辖市人民政府所在的市、计划单列市和经济特区中级人民法院或者专门人民法院管辖。由被告所在地的中级人民法院或者专门法院管辖固然节约了被告的应诉成本，降低了滥诉、扰诉对上市公司的侵扰，但由于上市公司往往是地方经济发展的重要贡献者，司法机关可能存在一定的地方保护主义倾向。当然，在被告所在地法院管辖的一般规定基础上，《代表人诉讼若干规定》第 32 条设置了特殊的管辖移送规则，即当普通代表人诉讼转变为特别代表人诉讼时，如果先受理的人民法院不具有特别代表人诉讼管辖权的，应当将案件及时移送有管辖权的人民法院。而根据该规定第 2 条，特别代表人诉讼由涉诉证券集中交易的证券交易所、国务院批准的其他全国性证券交易场所所在地的中级人民法院或者专门人民法院管辖。申言之，考虑到特别代表人诉讼违法行为的严重性和受侵害的投资者数量众多，最高人民法院改变了被告所在地的一般管辖规则，而由具有相对独立性和专业性的证券交易所、国务院批准的其他全国性证券交易场所所在地的中级人民法院或者专门人民法院管辖。

总体来看，美国证券集团诉讼管辖规则不断动态调整联邦法院和州法院的权力划分。PSLRA 对证券集团诉讼设置了更高的标准，而原告及其律师在州法院的策略性起诉行为规避了美国国会的立法目的。随后，美国国会出台 SLUSA，严格限制了在州提起诉讼的情况。同时，CAFA 进一步严明了联邦法院对证券集团诉讼的管辖权。当然，这种对州管辖权的限制也面临一些批评，主要包括破坏了州法院的权力和独立、增加联邦司法系统的负担、破坏联邦与州法院系统间的平衡等。而我国《2003 年虚假陈述若干规定》的管辖规定更加注重原告和被告利益的平衡，注重对滥诉、扰诉的限制。新《证券法》出台后，新的管辖规则通过引入专门法院和对特别代表人诉讼的集中管辖，降低了在重大案件中地方保护主义的影响，提高了对投资者利益的保护。

四、诉讼代表人

由于证券纠纷群体诉讼中原告数量众多，所有受到侵害的投资者都出庭参与诉讼并不符合经济和效率原则。通常情况下，诉讼代表人将作为集团的代表参与处理各项事务。美国证券集团诉讼代表人是推动和监督诉讼程序的重要主体，具有双重身份，既是当事人，又是诉讼代理人。作为诉讼代理人，其获得集团成员的充分授权，可以代表集团与被告进行和解。FRCP 第 23 条规定，诉讼代表人的请求或抗辩在集团中应该具有代表性，代表人能公正地维护整个集团的合法利益。因此，只要没有相反证据，美国证券集团诉讼的诉讼代表人通常由最先提起诉讼的当事人担任。

PSLRA 从以下方面提高了诉讼代表人的标准：第一，以“最充分原则”取代“最先原则”，即诉讼代表人应当是最能够代表和维护集团利益的主体，通常也是最大经济利益的主体。第二，要求作为诉讼代表人的当事人已经提起诉讼，或对相关集团诉讼的初期通知作出了回应。第三，要求作为诉讼代表人的当事人证明其能够最充分地保护集团利益。第四，满足“最充分原则”的原告，应当具备挑选和监督代理律师的能力，保障其代理质量。第五，限制“职业原告”作为诉讼代表人，一方主体在 3 年内不得担任超过 5 次集团诉讼的诉讼代表人。在“最充分原则”的指导下，美国法院逐渐形成了两个方面的潜规则，即机构投资者通常担任首席原告和根据投资者经济利益的规模来确定诉讼代表人。

此外，诉讼代表人的选任需经审理法院审查和任命。当法官认为诉讼代表人不能尽其职守，或不再拥有利益，或存在其他不适合担任诉讼代表人的情况时，可以终止其诉讼代表人的身份，并确定集团其他成员作诉讼代表人。同时，为了保护集团成员的利益，集团成员拥有对首席原告的监督权和法庭的撤换权。若认为诉讼代表人不能充分地代表集团成员的利益，集团成员可在集团诉讼期间对其资格提出异议或者要求撤换该诉讼代表人，法院在审查集团成员的请求后，可以撤换代表人。

而在我国代表人诉讼中，诉讼代表人的选任条件主要受到《代表人诉讼若干规定》第 12 条的规范，即代表人应当符合以下条件：(1) 自愿担任代表人；(2)拥有相当比例的利益诉求份额；(3)本人或者其委托诉讼代理人具备一定的诉讼能力和专业经验；(4)能忠实、勤勉地履行维护全体原告利益的职责。依照法律、行政法规或者国务院证券监督管理机构的规定设立的投资者保护机构作为原告参与诉讼，或者接受投资者的委托指派工作人员或委派诉讼代理人参与案件审理活动的，人民法院可以指定该机构为代表人,或者在被代理的当事人中指定代表人。申请担任代表人的原告存在与被告有关联关系等可能影响其履行职责情形的,人民法院对其申请不予准许。

从代表人诉讼的类型来看,诉讼代表人的选任规则存在一定差异。在人数确定的代表人诉讼中,代表人的推选方式包括由全体当事人推选共同的代表人,或由部分当事人推选自己的代表人,并在起诉书中就代表人的推选情况作出专项说明。若当事人推选不出代表人,必要共同诉讼的当事人可以由自己参加诉讼,普通共同诉讼的当事人可以另行起诉。在人数不确定的代表人诉讼中,代表人的推选方式由《民事诉讼法》第 57 条和《最高人民法院关于适用〈中华人民共和国民事诉讼法〉若干问题的意见》(已失效)(以下简称《民事诉讼法意见》)第 61 条来确定。第一,由参加登记的当事人进行推选;第二,在推选无果的情况下,先由法院提出人选,再与参加登记的当事人商定代表人,或者由法院直接指定代表人。在登记期间向人民法院登记的权利人对拟任代表人人选均没有提出异议,并且登记的权利人无人申请担任代表人的,人民法院可以认定由该 2~5 名人选作为代表人。而对于特别代表人诉讼,投资者保护机构作为诉讼代表人参与诉讼,承担了主要的推动诉讼程序和监督诉讼活动的责任。

《代表人诉讼若干规定》第 14 条第 2 款规定了选举代表人的具体程序:代表人的推选实行一人一票,每位代表人的得票数应当不少于参与投票人数的 50%;代表人人数为二至五名,按得票数排名确定,通过投票产生二名以上代表人的,为推选成功;首次推选不出的,人民法院应当及时组织原告在得票数前五名的候选人中进行二次推选。第 15 条进一步对未能成功选举代表人的情况进行规范,"依据前条规定推选不出代表人的,由人民法院指定。人民法院指定代表人的,应当将投票情况、诉讼能力、利益诉求份额等作为考量因素,并征得被指定代表人的同意"。

证券欺诈纠纷往往涉及大量投资者,诉讼代表人作为群体代表推动诉讼程序、监督诉讼过程,对保障投资者利益具有重要的影响。中美两国都对诉讼代表人的任职条件和选任程序进行了详尽的规定,但两国的侧重点不一样。美国集团诉讼完全由私主体主导,因此存在代表人利益与集团利益冲突的情况。诉讼代表人的选任条件和程序围绕保护集团利益,如代表人需要满足"最充分原则"。此外,美国法院成为代表人选任的"看门人",负有审查诉讼代表人资格的责任,并在集团诉讼过程监督代表人的履职情况。与之不同,我国普通代表人诉讼所涉及的原告利益有限,而特别代表人诉讼中投资者保护机构作为主要的代表人参与诉讼,可以对诉讼过程进行有效监督。因此,法律法规对诉讼代表人的任职条件仅作了相对原则性的规定,而对其产生程序进行了相对详细的规定。总体来看,我国委任公共机构对涉案利益较高的代表人诉讼进行监督,对涉案利益较小的代表人诉讼,则依靠投资者之间的意思自治选任代表人,实现投资者保护和公权力适度介入的平衡。

五、代理律师费

证券欺诈纠纷具有案件复杂、受侵害投资者人数众多、个体受损害金额较小且居住地十分分散的特点,原告的代理律师因而在推动诉讼进程中起着举足轻重的作用。律师费会激励代理律师积极维护投资者的利益,同时也可能产生副作用,促使律师采取机会主义行为。美国证券集团诉讼的律师费受到积极要求和消极要求两个方面的约束。①一方面,FRCP 第 23 条设置积极要求,法院在指定集团律师时应考虑以下几个因素:第一,律师在调查个案时所完成的工作;第二,律师处理集团诉讼、其他复杂的经验以及本案的诉讼请求的类型;第三,该律师能否公正而充分地代表集团成员的利益等。若存在超过一名合格者申请成为集团律师时,法院应该选择能够最好维护集团成员利益的人。另一方面,PSLRA 设置了消极要求,即若律师拥有该证券集团诉讼涉及的有价证券,或者案件所涉证券与其持有的有价证券存在关联关系等,法院可裁定律师是否与原告集团的利益存在冲突,并据此决定其是否有代表原告集团的资格。

在美国证券集团诉讼中,律师收费受到制定法和判例法等规则的规范,并受到审理法院的审查,律师收费应当合理(reasonable)。②即使集团成员与集团律师对律师费的收取有协议约定,律师费的具体金额仍须经过法院认可。未经法院的批准,集团律师便不能从集团诉讼收益中收取律师费。根据律师费收取依据和计算方法的不同,美国的集团诉讼案件可分为共同基金案件和法定酬金案件两类。共同基金案件是指律师通过诉讼工作获得的利益可以被看成一项共同基金,集团律师费从该项基金中支付。倘若集团律师所代表的集团成员败诉或无任何收益,则不存在共同基金。该类案件的理论依据是法院根据合理金额原则和不当得利原则进行裁定。法定酬金案件是指法律明确规定代理律师的律师费,此类案件多适用反垄断案件等,很少适用于证券欺诈纠纷案件。

---

① 参见任自力等:《证券集团诉讼国际经验 & 中国道路》,法律出版社 2008 年版,第 133 页。

② See Securities Act § 27(a)(6), 15 U.S.C. § 77z-1(a)(6) (2005); Securities Exchange Act § 21D(a)(6), 15 U.S.C. § 78u-4(a)(6) (2005).

根据共同基金方式支付证券集团诉讼律师费的方式包括两种：第一，比例收费法。比例收费法又称百分比计酬法，是指将集团诉讼中集团成员诉讼收益的一定比例作为律师费支付给集团律师。此种方法也是最为常见的计算律师费的模式。法院通常将基金的25%至30%分配给律师。[①]该种方法简单易操作，具有高效、便捷的优势，但可能会使集团律师的收益过高。因此，一般法院在批准集团律师费时，应首先确定是否存在其他更优越的方法。第二，北极星计酬法。该方法又称指标收费法，是根据律师投入的代理业务的合理小时数和每小时报酬率来确定集团律师费的办法。北极星计酬法也被视为优于比例收费法的律师费支付方法。律师所花费的合理小时数和每小时报酬率应有充分的时间记录和其他证据来支持。法院在决定集团律师费的每小时报酬率时应考虑集团律师的经历、职业情况、其所处的地理位置、律师的工作时间以及所有投入工作的律师的计时收费的费率等因素。在司法实践中，该方法存在执行时间较长、计算难度较大等弊端，也受到一些批评。自20世纪80年代开始，比例收费法逐渐占据优势。[②]

我国对原告律师收费的规定非常简明。根据《民事诉讼法意见》第62条的规定，每个诉讼代表人可以委托1～2人担任诉讼代理人。国家发改委与司法部联合颁布了《律师服务收费管理办法》，该办法第12条明确禁止在群体诉讼中实行风险酬金，限制了以风险代理方式向证券民事诉讼的原告收取律师费。

中国与美国有关代理律师的规定存在明显差异，主要是证券民事诉讼对律师的依赖程度不同。美国证券集团诉讼被视为证券法实施体系的重要组成部分，甚至被誉为“私人检察官”，被赋予威慑违法行为和补偿投资者的双重政策目标。由于集团诉讼所涉原告数量众多，非常依赖证券律师的投入和推动，因此必须向其提供充分的经济激励，鼓励其履职尽责。而我国采取以公共实施为主导的方式，证券民事诉讼的主要政策目标在于赔偿投资者，威慑违法行为仅是附带目标，无须证券律师积极发现违法行为。同时，在“中国版集团诉讼”中，投保机构介入并担任诉讼代表人，成为推动诉讼的主要力量，而代理律师更多的是处理事务性工作。总体来看，我国证券律师收费并未采取美国的强激励模式。

---

① 参见任自力等：《证券集团诉讼国际经验＆中国道路》，法律出版社2008年版，第133页。

② 参见《复杂诉讼指南》，郭翔、王奕、尹彦译，中国政法大学出版社2005年版，第167页。

第四节　损害赔偿计算模型

一、损害赔偿的基本类型

投资者因信赖证券欺诈行为而进行交易遭受损失，属于典型的欺诈侵权案件，投资者寻求的损害赔偿主要包括基本损害赔偿（general damages）和附属损害赔偿（consequential damages），前者即投资者因证券价格变化引起的投资损失，后者是指投资损失以外发生的其他损失或费用。[①]基本损害赔偿额的确定主要有四种方法：实际价值法（out－of－pocket measure）、补偿法（cover measure）、转售法（resale measure）和交易利益法（benefit－of－the－bargain measure）。

实际价值法将证券交易时支付或获得的对价与证券公允价值之间的差额作为损失赔偿额。美国第十巡回法院在 Easte Counseling Serv.，Inc. v. Merrill Lynch，Pierce，Fenner & Smith，Inc. 案中将实际价值法定义为："合同价款或者已支付款项与交易当日（证券的）真实价值或实际价值的差额。"[②]运用该方法的条件包括两方面：第一，原告须对成交价格与证券实际价值之间的差价负举证责任，否则请求被驳回；第二，如果没有合同关系或受托关系的存在，赔偿范围仅限于原告的直接损失，此时原告的潜在损失或盈利无法获得救济。

与实际价值法关注原告的直接损失不同，交易利益法所关注的是假设有关陈述属实的情况下原告可能获得的利益。但联邦法院对交易利益法持反对态度，认为交易利益法有违《1934 年证券交易法》第 28（a）章中的"实际损失"规定。按照交易利益法计算得出的赔偿额已经超过原告的实际损失，在本质上交易利益法属于违约救济。而"规则 10b－5"是建立在侵权理论基础上的，交易利益法不符合侵权救济方式。但是，当原告同时依照联邦证券法和州证券法在联邦法院提出诉讼请求时，交易利益法仍然被广泛运用。如在 Osofsky v. Zipf 案[③]中，原告诉称其放弃公司控制权是

---

① 参见翁晓健：《证券市场虚假陈述民事责任研究——美国证券法经验的反思与借鉴》，上海社会科学院出版社 2011 年版，第 135 页。

② Esate Counseling Serv.，Inc. v. Merrill Lynch，Pierce，Fenner & Smith，Inc.，303 F. 2d 527，p. 533（10th Cir. 1962）. 此案中原告通过被告购买某公司股票 20,000 股，后因被告违反信托义务而提起诉讼。法院认为损害赔偿额的计算应按照实际价值法，由于原告无法证明发生直接损失，法院判定被告无须赔偿。

③ See 645 F.2d 107（1981）.

因为受到欺诈手段的引诱,受到公开要约以及征求表决代理权的资料中虚假陈述的误导。地区法院采用"实际价值法"认定原告没有直接损失,第二巡回法院却运用交易利益法推翻了地区法院的判决,其指出拒绝交易利益法的原因在于"被欺诈方只限于获得非臆测性的、补偿性的损害赔偿",而当原告能够确定无疑地证明该赔偿额的情况时,可以适用交易利益法计算损害赔偿。以往判例之所以反对运用交易利益法,是因为存在高度的主观臆测性,然而本案中原告的损失是确定的,因为卖方并没有获得双方已经谈定的价款。

补偿法主要适用于遭受证券欺诈的出卖人,也即投资者因受欺诈而卖出证券的案件。原告可获得的赔偿包括原告发现或者应当知晓,被告欺诈行为后的一段合理时间内股价达到的最高点,和事实上出售证券时所获对价之间的差额。①

转售法主要适用于遭受证券欺诈的买入方,该方法是第二巡回法院在 Chasins v. Smith, Barney & Co. 案②中所创。在该案中,如果采用实际价值法计算,股价没有因为该公司的隐瞒行为而过度膨胀(overinflate),原告因而无法获得赔偿。但是买进股票时的价格与原告转售股票的价格之间的差额,恰好反映了被告隐瞒行为给原告造成的损失。因此,其可就此部分差额请求赔偿。转售法将受到欺诈购入证券的投资者获得的赔偿额定义为,"实际买入证券时所获得对价与其重新卖出证券的价值,或者其发现或者应当发现被告的欺诈行为后合理期间内该证券价格达到的最低价值之间的差额"③。

附带损害赔偿是被告对因其欺诈行为而使原告发生的各种费用予以的补偿。美国法中的附带损失可以在提出基本损害赔偿的同时请求赔偿,也可在提出撤销合同及获利返还等合同法请求中附带提出。并且,附带损害赔偿属于法官自由裁量权的范围,即使原告因为基本损失无法举证证明,法院也可判决被告赔偿附带损失。④根据美国判例法,附带损失可以包括资本利得税、欺诈交易的经纪手续费、原告由于欺诈行为而卖出股票所产生的股利损失、原告因受欺诈而未买入股票所产生的股利损失等。对于

---

① 翁晓健:《证券市场虚假陈述民事责任研究——美国证券法经验的反思与借鉴》,上海社会科学院出版社 2011 年版,第 142 页。

② See 305 F. Supp. 489 (S. D. N. Y. 1969).

③ 翁晓健:《证券市场虚假陈述民事责任研究——美国证券法经验的反思与借鉴》,上海社会科学院出版社 2011 年版,第 144 页。

④ See Madigan, Inc. V. Goodman, 498 F. 2d 233 (7th Cir. 1975).

附带损害赔偿的限制也很明确，包括原告要证明附带损失是被告欺诈行为的直接结果，同时也受禁止双重索赔的限制，即原告就某项损失已经获得赔偿，不得再次以附带损害赔偿的方式获得救济。

而我国新《证券法》第 56 条第 4 款明确规定，“编造、传播虚假信息或者误导性信息，扰乱证券市场，给投资者造成损失的，应当依法承担赔偿责任”，从而在《证券法》中明确了侵犯投资者权益的虚假陈述的行为应当承担赔偿责任。《2022 年虚假陈述若干规定》规定了具体计算损害赔偿的规则，第 25 条规定证券民事赔偿以实际损失为限，包括“信息披露义务人在证券交易市场承担民事赔偿责任的范围，以原告因虚假陈述而实际发生的损失为限。原告实际损失包括投资差额损失、投资差额损失部分的佣金和印花税”。总体来看，我国证券民事诉讼损害赔偿以投资者实际损失为限制，更贴近于实际价值法的计算思路。

二、损害赔偿的计算模型

损害赔偿计算模型对于促成涉诉双方和解具有重要的意义，无论是过度赔偿还是赔偿不足，都不利于实现投资者保护和违法威慑双重目标。从理论上看，计算损害赔偿的模型包括以下三类，即实际损失模型、撤销模型和恢复原状模型。首先，实际损失模型关注原告遭受的实际损失，该模型隐含的前提假设为无论是否存在欺诈行为投资者都会交易，而欺诈行为仅改变了交易的价格，因此投资者应当获得的损害赔偿等于交易价格与证券真实价值之间的差额。其次，撤销模型。该模型试图将原告恢复至欺诈行为发生之前的状态，隐含的假设是如果不存在欺诈行为，那么原告不会进行交易。最后，恢复原状模型。该模型在撤销模型的基础上进行了改进，允许通过实物补偿或者等价货币将原告恢复至合同签订前的状态。

我国投资者损害赔偿符合实际损失模型的计算思路。根据《2003 年虚假陈述若干规定》第 30 条的规定，投资人的损失为因虚假陈述实际发生的损失为限，包括投资差额损失以及佣金和印花税；第 19 条要求将证券市场系统风险导致的损失排除在外。投资差额等于其在虚假陈述实施日及以后，至揭露日或者更正日之前买入证券的价格，与在虚假陈述揭露日或者更正日及以后卖出该证券的价格差额，或者因持续持有该证券而产生的亏损。从司法实践的层面看，不同法院对于实施日的认定思路较为一致，主要是根据行政处罚书所记载的违法行为发生日；对于揭露日/更正日的认定则存在显著的差异，包括全国性媒体新闻报道日、行政监管措施决定书公告日、立案调查公告日、证监会处罚公告日等。而存在较大争议的是如何扣除系统性风险产生的损失，一部分法院并未采纳系统性风险抗辩，另一部分考虑该因素的法院，则选取了固定比例或同期不同指数的变化。总体来看，我国证券民事诉讼中损害赔偿的计算模型仍属于争议较多的领域。

在美国证券集团诉讼中，法院依赖统计模型估计原告集团的损失，主要使用事件研究法计算价格的超额变化。由于首席原告无法获得完全的投资者交易信息，因此仅能估计欺诈行为对证券价格的扭曲比例，并结合相应的交易量估计总损失。一方面，有效市场假说和欺诈市场理论是估计欺诈行为所导致的交易价格对于真实价值的偏离程度的理论基础。美国最高法院在20世纪70年代确立欺诈市场理论，并指出欺诈行为扭曲了市场价格进而影响投资者决策，因此欺诈行为导致投资者遭受的侵权损失，等于他们购买证券所支付的超额部分或出售证券所承担的折扣部分。根据半强有效市场假说，价格会充分反映历史和当前的信息。因此，利用事件研究法可以计算证券在揭露日的超额收益率，间接估计欺诈行为给投资者带来的每股损失。另一方面，投资者交易涉案证券的总交易量可以通过"先入先出""比例模型"等进行估计。原告集团因为欺诈行为所遭受的总损失即为估计所得每股收益与交易总量的乘积。

三、损害赔偿的分配情况

美国证券集团诉讼保持较为活跃的状态，其数量在近年来呈现快速上升的趋势。2017年至2019年，证券集团诉讼每年都维持在400起以上，处于历史高位。在超过三成的案件中，被告受到了监管机构的执法调查。然而，并不是所有案件的原告都获得了损害赔偿，审理法院驳回了约2/3案件中原告的诉讼请求，这反映出美国滥诉、扰诉风险较高的情况。在剩余的案件中，绝大部分以和解的方式结案。2010年至2019年，和解金额的年平均数在0.26亿美元至1.28亿美元之间波动，并且和解金额随着诉讼程序的推进呈现上升趋势。被告与原告达成和解的主要动因在于，其可以通过责任保险或公司补偿转移大部分赔偿成本。而一旦法院判决被告违法行为成立，应当承担损害赔偿责任，那么保险公司将不会为此类损失承担保险责任。虽然美国证券私人实施活动异常频繁，但却未能让"首恶"承担任何足够的成本，大部分损害赔偿最终都由投资者分担了。

然而，证券集团诉讼以和解方式结案，增加了投资者的损害赔偿计算和分配的难度。由于美国证券集团诉讼无法获得受侵害投资者的确切信息，估计损害赔偿必须借助相关模型完成，存在较大的不确定性。[①] 例如，使用事件研究法估计出每股的损失，并估计受损投资者的交易总量，原告投资者集团的损失便是每股损失和交易总量的乘积。该估计损失仅是各方博弈的参照点，具体赔偿数额还需要原告及其代理律师、被告和被告购买责任险的保险公司三方进一步协商。其中，一般民事赔偿主要源于被告所购买的责任险，保险公司因此对赔偿数额的确定起到重要作用，赔偿总额一般会略低于责任保险的赔付总额。[②]此外，由于和解协议并未向公众公开，证券集团诉讼损害赔偿数额最终计算的方式存在一定的模糊性。

而在损害赔偿分配方面，虽然证券集团诉讼的和解金和 SEC 的罚没收入都注入公平基金用于投资者赔偿，但公平基金分配赔偿资金的实效并不理想。[③]美国证券市场投资者并不是以实名账户进行交易，而主要向证券经纪商提交交易委托后，由其向证券交易所发送交易指令。证券经纪商簿记和通知制度的缺陷，导致大部分投资者必须依靠自身关注和收集案件信息，也导致很多投资者错失了分配机会。例如，机构投资者作为美国证券市场持股的主要群体，同样也是证券集团诉讼民事损害赔偿的主要对象，然而此类投资者参与诉讼程序的比例较低。且由于需要主动向公平基金提交分配申请，约 2/3 额的机构投资者在证券集团诉讼结束且获得赔偿后，仍怠于参与公平基金分配。[④]考虑到在这一阶段机构投资者申请分配基金的成本往往远低于其预期收益，经济激励并不是限制其参与分配的主要原因，信息不对称是显著降低投资者参与赔偿分配的主要原因。

在新《证券法》颁布之前，《2003 年虚假陈述若干规定》是规范我国证券民事诉讼的主要司法解释。对裁判文书进行实证研究后发现，证券私人实施机制的实效并不理想。每年仅不到 10 家上市公司及其他信息披露义务人因虚假陈述行为被诉至法院，远低于证监会每年作出的行政处罚数量。此外，大部分案件所涉原告数量低于 50 人，起诉股东数量占上市公司股东总数的比例低于 1%。因此，投资者所获赔偿的数量更为有限，赔偿

---

① See Janet Cooper Alexander, *Rethinking Damages in Securities Class Actions*. Stanford Law Review 48：1487－1538(1996).

② See Tom Baker& Sean J. Griffith, *How the Merits Matter*：*Directors' and Officers' Insurance and Securities Settlements*. University of Pennsylvania Law Review 157：755－832(2009).

③ See Francis E. McGovern, *Distribution of Funds in Class Actions－Claims Administration*. Journal of Corporation Law 35：123－134(2009).

④ See Cox D. James & Randall S. Thomas, *Letting Billions Slip through Your Fingers*：*Empirical Evidence and Legal Implications of the Failure of Financial Institutions to Participate in Securities Class Action Settlements*. Stanford Law Review 58：411－454(2005).

总额多在100万元人民币左右，即信息披露义务人因违法行为所实际支付的损害赔偿非常低，受侵害投资者的损失无法获得有效救济。

新《证券法》颁布后，证券民事诉讼制度的实效获得明显的改善。《代表人诉讼若干规定》所规定的特别代表人诉讼制度，创新性地降低了案件审理和损害赔偿分配的制度成本。一方面，由于投服中心介入后，特别代表人诉讼采取了“默示加入”的规则，节约了大量中小投资者主动加入诉讼的成本。申言之，适格投资者在未提出异议的情况下即被视为同意加入诉讼，解决了信息不对称和诉讼成本对投资者获得救济的限制。另一方面，由于我国投资者都采取实名制进行证券交易，投服中心获得授权可以从证券登记结算机构处获得适格原告的信息。因此，损害赔偿的计算和分配的精确度获得显著提升。例如，在康美案中，52,037名投资者获得民事赔偿24.59亿元，并且上述赔偿在一审判决结束后不到2个月的时间内即分配给了适格原告。[①]这极大地提高了投资者救济的效率和准确性，也增加了民事责任对违法违规行为的威慑力。

第五节　公共实施对私人实施的影响

虽然中美两国证券法实施模式存在差异，中国采取“集中实施模式”而美国采取“分散实施模式”，但两国公共实施和私人实施之间都存在频繁互动，特别是公共执法程序会显著影响证券民事诉讼的理据和投资者赔偿。

一、公共实施活动对私人诉讼理据的影响

毫无疑问，证券监管机构针对欺诈行为的行政执法活动，会对证券民事诉讼产生正外部性。[②]证券公共执法传递出有关是否存在欺诈行为的重要信息，在调查阶段一般会向市场传递相对人所涉违法行为类型，而在处罚阶段则会显示相对人所涉违法行为的细节和违反的法律法规。如果证券监管机构并未介入调查，那么说明监管机构认为民事案件系争执行为，是否属于欺诈行为还存在较高的不确定性。而当证券民事诉讼的被告，同时面临证券监管机构的调查或已经受到监管机构的处罚时，原告即可以

---

① 参见《康美药业案执行赔偿　投资者赔付已陆续到账》，载腾讯网，https://new.qq.com/rain/a/20211223A01CD200。

② See Matthew Stephenson, *Public Regulation of Private Enforcement: The Case for Expanding the Role of Administrative Agencies.* Virginia. Law Review 91: 93 – 174(2005).

“搭便车”执法活动,将其作为证明存在欺诈行为的证据,原告主张的理据更有说服力。

然而,中美两国证券公共实施活动对私人诉讼的具体影响机制存在差异。虽然美国证券市场的投资者长期以来都可以独立地提起证券集团诉讼,但 SEC 的行政执法程序会影响集团诉讼的进程和结果,有学者称之为“坐享其成效应”(“piggyback” effect)。①行政执法活动助益投资者起诉的效果在 1995 年 PSLRA 颁布后更为明显。PSLRA 显著提升了投资者提起证券集团诉讼的门槛,要求原告在起诉阶段即指明被告所从事的具体的证券欺诈行为,并推迟了证据开示环节。审理法院在各阶段对案件的理据采取更为严格的审查标准。SEC 正在调查证券集团诉讼的被告,被视为证明存在欺诈行为的“确凿证据”(hard evidence),在司法程序中的证明力较强。②如果缺乏这类证据,原告及其律师将面临更高的证明成本,必须收集其他证据以满足 PSLRA 所列的各项证明要求,增加了原告诉求获得法院支持的难度。

从统计数据来看,SEC 的执法程序主要从三个方面促进证券集团诉讼。第一,降低了原告诉求被驳回的概率。③对于那些在起诉阶段被告未被 SEC 调查的案件,原告诉求被驳回的概率高达 2/3。第二,提高案件和解金的规模,并且原被告双方达成和解的时间显著减少,改善了投资者获得赔偿的实效。第三,证券集团诉讼与 SEC 执法活动的相互影响,也产生了一定的“过滤效应”。申言之,当审理证券集团诉讼的法官,将是否存在 SEC 执法活动作为判断违法行为的重要证据,即可以更大概率地过滤掉那些被告未受到行政执法调查的滥诉、扰诉。甚至有学者主张考虑到美国分散式的法律实施体系协调成本较高④,建议美国国会立法授权 SEC 对证券集团诉讼进行初步审查⑤。也有学者提出了证券集团诉讼“看门人”的概

---

① See Platt Alexander, *Gatekeeping In the Dark*: *SEC Control Over Private Securities Litigation Revisited.* Administrative Law Review 72(1): 27 - 86(2020).

② See Adam C. Pritchard & Hillary A. Sale, *What Counts as Fraud? An Empirical Study of Motions to Dismiss Under the Private Securities Litigation Reform Act.* Journal of Empirical Legal Studies 1: 125 - 149(2005).

③ See Stephen J. Choi, *Do the Merits Matter Less After the Private Securities Litigation Reform Act.* Journal of Law, Economics & Organization 23: 598 - 626(2006).

④ See Janet Cooper Alexander, *Rethinking Damages in Securities Class Actions.* Stanford Law Review 48: 1487 - 1538(1996).

⑤ See Amanda Rose, *Reforming Securities Litigation Reform*: *Restructuring the Relationship Between Public and Private Enforcement of Rule 10b - 5.* Columbia Law Review 108: 1301 - 1357(2008).

念，主张将其完全置于 SEC 的监督之下。①

在我国证券法“集中实施模式”下，证券民事诉讼长期“依附”于公共执法活动。《2003 年虚假陈述若干规定》设置了行政前置程序，要求原告起诉时必须同时提交行政处罚或刑事判决。毫无疑问，行政前置程序显著地制约了投资者寻求损害赔偿的能力。然而，实证研究却显示投资者仅起诉了约 1/4 的受到行政处罚的上市公司，说明还有一部分投资者主动选择放弃诉权。②易言之，行政前置程序对投资者诉权的限制，不及高昂的诉讼成本从经济激励方面带来的“投资者冷漠”效应。

新《证券法》颁布后，证券代表人诉讼显著降低了投资者寻求救济的制度成本，多层次的证券民事诉讼制度逐步建立。从平衡投资者诉权和降低上市公司应诉成本的角度看，应当差异化处理行政执法与多层次证券民事诉讼的关系。

首先，在全面落实立案登记制改革的背景下，人民法院受理投资者提起的单独诉讼，并且不应当以任何前置性条件为前提。但是，在审查起诉阶段，人民法院应当对投资者提交的被告存在违法行为的证据进行判断，裁定是否驳回原告起诉。

其次，根据《代表人诉讼若干规定》，投资者提起代表诉讼需要提供被告存在违法行为的初步证据。因此人民法院应当参考初步证据判断被告是否存在违法行为。然而，考虑到此类证券欺诈案件属于侵权纠纷，即使法院判定被告存在违法行为，还需要满足侵权责任构成四要件中的其他三方面要件，即损失因果关系、交易因果关系和主观过错，才能判定被告应当承担损害赔偿责任。

最后，在普通代表人诉讼向特别代表人诉讼转换时，行政处罚应当被视为转换的前置条件，即证监会的行政处罚应当被视为《中证中小投资者服务中心特别代表人诉讼业务规则（试行）》所规定重大案件的判断依据。需要注意的是，由于美国 SEC 的绝大部分执法活动都以和解的方式结案，投资者无法在证券集团诉讼中引用 SEC 的处罚决定作为证明被告存在证券欺诈的证据。因此，审理法院还需要对是否存在违法行为进行判断，也为原告和被告达成和解留下了空间。而我国证监会的行政执法活动，绝大部分都以被调查主体受到正式行政处罚的方式结案，投资者因此可以在民

① See Engstrom David Freeman, *Agencies as Litigation Gatekeepers*. Yale Law Journal 123：616 - 713(2013).

② 参见黄辉：《中国证券虚假陈述民事赔偿制度：实证分析与政策建议》，载《证券法苑》2013 年第 2 期。

事程序中引用证监会的行政处罚，证明被告存在证券欺诈违法行为。从行政执法结果来看，我国证监会的执法程序对证券民事诉讼的正面影响效果更为明显。

二、公共实施对投资者赔偿的影响

传统观点认为证券法的公共实施与私人实施实现不同的价值目标，前者重在制裁和威慑违法行为，而后者则重在赔偿投资者损失。然而，证券法公共实施呈现出同时承担制裁威慑和投资者赔偿的趋势。

我国证券法公共实施并未将投资者赔偿作为制度功能，根据《国家金库条例实施细则》，证监会从违法行为人处收缴的罚没收入应当上缴国库。这可能导致违法行为人在缴纳行政罚没款后，存在因支付能力不足无力再承担民事赔偿责任的情况，民事赔偿优先的基本原则有落空风险。①

新《证券法》第220条规定了证券公共执法的货币性处罚应当优先用于赔偿投资者，违反规定，应当承担民事赔偿责任和缴纳罚款、罚金、违法所得，违法行为人的财产不足以支付的，优先用于承担民事赔偿责任。证监会在2022年7月正式发布的《民事赔偿责任优先规定》，从监管规则的层面确立了证券法公共实施程序的投资者赔偿功能。该规定要求投资者应当在人民法院出具终结执行裁定书后1年内，向证监会提出将违法行为人罚没款用于承担民事赔偿。同时，投资者对于已经受偿部分，不得再申请使用罚没款赔偿；如果罚没款不足以满足所有申请赔偿总额，则按照比例对投资者进行赔偿。

在我国注册制改革初期，证券公共执法兼顾投资者赔偿功能即进入试点阶段。证监会在2015年即开始对行政和解制度的试点工作，出台《行政和解试点实施办法》规范证券行政和解行为。同年，证监会、财政部联合发布《行政和解金管理暂行办法》，允许行政相对人根据行政和解协议缴纳的和解金，优先用于补偿同一案件中投资者的损失，在完成投资者补偿后仍有剩余的应当上缴国库。在试点阶段，仅有两例成功的和解案例，分别是证监会在2019年4月与高盛（亚洲）、高华证券等达成和解，在2020年1月与司度（上海）等达成和解。总体来看，行政和解的制度成本较高，规定的适用范围与适用条件过于严格。②当事人成功实现和解的案例仅占证监

---

① 参见肖宇：《证券行政和解金的确立与分配规则探析》，载《暨南学报（哲学社会科学版）》2015年第6期。

② 参见席涛：《证券行政和解制度分析》，载《比较法研究》2020年第3期。

会行政处罚总数的2%左右。[①]新《证券法》第171条完善了行政和解制度，国务院于2021年11月公布《证券期货行政执法当事人承诺制度实施办法》，证监会随后发布《证券期货行政执法当事人承诺制度实施规定》，并会同财政部联合发布《证券期货行政执法当事人承诺金管理办法》。行政执法当事人承诺制度减少了行政执法过程中的对抗性，优先落实投资者赔偿，进一步提升了投资者保护实效。

美国证券法实施程序也经历了从制裁违法行为单一目标向制裁违法行为和赔偿投资者双重目标的转变。SEC在成立之初的执法权限较少，虽然美国最高法院在1971年SEC v. Texas Gulf Sulphur Co.案中，以判例法的方式确立了"吐赃制度"，但SEC无法将收缴所得用于赔偿投资者。[②]《1990年证券法执法救济和低价股改革法》第一次扩张了SEC在投资者赔偿方面的权力[③]，授权SEC将收缴的违法所得通过行政执法程序用于赔偿投资者损失[④]。但是，SEC收缴的民事罚款仍然需要上缴国库，当然其在执法过程中会优先将从违法行为人处收缴的财产计入违法所得，以增加分配给投资者的损害赔偿。[⑤]

21世纪初，SEC迎来了赔偿投资者权力的第二次扩张。美国上市公司接连爆出财务丑闻，《萨班斯法案》第308(a)条授权SEC设立公平基金，将收缴的民事罚款和违法所得用于补偿投资者的损失。[⑥] SEC在2003年颁布的《SEC行为规范》的"规则240"(Rule 240)，专门对证券行政和解的条件、程序、和解建议的审查和批准、提出和解的建议人放弃的权利、对和解建议的最终接受等进行了详细规范。但彼时公平基金制度仍然受到一定的限制，由于该制度的目的在于赔偿投资者损失，SEC必须对违法行为人处以收缴违法所得的处罚，才可以同时将民事罚金一起用于设立公平基金。[⑦]申言之，如果SEC仅对违法行为人处以民事罚金，则不能用该笔资金设立公平基金。

---

① 参见高振翔：《比较法视野下证券行政执法当事人承诺制度的关键问题研究》，载《经贸法律评论》2022年第2期。

② 参见郭雳：《美国证券执法中的行政法官制度》，载《行政法学研究》2008年第4期。

③ See 15 U.S.C. §80a-9(e) (2006).

④ See Verity Winship, *Fair Funds and the SEC's Compensation of Injured Investors.* Florida Law Review 60: 1103-1114(2008).

⑤ See Sonia A. Steinway, *SEC Monetary Penalites Speak Very Loudly, but What Do They Say – A Critical Analysis of the SEC's New Enforcement Approach.* Yale Law Journal 124: 209(2014).

⑥ 参见张军、秦江萍：《萨班斯法案的经济后果分析》，载《商业研究》2012年第6期。

⑦ See Donna M. Nagy, *The Statutory Authority for Court – Ordered Disgorgement in SEC Enforcement Actions.* SMU Law Review 71: 895-926(2018).

2010年《多德—弗兰克法案》的出台,标志着美国证券法公共实施机制全面纳入投资者赔偿功能。该法案第929B章规定,“在证监会依据证券法发动的任何司法或者行政程序中,证监会对违法行为人实施民事罚款,或者该违法行为人和解同意接受民事罚款,则该项民事罚款应依据证监会申请或者按照证监会指示,加入为了该违法行为受害者利益设立的没收基金或者其他基金中”。该规定废除了SEC仅将民事罚款纳入公平基金赔偿投资者的限制。[①]此外,《多德—弗兰克法案》还为SEC寻求对违法行为人处以货币处罚提供了便利,允许其通过其内部ALJ主持的行政程序,向行政相对人施加民事罚款。此前,SEC必须通过联邦程序寻求违法行为人支付民事罚款,行政程序仅限于针对那些受到SEC监管的主体,《多德—弗兰克法案》大大增加了行政执法的便利性和成功概率。[②] 自此,SEC可以将收缴的违法所得和民事罚款,以及和解金用于设立公平基金,最大化用于赔偿投资者损失的资金规模。

SEC在投资者赔偿方面取得了较好的实效,自2002年至2013年总计设立了243只公平基金,规模接近145亿美元。[③]从赔偿效果来看,投资者获得救济的比例较高,公平基金赔偿了投资者绝大部分的损失。此外,公平基金赔偿的对象与证券集团诉讼也存在差异,往往是那些证券集团诉讼无法覆盖的受害者,包括虚假证券广告、不合理收费、投资基金和经纪商自营商的违法共谋、贪污、逾时交易和其他市场操纵违法行为。证券公共实施和私人实施在赔偿投资者功能方面形成了分工和协作,以适应不同案件的特点。

第六节　完善中国证券法私人实施机制

从制度体系和功能协调的角度看,我国证券法私人实施机制应当与公共实施机制协同,兼顾投资者赔偿和降低诉讼成本双重目标。长期以来,证券法私人实施机制的实效并不理想,受限于集体行动困境和行政前置程序,投资者很难通过司法程序获得救济,民事责任缺位也导致对证券欺诈

---

① 参见郭雳:《证券执法中的公共补偿——美国公平基金制度的探析与借鉴》,载《清华法学》2018年第12期。

② See Barbara Black, *Should the SEC Be a Collection Agency for Defrauded Investors?*. Business Law 63: 317 - 346(2008).

③ See Urska Velikonja, *Public Compensation for Private Harm: Evidence from the SEC's Fair Fund Distributions.* Sanford Law Review 67: 331 - 352(2015).

行为的威慑力不足。在全面落实注册制的时代背景下，新《证券法》对证券民事诉讼制度进行了创新性改革，设置了多层次的证券民事诉讼制度，通过差异化的诉讼程序安排，平衡不同类型案件中保护投资者和降低滥诉成本等政策目标。

新《证券法》颁布前，我国人民法院审理的因证券欺诈行为引发的民事赔偿案件的数量较少。而新《证券法》颁布后，证券欺诈行为的民事法律责任快速上升，"五洋案""康美案"的被告被判罚承担数十亿元人民币的赔偿责任。我国证券民事诉讼制度应当进一步完善侵权责任的相关认定要件，提升赔偿投资者和威慑违法行为的实效。

首先，明确证券欺诈行为的判断标准，特别是在民事程序中明确不同类型的处罚决定对被告是否存在证券欺诈违法行为的证明力。随着行政前置程序的取消，证券民事诉讼的数量将会出现显著增长，证券市场主体和司法机关应积极应对和解决这类纠纷，但司法成本和诉讼成本也会增加资本市场的交易成本。考虑到我国证券执法与美国存在明显的差异，SEC 绝大多数的执法活动都以和解的方式结案。而相对人与 SEC 的和解协议对违法行为一般会采取"既不否认、也不承认"的态度，投资者因而在民事程序中无法借助行政机关的处罚决定主张被告存在违法行为。[①] 而我国监管机构绝大部分针对相对人的执法程序，都以处罚决定的方式结案，因此投资者在民事诉讼程序中享有相对的举证优势。监管机构的处罚即是证明被告存在违法行为的有力证据。考虑到立案登记制改革，投资者提起单独诉讼无须满足任何前置条件；而《代表人诉讼若干规定》要求投资者在起诉阶段提交存在违法行为的初步证据，包括行政处罚、证监会和证监局的非行政处罚以及自律处分等。其中，行政处罚作为证明被告存在违法行为证据的证明力较强；而证监会和证监局的非行政处罚以及自律处分在司法程序中的证明力并不明确。考虑到监管机构对行政相对人所作出的部分非行政处罚和自律处分，仅是就其违反证券市场管理秩序进行的处罚，监管机构可能无意让其承担高昂的民事责任；同时，此类违法行为危害性往往较弱，给投资者带来的损失并不明显，预期的赔偿数额有限。然而，上市公司及其他市场主体应对民事诉讼需要投入大量的成本，如果"一刀切"地认可各种类型处罚的证明力，势必会显著增加的证券市场主体承担的诉讼成本。

---

① Matthew G. Neumann, *Neither Admit Nor Deny: Recent Changes to the Securities and Exchange Commission's Longstanding Settlement Policy*. Journal of Corporation Law 40: 793 - 828(2015).

其次，明确我国证券欺诈诉讼中“重大性”要件的认定标准。“重大性”要件是大部分证券民事诉讼的准入要件，如果证券欺诈行为不满足“重大性”要件，那么投资者也无法寻求被告承担赔偿责任。“重大性”要件的判断方法包括“价格敏感性测试”和“投资者决策测试”，应当结合诉讼程序类型进行适用。第一，特别代表人诉讼应当优先适用“价格敏感性测试”。根据《中证中小投资者服务中心特别代表人诉讼业务规则（试行）》，该中心在衡量是否接受投资者委托，将普通代表人诉讼转换为特别代表人诉讼时，主要选择“典型重大、社会影响恶劣、具有示范意义”的案件。此类案件所涉违法行为严重扰乱了证券市场秩序、受侵害的投资者数量较大，理论上新信息会显著地改变投资者的行为，并且投资者对证券价格的预期较为一致，应当引起证券价格的明显变化。投资者集体如果认为该信息对投资决策是重要的，那么其交易行为即会改变市场总供给和总需求，进而反映为市场均衡价格的改变。“价格敏感性测试”即可从宏观层面发现违法行为与证券价格变化之间的关系。第二，普通代表人诉讼应当根据原告数量区别两项测试的优先性。一方面，如果原告数量较多，那么可以类推特别代表人诉讼判断“重大性”的分析逻辑，优先适用“价格敏感性测试”。另一方面，如果原告数量较少，那么应当优先适用“投资者决策测试”，即从微观角度个性化检验某个投资者决策是否依赖涉案信息。由于非行政处罚和交易所的自律管理措施往往针对的是社会危害性较弱的违法行为，因而并不必然改变大量投资者的决策。而对于特定的投资者，他们可能因为个性化的原因受到此类欺诈行为的影响，改变买卖行为遭受损失。此时，个案的微观分析更加有利于保护投资者的合法权益，但也增加了投资者举证的难度。第三，单独诉讼可以类推原告数量较少的普通代表人诉讼的分析逻辑，优先适用“投资者决策测试”。单独诉讼往往意味着不存在证明证券侵权事实的初步证据，或者起诉投资者的数量非常少。涉案证券的市场均衡价格很难因为此类违法行为发生显著改变，“价格敏感性测试”可能会错误地否定“重大性”要件。“投资者决策测试”关注个案事实和证据的分析思路更适合此类案件。

再次，明确宏观层面和微观层面交易因果关系的认定标准。宏观层面的交易因果关系可以依据“欺诈市场理论”进行推定，而微观层面的交易因果关系必须对“信赖”要件进行考察。“欺诈市场理论”建立了一个可以被证伪的信赖推定，即证券欺诈通过影响证券市场的价格形成机制间接影响了投资者的决策。申言之，原告仅需证明证券的市场价格被欺诈行为扭曲，并且证券在有效市场交易，即可以间接证明其证券交易是信赖发行人的欺诈行为。而如果涉案证券并未在有效市场,如在场外市场,那么司法机关需对原告所主张的“信赖”要件进行个体层面的微观审查。原告应当举证证明其投资决策是信赖被告的欺诈行为而作出的,同时还应当证明这种信赖具有正当性与合理性。

最后,科学计算侵权损害赔偿。《2022 年虚假陈述若干规定》明确违法行为人应当承担侵权损害赔偿责任,计算侵权损害赔偿面临违法行为的揭露日和损害赔偿范围两方面难点。揭露日的特点在于虚假信息首次被公开揭露并为证券市场知悉。当前证券市场信息源呈现多元化趋势,不必过分强调披露媒体的形式,而应当从实质出发考察信息揭露渠道的覆盖面和可靠性。对司法判决的整理分析显示,揭露日的选取主要包括处罚决定公告日、事先告知书公告日、立案调查书公告日、行政监管措施决定公告日和媒体报道日等。一般来说,媒体报道往往是首次向证券市场揭露违法行为。虽然不必追求全国知名官方媒体准确报道所有违法行为,但是不具备市场影响力的自媒体进行捕风捉影式的报道显然不符合揭露违法行为的标准。媒体报道日是否为揭露日,还需要考察其权威性、相关性和准确性。此外,对于揭露日的选取还应当结合证券价格的变化幅度,如果在媒体报道日相关证券价格出现显著的变化,那么即为证明该报道已经向市场揭露违法行为的有力证据。

证监会在调查违法行为时,会向行政相对人发送立案调查书,上市公司接到该通知后应当依法立即公告。随着调查和处罚程序的推进,行政相对人还会发布行政处罚事先告知书和行政处罚决定书。揭露日的本质功能是对此前证券市场错误信息集的首次纠正,对市场现有信息集的冲击最显著,调查通知书应当更符合首次修正投资者预期的标准。而在处罚决定和事先告知书公告日,投资者已经较充分地预期到了违法行为,证券价格根据上述信息进行显著调整的可能性不大。

此外,投资者获得损害赔偿的范围仅限于因证券欺诈而实际发生的损失。由于侵权损害赔偿遵循填平原则,损害赔偿的上限为投资者买卖相关证券的总损失,具体数额还应当剔除其他因素导致证券价格变化给投资者带来的损失。全额赔偿投资者买卖价格的差额,突破了“买者自负、风险自担”的原则,存在过度赔偿的问题。根据法律与金融学的基本理论,因证券欺诈行为所遭受的侵权损失,等于投资者因高价购买(低价出售)错误定价的证券而支付的(损失的)超额部分。以诱多型虚假陈述案件为例,违法行为人披露了虚假的利好消息推高了股价,导致在特定期限内购买该股票的投资者支付了过高的价格。投资者多支付的这部分价格即为应当获得的侵权损害赔偿。从域外司法实践来看,可以使用事件研究法估计涉案证券在揭露日的价格超额变化计算投资者的损失。该思路可操作性和科学性较高,可以较为精确地估计民事损害赔偿的范围。